합격으로 가는 하이패스

토마토패스

tomato TV 방송용 교재

보험심사역

개인전문부문

FINAL 핵심정리+실전모의고사

경영학박사 신현철 편저

KB134768

예문에듀
EDU

머리말

　보험심사역 자격시험은 보험업계에서 가장 폭넓은 내용을 다루는 수준 높은 자격증으로 알려져 있습니다. 아마도 본 시험을 준비하는 수험생들은 보험업계에 관심이 있거나 아니면 이미 업계에 종사하고 있는 분들일 수도 있습니다. 작금의 세상은 인공지능, 빅데이터 등 4차 산업혁명이 시작되면서 금융산업 또한 디지털 기술과 결합하여 패러다임이 전환됨에 따라 많은 사람들이 혼돈과 불확실성의 시대를 맞이하고 있습니다. 이러한 가운데 금융업 중에 보험이라는 화두에 관심을 가지게 된 수험생 여러분의 혜안을 높이 평가합니다.

　아무리 패러다임이 변한다 하더라도 위험이란 다른 종류의 위험으로 대체되며 존재할 수 밖에 없고 과거의 위험이 사라지면 새로운 위험이 나타나게 되는 바 보험업의 미래는 어둡지 않을 것으로 생각됩니다. 더욱이 보험업의 특성상 한 번 종사하게 되면 전문성이 쌓이게 되어 독립적인 보험전문가, 기업위험컨설턴트 등 다양한 미래설계가 가능하다는 점은 은행, 증권 등의 타 업종과 다른 장점이 될 것입니다.

　더욱 중요한 것은 수험생 여러분들이 보험관련 직무 속에서 어떠한 커리어 패스(career path)를 밟아가야 하는지에 대한 구체적인 액션플랜입니다. 필자는 그 첫 단계가 보험심사역 자격의 취득이라 생각합니다. 본 자격시험은 보험의 전반적인 이론과 실무를 다루고 있을 뿐만 아니라 보험계리사, 손해사정사, 보험중개사 등의 타 자격시험 합격의 기초가 될 수 있어 자신의 미래설계에도 도움이 될 수 있다는 특징이 있습니다.

　수험생들의 시험합격 및 커리어관리를 위하여 다음과 같은 관점에서 본서를 집필하였습니다.

　첫째, 방대한 내용을 숙지하기 위해서는 정확한 개념적 구조가 필요하므로 이를 만들기 위하여 이론요약, 핵심지문, 출제예상문제, 모의고사의 순서로 본서를 구성하였습니다.

　둘째, 보험심사역 자격시험 합격은 물론이고 타 자격증 취득에 도전을 위한 디딤돌이 되어야 하기 때문에, 보험설계사, 손해사정사, 보험중개사, 보험심사역의 기출문제를 풍부하게 반영하였습니다.

　셋째, 보험심사역의 명칭에 걸맞게 언더라이터 관점에서의 이론 및 실무를 담았을 뿐만 아니라 보험산업 전반에 어떠한 역할도 감당할 수 있도록 내용을 구성하였습니다.

　최종적으로 시험을 합격하기 위해서는 우선 본서의 이론 및 문제를 반복 학습함으로써 보험의 전반적인 개념적 구조를 확실하게 습득하고, 실전모의고사를 통하여 실전대응능력을 키운다면 합격의 고지는 그리 멀지 않을 것으로 생각됩니다.

　모든 일이 그러하듯 본서가 세상에 나오는 데 도움을 주신 고마운 분들이 있습니다. 본서를 집필하는 데 도움을 주신 예문에듀 관계자분들, 어려움 속에서도 묵묵히 응원해주는 가족, 그리고 늘 정신적으로 도움을 주는 친구들, 모두에게 진심으로 감사를 드립니다.

마지막으로 수험생 여러분의 합격을 진심으로 기원합니다!

편저자 신현철

시험안내

보험심사역 소개

손해보험을 개인보험과 기업보험으로 구분해 분야별 전문 언더라이터 자격을 인증·부여하는 자격제도

보험심사역 시험제도

■ 시험 자격 및 시험 방법

- 응시자격 : 응시자격에는 특별한 제한을 두지 않음
  ※ 관련 업무 분야 : 보험회사, 유관기관, 공제기관, 재보험사, 보험중개회사, 손해사정법인 등 손해보험업무 및 영업관련 종사자, 기타 응시 희망자
- 시행주기 : 시험 상반기 및 하반기 / 연 2회 시행
- 시험 시행 지역 : 서울, 부산, 대구, 대전, 광주(전국 5개 지역)
- 시험 방법 : 필기시험, 선택형(4자 선다형)

■ 시험 자격 및 시험 방법

- 응시원서 접수 : 응시원서 접수는 별도 공지하는 응시원서 접수기간에만 가능하며, 보험연수원 홈페이지(www.in.or.kr)를 통해 개별 온라인 접수
- 응시수수료 납부 및 환불
  - 응시수수료 납부 : 공통 및 전문부문 동시 응시 : 60,000원 / 공통부문과 전문부문 중 1부문 개별 응시 : 40,000원
  - 응시수수료 환불 : 접수기간 중 취소 시 수수료 전액 환불 / 접수기간 이후~시험 전일까지 취소 시 반액 환불함
    [시험일 전일까지만 취소 가능, 시험 실시 이후(시험실시일 포함)에는 환불하지 않음]
- 합격자 결정 방법
  - 시험은 부문별로 구분하여 채점

부분합격	공통부문 합격, 전문부문 합격
최종합격	공통부문과 전문부문을 모두 합격

  - 각 부문(공통/전문)합격자는 시험과목별 과락(40점 미만)과목 없이 각 부문별 평균 60점 이상
    부분합격의 유효기간은 부분 합격 후 연속되는 1회의 시험 응시까지임
  - 각 자격(개인/기업보험심사역)별 최종합격자가 다른 자격시험에 응시할 경우 공통과목은 면제

보험심사역 시험과목

• 개인보험심사역(APIU)

구분	시험과목	문항수	배점	시험시간
공통부문 (5개 과목)	1. 손해보험 이론 및 약관해설	20	100	1교시 : 120분 (09:00~11:00)
	2. 보험법	20	100	
	3. 손해보험 언더라이팅	20	100	
	4. 손해보험 손해사정	20	100	
	5. 손해보험 회계 및 자산운용	20	100	
	소계	100	500	
휴식시간(11:00~11:30)				
전문부문 (4개 과목)	1. 장기 · 연금보험	25	100	2교시 : 120분 (11:30~13:30)
	2. 제3보험	25	100	
	3. 자동차보험	25	100	
	4. 개인재무설계	25	100	
	소계	100	400	
합계		200	900	

• 기업보험심사역(ACIU)

구분	시험과목	문항수	배점	시험시간
공통부문 (5개 과목)	1. 손해보험 이론 및 약관해설	20	100	1교시 : 120분 (09:00~11:00)
	2. 보험법	20	100	
	3. 손해보험 언더라이팅	20	100	
	4. 손해보험 손해사정	20	100	
	5. 손해보험 회계 및 자산운용	20	100	
	소계	100	500	
휴식시간(11:00~11:30)				
전문부문 (4개 과목)	1. 재산보험	25	100	2교시 : 120분 (11:30~13:30)
	2. 특종보험	25	100	
	3. 배상책임보험	25	100	
	4. 해상보험	25	100	
	소계	100	400	
합계		200	900	

합격후기

제25회 보험심사역 합격후기 - 강★기

1. 취득 동기

저는 보험회사에 취업하기 위해 보험을 공부하면서 신체손해사정사 2차 불합격 후 다른 보험과 관련된 자격증을 취득하기 위해 보험심사역이라는 시험을 알게 되었고 응시하기로 마음먹었습니다.

2. 토마토패스 인터넷 강의를 선택한 이유

개인보험심사역의 과목을 알지도 못한 상태에서 어떤 강의로 공부할지 고민하였습니다. 그중 네이버 카페에서 토마토패스에 대한 추천글을 보게 되었습니다. 토마토패스 환급반을 신청하면 돈이 아까워서라도 공부를 더 많이 하게 될 것 같아 선택하였습니다.

3. 공부 방법

신체손해사정사 발표 후 강의를 결제하였는데 공부시간이 시험날까지 촉박했습니다. 하루에 강의를 최대한 들으면서 개념을 정립하고 강의에서 키워드를 기억하려고 노력하였고 그 뒤 개념서와 예상문제를 다시 한 번 보면서 부족하였던 부분을 정리하였습니다. 시험 전날에는 모르는 내용을 적고 무조건 기억해야 하는 부분을 한 번에 볼 수 있게 정리하였습니다.

4. 합격 팁

회계 공부를 처음 하다 보니 새로운 지식을 습득하는 것이 많이 어려웠습니다. 그래도 다른 과목은 보험과 관련돼서 이해가 가긴 했는데 시험을 볼 때까지 완전히 이해하지 못하였지만 그냥 강사님께서 외우라고 하는 것만 외우고 계속 반속해서 읽었습니다. 기대도 안 한 상태에서 합격 결과를 확인하였고 결국 합격하였습니다. 책만 사서 공부를 할까 강의를 들을까 고민하였지만 결국 강의를 통해 배운 내용이 지식에 남아 합격하였다고 생각합니다. 강의를 신청해서 강사님이 중요하다는 내용을 체크하고 모르거나 중요한 내용을 반복해서 보다 보면 시험에 합격하실 것입니다.

합격으로 가는 하이패스
토마토패스

보험심사역 합격후기 - 황×빈

1. 취득 동기

저는 보험관련 전공도, 경력이 있는 것도 아니지만 손해사정사라는 직업에 매력을 느껴 보험업에 종사하기를 희망하는 취준생입니다. 보험 전공 학생들과 관련 실무자가 많이 취득하는 자격증이 무엇이 있을지 찾아보았습니다. 그 결과 개인 보험심사역을 뒤늦게 알게 되었고 10월 시험까지 한 달 반이라는 길지 않은 시간이 남아있어 부랴부랴 정보를 서치하기 시작했습니다.

2. 토마토패스 인터넷 강의를 선택한 이유

각종 카페와 블로그의 정보들을 취합한 결과 토마토패스의 강의를 듣고 합격했다는 후기가 많았습니다 손해사정사 1차를 합격한 베이스가 있다면 보험심사역 취득도 그리 어렵지 않을 거란 얘기가 많아서 호기롭게 환급반 신청을 하고 강의를 듣기 시작했습니다.

3. 공부기간 및 방법, 토마토패스 장점

공통부문 5과목, 전문부문 4과목의 방대한 양을 공부해야 했습니다. 하루에 인강 4~5개는 들으려고 노력했던 것 같습니다. 강사님들이 초심자 수준에서도 무난히 수강할 수 있을 만큼 설명해주셨고 교재도 깔끔하고 괜찮아 안심할 수 있었습니다. 이 글을 보시는 여러분들은 하루에 복습까지 철저히 하시면 한 달 안에 무난하게 합격하실 수 있지 않을까 생각합니다. 그리고 모의고사는 되도록 꼭 풀어보시길 바랍니다. 비록 실제 시험과는 차이가 있으나 개념 되짚기에는 상당히 좋다고 느꼈습니다.

4. 합격 팁

보험심사역은 다른 자격시험과는 달리 기출문제가 제공되지 않습니다. 교재에 수록된 모의고사는 결국 예상문제에 불과한 것이죠. 하지만 이 시험은 100점을 맞아야 하는 시험이 아닙니다. 과목당 40점, 평균 60점만 맞으면 붙는 시험입니다. 도저히 이해가 되지 않는 부분은 과감하게 버리시길 권합니다. 공통, 개인부문 각각 한 과목에서 과락점수를 간신히 넘었지만 타 과목에서 만회했기에 좋은 결과를 얻을 수 있었습니다. 총 9과목이라는 엄청난 양을 훑어보아야 했기에 인강없이 독학을 했더라면 스스로 중도 하차하지 않았을까 생각이 듭니다. 토마토패스 강의를 수강하시길 추천드립니다.

※ 해당 합격 후기는 모두 합격증이 웹상에 인증되어 있으며, 토마토패스 홈페이지 수강 후기에서 더 많은 후기들을 확인하실 수 있습니다.

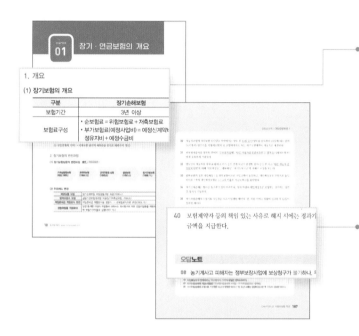

단 한 권으로 준비하는 보험심사역

방대한 이론을 압축·요약하여 시험에 꼭 나오는 핵심 이론을 담아 효율적인 학습이 가능하도록 구성하였습니다.

핵심 빈출 지문

시험 출제 가능성이 높은 핵심이론의 주요 지문을 선출하였으며, 틀린 지문은 오답노트로 정리하여 더욱 빠르고 확실한 시험 대비가 가능합니다.

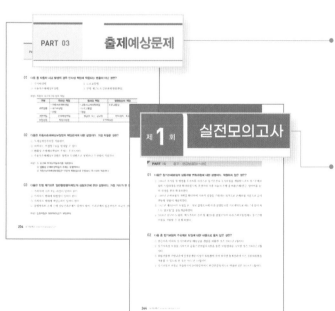

과목별 출제예상문제

단원별 핵심이론 학습 후 출제예상문제를 통해 빠른 개념 정리와 실전 대비가 가능하도록 구성하였습니다.

실전모의고사 3회분

핵심이론을 충실히 반영하고 확인할 수 있도록 다양한 문제의 실전모의고사 3회분을 구성하였으며 저자의 꼼꼼한 해설을 수록하였습니다.

CONTENTS
목차

PART 01

장기 · 연금보험

합격으로 가는 하이패스

토마토패스

장기 · 연금보험의 개요

TOPIC 01 장기 · 연금보험의 개요 및 변천과정

1. 개요

(1) 장기보험의 개요

구분	장기손해보험	일반손해보험
보험기간	3년 이상	1년
보험료구성	• 순보험료 = 위험보험료 + 저축보험료 • 부가보험료(예정사업비) = 예정신계약비 + 예정유지비 + 예정수금비	• 순보험료 = 위험보험료 • 부가보험료 = 사업경비 + 기업이윤
환급금	납입보험료 또는 보험가입금액의 일정액을 중도, 만기에 지급	없음

※ 장기보험상품은 보험료 산출 시 할인율을 사용하고, 위험보험료 외에 저축보험료를 포함한다.

(2) 장기보험의 필요성

① 보장과 저축을 동시에 원하는 계약자의 요구에 부응
② 보험의 대중화 촉진(→ 저축심이 강한 국민성에 부합하는 소비자의 니즈를 충족)
③ 국민경제에 기여(→ 국내보험 물건의 해외유출 방지로 해외수지 개선)

2. 장기보험의 변천과정

(1) 장기보험상품의 변천과정 **암기** 가운금질간

가계성종합보험 (최초, 1969.)	운전자보험 (1984.12.)	금리연동형 상품 (1990.6.)	질병보험 (1997.4.)	장기간병보험 (1998.11.)

(2) 주요제도 변경

배당상품 도입	장기손해보험 배당상품개발 허용(2000.4.)
방카슈랑스 도입	금융기관보험대리점 허용(장기저축성보험, 2003.8.)
책임준비금 적립방식 변경	책임준비금 적립방식을 질멜식 → 순보험료식으로 변경(2003.10.)
경험위험률 적용확대	일정 통계량 이상의 위험률에 대해서는 회사통계에 의한 경험위험률을 적용하여 단계적 보험가격자율화 실행(2007.10.)

실손의료비 제도 개선	• 생·손보의 표준화된 실손의료비보험 판매(2009.10.)
	• 단독 실손의료비 보험 판매 가능(2013.1.)
	• 기본형+특약 형태로 개편(2017.4.)
	• 단독 상품으로만 판매(2018.4.)
	• 급여(주계약)/비급여(특약) 분리운영(2021.7.)
보험료산출방식 변경	3이원방식 → 현금흐름방식으로 변경(2013.4.)

PART
01

PART
02

PART
03

PART
04

PART
05

PART
06

TOPIC 02   장기보험상품의 개발 기준

1. 장기보험상품의 정의 및 종류

(1) 장기보험상품의 정의

① 일반손해보험을 제외한 보험을 장기손해보험이라 한다.

② 일반손해보험이란 보험료 산출 시 할인율을 적용하지 않고, 순보험료가 위험보험료만으로 구성된 손해보험을 말한다.

(2) 장기손해보험의 종류

장기화재	화재로 인한 재물에 생긴 손해보장
장기종합	재물손해, 신체손해, 배상책임손해, 비용발생으로 인한 금전손해 중 2가지 이상 보장
장기상해	신체상해로 인한 손해보장
장기질병	질병에 걸리거나 질병으로 인한 입원, 수술 등의 손해보장
장기간병	활동불능, 인식불명 등 타인의 간병을 필요로 하는 상태 및 이로 인한 손해보장
장기비용	비용발생으로 인한 금전적 손해보장
장기기타	상해, 질병, 간병보장 중 2가지 이상 손해보장

2. 장기보험상품의 개발기준

(1) 장기손해보험 공통사항 신고기준

보험회사는 기초서류를 작성하거나 변경하려는 경우 그 내용이 다음의 경우에 해당하면 금융위원회에 신고해야 한다.

① 법령의 제정·개정으로 새로운 보험상품이 도입되거나 보험상품 가입이 의무가 되는 경우

② 보험회사가 금융기관보험대리점 등을 통하여 모집하는 경우

③ 보험계약자 보호 등을 위하여 대통령령으로 정하는 경우

(2) 사업방법서 필수기재 사항 신고기준

① 보험업의 영위지역, 영위하는 보험종목, 보험목적의 범위 등

② 보험금액과 보험기간의 제한에 관한 사항

③ 피보험자 또는 보험목적의 선택과 보험계약의 체결절차에 관한 사항

④ 보험료 수수, 보험금 지급, 보험료 환급에 관한 사항

⑤ 약관의 규정에 의한 대출에 관한 사항 – 보험계약의 이익 또는 배당금에 관한 사항

⑥ 재보험 수수에 관한 사항
⑦ 보험금액, 보험종류, 보험기간 등 보험계약의 변경에 관한 사항

(3) 보험약관 필수기재 사항 신고기준 (암기) 지무면의불해이자예

① 보험회사가 보험금을 지급해야 하는 사유
② 보험계약의 무효사유 및 보험회사의 면책사유
③ 보험회사의 의무범위 및 그 의무이행의 시기
④ 보험계약자 또는 피보험자가 그 의무를 불이행한 경우 받는 손실
⑤ 보험계약의 전부 또는 일부의 해지 원인과 해지한 경우 당사자의 권리와 의무
⑥ 보험계약자 등이 이익 또는 잉여금의 배당을 받을 권리가 있는 경우 그 범위
⑦ 적용이율 및 자산운용 실적의 계산 및 공시방법
⑧ 예금자 보호 등 보험계약자 권익에 관한 사항

(4) 보험료 및 책임준비금 산출방법서 필수기재 사항 신고기준

① 보험료의 계산에 관한 사항
② 책임준비금의 계산에 관한 사항
③ 해지환급금의 계산에 관한 사항
④ 보험금 및 보험료가 변경되는 경우 그 계산에 관한 사항

(5) 기초서류의 신고기준

① 보험료의 추가납입은 주계약 기본보험료 납입한도의 2배(보장성보험은 1배) 이내여야 한다.
② 장기손해보험의 저축성보험은 보험기간을 15년 이내로 설정하여야 한다.
③ 연금저축계약의 경우 연금지급기간을 5년 이상 25년 이내의 확정기간으로 설정하여야 한다.
④ 적립금의 중도인출은 해약환급금의 일정 범위 내에서 하여야 한다.
⑤ 보험기간이 1년 이상 15년 이하인 손보사의 상해보험은 저축성보험으로 개발할 수 있다.
⑥ 저축성보험의 경우 생존 시 지급하는 보험금은 이미 납입한 보험료를 초과하여야 한다.
⑦ 해지환급금은 순보험료식 보험료 적립금에서 해지공제액을 차감한 금액으로 한다.

▶ TOPIC 03 │ 장기보험상품의 특징

1. 상품(약관의 특징)

① **보험기간의 장기성** : 일반손해보험은 1년인데 장기손해보험은 3년, 5년, 10년, 15년 등 3년 이상이 원칙이므로, 갱신의 번거로움과 갱신비용을 경감할 수 있다.
② **환급금의 지급** : 만기환급금, 중도환급금, 해지환급금 등 보험계약자의 니즈에 맞는 다양한 환급금이 있다.
③ **보험가입금액의 자동복원** : 1회 사고로 지급하는 보험금이 보험가입금액의 80% 미만인 경우 자동복원된다.
④ **보험료 납입주기** : 보험계약자의 선택에 따라 월납, 2개월납, 3개월납, 6개월납, 연납, 일시납으로 할 수 있다.

⑤ **보험료의 납입최고와 계약의 해지** : 계약자가 제2회 이후의 보험료를 납입기일까지 납입하지 않아 보험료 납입이 연체 중인 경우에 회사는 14일(보험기간이 1년 미만인 경우에는 7일) 이상의 기간을 납입최고(독촉)기간[납입최고(독촉)기간의 마지막 날이 영업일이 아닌 때에는 최고(독촉)기간은 그 다음 날까지로 한다]으로 정하여 아래 사항에 대하여 서면(등기우편 등), 전화(음성녹음) 또는 전자문서 등으로 알린다. 다만, 해지 전에 발생한 보험금 지급사유에 대하여 회사는 보상한다.
　ㄱ 계약자(보험수익자와 계약자가 다른 경우 보험수익자를 포함한다)에게 납입최고(독촉)기간 내에 연체보험료를 납입하여야 한다는 내용
　ㄴ 납입최고(독촉)기간이 끝나는 날까지 보험료를 납입하지 않을 경우 납입최고(독촉)기간이 끝나는 날의 다음 날에 계약이 해지된다는 내용
　ㄷ 계약이 해지되는 때에는 즉시 해약환급금에서 보험계약대출 원금과 이자가 차감된다는 내용
⑥ **보험료 납입연체로 인한 해지계약의 부활(효력회복)** : 보험료 납입연체로 계약이 해지되었으나 해약환급금을 받지 않은 경우 계약자는 해지된 날부터 3년 이내에 회사가 정한 절차에 따라 계약의 부활(효력회복)을 청약할 수 있다. 회사가 부활(효력회복)을 승낙한 때에 계약자는 부활(효력회복)을 청약한 날까지의 연체된 보험료에 평균공시이율+1% 범위 내에서 각 상품별로 회사가 정하는 이율로 계산한 금액을 더하여 납입하여야 한다.
⑦ **보험계약대출** : 보험계약자는 해약환급금의 범위 내에서 회사가 정한 방법에 따라 대출을 받을 수 있다.

PART 01

PART 02

PART 03

PART 04

PART 05

PART 06

2. 보험료구성의 특징

(1) 일반손해보험

영업보험료	순보험료	보험금	
	부가보험료	사업비	대리점수수료
			인건비
			물건비
		이윤	

(2) 장기손해보험

① 전통형

영업보험료	순보험료	위험보험료	보험금
		저축보험료	해지/만기환급금
	부가보험료	신계약비(α)	신계약모집경비
		유지비(β)	계약유지/관리비
		수금비(γ)	계속보험료 수금경비

② 분리형

영업보험료	보장보험료	보장순보험료	위험보험료
		보장부가보험료	$\alpha + \beta + \gamma$
	적립보험료	적립순보험료	저축보험료
		적립부가보험료	$\alpha + \beta + \gamma$

(3) 보험료 적립금

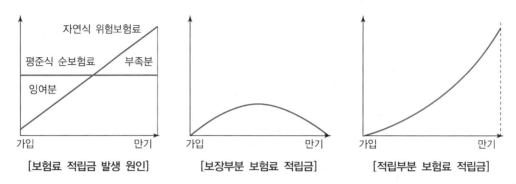

[보험료 적립금 발생 원인]　　　[보장부분 보험료 적립금]　　　[적립부분 보험료 적립금]

3. 장기보험의 보험료 산출방식

(1) 3이원방식 보험료 산출

구분	내용
예정위험률	예정위험률이 높아지면 보험료가 올라가며, 반대로 예정위험률이 낮아지면 보험료도 낮아짐
예정이율	예정이율이 높아지면 보험료가 낮아지며, 반대로 예정이율이 낮아지면 보험료가 올라감
예정사업비율	예정사업비율이 높아지면 보험료가 올라가며, 반대로 예정사업 비율이 낮아지면 보험료도 낮아짐

※ 운용에 따라 기대되는 수익율을 미리 예상하여 일정한 비율로 할인하여 보험료를 계산하는데 이때 적용되는 할인율을 예정이율이라고 한다.

(2) 현금흐름방식 보험료 산출(CFP ; Cash Flow Pricing)

① 예정기초율(3이원) 이외에도 해약환급금 및 해지율, 투자수익율, 상품판매량, 계약자구성비, 준비금 증감 등을 다양하게 적용한다(多이원방식).
② 회사가 목표하는 이익수준을 만족하는 보험료를 시행착오 방식(Trial and Error)으로 산출한다.
③ 보험료에 다양한 요소를 반영할 수 있어 창의적 상품개발이 가능하고, 손익민감도를 사전 분석하여 보험료 산출이 가능하며, 예정과 실제의 차이로 인한 손익변동의 원인분석이 용이하나, 산출과정이 복잡하고 전산시스템 비용이 과다하다.

(3) 3이원방식과 현금흐름방식의 비교

구분	3이원방식	현금흐름방식
가격요소 종류	3이원 (예정위험률/예정이율/예정사업비율)	多이원 (3이원＋계약유지율, 판매규모, 투자수익률, 준비금증감, 계약자구성 등)
가격요소 수준	보수적	회사별 최적화
이익 반영	가격요소에 암묵적으로 포함됨	기대 이익을 별도로 구분

4. 장기손해보험의 손익구조

구분	산출방식
위험률차 손익	위험보험료 – 발생손해액
이자율차 손익	투자이익 – 예정이자
사업비차 손익	예정사업비 – 실제사업비

※ 유배당상품의 경우 계약자배당의 재원이 된다.

5. 책임준비금

① 정의 : 보험계약자가 납입하는 보험료 중 장래에 지급할 보험금, 환급금(만기환급금, 해약환급금 등) 및 계약자 배당금의 재원을 충당하기 위하여 적립해 나가는 금액을 말한다.

② 책임준비금 적립방식

구분	질멜식(2003.10 이전)	순보험료식(2003.10 이후)
정의	부족한 신계약비를 초년도 순보험료 일부에서 충당하고, 순보험료에서 충당한 부분은 차년도 이후의 부가보험료에서 일정 금액씩 상환하는 방식을 말함	초년도 신계약비를 순보험료에서 충당하지 않고, 순보험료는 그대로 보험료 적립급으로 충당하는 방식인데, 질멜식에 비해서 책임준비금의 적립이 두터움
특징	초기 순보험료가 상대적으로 적음	초기 순보험료가 상대적으로 많음

※ 우리나라는 2003년에 적립금의 부실화 우려로 질멜식에서 순보험료식으로 변경하였다.

PART 01

PART 02

PART 03

PART 04

PART 05

PART 06

핵심 빈출 지문

| 장기 · 연금보험의 개요

01 장기보험상품의 변천과정은 <u>가계성종합보험(최초)</u>, 운전자보험, 금리연동형상품, 질병보험, 장기간 병보험 순서이다.

02 일반손해보험이란 보험료 산출 시 <u>할인율을 적용하지 않고</u>, <u>순보험료가 위험보험료만</u>으로 구성된 손해보험을 말한다.

03 재물손해, 신체손해, 배상책임손해, 비용발생으로 인한 금전손해 중 2가지 이상 보장하는 보험을 <u>장기기타보험</u>이라 한다.

04 보험업의 영위지역, 영위하는 보험종목, 보험목적의 범위와 보험금액과 보험기간의 제한에 관한 사항 등은 <u>사업방법서</u>의 필수기재사항에 해당한다.

05 보험회사가 보험금을 <u>지급</u>해야 하는 사유와 보험계약의 <u>무효</u>사유 및 보험회사의 <u>면</u>책사유 등은 <u>보험약관</u>의 필수기재사항이다.

06 보험료의 추가납입은 주계약 기본보험료 <u>납입한도의 2배</u>(보장성보험은 1배) 이내여야 하고, 장기손해보험의 저축성보험은 보험기간을 <u>15년 이내</u>로 설정하여야 한다.

07 연금저축계약의 경우 연금지급기간을 <u>5년 이상 25년 이내의 확정기간</u>으로 설정하여야 하며, 적립금의 중도인출은 해약환급금의 일정 범위 내에서 하여야 한다.

08 보험기간이 <u>1년 이상 15년 이하</u>인 손보사의 상해보험은 저축성보험으로 개발할 수 있다.

09 보험료 납입주기는 보험계약자의 선택에 따라 <u>월납, 2개월납, 3개월납, 6개월납, 연납, 일시납</u>으로 할 수 있다.

10 장기보험상품은 계약자가 제2회 이후의 보험료를 납입기일까지 납입하지 않아 보험료 납입이 연체 중인 경우에 회사는 <u>14일(보험기간이 1년 미만인 경우에는 7일)</u> 이상의 기간을 납입최고(독촉)기간으로 정하고 필요한 내용을 알린다.

11 장기보험상품은 보험료 납입연체로 계약이 해지되었으나 해약환급금을 받지 않은 경우 계약자는 해지된 날부터 <u>3년 이내</u>에 회사가 정한 절차에 따라 계약의 부활(효력회복)을 청약할 수 있다.

12 '분리형' 보험료로 납부하고 3개월 이상 선납 시에는 <u>보장성보험에 한하여</u> 보험료 할인이 가능하다.

13 회사가 부활(효력회복)을 승낙한 때에 계약자는 부활(효력회복)을 청약한 날까지의 연체된 보험료에 평균공시이율+1% 범위 내에서 각 상품별로 회사가 정하는 이율로 계산한 금액을 더하여 납입하여야 한다.

14 '분리형'의 영업보험료는 보장보험료와 적립보험료의 합이다.

15 예정위험률이 높아지면 보험료가 올라가며, 반대로 예정위험률이 낮아지면 보험료도 낮아진다. 반면, 예정이율이 높아지면 보험료가 낮아지며, 반대로 예정이율이 낮아지면 보험료가 올라간다.

16 3이원방식은 내재적 마진 방식으로 보험료를 산출하는 반면, 현금흐름방식은 원가와 마진을 명시적으로 구분하는 방식을 취하고 있다.

17 3이원방식은 예정위험률/예정이율/예정사업비율에 근거하여 보험료를 책정하는데, 이 중에서 보험가격자율화에 가장 민감한 가격요소는 예정사업비율이다.

18 현금흐름방식 보험료산출(CFP ; Cash Flow Pricing)은 보험료에 다양한 요소를 반영할 수 있어 창의적 상품개발이 가능하고, 손익민감도를 사전 분석하여 보험료 산출이 가능하며, 예정과 실제의 차이로 인한 손익변동의 원인분석이 용이하나, 산출과정이 복잡하고 전산시스템 비용이 과다하다.

19 평균공시이율은 감독원장이 정하는 바에 따라 산정한 전체 보험회사 공시이율의 평균이다.

20 책임준비금 적립방식 중에서 순보험료식은 부족한 신계약비를 초년도 순보험료 일부에서 충당하고, 순보험료에서 충당한 부분은 차년도 이후의 부가보험료에서 일정 금액씩 상환하는 방식을 말한다.

오답노트

03 재물손해, 신체손해, 배상책임손해, 비용발생으로 인한 금전손해 중 2가지 이상 보장하는 보험을 장기종합보험이라 한다.

20 책임준비금 적립방식 중에서 질멜식은 부족한 신계약비를 초년도 순보험료 일부에서 충당하고, 순보험료에서 충당한 부분은 차년도 이후의 부가보험료에서 일정 금액씩 상환하는 방식을 말한다.

CHAPTER 02 장기보험 상품 해설

TOPIC 01 │ 장기화재보험

1. 개요

① 일반화재보험 및 주택화재보험에 저축기능 등 장기손해보험의 특징을 가미한 상품으로, 장기손해보험의 보통약관에서 화재위험만을 담보하면 특별약관에 어떠한 위험을 담보하든 '장기화재보험'이라 한다.

② 화재의 3요소
  ㉠ 불자리가 아닌 장소에서 발생하거나 불자리를 벗어나서 발생하는 우발적인 것
  ㉡ 불이 자력으로 확대될 수 있는 상태인 화재일 것
  ㉢ 연소에 의해 보험의 목적에 경제적 손해를 초래할 것

2. 보험의 목적과 범위

① 보험의 목적 : 주로 건물, 시설, 공기구, 비품, 가재도구, 기계, 동산 등으로 이루어진다.

암기 건시공비가기동

② 보험목적의 범위

당연가입물건		명기물건	약관상 인수제한
건물	가재도구		
• 부속물 : 칸막이, 대문, 담 등 • 부속설비 : 전기, 가스, 난방 등 • 부착물 : 간판, 선전탑 등 → 모두 피보험자 소유	피보험자 또는 같은 세대원의 소유물	• 귀금속, 귀중품 (점당 300만원 이상) • 글, 그림, 골동품 등 • 원고, 설계서, 도안	• 통화, 유가증권, 인지 등 • 자동차(2륜차, 3륜차 포함) 단, 전시용 자동차는 인수

※ 사업방법서상 인수제한물건 : 창고물건요율을 적용하는 물건(재고자산의 위험이 높으므로)
※ 장기화재보험의 물건은 주택물건, 일반물건, 공장물건으로 구분한다.

3. 보상하는 손해

직접손해	화재(벼락 포함)로 인한 직접손해
소방손해	화재(벼락)의 소방으로 인한 수침손이나 파괴손
피난손해	보험목적물을 피난시키면서 발생한 손해를 말하며, 피난처에서 옮긴 날로부터 5일 동안 생긴 직접손해와 소방손해를 보상
폭발손해	주택의 경우 인정
잔존물제거비용	해체, 청소, 상차비용 보상 O, 오염물질제거비용, 하차비용 보상 × → 손해액의 10% 한도 내 보상

4. 보상하지 않는 손해

① 계약자, 피보험자 또는 이들의 법정대리인의 고의 또는 중대한 과실
② 화재 발생 시의 도난 또는 분실손해
③ 보험의 목적의 발효, 자연발열, 자연발화(→ 단, 다른 보험목적에 대한 화재는 보상)
④ 화재로 기인 또는 기인하지 않은 파열 또는 폭발손해(→ 그 결과로 생긴 화재손해는 보상)
⑤ 화재에 기인되지 않는 수도관, 수관 또는 수압기 등의 파열로 인한 손해
⑥ 발전기, 여자기, 변압기 등의 전기적 사고로 인한 손해(→ 그 결과로 생긴 화재손해는 보상)
⑦ 지진, 분화 또는 전쟁, 혁명, 내란, 노동쟁의 등의 손해
⑧ 핵연료물질관련 사고로 인한 손해
⑨ 방사선, 방사능오염으로 인한 손해
⑩ 국가 및 지자체의 명령에 의한 재산소각 및 이와 유사한 손해

5. 손해의 통지 및 조사

① 보험의 목적에 손해가 생긴 경우 보험계약자 또는 피보험자는 지체 없이 그 사실을 회사에 알려야 한다.
② 보험계약자 또는 피보험자가 통지를 게을리하여 손해가 증가된 때에는 회사는 그 증가된 손해는 보상하지 않는다.
③ 회사는 통지를 받은 때는 사고가 생긴 건물 또는 그 구내 및 구내에 포함된 피보험자의 소유물을 조사할 수 있다.

6. 손해방지의무

① 보험계약자와 피보험자는 보험사고가 발생한 경우에 손해의 방지와 경감을 위하여 노력해야 한다(상법 제680조).
② 일부보험의 경우 손해방지비용은 보험금액의 보험가액에 대한 비율에 따라서 보험자가 부담하고 잔액은 피보험자가 부담한다.
③ 손해방지를 위하여 보험계약자 등이 부담하였던 필요 또는 유익한 비용과 보상액이 보험금액을 초과한 경우라도 보험자가 이를 부담한다(상법 제680조).

7. 손해액의 조사결정

① 보험가액의 정의 : 손해액 산정의 기초로서 보험기간 중 화재 사고가 발생하였을 경우에 그 손해가 생긴 때와 곳에서의 보험목적물의 가액을 말한다.
② 보험가액의 평가방법

미평가보험(원칙)		기평가보험(예외)
시가	재조달가액	
• 보험가액 = 재조달가액 - 감가상각 • 감가공제액 = 신품가격 × 경년감가율 × 경과연수	• 보험가액 = 재조달가액 • 외부매입 보험가액 : 재매입가액 • 자가제조 보험가액 : 제조원가	보험계약 당시의 '협정보험가액'
건물, 기계, 집기비품, 가재 등	상품, 제품, 재공품, 원재료 등	글, 그림, 골동품, 원고 등

PART
01

PART
02

PART
03

PART
04

PART
05

PART
06

8. 지급보험금의 계산

(1) 재고자산을 제외한 물건(→ 일반화재보험의 경우는 공장물건과 재고자산을 제외한 물건)

① 보험가입금액이 보험가액의 80%보다 같거나 클 때 : 보험가입금액을 한도로 손해액 전액. 단, 보험가입금액이 보험가액보다 클 때에는 <u>보험가액</u>을 한도로 한다.

② 보험가입금액이 보험가액의 80%보다 작을 때 : 지급보험금＝손해액×(보험가입금액/보험가액의 80%) → 보험가입금액을 한도

※ 예시 : 일반물건의 화재보험

보험가액 4억, 보험가입금액 2억, 손해액 8천만, 잔존물제거비용 1천만원일 경우 지급보험금

• 8천만원×(2억/4억의 80%)＋1천만원×(2억/4억의 80%)＝5천만원＋625만원＝5,625만원

• 잔존물제거비용은 손해액의 10%(800만원)보다 작고, 보험금과 잔존물제거비용의 합은 보험가입금액보다 작으므로 <u>5,625만원</u>이 지급보험금이 된다.

(2) 재고자산

① 보험가입금액이 보험가액보다 같거나 클 때 : 보험가입금액을 한도로 손해액 전액. 단, 보험가입금액이 보험가액보다 클 때에는 <u>보험가액</u>을 한도로 한다.

② 보험가입금액이 보험가액보다 작을 때 : 지급보험금＝손해액×(보험가입금액/보험가액) → 보험가입금액을 한도

(3) 중복보험의 분담방법

① 보험가입금액 안분방식 → 중복보험계약의 지급보험금 계산방식이 <u>동일한</u> 경우에 적용

ㄱ 타보험 약관조항에서 <u>비례책임조항</u>이라고 함

ㄴ 각 보험자가 분담할 손해액은 '각 보험금액의 총보험금액에 대한 비율'에 따라 안분함

② 독립책임액방식 → 중복보험계약의 지급보험금 계산방식이 <u>다른</u> 경우에 적용

ㄱ 타보험 약관조항에서 <u>책임한도분담조항</u>이라고 함

ㄴ 먼저 각각의 계약에 대하여 다른 계약이 없는 것으로 가정하여 각 보험자의 보상액을 계산 → 독립책임액

ㄷ 독립책임액의 합이 보험가액을 초과할 때에는 각 보험자는 '각 독립책임액의 비율'로 손해액을 안분함

③ 단, 피보험자가 보험자 중 1인에 대하여 권리를 포기하더라도 각 보험자가 부담해야 할 보험금은 변하지 않는다(→ 보험자와 통모방지를 위해서).

(4) 하나의 보험가입금액으로 둘 이상의 보험의 목적을 계약

전체 보험가액에 대한 각 보험가액의 비율로 보험가입금액을 비례배분한 후 지급보험금을 계산한다.

※ 예시 : 보험가입금액의 비례배분

건물과 기계의 보험가입금액 : 1억 5천만원, 건물의 보험가액 : 1억 2천만원, 기계의 보험가액 : 8천만원일 경우

• 건물의 보험가입금액 : 1억 5천만원×(1억 2천만원/2억원)＝9천만원

• 기계의 보험가입금액 : 1억 5천만원×(8천만원/2억원)＝6천만원

9. 대위권

회사가 보험금을 지급한 때에는 회사는 보험금 지급한도 내에서 계약자 또는 피보험자가 제3자에 대하여 가지는 손해배상청구권을 취득한다. 다만, 회사가 지급한 금액이 일부인 경우 피보험자의 권리를 침해하지 않는 범위 내에서 그 권리를 취득한다.

10. 특별약관

재물 손해	점포휴업손해보장 특약	화재손해로 영업중단 또는 휴지되어 발생하는 손해를 보상
	전기위험담보 특약	발전기, 변압기 등 전기적 손해 그 자체를 담보함
	특수건물 특약	화보법상의 특수건물의 화재손해를 보상
	구내폭발파열보장 특약	구내에서 폭발, 파열을 담보(주택화재는 첨부할 필요 없음)
	구내냉동(냉장)손해보장특약	화재사고 선행 → 냉동시설 파괴 → 냉동물 손해보상
	이재가구손해보장특약	화재로 이재가구가 된 경우 보험가입금액을 전액 보상(정액)

※ 신체손해 관련 특약으로 '상해담보 특약/질병담보 특약/운전자담보 특약'이 있다.

PART
01

PART
02

PART
03

PART
04

PART
05

PART
06

TOPIC 02   장기종합보험

1. 개요

장기보험은 하나의 약관으로 둘 이상의 보험목적이 입은 손해를 담보하는 것이 일반적이며, 피보험자의 재산손해, 인명손해, 배상책임손해, 비용손해에 대한 모든 위험에서 둘 이상을 위험을 담보하는 하나의 보험약관, 즉 종합보험약관으로 담보하는 것이다.

2. 담보위험

(1) 재물손해담보

① 화재위험담보

② 가재도난담보

　㉠ 보상하는 손해 : 강도 또는 절도로 보험의 목적인 가재에 생긴 도취, 오손, 훼손 또는 파손 손해

　㉡ 보상하지 않는 손해

> • 화재, 폭발, 파열의 사고가 났을 때 생긴 보험목적의 분실 또는 도난
> • 보험의 목적인 가재가 들어 있는 건물을 72시간 이상 비워둔 동안에 생긴 도난
> • 보험사고가 생긴 후 30일 내에 알지 못한 도난
> • 보험의 목적인 가재가 집 밖에 있을 동안에 생긴 도난

(2) 신체손해담보

상해위험 담보, 질병위험 담보, 간병위험 담보

(3) 배상책임손해 담보

① 보상하는 손해 : 피보험자가 우연한 사고로 피해자의 신체에 상해를 입히거나 재물을 멸실, 훼손, 오손케 하여 법률상의 손해배상책임을 지게 되는 손해를 보상한다.

② 보상하지 않는 손해
  - ㉠ 피보험자의 친족 또는 고용인에 대한 배상책임(→ 도덕적 위험의 문제)
  - ㉡ 자동차의 소유, 사용 또는 관리에 생긴 배상책임(→ 자동차보험의 영역)
  - ㉢ 피보험자와 타인 간에 손해배상에 관한 약정이 있는 경우, 그 약정에 따라 가중된 배상책임(→ 계약상 가중책임)
  - ㉣ 피보험자의 심신상실로 인한 배상책임

③ 배상책임보험의 특징
  - ㉠ 피보험자의 과실 자체를 담보함
  - ㉡ 계약자 피보험자 외에 반드시 피해자가 존재함
  - ㉢ 보험가입금액이 보상한도액이 되어 일부보험 및 초과보험이 발생하지 않음
  - ㉣ 보험의 목적이 피보험자가 불의의 사고로 제3자에게 지는 법률상 손해배상책임임

④ 배상책임손해 관련 특별약관

시설소유자 배상책임특약	자기부담금 10만원(대인, 대물)
임차자배상책임 특약	일부보험 시 비례보상
화재대물배상책임 특약	피보험자가 보험의 목적에 발생한 화재로 타인의 재물손해를 보상
일상생활배상책임 특약	보험증권에 기재된 금액한도로 배상책임[자기부담금 20만원(대물)]
자녀배상책임 특약	일상생활배상책임과 동일하나, 피보험자가 자녀에 국한됨
신체손해배상책임 특약	• 화보법의 특수건물 소유자의 배상책임 • 사망 1억 5천만원(최소 2천만원), 부상 3천만원, 후유장해 1억 5천만원, 대물 10억원
가스사고배상책임 특약	사망 8천만원, 부상 1천 5백만원, 후유장해 8천만원, 대물은 보험증권에 기재된 금액을 한도로 실손해액 보상
음식물배상책임 특약	자기부담금 5만원(대인, 대물)
약국시설배상책임 특약	자기부담금 10만원(대인, 대물)
학교경영자배상책임특약	자기부담금 10만원(대인, 대물)

TOPIC 03 : 장기운전자보험

1. 개요

장기운전자보험은 운전자(특약으로 운전자 가족도 가능)를 주가입 대상으로 하며 보통약관(사망, 후유장해)만을 기준으로 보면 상해보험에 해당하지만, 특별약관으로 비용손해, 형사상의 손해, 정신적 손해까지 보상하는 점을 고려할 때 실질적으로 종합보험이 된다.

2. 보상하는 손해

① 피보험자가 '대한민국 내에서' 자동차를 '운전'하던 중에 우연한 사고로 생긴 손해를 보상한다. 즉, 사망의 경우 사망보험금을, 후유장해의 경우 후유장해보험금을 지급한다.

② 운전이란 '도로여부, 주정차여부, 엔진의 시동여부를 불문하고 피보험자가 운전석에 탑승하여 핸들을 조작하거나 조작 가능한 상태에 있는 것'을 말한다.

3. 보상하지 않는 손해

① 피보험자가 사고를 내고 도주하였을 경우
② 피보험자가 경기용, 연습용, 시험용으로 시운전하던 중 사고를 일으킨 경우
③ 기타사항은 고의 사고 등 장기손해보험에서의 면책사항과 동일

4. 특별약관

(1) 특약별 구분

주요특약(실손보상)	기타 특약(정액보상)
• 벌금 • 교통사고처리지원금(형사합의금) • 변호사 선임비용	• 교통사고부상치료비(부상등급별 정액보상) • 면허정지취소 위로금(정지 1일당 최고 60일 한도로 보상/취소 정액보상) • 교통상해임시생활비(업무능력 저하 1일당,180일 한도) • 생활유지비(구속 시 180일 한도로 1일당 보상) • 방어비용(구속되거나 기소된 경우 정액보상) • 긴급비용(운전차량이 가동불능상태일 때 보상) • 차량손해위로금(전손, 도난 후 30일 경과, 자차 100만원 이상 손해보상을 받은 경우에 보상)

(2) 벌금

① 보험금의 지급사유
　㉠ 피보험자가 자동차를 운전하던 도중에 급격하고 우연한 자동차 사고로 타인의 신체상해와 관련하여 받은 벌금액으로 확정판결금액을 말하며, 보험기간 중에 발생한 사고의 벌금확정판결이 보험기간 이후에 이루어져도 보상함
　㉡ 수익자에게 1사고당 3,000만원 한도로 실손보상함

② 보험금을 지급하지 않는 사유
　㉠ 피보험자가 사고를 내고 도주하였을 경우
　㉡ 피보험자가 경기용, 연습용, 시험용으로 시운전하던 중 사고를 일으킨 경우
　㉢ 피보험자가 음주, 무면허 상태에서 운전하던 중 사고가 발생한 경우

(3) 교통사고처리지원금(형사합의금)

① 개요 : 피보험자가 '자동차를 운전 중', '타인(부모/배우자/자녀 제외)'에게 사망 또는 부상의 상해를 입혔을 때 필요한 '형사합의금'을 보상함

② 보상하는 손해
　㉠ 피해자를 사망하게 한 경우
　㉡ 중대법규 위반 교통사고(음주, 무면허 제외)로 피해자가 42일 이상 치료를 요한다는 진단을 받은 경우
　㉢ 교통사고로 피해자에게 약관이 정한 중상해를 입혀 검찰에 의하여 공소제기되거나 자동차손해배상보장법 시행령에서 정한 상해급수 1급, 2급, 3급에 해당하는 부상을 입힌 경우

PART
01

PART
02

PART
03

PART
04

PART
05

PART
06

보험가입금액 3,000만원 가입의 경우			
㉠ 사망 시	㉡ 중대법규 위반 교통사고 시		
	42~69일 진단 시	70~139일 진단 시	140일 이상 진단 시
3,000만원	1,000만원	2,000만원	3,000만원
㉢ 공소제기되거나, 자배법 시행령에서 정한 상해급수 1급, 2급, 3급에 해당하는 부상을 입힌 경우 : 3,000만원			

(4) 변호사 선임비용

① 보상하는 손해 : 피보험자가 '자동차를 운전 중', '타인(부모/배우자/자녀 제외)'의 신체에 상해를 입힘으로써 구속영장에 의해 구속되거나 검사에 의해 공소제기되거나 약식기소되었으나, 법원에 의해 공판절차로 재판이 진행된 경우에 변호사 선임비용으로 실제 부담한 금액을 1사고당 지급한다. 단, 약식기소되었으나, 피보험자가 이에 불복하여 정식재판을 청구한 경우는 면책이다.

② 실손보상을 하며 다수보험 시 비례보상한다.

(5) 교통사고부상치료비

① 보상하는 손해 : 피보험자가 보험기간 중에 교통사고로 신체에 상해를 입고, 그 직접결과로서 자동차손해배상 보장법상 상해등급을 받은 경우, 약관에서 정한 부상등급별 금액을 지급한다.

② 보상하지 아니하는 손해 **암기** 시하자건

㉠ 시운전, 경기 또는 흥행을 위해 운행 중인 자동차에 탑승(운전을 포함)하고 있는 동안

㉡ 하역작업을 하는 동안

㉢ 자동차의 설치, 수선, 점검, 정비나 청소작업을 하는 동안

㉣ 건설기계 및 농업기계가 작업기계로 사용되는 동안

┃ 장기보험 상품 해설

01 화재의 3요소는 '불자리가 아닌 장소에서 발생하거나 불자리를 벗어나서 발생하는 우발적인 것, 불이 자력으로 확대될 수 있는 상태인 화재일 것, 연소에 의해 보험의 목적에 경제적 손해를 초래할 것'이다.

02 통화, 유가증권, 인지, 자동차(단, 전시용 자동차는 인수가능) 등은 약관상 인수제한 물건이고, 창고 물건 요율을 적용하는 물건은 사업방법서상 인수제한 물건이다.

03 화재보험보통약관상 보상하는 손해는 직접손해, 소방손해, 피난손해, 폭발손해(주택), 잔존물제거비용이다.

04 피난손해는 보험목적물을 피난시키면서 발생한 손해를 말하며, 피난처에서 옮긴 날로부터 5일 동안 생긴 직접손해와 소방손해를 보상한다.

05 잔존물제거비용은 해체, 청소, 상차비용은 보상하고, 오염물질제거비용, 하차비용은 보상하지 않으며, 손해액의 10% 한도 내에서 보상한다.

06 보험계약자 또는 피보험자가 통지를 게을리하여 손해가 증가된 때에는 회사는 그 증가된 손해는 보상하지 않는다.

07 잔존물제거비용은 보험금과 함께 보험가입금액의 한도 내에서 보상하지만, 손해방지를 위하여 보험 계약자 등이 부담하였던 필요 또는 유익한 비용과 보상액은 보험금액을 초과한 경우라도 보험자가 이를 부담한다.

08 화재로 기인 또는 기인하지 않은 파열 또는 폭발손해는 면책이지만, 그 결과로 생긴 화재손해는 보상한다.

09 건물, 기계, 집기비품, 가재 등은 시가로 평가하고 상품, 제품, 재공품, 원재료 등은 재조달가액으로 평가한다. 반면 글, 그림, 골동품, 원고 등은 보험계약 당시의 '협정보험가액'으로 평가한다.

10 80% 부보비율을 적용하는 물건은 장기화재보험의 경우는 공장물건과 재고자산을 제외한 물건에, 일반화재보험의 경우는 재고자산을 제외한 물건에 적용한다.

11 하나의 보험가입금액으로 둘 이상의 보험의 목적을 계약한 경우에는 전체 보험가액에 대한 각 보험가액의 비율로 보험가입금액을 비례배분한 후 지급보험금을 계산한다.

12 구내폭발파열보장 특약은 구내에서 폭발, 파열을 담보하므로 주택화재는 본 특약을 첨부할 필요가 없다.

13 장기보험은 하나의 약관으로 둘 이상의 보험목적이 입은 손해를 담보하는 것이 일반적이며, 피보험자의 재산손해, 인명손해, 배상책임손해, 비용손해에 대한 모든 위험에서 둘 이상을 위험을 담보하는 하나의 보험약관, 즉 장기종합보험약관으로 담보하는 것이다.

14 가재도난담보에서 '보험의 목적인 가재가 들어있는 건물을 72시간 이상 비워둔 동안에 생긴 도난 또는 보험사고가 생긴 후 30일 내에 알지 못한 도난'의 경우 면책이다.

15 가스사고배상책임 특약의 경우 사망 8천만원, 부상 1천 5백만원, 후유장해 8천만원, 대물보험증권에 기재된 금액을 한도로 실손해액을 보상한다.

16 자녀배상책임 특약은 일상생활배상책임과 동일하나, 피보험자가 자녀에 국한되며, 일상생활배상책임 특약의 자기부담금은 20만원(대물)이다.

17 신체손해배상책임 특약은 화보법의 특수건물 소유자의 배상책임을 의미하며, 사망 1억 5천만원(최소 2천만원), 부상 3천만원, 후유장해 1억 5천만원, 대물 10억원을 보상한다.

18 시설소유자 배상책임특약의 자기부담금은 10만원(대인, 대물)이며, 음식물배상책임 특약의 자기부담금은 5만원(대인, 대물)이다.

19 장기운전자보험은 운전자(특약으로 운전자 가족도 가능)를 주가입 대상으로 하며 보통약관(사망, 후유장해)만을 기준으로 보면 상해보험에 해당하지만, 특별약관으로 비용손해, 형사상의 손해, 정신적 손해까지 보상하는 점을 고려할 때 장기운전자보험은 실질적으로 종합보험이 된다.

20 벌금 특약은 수익자에게 1사고당 5,000만원 한도로 실손보상한다.

21 교통사고처리지원금 특약은 피보험자가 '자동차를 운전 중', '타인(부모/배우자/자녀 제외)'에게 사망 또는 부상의 상해를 입혔을 때 필요한 '형사합의금'을 보상한다.

22 중대법규 위반 교통사고(음주, 무면허 제외)로 피해자가 42일 이상 치료를 요한다는 진단을 받은 경우 교통사고처리지원금 특약의 보상하는 손해에 해당한다.

23 보험가입금액 3,000만원 가입의 경우 중대법규 위반사고로 피해자가 100일의 치료를 요하는 진단을 받았다면 지급되는 교통사고처리지원금은 3,000만원이다.

24 변호사 선임비용 특약은 피보험자가 '자동차를 운전 중', '타인(부모/배우자/자녀 제외)'의 신체에 상해를 입힘으로써 <u>구속영장에 의해 구속되거나, 검사에 의해 공소제기되거나, 약식기소되었으나 법원에 의해 공판절차로 재판이 진행된 경우</u>에 변호사 선임비용으로 실제 부담한 금액을 1사고당 지급한다.

25 시운전, 경기 또는 흥행을 위해 운행 중인 자동차에 탑승(운전을 포함)하고 있는 동안 또는 하역작업을 하는 동안 신체에 상해를 입은 경우 <u>교통사고부상치료비 특약</u>에서는 면책이다.

오답노트

10 80% 부보비율을 적용하는 물건은 장기화재보험의 경우는 <u>재고자산</u>을 제외한 물건에, 일반화재보험의 경우는 <u>공장물건과 재고자산</u>을 제외한 물건에 적용한다.

20 벌금 특약은 수익자에게 1사고당 <u>3,000만원</u> 한도로 <u>실손보상</u>한다.

23 보험가입금액 3,000만원 가입의 경우 중대법규 위반사고로 피해자가 100일의 치료를 요하는 진단을 받았다면 지급되는 교통사고처리지원금은 <u>2,000만원</u>이다.

CHAPTER 03
연금보험 상품 해설

TOPIC 01 개요

1. 연금제도의 의의(3층 보장)

① 의의 : 연금제도는 개인, 기업, 국가라는 세 주체가 함께 개인의 노후생활에 대한 보장을 책임질 수 있도록 하는 3층 사회보장제도가 근간을 이룬다.

② 국민연금, 퇴직연금, 개인연금의 비교

구분	국민연금	퇴직연금	개인연금
가입대상	전 국민	근로자	개인
목적	국민의 최저생계비보장	기업의 근로자에 대한 노후생활 보장 지원	개인의 선택에 의한 노후생활 보장
책임원칙	사회계약에 의한 연대책임	기업의 사회적 책임	자기책임
수단	공적부조, 국민연금	퇴직금, 퇴직연금	개인연금
급부	소득비례	소득 및 근속연구	개인결정

2. 세제 적격과 세제 비적격

구분	세제 적격	세제 비적격
판매회사	은행, 투신사, 손해보험회사, 생명보험회사, 공제	생명보험회사, 공제
세액공제	○	×
연금소득	연금소득세, 종합소득세	10년 초과 시 비과세 (이전 해지 시 이자소득세 과세)
연금 이외 수령	기타소득세	
상품형태	순수연금	보장＋연금

1. 세제적격 연금보험의 비교

구분	(구)개인연금	연금저축	(신)연금저축
시행시기	1994.6.20.~	2001.2.1.~	2013.3.1.~
가입자격	만 20세 이상	만 18세 이상	제한 없음
가입한도	분기당 300만원		연간 1,800만원
의무조건	의무납입 10년&의무수령 5년		의무납입 5년&의무수령 10년
세제혜택	소득공제(납입액의 40%, 연 72만원 한도)	소득공제(납입액의 100%, 연 400만원 한도)	세액공제 16.5%, 13.2%(납입액의 100%, 연 600만원 한도)
과세여부	연금수령 시 비과세/일시금수령 이자소득세 15.4%	연 1,200만원까지 분리과세, 초과분은 종합과세/일시금수령 기타소득세 22%	연금수령 시 분리과세(3.3~5.5%)/연금외수령 시 기타소득세 16.5%
해지경우	해지가산세 ○		해지가산세 ×

2. 신 연금저축제도

① 세제혜택 : 연간 600만원 한도로 연금적립금액 전액의 <u>16.5%</u>(총급여 5천 5백만원 또는 종합소득금액 4천 5백만원 초과자는 <u>13.2%</u>)

② 과세체계 : 개인 납입분을 세액공제받은 금액과 세액공제받지 않은 금액으로 구분하고 <u>세액공제를 받은 부분에 대해서만</u> 과세를 한다. 만약, 연금수령 시에는 <u>연금소득세</u>를 과세하지만 연금외수령 시에는 <u>기타소득세</u>로 과세한다.

③ 연간 연금수령한도액 : 연금수령을 늦게 할수록 연간 연금수령한도가 커지므로 고연령의 저세율을 적용하도록 하였다. 연금수령한도액=[[(과세기간개시일 현재 연금계좌평가액/(11−연금수령연차)]×1.2

④ 인출 시 세제 적용

    ㉠ 연금수령 : 연금수령요건 3가지(55세 이후 인출, 가입일로부터 5년 이후 인출, 연간수령한도 이내)를 충족하면 연금수령으로 보아 연금소득세 3.3~5.5%로 분리과세함

연금수령시기	원천징수 세율
55세~70세 미만	5.5%
70세 이상~80세 미만	4.4%
80세 이상	3.3%

    ㉡ 연금외수령 : 연금수령요건을 만족하지 못하는 경우에는 기타소득세 16.5%를 부과함

    ㉢ 인출순서 : 연금계좌에서 일부 금액이 인출되는 경우에는 '과세제외금액 → 이연퇴직소득 → 그밖에 연금계좌에 있는 금액(세액공제액＋운용소득)'의 순서에 따라 인출되는 것으로 봄

> **참고**   과세제외금액의 인출순서
>
> 1. 인출된 날이 속하는 과세기간에 납입한 연금보험료
> 2. 해당 연금계좌만 있다고 가정할 때 해당 연금계좌에 납입된 연금보험료로서 연금계좌 세액공제의 한도액을 초과하는 금액이 있는 경우 그 초과하는 금액
> 3. 1과 2의 금액 이외에 연금계좌에 납입한 연금보험료 중 세액공제를 받지 않은 금액

PART 01
PART 02
PART 03
PART 04
PART 05
PART 06

3. 금융기관별 연금저축상품

(1) 금융기관별 세제 적격 연금저축 비교

구분	보험회사	은행	금융투자회사
상품구분	연금저축보험	연금저축신탁	연금저축펀드
수익률	공시이율	실적배당(주로 채권)	실적배당(주로 주식)
납입방식	매월 정액 납입	자유적립식	자유적립식
수령방식	종신형/확정기간형 (손보는 최대 25년까지)	확정기간형(기간 제한 ×)	확정기간형(기간 제한 ×)
원금보장	보장	보장	보장 안 됨
예금자보호	보호	보호	보호 안 됨
장단점	• 장점 : 위험보장 부가 가능 • 단점 : 조기해지 시 해지공제	• 장점 : 원금보전 • 단점 : 낮은 수익률	• 장점 : 고수익 추구 가능 • 단점 : 원금손실 가능

(2) 계약이전제도

① 소비자의 선택권을 보호하기 위하여 금융회사 간 자유롭게 이동할 수 있도록 계약이전제도를 도입(2001년 2월)하여 운영하고 있다.

② 계약이전금액 = 적립금액(보험은 해약환급금) − 계약이전수수료

③ 계약이전제도를 활용하면 소정의 계약이전수수료만 내고도 다른 금융기관으로 이전이 가능하다.

TOPIC 03 　퇴직연금보험

1. 퇴직연금제도의 개요

(1) 퇴직연금제도

① 기업이 임직원의 노후소득을 보장하기 위하여 재직 중 퇴직급여를 별도의 금융기관에 적립하고 근로자가 퇴직할 때 일시금 또는 연금형태로 지급하는 기업복지제도를 말한다.

② 모든 기업은 근로자의 동의를 얻어 확정급여형 퇴직연금제도, 확정기여형 퇴직연금제도와 퇴직금 제도 중 1개 이상의 제도를 설정 · 운영해야 한다.

(2) 퇴직연금제도의 도입배경

① 급속한 고령화 → OECD 국가 중 가장 빠른 고령화

② 노동시장의 여건 변화 → 연봉제 확산, 근속연수의 단축 및 잦은 이직

③ 기업 도산 시 근로자 수급권 보호 미흡 → 장부상 적립금의 체불

④ 근로자 절반 이상 퇴직금제도 배제 → 5인 이상 사업장만 적용 및 취약사업장의 적용 배제

2. 퇴직연금제도의 종류

구분	퇴직연금제도		퇴직보험
	확정급여형 (Defined Benefit)	확정기여형 (Defined Contribution)	
정의	근로자의 퇴직급여가 사전에 확정, 기업의 부담금은 적립금운용결과에 따라 변동되는 제도	기업의 부담금이 사전에 확정, 근로자의 퇴직급여는 적립금운용결과에 따라 변동되는 제도	확정급여와 동일
부담금주체	기업	기업/근로자 추가납입	기업
적립금운용책임	기업	근로자	기업
적립방식	100% 사외적립	100% 사외적립	사내/사외적립
퇴직급여	확정 (근속연수×30일분 평균임금 이상)	변동 (적립금의 운용결과에 따라 달라짐)	확정(근속연수×30일분 평균임금 이상)
연금수리	필요	불필요	필요
목돈 필요시	담보대출 가능	담보대출, 중도인출 가능	중간정산
주요대상	대기업/연공급 기업	중소기업/연봉제 기업	

3. 퇴직연금의 담보제공 및 퇴직금의 중간정산 사유

구분	수급권의 담보제공 및 중간정산 사유	중간정산 (퇴직금)	담보대출 (DB, DC, IRP)	중도인출 (DC, IRP)
주택	무주택자인 가입자가 본인의 주택구입	○	○	○
	무주택자인 가입자가 전세금이나 보증금을 부담하는 경우(1회 한정)	○	○	○
요양	본인(배우자, 부양가족)의 6개월 이상의 요양비 부담	○	○	○
파산	최근 5년 내 파산선고	○	○	○
	최근 5년 내 개인회생절차개시 신청	○	○	○
기타	가입자 본인 또는 부양가족의 대학등록금, 혼례비, 장례비를 가입자가 부담하는 경우	×	○	○
	임금피크제 등으로 인한 임금감소의 경우	○	×	×

4. 퇴직연금제도 유형별 주요내용

(1) 확정급여형(DB) 제도

① 확정급여형 제도는 가입자(근로자)가 미래에 받을 퇴직급여가 사전에 확정되는 연금제도이며, 퇴직급여는 퇴직 시 평균임금에 근속연수를 곱하여 결정한다.

> 퇴직급여 = 퇴직 시 평균임금×근속연수

② 급여수준의 경우 퇴직급여액은 가입자의 퇴직일을 기준으로 산정한 일시금이 계속 근로기간 1년에 대하여 30일분 이상의 평균임금이 되도록 하여야 한다.

PART
01

PART
02

PART
03

PART
04

PART
05

PART
06

③ 퇴직급여 지급능력 확인 및 조치(DB에만 존재)를 위해 퇴직연금사업자는 매 사업연도 종료 후 6개월 이내에 최소적립금 상회여부를 확인하고 그 결과를 <u>사용자에게 통보</u>해야 한다.
　㉠ 적립금이 최소적립금보다 적은 경우
　　• 근로자대표에게도 통보해야 함
　　• 적립금이 최소적립금의 95%에 미치지 못하는 경우, 재정안정화 계획서를 작성하여 60일 이내에 <u>퇴직연금사업자와 노동조합 또는 근로자 전체에게 통보</u>해야 함
　㉡ 적립금이 기준책임준비금을 초과하는 경우
　　• 사용자는 향후 납입할 분담금에서 상계할 수 있음
　　• 기준책임준비금의 150%를 초과할 경우, 그 초과분은 사용자의 반환요청 시 초과분에 한하여 반환이 가능함
　　※ 기준책임준비금은 근로자의 퇴직급여 지급을 위해 법령에 의해 계산된 금액을 말한다.
④ 급여의 종류 및 수급요건의 경우 급여는 연금 또는 일시금으로 하며, 연금의 <u>수급요건은 가입자 55세 이상&가입기간 10년 이상&연금지급기간 5년 이상</u>이다(→ DC와 동일).
⑤ 퇴직의 경우 개인형 퇴직연금제도의 계정(IRP계좌)으로 퇴직급여를 지급한다(→ DC와 동일).

(2) 확정기여형(DC) 제도

① 확정기여형 제도는 사용자가 매번 지급해야 하는 기여금(적립금)이 사전에 확정되는 연금제도이며, 퇴직급여는 총부담금에 운용수익을 가감하여 결정한다.

> 퇴직급여＝총 부담금 운용수익

② 부담금의 부담수준 및 납입의 경우 사용자는 가입자의 <u>연간 임금총액의 1/12 이상</u>에 해당하는 부담금을 <u>현금으로 가입자의 확정기여형 계좌에 납입</u>하여야 한다.
③ 확정기여형 퇴직연금설정자(사용자)는 부담금을 납입하기로 정해진 기일 다음 날부터 기산하여 가입자의 퇴직급여 지급사유가 발생한 날(퇴직 등)로부터 14일까지의 기간은 <u>10%</u>, 그 이후부터 납입하는 날까지는 <u>20%</u>의 지연이자를 부담해야 한다.
④ 확정기여형 제도 가입자는 적립금 운용방법을 스스로 선정할 수 있고, <u>반기 1회 이상</u> 운용방법의 변경이 가능하다.

(3) 개인형 퇴직연금제도(IRP)

① 근로자가 퇴직(이직) 시 수령한 퇴직급여 일시금 및 본인의 여유자금을 자유롭게 적립하고 운용하여 연금 등 노후자금으로 활용할 수 있게 하는 제도로서 재직기간 중의 퇴직급여를 연속적으로 유지할 수 있는 특징이 있다.
② 개인형 퇴직연금제도(IRP)를 설정할 수 있는 대상자는 다음과 같다.
　㉠ 퇴직급여제도의 일시금을 수령한 사람
　㉡ 확정급여형 또는 확정기여형 퇴직연금 제도, 중소기업퇴직연금기금제도의 가입자로서 자기부담금으로 IRP를 추가로 설정하려는 사람
　㉢ 자영업자 등 안정적인 노후 소득확보가 필요한 사람으로서 대통령이 정하는 사람
③ 연금의 수급요건은 <u>가입자 55세 이상&연금지급기간 5년 이상</u>이다.

④ 10인 미만 사업 특례(IRP특례)란 상시근로자의 수가 10인 미만인 기업의 경우 근로자 개별 동의를 얻어 개인형 퇴직연금제도를 설정한 경우, 퇴직연금제도를 설정한 것으로 간주하고 확정기여형(DC)과 동일하게 운영되는 제도를 말한다.

5. 퇴직연금제도의 도입 방법 및 절차

① 퇴직연금제도의 실시여부와 방법은 노사가 협의하여 결정 → 퇴직연금사업자 선정
② 퇴직연금 규약작성과 신고 → 고용노동부에 규약신고
③ 퇴직연금 운용방법의 선정과 관리 → 원리금보장형과 실적배당형 상품을 선정하여 운용
   ㉠ 원리금 보장형 → 금리연동형/이율보증형(GIC)
   ㉡ 실적배당형 → 채권형/혼합형/주식형
④ 운용관리 및 자산관리업무의 위탁계약 체결 및 부담금의 납입
⑤ 가입자에 대한 교육 → 사업자가 매년 1회 이상 실시하며 위탁교육도 가능
⑥ 퇴직급여의 지급 → 연금 또는 일시금으로 수령

6. 퇴직연금 관련 세제

① 연금저축계좌에 납입한 금액 중 600만원 이내의 금액과 근로자가 DC 및 IRP에 납입한 금액을 합산하여 연간 900만원을 한도로 16.5%(지방소득세 1.5% 포함)를 세액공제한다.
② 단, 근로소득만 있는 경우에는 총급여 5천 5백만원 또는 종합소득금액 4천 5백만원을 초과하는 자는 13.2%(지방소득세 1.2% 포함)를 세액공제한다.
③ 세액공제의 사례

사례1	사례2	사례3	사례4
• 총급여 5천만원 • 연금저축 500만원	• 총급여 6천만원 • 연금저축 500만원 • 퇴직연금 300만원	• 종합소득금액 4천만원 • 연금저축 700만원 • 퇴직연금 300만원	• 종합소득금액 5천만원 • 연금저축 700만원 • 퇴직연금 400만원
500만원×16.5%	(500＋300)만원×13.2%	(600＋300)만원×16.5%	(600＋300)만원×13.2%

PART 01

PART 02

PART 03

PART 04

PART 05

PART 06

01 연금제도는 개인, 기업, 국가라는 세 주체가 함께 개인의 노후생활에 대한 보장을 책임질 수 있도록 하는 3층 사회보장제도가 근간을 이룬다.

02 세제 적격연금은 은행, 투신사, 손해보험회사, 생명보험회사, 공제에서 판매 가능하나 세제 비적격연금은 생명보험회사(손해보험회사 ×), 공제에서 판매 가능하다.

03 신연금저축은 가입자격의 제한이 없지만 연금수령조건은 강화되어 기존의 의무납입 10년&의무수령 5년 대신 의무납입 5년&의무수령 10년의 기준을 준수해야 한다.

04 신연금저축은 연간 600만원 한도로 연금적립금액 전액의 16.5%(총급여 5천 5백만원 또는 종합소득금액 4천 5백만원 초과자는 13.2%)의 세액공제 혜택을 부여한다.

05 신연금저축의 과세체계는 개인 납입분을 새액공제받은 금액과 세액공제받지 않은 금액으로 구분하고 세액공제를 받은 부분에 대해서만 과세를 한다. 만약, 연금수령 시에는 연금소득세를 과세하지만 연금외수령 시에는 기타소득세로 과세한다.

06 과세기간 개시일 현재 연금계좌의 평가액이 6천만원이고, 연금수령 연차가 5년차일 경우 연금수령 한도는 1,200만원[= 6,000만원/(11 − 5) × 1.2]이다.

07 연금수령요건 3가지(55세 이후 인출, 가입일로부터 5년 이후 인출, 연간수령한도 이내)를 충족하면 연금수령으로 보아 연금소득세 3.3~5.5%로 분리과세한다.

08 연금계좌에서 일부 금액이 인출되는 경우에는 '과세제외금액 → 이연퇴직소득 → 그 밖에 연금계좌에 있는 금액(세액공제액 + 운용소득)'의 순서에 따라 인출되는 것으로 본다.

09 세제적격연금저축에서 실적배당이 가능한 것은 연금저축보험, 연금저축펀드이다.

10 연금을 종신형으로 받을 수 있는 세제적격연금저축은 생명보험사의 연금저축보험이 유일하다.

11 소비자의 선택권을 보호하기 위하여 금융회사 간 자유롭게 이동할 수 있도록 계약이전제도를 도입하여 운용하고 있는데 '계약이전금액 = 적립금액(보험은 해약환급금) − 계약이전수수료'이다.

12 근로자 퇴직급여 보장법상의 퇴직연금제도에 가입한 후 중도에 목돈이 필요할 경우 퇴직금제도는 중간정산제도를 통해서, DB형은 담보대출제도를 통해서, DC형은 담보대출제도 및 중도인출제도를 통해서 목돈을 마련할 수 있다.

13 본인(배우자, 부양가족 포함)의 6개월 이상의 요양비 부담을 위한 경우 중간정산이나 담보대출, 중도 인출이 가능하다.

14 퇴직급여 지급능력 확인 및 조치(DB에만 존재)를 위해 퇴직연금사업자는 매 사업연도 종료 후 6개월 이내에 최소적립금 상회여부를 확인하고 그 결과를 사용자에게 통보해야 한다.

15 DB에서 적립금이 최소적립금의 90%에 미치지 못하는 경우, 재정안정화 계획서를 작성하여 60일 이내에 퇴직연금사업자와 노동조합 또는 근로자 전체에게 통보해야 한다.

16 DB에서 연금의 수급요건은 가입자 55세 이상&가입기간 10년 이상&연금지급기간 5년 이상이다 (→ DC와 동일).

17 확정기여형 퇴직연금설정자(사용자)는 부담금을 납입하기로 정해진 기일 다음날부터 기산하여 가입 자의 퇴직급여 지급사유가 발생한 날(퇴직 등)로부터 14일까지의 기간은 10%, 그 이후부터 납입하 는 날까지는 20%의 지연이자를 부담해야 한다.

18 10인 미만 사업 특례(IRP특례)란 상시근로자의 수가 10인 미만인 기업의 경우 근로자 개별 동의를 얻어 개인형 퇴직연금제도를 설정한 경우, 퇴직연금제도를 설정한 것으로 간주하고 확정기여형(DC) 과 동일하게 운영되는 제도를 말하며, 도입 시 개별근로자의 동의가 필요하다.

19 개인형 퇴직연금제도(IRP)를 설정할 수 있는 대상자는 '퇴직일시금을 수령한 자, 확정급여형 또는 확 정기여형 퇴직연금 제도가입자가 추가로 연금계정을 설정하려는 자, 자영업자'이다.

20 연금저축계좌에 납입한 금액 중 600만원 이내의 금액과 근로자가 DC 및 IRP에 납입한 금액을 합산 하여 연간 900만원을 한도로 16.5%(지방소득세 1.5% 포함)를 세액공제한다. 단, 근로소득만 있는 경우에는 총급여 5천 5백만원 또는 종합소득금액 4천 5백만원을 초과하는 자는 13.2%(지방소득세 1.2% 포함)를 세액공제한다.

오답노트

09 세제적격연금저축에서 실적배당이 가능한 것은 연금저축신탁, 연금저축펀드이다.

15 DB에서 적립금이 최소적립금의 95%에 미치지 못하는 경우, 재정안정화 계획서를 작성하여 60일 이내에 퇴직연금사 업자와 노동조합 또는 근로자 전체에게 통보해야 한다.

출제예상문제

01 다음은 일반손해보험의 특징이다. 옳지 않은 것은?

① 보험기간이 대부분 1년이다.
② 순보험료에는 저축보험료가 없다.
③ 만기환급금이 존재하지 않는다.
④ 부가보험료는 신계약비, 유지비, 수금비로 구성된다.

해설 | 일반손해보험의 부가보험료는 사업비와 이윤으로 구성되어 있다.

02 다음은 장기손해보험의 개발 순서이다. 옳게 나열된 것은?

① 가계성종합보험 → 운전자보험 → 금리연동형보험 → 장기질병보험 → 장기간병보험
② 가계성종합보험 → 금리연동형보험 → 운전자보험 → 장기질병보험 → 장기간병보험
③ 가계성종합보험 → 운전자보험 → 장기간병보험 → 장기질병보험 → 금리연동형보험
④ 가계성종합보험 → 장기질병보험 → 금리연동형보험 → 운전자보험 → 장기간병보험

해설 | 가계성종합보험 → 운전자보험 → 금리연동형보험 → 장기질병보험 → 장기간병보험

암기 가운금 질간

03 다음 중 장기보험 관련 제도를 연도순에 따라 올바르게 나열한 것은?

> ㉠ 방카슈랑스 도입
> ㉡ 질병보험의 판매 개시
> ㉢ 금리연동 저축성보험의 판매 개시
> ㉣ 책임준비금 적립방식 변경

① ㉠, ㉡, ㉢, ㉣   ② ㉢, ㉡, ㉠, ㉣
③ ㉡, ㉢, ㉣, ㉠   ④ ㉡, ㉠, ㉢, ㉣

해설 | 금리연동형상품(1990년) → 장기질병보험(1997년) → 방카슈랑스 도입(2003년 8월) → 책임준비금 적립방식 변경(2003년 10월)

주요제도변경

배당상품 도입	장기손해보험 배당상품개발 허용(2000.4.)
방카슈랑스 도입	금융기관보험대리점 허용(장기저축성보험 2003.8.)
책임준비금적립방식 변경	책임준비금 적립방식을 질멜식 → 순보험료식으로 변경(2003.10.)
경험위험률 적용확대	일정 통계량 이상의 위험률에 대해서는 회사통계에 의한 경험위험률 적용하여 단계적 보험가격 자율화(2007.10.)
실손의료비 제도 개선	• 생ㆍ손보의 표준화된 실손의료비보험 판매(2009.10.) • 단독 실손의료비 보험 판매 가능(2013.1.) • 기본형＋특약 형태로 개편(2017.4.) • 단독 상품으로만 판매(2018.4.) • 급여(주계약)/비급여(특약) 분리운영(2021.7.)
보험료산출방식 변경	3이원방식 → 현금흐름방식으로 변경(2013.4.)

PART
01

PART
02

PART
03

PART
04

PART
05

PART
06

04 다음 중 장기손해보험의 특징으로 적절하지 않은 것은?

① 부활계약의 책임 개시는 부활보험료를 납입한 때로부터 개시된다.

② 보험사고로 지급되는 보험금이 80% 미만일 때 보험금 지급한도가 자동복원된다.

③ 계약자는 연납/일시납/월납/2개월납/3개월납/6개월납 중 선택하여 보험료를 납입할 수 있다.

④ 보장성보험과 저축성보험 모두 3개월 이상의 선납이 있을 경우 보장성, 저축성의 구분 없이 할인이 가능하다.

해설 | 3개월 이상 선납 시 보험료 할인이 가능한데, 분리형의 경우 보장성보험료만 선납의 경우 할인이 적용된다.

05 다음 빈칸에 들어갈 알맞은 내용은?

> 장기손해보험은 1회의 사고로 지급되는 보험금이 (   )의 (   )이면 몇 번의 사고가 발생하더라도 지급한도가 처음의 상태로 복원된다.

① 보험가액, 80% 이하

② 보험가액, 80% 미만

③ 보험가입금액, 80% 이하

④ 보험가입금액, 80% 미만

해설 | 장기손해보험은 1회의 사고로 지급되는 보험금이 보험가입금액의 80% 미만이면 몇 번의 사고가 발생하더라도 지급한도가 처음의 상태로 자동복원된다.

정답 ▸ 01 ④ 02 ① 03 ② 04 ④ 05 ④

06 다음은 사업방법서의 필수 기재사항에 관한 내용이다. 이와 관련이 없는 것은?

① 보험금액과 보험기간의 제한에 관한 사항
② 예금자 보호 등 보험계약자 권익보호에 관한 사항
③ 보험계약에 대한 이익 또는 잉여금의 배당에 관한 사항
④ 보험료의 수수, 보험금의 지급과 보험료 등의 환급에 관한 사항

해설 | 예금자 보호에 관한 사항은 <u>약관 기재사항</u>이다.

<u>사업방법서 필수기재 사항 신고기준</u>
• 보험업의 영위지역, 영위하는 보험종목, 보험목적의 범위 등
• 보험금액과 보험기간의 제한에 관한 사항
• 피보험자 또는 보험목적의 선택과 보험계약의 체결절차에 관한 사항
• 보험료 수수, 보험금 지급, 보험료환급에 관한 사항
• 약관의 규정에 의한 대출에 관한 사항 – 보험계약의 이익 또는 배당금에 관한 사항
• 재보험 수수에 관한 사항
• 보험금액, 보험종류, 보험기간 등 보험계약의 변경에 관한 사항

07 다음 중 보험약관 작성의 경우 필수기재사항이 아닌 것은?

① 보험계약의 무효사유
② 약관의 규정에 의한 대출에 관한 사항
③ 보험회사가 보험금을 지급하여야 하는 사유
④ 예금자보호 등 보험계약자 권익보호에 관한 사항

해설 | 약관의 규정에 의한 대출에 관한 사항은 사업방법서의 필수기재사항이다.

<u>보험약관 필수기재사항 신고기준</u> 암기 <u>지무면의불해이자예</u>
• 보험회사가 보험금을 <u>지</u>급해야 하는 사유
• 보험계약의 <u>무</u>효사유 및 보험회사의 <u>면</u>책사유
• 보험회사의 <u>의</u>무범위 및 그 의무이행의 시기
• 보험계약자 또는 피보험자가 그 의무를 <u>불</u>이행한 경우 받는 손실
• 보험계약의 전부 또는 일부의 <u>해</u>지원인과 해지한 경우 당사자의 권리와 의무
• 보험계약자 등이 <u>이</u>익 또는 잉여금의 배당을 받을 권리가 있는 경우 그 범위
• 적용이율 및 <u>자</u>산운용 실적의 계산 및 공시방법
• <u>예</u>금자 보호 등 보험계약자 권익에 관한 사항

08 다음은 보험회사 상품개발의 경우 기초서류 신고기준에 대한 내용이다. 가장 적절한 것은?

① 저축성보험은 보험기간이 25년을 초과할 수 없다.

② 보험료의 추가납입은 주계약 기본보험료의 3배로 제한된다.

③ 연금저축손해보험의 연금지급은 5년에서 20년 이하의 확정기간으로 정해야 한다.

④ 저축성보험의 경우 생존 시 지급하는 보험금이 이미 납입한 보험료를 초과하여야 한다.

해설 | ① 15년 이내
　　　② 2배
　　　③ 5년에서 25년

09 다음은 '영업보험료 = 보장보험료 + 적립보험료'로 하는 보험에 대한 설명이다. 옳지 않은 것은?

① 적립보험료는 중도환급금이나 만기환급금의 재원이 된다.

② 보장보험료는 보험사고 발생 시 지급되는 보험금의 원천이 된다.

③ 적립보험료의 적립순보험료는 만기에 만기환급금과 일치하게 된다.

④ 보장보험료는 보장순보험료와 보장부가보험료로 구분되는데, 보장부가보험료는 만기에 0이 되며, 보장순보험료는 만기에 보험금지급의 재원이 된다.

해설 | 만기에 만기환급금 재원이 되는 것은 적립순보험료이다. 보장순보험료는 만기에 0이 된다.

10 다음의 빈칸에 들어갈 알맞은 내용은?

> 장기손해보험의 분리형 보험료에서, 사고보험금의 재원이 되는 것은 (　　　)이고, 만기환급금의 재원이 되는 것은 (　　　)이다.

① 위험보험료 – 저축보험료

② 위험보험료 – 순보험료

③ 보장순보험료 – 적립순보험료

④ 보장부가보험료 – 적립부가보험료

해설 | 분리형

영업보험료	보장보험료	보장순보험료	위험보험료
		보장부가보험료	$\alpha + \beta + \gamma$
	적립보험료	적립순보험료	저축보험료
		적립부가보험료	$\alpha + \beta + \gamma$

PART
01

PART
02

PART
03

PART
04

PART
05

PART
06

정답 　06 ② 　07 ② 　08 ④ 　09 ④ 　10 ③

11 다음 중 장기손해보험의 영업보험료를 '분리형'으로 나타낸 것은?

① 영업보험료 = 순보험료 + 부가보험료

② 영업보험료 = 보장보험료 + 적립보험료

③ 영업보험료 = 위험보험료 + 저축보험료 + 부가보험료

④ 영업보험료 = 위험보험료 + 저축보험료 + 신계약비 + 유지비 + 수금비

해설 | '영업보험료 = 보장보험료 + 적립보험료'이 분리형이다. 나머지는 전통형 장기보험의 분류이다.

12 다음은 3이원방식과 현금흐름방식을 비교한 것이다. 옳지 않은 것은?

구분	3이원방식	현금흐름방식
①	가격요소 종류	3이원 (예정위험률/예정이율/예정사업비율)	多이원 (3이원 + 계약유지율, 판매규모, 투자수익율, 준비금증감, 계약자구성 등)
②	가격요소 수준	보수적	회사별 최적화
③	원가요소반영	용이하지 않음	용이함
④	이익 반영	기대 이익 별도로 구분	가격요소에 암묵적으로 포함됨

해설 | 3이원방식은 이익이 가격요소에 암묵적으로 포함되어 있고, 현금흐름방식은 기대 이익이 별도로 구분되어 있다.

13 보통약관상으로 재물손해, 신체손해, 배상책임손해, 비용손해 중 2가지 이상의 손해를 보상한다면 이 보험을 무엇이라고 하는가?

① 장기화재보험　　　　　　　　　　② 장기종합보험

③ 장기비용보험　　　　　　　　　　④ 장기기타보험

해설 | 장기종합보험에 대한 설명이다.

장기손해보험의 종류

장기화재	화재로 인한 재물에 생긴 손해보장
장기종합	재물손해, 신체손해, 배상책임손해, 비용발생으로 인한 금전손해 중 2가지 이상 보장
장기상해	신체상해로 인한 손해보장
장기질병	질병에 걸리거나 질병으로 인한 입원, 수술 등의 손해보장
장기간병	활동불능, 인식불명 등 타인의 간병을 필요로 하는 상태 및 이로 인한 손해보장
장기비용	비용발생으로 인한 금전적 손해보장
장기기타	상해, 질병, 간병보장 중 2가지 이상 손해보장

14 다음 중 국문화재보험 보통약관에서 보상하는 손해에 대한 설명으로 옳지 않은 것은?

① 소방활동 중 뿌린 소방수로 발생한 수침손해

② 폭발의 결과로 화재가 발생한 경우 그 화재로 입은 손해

③ 전기적 사고의 결과로 생긴 화재손해

④ 화재가 발생하였을 때 생긴 도난으로 인한 손해

해설 | 수침손해는 소방손해로서 당연히 보상하고, 어떠한 사건의 결과로 발생하는 화재는 보상하는 손해에 해당한다.

PART 01

PART 02

PART 03

PART 04

PART 05

PART 06

15 다음 중 국문화재보험 보통약관에서 보험의 목적에 대한 설명으로 옳지 않은 것은?

① 건물의 부착물은 다른 약정이 없으면 보험의 목적에 포함된다.

② 생활용품, 집기 · 비품 등 피보험자 또는 그와 같은 세대에 속하는 사람의 소유물은 다른 약정이 없으면 보험의 목적에 포함된다.

③ 무게나 부피가 휴대할 수 있으며, 점당 200만원 이상인 귀중품은 보험증권에 기재하여야만 보험의 목적이 된다.

④ 피보험자의 소유인 칸막이, 대문, 담, 곳간 등의 부속물은 다른 약정이 없으면 보험의 목적에 포함된다.

해설 | 점당 300만원 이상인 귀중품은 보험증권에 기재하여야만 보험의 목적이 된다.

16 국문주택화재보험 보통약관에서 담보하는 손해에 해당하는 것은?

① 화재가 발생했을 때 도난으로 생긴 손해

② 가사용 가스의 폭발로 생긴 손해

③ 급배수설비가 우연한 사고로 인해 누수됨에 따라 보험의 목적에 생긴 직접 손해

④ 전기장치의 전기적 사고로 생긴 손해

해설 | 주택의 폭발 및 파손은 보상하는 손해에 해당한다.

화재보험 보통약관에서 보상하지 않는 손해
- 계약자, 피보험자 또는 이들의 법정대리인의 <u>고의</u> 또는 <u>중대한 과실</u>
- 화재 발생 시의 도난 또는 분실손해
- 보험의 목적의 발효, 자연발열, 자연발화(→ 단, 다른 보험목적에 대한 화재는 보상)
- 화재로 생긴 것이든 아니든 파열 또는 폭발손해(→ 그 결과로 생긴 화재손해는 보상)
- 화재에 기인되지 않는 수도관, 수관 또는 수압기 등의 파열로 인한 손해
- 발전기, 여자기, 변압기 등의 전기적 사고로 인한 손해(→ 그 결과로 생긴 화재손해는 보상)
- 지진, 분화 또는 전쟁, 혁명, 내란, 노동쟁의 등의 손해
- 핵연료물질 관련 사고로 인한 손해
- 방사선, 방사능오염으로 인한 손해
- 국가 및 지자체의 명령에 의한 재산소각 및 이와 유사한 손해

정답 11 ② 12 ④ 13 ② 14 ④ 15 ③ 16 ②

17 다음 중 국문 화재보험 보통약관에서 보험금 등의 지급 한도에 대한 설명으로 옳지 않은 것은?

① 손해방지비용은 보험의 목적에 대한 지급보험금의 계산방법을 준용하여 계산하며, 계산한 금액이 보험 가입금액을 초과하는 경우에도 이를 지급한다.

② 잔존물 제거비용은 보험의 목적에 대한 지급보험금의 계산방법을 준용하여 계산하며, 계산한 금액이 보험 가입금액을 초과하는 경우에도 이를 지급한다.

③ 대위권 보전비용은 보험의 목적에 대한 지급보험금의 계산방법을 준용하여 계산하며, 계산한 금액이 보험 가입금액을 초과하는 경우에도 이를 지급한다.

④ 잔존물 보전비용은 보험의 목적에 대한 지급보험금의 계산방법을 준용하여 계산하며, 계산한 금액이 보험 가입금액을 초과하는 경우에도 이를 지급한다.

해설 | 잔존물 제거비용은 <u>보험 가입금액 한도 내에서</u> 지급한다.

18 다음의 사례의 경우, 보험목적(기계)의 시가평가액은?

- 보험의 목적 : 기계
- 취득 시 가격(신품재조달가격) : 2억원
- 담보사고 발생 시 신품재조달가격(취득 후 4년 경과) : 4억원
- 보험목적의 경년감가율 : 5%/년
- 재조달가액보상특약은 첨부하지 않음

① 2억원
② 2억 4천만원
③ 2억 6천만원
④ 3억 2천만원

해설 | • 감가공제액 : 4억원(사고 발생 시)×5%×4년=8천만원
　　　 • 시가평가액 : 4억원－8천만원=<u>3억 2천만원</u>

19 다음은 화재보험의 보험가입대상으로서의 재고자산(동산)에 대한 설명이다. 옳지 않은 것은?

① 신가보험(재조달가보험)에 절대 가입할 수 없다.
② 보험가액을 평가할 때 재조달가액에서 감가공제를 하지 않는다.
③ 재고자산의 보험가액에는 절대 판매이익이 포함될 수 없다.
④ 외부로부터 매입 시에는 제조원가, 자가제조 시에는 재매입가액을 보험가액으로 한다.

해설 | 외부매입 시에는 재매입가, 자가제조 시에는 제조원가를 보험가액으로 한다.

보험가액의 평가방법

미평가보험(원칙)		기평가보험(예외)
시가	재조달가액	
• 보험가액＝재조달가액－감가상각 • 감가공제액＝신품가격×경년감 가율×경과연수	• 보험가액＝재조달가액 • 외부매입 보험가액 : 재매입가액 • 자가제조 보험가액 : 제조원가	보험계약 당시의 '협정보험가액'
건물, 기계, 집기비품, 가재 등	상품, 제품, 재공품, 원재료 등	글, 그림, 골동품, 원고 등

20 국문화재보험에서 아래의 조건에 따라 지급보험금을 산출할 경우 옳은 것은?

- 영위업종 : 일반 판매시설
- 보험가입금액 : 건물 800만원, 재고자산 800만원
- 보험가액 : 건물 1,000만원, 재고자산 1,000만원
- 손해액 : 건물 200만원, 재고자산 300만원

① 건물 200만원, 재고자산 240만원　　② 건물 200만원, 재고자산 300만원

③ 건물 160만원, 재고자산 300만원　　④ 건물 160만원, 재고자산 240만원

해설 | • 건물의 경우 200만원×(800만원/1,000만원의 80%)＝<u>200만원</u>
　　　• 재고자산의 경우 300만원×(800만원/1,000만원)＝<u>240만원</u>

21 다음의 조건에 따라 지급보험금을 산출할 경우 옳은 것은?

- 보험종목 : 국문화재보험(보통약관)
- 계약사항
  - 보험가입금액 : 40만원
  - 영위업종 : 일반업무시설
- 보험가액 : 100만원
- 손해액 : 40만원
- 잔존물제거비용 : 10만원
- 손해방지비용 : 2만원

① 200,000원　　　　　　　　　② 250,000원

③ 260,000원　　　　　　　　　④ 270,000원

해설 | • 40만원×(40만원/100만원의 80%)＋10만×(40만원/100만원의 80%)＋2만원×(40만원/100만원의 80%)
　　　＝<u>250,000원</u>
　　　• 단, 잔존물제거비용은 5만원이지만 손해액의 10%인 4만원까지 허용되므로 <u>4만원</u>을 적용한다.

22 다음 중 국문화재보험 일반물건에서 아래의 조건에 따라 산출한 보험금으로 옳은 것은?

- 보험가입금액 : 1억원(건물)
- 손해액 : 8천만원(건물)
- 기타협력비용 : 1백만원
- 보험가액 : 2억원(건물)
- 잔존물제거비용 : 1천만원

① 55,625,000원
② 56,000,000원
③ 56,875,000원
④ 57,250,000원

해설 | • 일반건물이므로 80% 부보비율을 적용한다.
- 손해액의 경우 8천만원×(1억원/2억원의 80%) = <u>5천만원</u>
- 잔존물제거비용의 경우 1천만원×(1억원/2억원의 80%) = <u>625만원</u>
- 기타협력비용 <u>1백만원</u>은 실손보상한다.
- 합계액 = <u>5천만원 + 625만원 + 1백만원 = 57,250,000원</u>

23 다음 중 장기종합보험의 가재도난담보에서 '보상하는 손해'에 해당하는 것은?

① 화재, 폭발, 파열사고가 났을 때의 도난손해
② 보험의 목적인 가재가 들어 있는 건물을 75시간 비운 상태에서 발생한 손해
③ 보험사고가 생긴 후 29일에 도난을 인지한 손해
④ 보험의 목적인 가재가 집 밖에 있을 때 생긴 도난 손해

해설 | 보상하지 않는 손해
- 화재, 폭발, 파열의 사고가 났을 때 생긴 보험목적의 분실 또는 도난
- 보험의 목적인 가재가 들어있는 건물을 72시간 이상 비워둔 동안에 생긴 도난
- 보험사고가 생긴 후 30일 내에 알지 못한 도난
- 보험의 목적인 가재가 집 밖에 있을 동안에 생긴 도난

24 장기화재보험에 첨부하는 특별약관 중 사전에 반드시 화재사고가 선행되어야 보상되는 것은?

① 구내폭발파열보장 특별약관
② 전기위험담보 특별약관
③ 구내냉동냉장손해담보 특별약관
④ 특수건물 특별약관

해설 | 특별약관

재물 손해	점포휴업손해보장 특약	화재손해로 영업중단 또는 휴지되어 발생하는 손해를 보상
	전기위험담보 특약	발전기, 변압기 등 전기적 손해 그 자체를 담보함
	특수건물 특약	화보법상의 특수건물의 화재손해를 보상
	구내폭발파열보장 특약	구내에서 폭발, 파열을 담보(주택화재는 첨부할 필요 없음)
	구내냉동(냉장)손해보장특약	화재사고 선행 → 냉동시설 파괴 → 냉동물 손해보상
	이재가구손해보장특약	화재로 이재가구가 된 경우 보험가입금액을 전액 보상(정액)

※ 신체손해 관련 특약으로 '상해담보 특약/질병담보 특약/운전자담보 특약'이 있다.

25 다음은 신체손해배상책임 의무 가입대상인 특수건물이다. 옳지 않은 것은?

① 연면적 1,000㎡ 이상의 국유건물
② 바닥면적 2,000㎡ 이상의 학원, 일반음식점
③ 연면적 3,000㎡ 이상인 병원, 공장, 공연장, 학교
④ 16층 이상의 아파트와 일반건물

해설 | 일반건물은 11층 이상이다.

PART
01

PART
02

PART
03

PART
04

PART
05

PART
06

26 도난위험담보 특별약관에서 '보상하지 않는 손해'가 아닌 것은?

① 강도 또는 절도로 보험의 목적인 가재에 생긴 도취, 오손, 훼손, 또는 파손손해
② 보험이 목적인 가재가 들어있는 건물을 72시간 이상 비워둔 동안에 생긴 손해
③ 보험사고가 생긴 후 30일 이내에 인지하지 못한 도난손해
④ 보험의 목적인 가재가 집 밖에 있을 때 생긴 도난손해

해설 | 보상하지 않는 손해
- 화재, 폭발, 파열의 사고가 났을 때 생긴 보험목적의 분실 또는 도난
- 보험의 목적인 가재가 들어있는 건물을 72시간 이상 비워둔 동안에 생긴 도난
- 보험사고가 생긴 후 30일 내에 알지 못한 도난
- 보험의 목적인 가재가 집 밖에 있을 동안에 생긴 도난

27 장기종합보험의 배상책임손해담보에서 '보상하지 아니하는 손해'에 해당하지 않는 것은?

① 피보험자의 친족 또는 고용인에 대한 배상책임
② 자동차의 소유, 사용 또는 관리로 생긴 배상책임
③ 피보험자의 주택의 소유, 사용 관리에 따른 우연한 사고로 생긴 법률상의 배상책임
④ 피보험자와 제3자 간에 손해배상에 관한 약정이 있는 경우 그 약정에 따라 가중된 배상책임

해설 | ①은 도덕적 문제, ②는 자동차보험의 영역, ④는 가중계약책임이다.

28 다음은 '일상생활배상책임보험'에 대한 설명이다. 옳지 않은 것은?

① 대인배상과 대물배상 모두 보상한다.

② 동 보험의 피보험자는 피보험자 본인과 동거하는 배우자, 그리고 자녀이다.

③ 보험증권에 기재된 금액한도 내에서 배상책임액을 지급하는데, 대물배상의 경우 자기부담금은 20만원이다.

④ 보험기간 중 소유, 사용, 관리하는 주택과 일상생활 중의 우연한 사고로 피해자에게 손해배상책임을 부담함으로써 입은 손해를 보상한다.

해설 | • 일상생활배상책임보험의 피보험자 : 피보험자 본인과 배우자
　　　 • 자녀생활배상책임보험의 피보험자 : 피보험자의 자녀
　　　 • 가족생활배상책임보험의 피보험자 : 피보험자 본인, 배우자, 자녀

29 다음은 장기종합보험에 대한 설명이다. 옳은 것은?

① 가재도난담보에서는 보험의 목적인 가재가 들어있는 건물을 계속해서 24시간 이상 비워둔 동안에 생긴 손해는 보상하지 않는다.

② 배상책임보험에서는 보험가액이 존재하지 않으므로, 비례보상을 하는 배상책임보험은 없다.

③ 가스사고배상책임보험은 대인 1인당 8천만원, 부상 시 최고 1,500만원을 보상하는데, 대물사고에 대해서는 보상하지 않는다.

④ 일상생활배상책임보험에서는 피보험자 본인과 배우자가 피해자에게 대인 또는 대물에 대한 법률상 배상책임을 질 때 이를 보상하는데, 자기부담금은 대물배상책임에서만 공제한다.

해설 | ① 72시간 이상 비워둔 동안에 생긴 손해는 보상하지 않는다.
　　　 ② 임차자배상책임보험은 보험가액이 있고 비례보상한다.
　　　 ③ 대물사고는 보상한도까지 실손보상한다.

30 다음 중 장기운전자보험에 벌금 담보특약에서 면책사유가 아닌 것은?

① 피보험자의 뺑소니 사고

② 피보험자의 음주, 무면허운전 사고

③ 피보험자가 시험용으로 운전하던 중의 사고

④ 피보험자의 차량이 무보험상태(의무보험 미가입상태)에서 발생한 사고

해설 | 장기운전자보험은 자동차보험 가입 여부를 따져서 면책사유로 하지 않는다.

31 다음 중 장기운전자보험의 '차량손해위로금' 특약에서 보상하지 않는 것은?

① 피보험자동차에 전부손해가 발생한 경우
② 피보험자동차에 분손을 입고 자기차량손해담보로 100만원 이상의 보상을 받은 경우
③ 피보험자동차가 운전 중 사고로 가동불능상태가 되어 이를 대체하는 긴급비용이 발생한 경우
④ 피보험자동차를 도난당하고 경찰서에 신고한 후 30일이 경과하여도 피보험자동차를 회수하지 못한 경우

해설 | ③은 운전자보험의 긴급비용 특별약관에 대한 내용이다.

PART
01

PART
02

PART
03

PART
04

PART
05

PART
06

32 운전자보험의 '자동차사고 변호사선임비용' 특별약관에 대한 내용이다. 빈칸에 들어갈 수 없는 것은?

> 피보험자가 '자동차를 운전 중', '타인(부모/배우자/자녀 제외)'의 신체에 상해를 입힘으로써 (   ), 변호사 선임비용으로 실제로 부담한 금액을 1사고당 보험가입금액 한도로 보상한다.

① 구속영장에 의해 구속된 경우
② 검사에 의해 공소제기된 경우
③ 검사에 의해 약식기소되었으나 법원에 의해 심판절차상 재판인 진행된 경우
④ 검사에 의해 약식기소되었으나 피보험자가 법원의 약식명령에 불복하여 정식재판을 청구한 경우

해설 | 약식기소되었으나, 피보험자가 이에 불복하여 정식재판을 청구한 경우는 면책이다.

33 다음은 장기운전자보험에 관한 설명이다. 옳지 않은 것은?

① 교통상해임시생활비 특별약관은, 피보험자가 운전 중의 사고로 타인에게 상해를 입히고 이로 인해 구속되었을 경우, 구속기간인 1일당 보험가입금액을 180일 한도로 지급한다.
② 방어비용 특별약관은, 피보험자가 운전 중의 사고로 타인에게 상해를 입히고 이로 인해 구속되었거나 공소제기되었을 경우 보험가입금액을 정액으로 지급한다.
③ 교통사고처리지원금 특별약관은, 피보험자가 운전 중의 사고로 피해자가 사망하거나 42일 이상의 치료를 요하는 진단을 받았을 경우 최소 1천만원에서 최고 3천만원을 보상한다(가입금액 3천만원 기준).
④ 교통사고부상치료비 특별약관은 피보험자가 사고로 인해 부상을 입었을 경우 부상치료비를 지급하는데, 하역작업을 하는 동안에 대해서는 면책이다.

해설 | ①은 생활유지비 특약에 대한 설명이다. 교통상해임시생활비는 '업무능력의 저하'로 치료받은 경우, 업무능력 저하 1일당 180일 한도로 보상한다.

34 다음은 운전자보험에 대한 설명이다. 올바른 것은?

① 변호사선임비용은 약식기소된 경우에는, 법원에 의해 공판으로 진행되더라도 보험금이 지급되지 않는다.

② 자동차를 운전 중이라 함은 피보험자가 자동차 운전석에 탑승하여 핸들을 조작하고 있는 주행 중의 상태를 말한다.

③ 운전 중 사고로 타인에게 상해를 입히고 형사합의를 할 경우 형사합의에 대한 교통사고처리지원금이 지급되는데, 이때 타인이란 피보험자의 배우자, 부모나 자녀도 포함된다.

④ 교통사고처리지원금은 중대법규위반 교통사고로 피해자가 42일 이상 치료를 요한다는 진단을 받은 경우에는 진단기간별 한도금액만큼 보상되는데, 이때 음주운전이나 무면허운전은 보상대상에서 제외된다.

해설 | ① 약식기소되었으나 법원에 의해 공판으로 진행된 경우는 지급대상이 된다.
② '운전 중'이란 핸들을 조작하거나 조작이 가능한 상태를 말한다.
③ 배우자, 부모, 자녀는 제외된다.

35 다음 중 운전자보험 담보 보상방식이 다른 것은?

① 벌금

② 자동차사고 변호사선임비용

③ 면허취소위로금

④ 교통사고 처리지원금

해설 | 벌금, 교통사고처리지원금, 변호사 선임비용은 실손보상이고 나머지는 정액보상이다.

36 다음은 운전자보험 "운전면허정지보장 특별약관"에 관한 내용이다. (   )에 들어갈 내용으로 알맞은 것은?

> 회사는 피보험자가 보험기간 중 자동차를 운전하던 중 급격하고도 우연한 자동차사고로 타인의 신체에 상해를 입히거나 재물을 손상함으로써 피보험자의 자동차 운전면허가 행정처분에 의해 일시 정지되었을 때 보험수익자에게 면허정지기간 동안 최고 (   )일을 한도로 1일당 이 특별약관의 보험가입금액을 지급한다.

① 15   ② 30
③ 60   ④ 90

해설 | 면허정지기간 동안 최고 <u>60일</u>을 한도로 1일당 이 특별약관의 보험가입금액을 지급한다.

37 다음은 운전자보험의 자동차관리법 시행규칙 제2조에 정한 "자동차"에 대한 내용이다. (a)~(f) 중에서 "자동차"에 해당하는 항목은 모두 몇 개인가?

> (a) 승용자동차
> (b) 승합자동차
> (c) 화물자동차
> (d) 특수자동차
> (e) 이륜자동차
> (f) 자동차손해배상보장법 시행령 제2조에 정한 건설기계

① 3개   ② 4개
③ 5개   ④ 6개

해설 | 자동차관리법상 자동차의 범위는 (a)~(e), 자동차손해배상보장법상의 건설기계는 (f)를 말한다.

PART
01

PART
02

PART
03

PART
04

PART
05

PART
06

38 다음은 신연금저축손해보험의 세제와 관련한 내용이다. 옳지 않은 것은?

① 연금수령한도를 운용하고 있다.
② 연금저축 보험료는 연간 1,800만원을 한도로 한다.
③ 납입기간은 5년 이상이며 연령에 대한 가입자격 제한이 없다.
④ 손해보험사에서 판매하는 연금보험에는 세제 적격 연금 보험과 세제 비적격 연금보험이 있다.

해설 | 손해보험사에서 판매하는 연금보험에는 세제 비적격 연금이 없다(→ 생명보험사, 공제는 있음).

39 다음은 신연금저축상품과 연금수령방식을 짝지은 것이다. 올바르지 않은 것은?

① 신연금저축신탁 – 확정기간형
② 신연금저축펀드 – 확정기간형
③ 신연금저축보험(손해보험) – 확정기간형, 종신형
④ 신연금저축보험(생명보험) – 확정기간형, 종신형

해설 | 연금저축보험(손해보험) 은 확정기간형만 제공되고, 생명보험사만 종신형이 가능하다.

40 연금저축상품의 원금보장과 예금자 보호에 대한 설명으로 옳지 않은 것은?

	구분	원금보장	예금자 보호
①	연금저축신탁	비보장(2017년 이후 가입)	비보호
②	연금저축펀드	비보장	비보호
③	연금저축보험(손해보험)	보장	보호
④	연금저축보험(생명보험)	보장	보호

해설 | 연금저축신탁은 은행에서 제공하는 상품으로 원금보장 및 예금자 보호가 된다.

41 소득세법에서는 연금계좌의 연금수령한도를 초과하여 인출하는 금액을 연금외수령으로 간주한다. 연금수령한도 산식에 대하여 바르게 짝지어진 것은?

$$연금수령한도 = \frac{연금계좌의\ 평가액}{\bigcirc - 연금수령연차} \times \frac{\bigcirc\!\!\!\bigcirc}{100}$$

① ㉠ 10 — ㉡ 110

② ㉠ 10 — ㉡ 120

③ ㉠ 11 — ㉡ 110

④ ㉠ 11 — ㉡ 120

해설 | 연금수령시기가 늦을수록 연간 연금수령한도는 커지므로 연금을 늦게 받도록 유도하는 정책이 반영된 산식이며 연금수령연차가 11년 이상인 경우 한도가 적용되지 않는다.

42 다음 중 연금저축펀드와 연금저축보험의 일반적인 특성으로 올바르지 않은 것은?

	구분	연금저축펀드	연금저축보험
①	수익성/안전성	수익성 중시	안전성 중시
②	원금보장	×	○
③	취급기관	은행	생보사, 손보사, 공제
④	연금수령기간	확정기간	확정기간, 종신

해설 | 연금저축펀드의 취급기관은 금융투자회사이며 은행은 연금저축신탁을 취급한다.

43 다음 중 세제 비적격 개인연금상품에 대한 설명으로 옳지 않은 것은?

① 연금지급 개시 전에 사망, 장애 등에 대한 일부 보장 기능을 활용할 수 있다.
② 생명보험사에서 판매하는 상품으로 금리연동형 연금보험, 실적배당형 변액연금보험 등이 있다.
③ 보험료를 5년 이상 납부하고 계약을 10년 이상 유지한 후 연금으로 받으면 이자소득세가 부과되지 않는다.
④ 보험료는 연간 1,800만원까지 납입이 가능하며 연간 최대 600만원까지 세액공제를 받을 수 있다.

해설 | 세제 적격 연금인 신연금저축의 보험료는 연간 1,800만원까지 납입이 가능하며 연간 최대 600만원까지 세액공제를 받을 수 있다.

44 장래 퇴직 시 수령하는 퇴직금액이 확정급여형 퇴직연금제도보다 확정기여형 퇴직연금제도에서 더 클 것으로 예상되는 경우로 알맞은 것은?

① 장래 임금상승률이 장래 투자수익률보다 높을 것으로 기대되는 젊은 연령의 가입자
② 원리금보장상품 금리보다 장래 임금상승률이 높을 것으로 기대하는 원금보장투자성향의 가입자
③ 회사 내 업무실적을 인정받아 승진 후 높은 임금 상승이 예상되는 가입자
④ 임금피크제가 얼마 안 남은 고연령 가입자로 더 이상 임금 상승이 기대되지 않는 가입자

해설 | 임금피크제로 임금이 더 오르지 않는다면 확정기여형으로 운용하는 것이 더 나은 대안이다. 나머지는 임금 상승률이 더 높으므로 확정급여형으로 운용하는 것이 더 낫다.

45 다음 중 확정급여형(DB) 퇴직연금제도에 대한 설명으로 가장 적절하지 않은 것은?

① 근로자도 사용자 부담금에 추가 기여를 할 수 있다.
② 사용자 부담금은 적립금 운용결과에 따라 변동될 수 있다.
③ 사용자는 매년 1회 이상 퇴직급여 지급을 위한 부담금을 납입해야 한다.
④ 확정급여형 퇴직연금에 가입한 근로자의 퇴직급여는 퇴직금제도에서의 퇴직금과 동일하다.

해설 | 근로자도 사용자 부담금에 추가 기여를 할 수 있는 것은 DC 또는 IRP이다.

PART 01

PART 02

PART 03

PART 04

PART 05

PART 06

46 확정급여형 퇴직연금의 재정 건전성 검증 결과 적립비율이 110%일 때 퇴직연금사업자의 조치사항은 무엇인가?

① 100% 초과분에 대하여 사용자에게 반환해야 한다.
② 100% 초과분에 대하여 사용자가 반환을 요구하는 경우에만 반환할 수 있다.
③ 100% 초과분에 대하여 향후 납입할 부담금에서 상계할 수 있다.
④ 향후 퇴직급여 지급 시 비율지급을 해야 한다.

해설 | 적립금이 기준책임준비금을 초과하는 경우
- 사용자는 향후 납입할 분담금에서 상계할 수 있다.
- 기준책임준비금의 150%를 초과할 경우, 그 초과분은 사용자의 반환요청 시 초과분에 한하여 반환이 가능하다.

47 다음 중 확정급여형 퇴직연금에 대한 설명으로 옳지 않은 것은?

① 확정급여형 제도는 가입자(근로자)가 미래에 받을 퇴직급여가 사전에 확정되는 연금제도이다.
② 급여수준은 가입자의 퇴직일을 기준으로 산정한 일시금이 계속근로기간 1년에 대하여 30일분의 평균임금에 상당하는 금액 이상이 되도록 하여야 한다.
③ 퇴직연금사업자는 매 사업연도 종료 후 3개월 이내에 고용노동부령으로 정하는 바에 따라 산정된 적립금이 최소적립금을 상회하고 있는지 여부를 확인하여야 한다.
④ 사용자는 적립수준이 최소적립금의 100분의 95에 미치지 못하는 경우에는 '재정안정화계획서'를 작성하여야 한다.

해설 | 퇴직급여 지급능력 확인 및 조치(DB에만 존재)를 위해 퇴직연금사업자는 매 사업연도 종료 후 <u>6개월</u> 이내에 최소적립금 상회여부를 확인하고 그 결과를 <u>사용자에게 통보</u>해야 한다.

48 다음은 퇴직연금의 수급권 담보제공 사유에 관한 내용이다. 옳지 않은 것은?

① 최근 5년 내 개인회생절차를 신청한 경우
② 임금피크제를 실시하여 임금이 줄어든 경우
③ 무주택자인 가입자가 본인명의로 주택을 구입하는 경우
④ 무주택자인 가입자가 1회에 한정하여 전세금이나 보증금을 부담하는 경우

해설 | 임금피크제를 실시하여 임금이 줄어든 경우는 퇴직연금의 수급권 담보제공 사유가 아닌 퇴직금의 중간정산의 사유에 해당한다.

49 다음은 근로자 입장에서 확정기여형 퇴직연금의 장점에 대한 설명이다. 옳지 않은 것은?

① 임금피크제를 도입한 기업에 유리하다.
② 확정급여형 퇴직연금으로 전환이 용이하다.
③ 퇴직연금 수수료를 사용자가 전액 부담한다.
④ 퇴직급여 수급권이 보장되고 퇴직연금 적립금을 압류할 수 없다.

해설 | 운용주체가 달라 구조상 확정급여형으로 전환하기가 어렵다.

PART
01

PART
02

PART
03

PART
04

PART
05

PART
06

50 다음 중 개인형 퇴직연금(IRP) 연금수령 절차 및 유의사항으로 올바르지 않은 것은?

① 연금저축계좌 가입자는 가입일로부터 10년이 경과하고 만 55세 이후에 연금수령 개시신청이 가능하다.
② 가입자는 연금수령 개시일, 수령주기, 수령할 금액 등을 지정하여 연금수령을 신청해야 한다.
③ 개인형 퇴직연금(IRP)의 납입한도는 연간 1,800만원이며, 적립금 운용방법 등은 확정기여형과 동일하다.
④ 금융회사는 연금수령으로 인출되는 금액에 대해 원천징수한 후 가입자가 지정한 인출용 계좌로 입금 처리하게 된다.

해설 | 개인형 퇴직연금(IRP) 가입자는 '55세 이후에 연금수령, 연금의 지급기간 5년 이상'이 연금수령요건이다.

51 다음 중 퇴직연금사업자의 운용관리업무에 해당하는 것을 모두 고른 것은?

> ㉠ 연금제도 설계 및 연금계리(확정급여형 퇴직연금제도 설정 시)
> ㉡ 부담금의 수령
> ㉢ 적립금 운용현황의 기록, 보관, 통지
> ㉣ 급여의 지급

① ㉠, ㉢ ② ㉠, ㉣
③ ㉢, ㉣ ④ ㉡, ㉣

해설 | 부담금 수령과 급여의 지급은 자산관리기관의 업무이다.

52 다음 중 확정급여형 퇴직연금제도에서의 연금 수급요건에 해당하는 것은?

① 55세 이상, 가입기간 10년 이상, 연금지급기간 5년 이상
② 60세 이상, 가입기간 10년 이상, 연금지급기간 5년 이상
③ 55세 이상, 가입기간 20년 이상, 연금지급기간 10년 이상
④ 60세 이상, 가입기간 20년 이상, 연금지급기간 10년 이상

해설 I DB와 DC 퇴직연금제도에서의 연금 수급요건은 55세 이상, 가입기간 10년 이상, 연금지급기간 5년 이상이며, IRP의 수급요건은 55세 이상, 연금지급기간 5년 이상이다.

53 다음은 퇴직연금 관련 세액공제 제도에 대한 설명이다. 옳지 않은 것은?

① 연금저축에 납입한 금액은 600만원 한도로 세액공제를 할 수 있다.
② 연금저축과 DC및 IRP에 납입한 금액을 합산하여 연 700만원까지 세액공제를 할 수 있다.
③ 퇴직염금의 세액공제는 지방소득세 1.5%를 포함하여 16.5%를 적용한다.
④ 근로소득만 있는 경우 총급여 5천 5백만원 또는 종합소득금액 4천 5백만원을 초과하는 자는 13.2%의 세율을 적용한다.

해설 I 연금저축과 DC및 IRP에 납입한 금액을 합산하여 연 900만원까지 세액공제를 할 수 있다.

PART 02

제3보험

제3보험 개요

1. 보험의 분류

(1) 상법 및 보험업법상의 분류

구분	분류	종류
상법(보험계약법)	손해보험	화재보험, 운송보험, 해상보험, 책임보험, 자동차보험, 보증보험
	인보험	생명보험, 상해보험, 질병보험
보험업법	생명보험	생명보험, 연금보험 등
	손해보험	화재보험, 해상보험, 자동차보험, 보증보험, 재보험 등
	제3보험	상해보험, 질병보험, 간병보험

(2) 주요내용

① 제3보험은 사람이 질병에 걸리거나 상해를 당했을 때 또는 질병이나 상해가 원인이 되어 간병이 필요한 상태가 되었을 때 이를 보장하는 보험이다.

② 생명보험의 정액보상적 특성 손해보험의 실손보상적 특성을 모두 가지고 있어 제3보험이라 한다.

③ 상법에서는 제3보험이라는 명문화된 용어는 없으나 상해보험과 질병보험이 제3보험에 해당된다.

2. 보험업법상의 제3보험의 종류

(1) 제3보험의 종류

상해보험	• 피보험자가 보험기간 중에 발생한 급격하고 우연한 외래의 사고로 인한 신체손상을 보상 • 사망, 후유장해, 입원, 통원 등의 경우에 약정된 보험금을 지급
질병보험	• 피보험자가 보험기간 중에 발생한 질병에 대하여 보상 • 진단, 수술, 입원, 통원 등에 대한 보험금을 지급
간병보험	• 피보험자가 보험기간 중에 발생한 상해 또는 질병으로 인한 치매 상태(인식 불명 상태) 또는 활동 불능 상태(일상생활 장해상태)에 대하여 보상 • 간병연금 등 간병 관련 보험금을 지급

(2) 질병사망보장 특약

① 제3보험에서 '질병으로 인한 사망'은 생명보험의 고유영역이기 때문에 손해보험에서는 주계약으로 영위할 수 없고 특약으로만 가능하다.

② 질병사망보장 특약의 요건

    ㉠ 보험만기는 <u>80세 이하</u>일 것

    ㉡ 보험금액의 한도는 개인당 <u>2억원 이내</u>일 것

    ㉢ 만기 시에 지급하는 환급금은 납입보험료 합계액의 <u>범위 내</u>일 것

TOPIC 02   손해보험과 제3보험의 비교

구분	손해보험	제3보험
보험사고 발생의 객체	피보험자의 재물 (→ 피보험자가 보험금 수령)	피보험자의 신체 (→ 보험수익자가 보험금 수령)
초과보험 등의 존재	초과, 일부, 중복보험이 존재	초과, 일부, 중복보험이 부존재 (→ 보험가액이 없으므로)
피보험자의 서면동의	'타인을 위한 보험'은 피보험자의 동의 없이 체결 가능	'타인의 사망보험'은 피보험자의 <u>서면동의</u> 없이 체결 불가능
보험자대위의 인정	인정	불인정(→ 상해보험에서 당사자 간 약정이 있고 피보험자의 권리를 침해하지 않는 범위 내인 경우 인정)
중대한 과실의 담보	면책	부책
손해방지의무	있음	없음

PART 01

PART 02

PART 03

PART 04

PART 05

PART 06

01 제3보험은 사람이 질병에 걸리거나 상해를 당했을 때 또는 질병이나 상해가 원인이 되어 <u>간병이 필요한 상태가 되었을 때</u> 이를 보장하는 보험이다.

02 제3보험은 생명보험의 <u>정액보상적</u> 특성과 손해보험의 <u>실손보상적</u> 특성을 모두 가지고 있다.

03 상해보험은 피보험자가 보험기간 중에 <u>급격</u>하고 <u>우연</u>한 <u>외래</u>의 사고로 인한 신체손상을 보상하며, 사망, 후유장해, 인원, 통원 등의 경우에 약정된 보험금을 지급한다.

04 간병보험은 피보험자가 보험기간 중에 상해 또는 질병으로 인한 <u>치매 상태</u>(인식 불명 상태) 또는 활동불능 상태(일상생활 장해상태)에 대하여 보상하며, 간병연금 등 간병 관련 보험금을 지급한다.

05 제3보험에서 '질병으로 인한 사망'은 생명보험의 고유영역이지만 손해보험에서도 <u>주계약으로</u> 영위할 수 있다.

06 손해보험에서 '타인을 위한 보험'은 피보험자의 동의 없이 체결이 가능하지만, 제3보험에서 '타인의 사망보험'은 피보험자의 <u>서면동의</u> 없이 체결이 불가능하다.

07 손해보험에서 중대한 과실의 경우 <u>부책</u>이지만 제3보험에서 중대한 과실은 면책이다.

오답노트

05 제3보험에서 '질병으로 인한 사망'은 생명보험의 고유영역이기 때문에 손해보험에서는 주계약으로 영위할 수 없고 <u>특약으로만</u> 가능하다.
07 손해보험에서 중대한 과실의 경우 <u>면책</u>이지만 제3보험에서 중대한 과실은 <u>부책</u>이다.

질병 · 상해보험의 표준약관

PART
01

PART
02

PART
03

PART
04

PART
05

PART
06

TOPIC 01 목적 및 용어의 정의

제1조(목적)

이 보험계약(이하 '계약'이라 한다)은 보험계약자(이하 '계약자'라 한다)와 보험회사(이하 '회사'라 한다) 사이에 피보험자의 질병이나 상해에 대한 위험을 보장하기 위하여 체결된다.

제2조(용어의 정의)

이 계약에서 사용되는 용어의 정의는, 이 계약의 다른 조항에서 달리 정의되지 않는 한 다음과 같다.

1. 계약관계 관련 용어

   ① 계약자 : 회사와 계약을 체결하고 보험료를 납입할 의무를 지는 사람을 말한다.

   ② 보험수익자 : 보험금 지급사유가 발생하는 때에 회사에 보험금을 청구하여 받을 수 있는 사람을 말한다.

   ③ 보험증권 : 계약의 성립과 그 내용을 증명하기 위하여 회사가 계약자에게 주는 증서를 말한다.

   ④ 진단계약 : 계약을 체결하기 위하여 피보험자가 건강진단을 받아야 하는 계약을 말한다.

   ⑤ 피보험자 : 보험사고의 대상이 되는 사람을 말한다.

2. 지급사유 관련 용어

   ① 상해 : 보험기간 중에 발생한 급격하고도 우연한 외래의 사고로 신체(의수, 의족, 의안, 의치 등 신체보조장구는 제외하나, 인공장기나 부분 의치 등 신체에 이식되어 그 기능을 대신할 경우는 포함한다)에 입은 상해를 말한다.

   ② 장해 : 장해분류표에서 정한 기준에 따른 장해상태를 말한다.

   ③ 중요한 사항 : 계약 전 알릴 의무와 관련하여 회사가 그 사실을 알았더라면 계약의 청약을 거절하거나 보험가입금액 한도 제한, 일부 보장 제외, 보험금 삭감, 보험료 할증과 같이 조건부로 승낙하는 등 계약 승낙에 영향을 미칠 수 있는 사항을 말한다.

3. 지급금과 이자율 관련 용어

   ① 연 단위 복리 : 회사가 지급할 금전에 이자를 줄 때 1년마다 마지막 날에 그 이자를 원금에 더한 금액을 다음 1년의 원금으로 하는 이자 계산방법을 말한다.

   ② 평균공시이율 : 전체 보험회사 공시이율의 평균으로, 이 계약 체결 시점의 이율을 말한다.

   ③ 해약환급금 : 계약이 해지되는 때에 회사가 계약자에게 돌려주는 금액을 말한다.

4. 기간과 날짜 관련 용어

   ① 보험기간 : 계약에 따라 보장을 받는 기간을 말한다.

   ② 영업일 : 회사가 영업점에서 정상적으로 영업하는 날을 말하며, 토요일, '관공서의 공휴일에 관한 규정'에 따른 공휴일과 근로자의 날을 제외한다. **암기** 토공근

제3조(보험금의 지급사유)

회사는 피보험자에게 다음 중 어느 하나의 사유가 발생한 경우에는 <u>보험수익자에게</u> 약정한 보험금을 지급한다.

1. 보험기간 중에 상해의 직접결과로써 사망한 경우(질병으로 인한 사망은 제외) : <u>사망보험금</u>

2. 보험기간 중 진단확정된 질병 또는 상해로 장해분류표에서 정한 각 장해지급률에 해당하는 장해상태가 되었을 때 : <u>후유장해보험금</u>

3. 보험기간 중 진단확정된 질병 또는 상해로 입원, 통원, 요양, 수술 또는 수발(간병)이 필요한 상태가 되었을 때 : <u>입원보험금, 간병보험금 등</u>

제4조(보험금 지급에 관한 세부규정)

1. 사망의 인정(인정사망)

   ① 제3조(보험금의 지급사유) 제1호 '사망'에는 보험기간에 다음 어느 하나의 사유가 발생한 경우를 포함한다.

      ㉠ 실종선고를 받은 경우 : 법원에서 인정한 실종기간이 끝나는 때에 사망한 것으로 본다.

      ㉡ 관공서에서 수해, 화재나 그 밖의 재난을 조사하고 사망한 것으로 통보하는 경우 : <u>가족관계등록부에 기재된 사망연월일을</u> 기준으로 한다.

   ② 「호스피스 · 완화의료 및 임종과정에 있는 환자의 연명의료 결정에 관한 법률」에 따른 연명의료중단 등 결정 및 그 이행으로 피보험자가 사망하는 경우 연명의료중단 등 결정 및 그 이행은 '사망'의 원인 및 '사망보험금' 지급에 영향을 미치지 않는다.

2. 후유장해 <u>진단시기</u>

   ① 후유장해의 진단

      장해지급률이 상해 발생일 또는 질병의 진단 확정일부터 <u>180일 이내</u>에 확정되지 않는 경우에는 상해 발생일 또는 질병의 진단확정일부터 180일이 되는 날의 의사 진단에 기초하여 고정될 것으로 인정되는 상태를 장해지급률로 결정한다. 다만, 장해분류표에 장해판정시기를 별도로 정한 경우에는 그에 따른다.

   ② 악화된 장해의 평가

      장해지급률이 결정되었으나 그 이후 보장받을 수 있는 기간(계약의 효력이 없어진 경우에는 보험기간이 <u>10년 이상인 계약</u>은 상해 발생일 또는 질병의 진단확정일부터 <u>2년 이내</u>로 하고, 보험기간이 <u>10년 미만인 계약</u>은 상해 발생일 또는 질병의 진단확정일부터 <u>1년 이내</u>)에 장해상태가 더 악화된 때에는 그 악화된 장해상태를 기준으로 장해지급률을 결정한다.

3. 후유장해의 <u>산정</u>

   ① 장해분류표에 <u>해당되지 않는</u> 후유장해

      장해분류표에 해당되지 않는 후유장해는 피보험자의 직업, 연령, 신분 또는 성별 등에 관계없이 신체의 장해정도에 따라 장해분류표의 구분에 준하여 지급액을 결정한다. 다만, 장해분류표의 각 장해분류별 최저 지급률 장해정도에 이르지 않는 후유장해에 대하여는 후유장해보험금을 지급하지 않는다.

   ② 장해보험금에 <u>분쟁</u>이 생긴 경우

      보험수익자와 회사가 제3조(보험금의 지급사유)의 보험금 지급사유에 대해 합의하지 못할 때는 보험수익자와 회사가 함께 제3자를 정하고 그 제3자의 의견에 따를 수 있다. 제3자는 의료법 제3조(의료기관)에 규정한 종합병원 소속 전문의 중에 정하며, 보험금 지급사유 판정에 드는 의료비용은 회사가 전액 부담한다.

③ 두 가지 이상의 후유장해

같은 질병 또는 상해로 두 가지 이상의 후유장해가 생긴 경우에는 후유장해 지급률을 합산하여 지급한다. 다만, 장해분류표의 각 신체부위별 판정기준에 별도로 정한 경우에는 그 기준에 따른다.

④ 후유장해가 2회 이상 발생한 경우

다른 질병 또는 상해로 인하여 후유장해가 2회 이상 발생하였을 경우에는 그 때마다 이에 해당하는 후유장해지급률을 결정한다. 그러나 그 후유장해가 이미 후유장해보험금을 지급받은 동일한 부위에 가중된 때에는 최종 장해상태에 해당하는 후유장해보험금에서 이미 지급받은 후유장해보험금을 차감하여 지급한다. 다만, 장해분류표의 각 신체부위별 판정기준에서 별도로 정한 경우에는 그 기준에 따른다.

⑤ 후유장해보험금의 차감

이미 이 계약에서 후유장해보험금 지급사유에 해당되지 않았거나(보장개시 이전의 원인에 의하거나 또는 그 이전에 발생한 후유장해를 포함한다), 후유장해보험금이 지급되지 않았던 피보험자에게 그 신체의 동일 부위에 또다시 후유장해상태가 발생하였을 경우에는 직전까지의 후유장해에 대한 후유장해보험금이 지급된 것으로 보고 최종 후유장해 상태에 해당되는 후유장해보험금에서 이를 차감하여 지급한다.

⑥ 후유장해보험금의 한도

회사가 지급하여야 할 하나의 진단확정된 질병 또는 상해로 인한 후유장해보험금은 보험가입금액을 한도로 한다.

제5조(보험금을 지급하지 않는 사유)

1. 보험금을 지급하지 않는 사유

회사는 다음 중 어느 한가지로 보험금 지급사유가 발생한 때에는 보험금을 지급하지 않는다.

① 피보험자의 고의

피보험자가 고의로 자신을 해친 경우. 다만, 피보험자가 심신상실 등으로 자유로운 의사결정을 할 수 없는 상태에서 자신을 해친 경우에는 보험금을 지급한다.

② 보험수익자의 고의

보험수익자가 고의로 피보험자를 해친 경우. 다만, 그 보험수익자가 보험금의 일부 보험수익자인 경우에는 다른 보험수익자에 대한 보험금은 지급한다.

③ 계약자의 고의

계약자가 고의로 피보험자를 해친 경우

④ 피보험자의 임신, 출산, 산후기

피보험자의 임신, 출산(제왕절개를 포함한다), 산후기. 그러나, 회사가 보장하는 보험금 지급사유와 보장개시일부터 2년이 지난 후에 발생한 습관성 유산, 불임 및 인공수정 관련 합병증으로 인한 경우에는 보험금을 지급한다.

> **참고** **습관성 유산, 불임 및 인공수정**
>
> 한국표준질병·사인분류상의 N96~N98에 해당하는 질병을 말한다.

PART 01
PART 02
PART 03
PART 04
PART 05
PART 06

⑤ 전쟁, 혁명 등

전쟁, 외국의 무력행사, 혁명, 내란, 사변, 폭동

2. 상대적 면책사유

회사는 다른 약정이 없으면 피보험자가 직업, 직무 또는 동호회 활동목적으로 아래에 열거된 행위로 인하여 제3조(보험금의 지급사유)의 상해 관련 보험금 지급사유가 발생한 때에는 해당 보험금을 지급하지 않는다. **암기** 전모선

① 전문등반(전문적인 등산용구를 사용하여 암벽 또는 빙벽을 오르내리거나 특수한 기술, 경험, 사전훈련을 필요로 하는 등반을 말한다), 글라이더 조종, 스카이다이빙, 스쿠버다이빙, 행글라이딩, 수상보트, 패러글라이딩

② 모터보트, 자동차 또는 오토바이에 의한 경기, 시범, 흥행(이를 위한 연습을 포함한다) 또는 시운전(다만, 공용도로상에서 시운전을 하는 동안 보험금 지급사유가 발생한 경우에는 보장한다)

③ 선박에 탑승하는 것을 직무로 하는 사람이 직무상 선박에 탑승하고 있는 동안

제6조(보험금 지급사유의 통지)

계약자 또는 피보험자나 보험수익자는 제3조(보험금의 지급사유)에서 정한 보험금 지급사유의 발생을 안 때에는 지체없이 그 사실을 회사에 알려야 한다.

제7조(보험금의 청구)

1. 보험금청구서류의 제출

보험수익자는 다음의 서류를 제출하고 보험금을 청구하여야 한다.

① 청구서(회사 양식)

② 사고증명서[진료비계산서, 사망진단서, 장해진단서, 입원치료확인서, 의사처방전(처방조제비) 등]

③ 신분증(주민등록증이나 운전면허증 등 사진이 붙은 정부기관발행 신분증, 본인이 아닌 경우에는 본인의 인감증명서 또는 본인서명사실확인서 포함)

④ 기타 보험수익자가 보험금의 수령에 필요하여 제출하는 서류

2. 사고증명서의 요건

사고증명서는 의료법 제3조(의료기관)에서 규정한 국내의 병원이나 의원 또는 국외의 의료관련법에서 정한 의료기관에서 발급한 것이어야 한다.

제8조(보험금의 지급절차)

1. 청구서류의 접수와 지급기일

회사는 제7조(보험금의 청구)에서 정한 서류를 접수한 때에는 접수증을 교부하고 휴대전화 문자메시지 또는 전자우편 등으로도 송부하며, 그 서류를 접수한 날부터 3영업일 이내에 보험금을 지급한다.

2. 보험금지급의 지연

회사가 보험금 지급사유를 조사·확인하기 위해 필요한 기간이 지급기일을 초과할 것이 명백히 예상되는 경우에는 그 구체적인 사유와 지급예정일 및 보험금 가지급제도(회사가 추정하는 보험금의 50% 이내를 지급)에 대하여 피보험자 또는 보험수익자에게 즉시 통지한다. 다만, 지급예정일은 다음 각 호의 어느 하나에 해당하는 경우를 제외하고는 제7조(보험금의 청구)에서 정한 서류를 접수한 날부터 30영업일 이내에서 정한다. **암기** 소수분해책삼

① 소송제기

② 분쟁조정 신청

③ 수사기관의 조사

④ 해외에서 발생한 보험사고에 대한 조사

⑤ 회사의 조사요청에 대한 동의 거부 등 계약자, 피보험자 또는 보험수익자의 책임있는 사유로 보험금 지급사유의 조사와 확인이 지연되는 경우

⑥ 제4조(보험금 지급에 관한 세부규정)에 따라 보험금 지급사유에 대해 제3자의 의견에 따르기로 한 경우

3. 장해보험금 산정 시 분쟁이 발생한 경우의 가지급금

장해지급률의 판정 및 지급할 보험금의 결정과 관련하여 확정된 장해지급률에 따른 보험금을 초과한 부분에 대한 분쟁으로 보험금 지급이 늦어지는 경우에는 보험수익자의 청구에 따라 이미 확정된 보험금을 먼저 가지급한다.

4. 가지급보험금

보험금 지급사유의 조사 및 확인을 위하여 추가적인 조사가 이루어지는 경우, 회사는 보험수익자의 청구에 따라 회사가 추정하는 보험금의 50% 상당액을 가지급보험금으로 지급한다.

5. 지연이자의 지급

회사는 지급기일 내에 보험금을 지급하지 않았을 때(지급예정일을 통지한 경우를 포함한다)에는 그 다음 날부터 지급일까지의 기간에 대하여 [부표 9 – 1] '보험금을 지급할 때의 적립이율 계산'에서 정한 이율로 계산한 금액을 보험금에 더하여 지급한다. 그러나 계약자, 피보험자 또는 보험수익자의 책임있는 사유로 지급이 지연된 때에는 그 해당기간에 대한 이자는 더하여 지급하지 않는다.

[부표 9 – 1] 보험금을 지급할 때의 적립이율 계산

구분	기간	지급이자
사망보험금, 후유 장해보험금, 입원 보험금, 간병보험금 등(제3조)	지급기일의 다음날부터 30일 이내 기간	보험계약대출이율
	지급기일의 31일 이후부터 60일 이내 기간	보험계약대출이율 + 가산이율 4%
	지급기일의 61일 이후부터 90일 이내 기간	보험계약대출이율 + 가산이율 6%
	지급기일의 91일 이후 기간	보험계약대출이율 + 가산이율 8%

※ 지급이자의 계산은 연 단위 복리로 계산하며, 금리연동형보험은 일자 계산한다.

※ 계약자 등의 책임 있는 사유로 보험금 지급이 지연된 때에는 그 해당기간에 대한 이자는 지급되지 않을 수 있다. 다만, 회사는 계약자 등이 분쟁조정을 신청했다는 사유만으로 이자지급을 거절하지 않는다.

※ 가산이율 적용 시 제8조(보험금의 지급절차) 제2항 각 호의 어느 하나에 해당되는 사유로 지연된 경우에는 해당기간에 대하여 가산이율을 적용하지 않는다.

※ 가산이율 적용 시 금융위원회 또는 금융감독원이 정당한 사유로 인정하는 경우에는 해당 기간에 대하여 가산이율을 적용하지 않는다.

6. 서면에 의한 조사요청의 동의

① 서면에 의한 조사요청과 지연이자

계약자, 피보험자 또는 보험수익자는 제16조(알릴 의무 위반의 효과) 및 제2항의 보험금 지급사유조사와 관련하여 의료기관, 국민건강보험공단, 경찰서 등 관공서에 대한 회사의 서면에 의한 조사요청에 동의하여야 한다. 다만, 정당한 사유 없이 이에 동의하지 않을 경우 사실 확인이 끝날 때까지 회사는 보험금 지급지연에 따른 이자를 지급하지 않는다.

② 서면조사에 대한 동의 요청

서면조사에 대한 동의 요청 시 조사목적, 사용처 등을 명시하고 설명한다.

PART
01

PART
02

PART
03

PART
04

PART
05

PART
06

제9조(만기환급금의 지급)

1. 만기환급금의 지급과 지급기일

   회사는 보험기간이 끝난 때에 만기환급금을 보험수익자에게 지급한다. 회사는 계약자 및 보험수익자의 청구에 의하여 만기환급금을 지급하는 경우 청구일부터 3영업일 이내에 지급한다.

2. 만기환급금의 지급절차

   회사는 제1항에 의한 만기환급금의 지급시기가 되면 지급시기 7일 이전에 그 사유와 지급할 금액을 계약자 또는 보험수익자에게 알려주며, 만기환급금을 지급함에 있어 지급일까지의 기간에 대한 이자의 계산은 [부표 9-1] '보험금을 지급할 때의 적립이율 계산'에 따른다.

[부표 9-1] 환급금을 지급할 때의 적립이율 계산

구분	기간	지급이자
만기환급금 (제9조 제1항) 및 해약환급금 (제34조 제1항)	지급사유가 발생한 날의 다음날부터 청구일까지의 기간	1년 이내 : 평균공시이율의 50% 1년 초과기간 : 평균공시이율의 40%
	청구일의 다음 날부터 지급일까지의 기간	보험계약대출이율

※ 만기환급금은 회사가 보험금의 지급시기 도래 7일 이전에 지급할 사유와 금액을 알리지 않은 경우, 지급사유가 발생한 날의 다음 날부터 청구일까지의 기간은 평균공시이율을 적용한 이자를 지급한다.
※ 지급이자의 계산은 연 단위 복리로 계산하며, 금리연동형보험은 일자 계산한다.
※ 계약자 등의 책임 있는 사유로 보험금 지급이 지연된 때에는 그 해당기간에 대한 이자는 지급되지 않을 수 있다. 다만, 회사는 계약자 등이 분쟁조정을 신청했다는 사유만으로 이자지급을 거절하지 않는다.
※ 금리연동형보험의 경우 상기 평균공시이율은 적립순보험료에 대한 적립이율을 말한다.

제10조(보험금 받는 방법의 변경)

1. 보험금을 받는 방법의 변경

   계약자(보험금 지급사유 발생 후에는 보험수익자)는 회사의 사업방법서에서 정한 바에 따라 보험금의 전부 또는 일부에 대하여 나누어 지급받거나 일시에 지급받는 방법으로 변경할 수 있다.

2. 보험금 받는 방법 변경 시의 이자

   회사는 일시에 지급할 금액을 나누어 지급하는 경우에는 나중에 지급할 금액에 대하여 평균공시이율을 연 단위 복리로 계산한 금액을 더하며, 나누어 지급할 금액을 일시에 지급하는 경우에는 평균공시이율을 연 단위 복리로 할인한 금액을 지급한다.

제11조(주소변경통지)

1. 주소변경통지의무

   계약자(보험수익자가 계약자와 다른 경우 보험수익자를 포함한다)는 주소 또는 연락처가 변경된 경우에는 지체없이 그 변경내용을 회사에 알려야 한다.

2. 주소변경통지의무의 도달의제

   계약자 또는 보험수익자가 변경내용을 알리지 않은 경우에는 계약자 또는 보험수익자가 회사에 알린 최종의 주소 또는 연락처로 등기우편 등 우편물에 대한 기록이 남는 방법으로 회사가 알린 사항은 일반적으로 도달에 필요한 기간이 지난 때에 계약자 또는 보험수익자에게 도달된 것으로 본다.

제12조(보험수익자의 지정)

보험수익자를 지정하지 않은 때 보험수익자는 제9조(만기환급금의 지급) 제1항의 경우는 계약자로 하고, 제3조(보험금의 지급사유) 제1호의 경우는 피보험자의 법정상속인, 같은 조 제2호 및 제3호의 경우는 피보험자로 한다.

제13조(대표자의 지정)

1. 대표자의 지정

   계약자 또는 보험수익자가 2명 이상인 경우에는 각 대표자를 1명 지정하여야 한다. 이 경우 그 대표자는 각각 다른 계약자 또는 보험수익자를 대리하는 것으로 한다.
2. 지정된 대표자의 소재가 확실하지 않은 경우

   지정된 계약자 또는 보험수익자의 소재가 확실하지 않은 경우에는 이 계약에 관하여 회사가 계약자 또는 보험수익자 1명에 대하여 한 행위는 각각 다른 계약자 또는 보험수익자에게도 효력이 미친다.
3. 계약자의 연대책임

   계약자가 2명 이상인 경우에는 그 책임을 연대로 한다.

TOPIC 03 계약자의 계약 전 알릴 의무 등

제14조(계약 전 알릴 의무)

계약자 또는 피보험자는 청약할 때(진단계약의 경우에는 건강진단할 때를 말한다) 청약서에서 질문한 사항에 대하여 알고 있는 사실을 반드시 사실대로 알려야(이하 '계약 전 알릴 의무'라 하며, 상법상 '고지의무'와 같다) 한다. 다만, 진단계약의 경우 의료법 제3조(의료기관)의 규정에 따른 종합병원과 병원에서 직장 또는 개인이 실시한 건강진단서 사본 등 건강상태를 판단할 수 있는 자료로 건강진단을 대신할 수 있다.

제15조(상해보험계약 후 알릴 의무)

1. 상해보험계약 후 알릴 의무

   계약자 또는 피보험자는 보험기간 중에 피보험자에게 다음 각 호의 변경이 발생한 경우에는 우편, 전화, 방문 등의 방법으로 지체없이 회사에 알려야 한다.
   (1) 보험증권 등에 기재된 직업 또는 직무의 변경
   ① 현재의 직업 또는 직무가 변경된 경우
   ② 직업이 없는 자가 취직한 경우
   ③ 현재의 직업을 그만둔 경우

> **참고** 직업과 직무
>
> • 직업
>   1) 생계유지 등을 위하여 일정한 기간 동안(예 6개월 이상) 계속하여 종사하는 일
>   2) 1)에 해당하지 않는 경우에는 개인의 사회적 신분에 따르는 위치나 자리를 말함
>   예 학생, 미취학아동, 무직 등
> • 직무 : 직책이나 직업상 책임을 지고 담당하여 맡은 일

PART
01

PART
02

PART
03

PART
04

PART
05

PART
06

(2) 보험증권 등에 기재된 피보험자의 운전 목적이 변경된 경우

　　例 자가용에서 영업용으로 변경, 영업용에서 자가용으로 변경 등

(3) 보험증권 등에 기재된 피보험자의 운전여부가 변경된 경우

　　例 비운전자에서 운전자로 변경, 운전자에서 비운전자로 변경 등

(4) 이륜자동차 또는 원동기장치 자전거(전동킥보드, 전동이륜평행차, 전동기의 동력만으로 움직일 수 있는 자전거 등 개인형 이동장치를 포함)를 계속적으로 사용(직업, 직무 또는 동호회 활동과 출퇴근 용도 등으로 주로 사용하는 경우에 한함)하게 된 경우(다만, 전동휠체어, 의료용 스쿠터 등 보행보조용 의자차는 제외한다)

2. 상해보험계약 후 알릴 의무 이행의 효과

(1) 상해보험계약 후 알릴 의무 이행의 효과

회사는 제1항의 통지로 인하여 위험의 변동이 발생한 경우에는 제22조(계약내용의 변경 등)에 따라 계약내용을 변경할 수 있다.

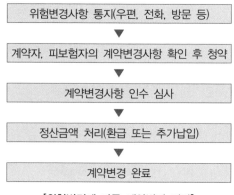

　　위험변경사항 통지(우편, 전화, 방문 등)
　　▼
　　계약자, 피보험자의 계약변경사항 확인 후 청약
　　▼
　　계약변경사항 인수 심사
　　▼
　　정산금액 처리(환급 또는 추가납입)
　　▼
　　계약변경 완료

[위험변경에 따른 계약변경 절차]

(2) 위험이 감소한 경우

피보험자의 직업 또는 직무 등의 변경에 따라 계약자 또는 피보험자가 이를 통지하여 위험의 변동이 발생하여 계약내용을 변경할 때 위험이 감소된 경우에는 보험료를 감액하고, 이후 기간 보장을 위한 재원인 책임준비금 등의 차이로 인하여 발생한 정산금액(이하 "정산금액"이라 한다)을 환급한다. 한편 위험이 증가된 경우에는 보험료의 증액 및 정산금액의 추가납입을 요구할 수 있으며, 계약자는 이를 납입하여야 한다.

(3) 위험이 증가한 경우

위험의 증가로 보험료를 더 내야 할 경우 회사가 청구한 추가보험료(정산금액을 포함한다)를 계약자가 납입하지 않았을 때, 회사는 위험이 증가되기 전에 적용된 보험요율(이하 "변경 전 요율"이라 한다)의 위험이 증가된 후에 적용해야 할 보험요율(이하 "변경 후 요율"이라 한다)에 대한 비율에 따라 보험금을 삭감하여 지급한다. 다만, 증가된 위험과 관계없이 발생한 보험금 지급사유에 관해서는 원래대로 지급한다.

(4) 상해보험계약 후 알릴 의무 위반 시의 보험금 지급

계약자 또는 피보험자가 고의 또는 중대한 과실로 직업 또는 직무 등의 변경사실을 회사에 알리지 않았을 경우 변경 후 요율이 변경 전 요율보다 높을 때에는 회사는 그 변경사실을 안 날부터 1개월 이내에 계약자 또는 피보험자에게 변경 전 요율의 변경 후 요율에 대한 비율에 따라 보장됨을 통보하고 이에 따라 보험금을 지급한다.

제16조(알릴 의무 위반의 효과)

1. 계약의 해지

   회사는 아래와 같은 사실이 있을 경우에는 손해의 발생여부에 관계없이 이 계약을 해지할 수 있다.

   ① 계약자 또는 피보험자가 고의 또는 중대한 과실로 계약 전 알릴 의무를 위반하고 그 의무가 중요한 사항에 해당하는 경우

   ② 뚜렷한 위험의 증가와 관련된 상해보험계약 후 알릴 의무를 계약자 또는 피보험자의 고의 또는 중대한 과실로 이행하지 않았을 때

2. 해지권의 제한(계약 전 알릴 의무 위반에도 불구하고 해지할 수 없는 경우) **암기** 알123건설

   ① 회사가 계약 당시에 그 사실을 <u>알았거나</u> 과실로 인하여 알지 못하였을 때

   ② 회사가 그 사실을 안 날부터 <u>1개월</u> 이상 지났거나 또는 제1회 보험료를 받은 때부터 보험금 지급사유가 발생하지 않고 <u>2년</u>(진단계약의 경우 질병에 대하여는 1년)이 지났을 때

   ③ 계약을 체결한 날부터 <u>3년</u>이 지났을 때

   ④ 회사가 이 계약을 청약할 때 피보험자의 건강상태를 판단할 수 있는 기초자료(건강진단서 사본 등)에 따라 승낙한 경우에 건강진단서 사본 등에 명기되어 있는 사항으로 보험금 지급사유가 발생하였을 때 (계약자 또는 피보험자가 회사에 제출한 기초자료의 내용 중 중요사항을 고의로 사실과 다르게 작성한 때에는 계약을 해지할 수 있다)

   ⑤ 보험설계사 등이 계약자 또는 피보험자에게 고지할 기회를 주지 않았거나 계약자 또는 피보험자가 사실로 고지하는 것을 방해한 경우, 계약자 또는 피보험자에게 사실대로 고지하지 않게 하였거나 부실한 고지를 권유했을 때. 다만, 보험설계사 등의 행위가 없었다 하더라도 계약자 또는 피보험자가 사실대로 고지하지 않거나 부실한 고지를 했다고 인정되는 경우에는 계약을 해지할 수 있다.

3. 해지 시의 환급금 지급

   알릴 의무 위반에 따라 보험계약을 해지하였을 때에는 해약환급금을 <u>계약자에게</u> 지급한다.

4. 보험금 부지급 및 해지통보

   계약 전 알릴 의무 위반에 의한 계약의 해지가 보험금 지급사유 발생 후에 이루어진 경우에 회사는 보험금을 지급하지 않으며, 계약 전 알릴 의무 위반사실(계약해지 등의 원인이 되는 위반사실을 구체적으로 명시)뿐만 아니라 계약 전 알릴 의무사항이 중요한 사항에 해당되는 사유를 "반대증거가 있는 경우 이의를 제기할 수 있다"라는 문구와 함께 계약자에게 서면 또는 전자문서 등으로 알린다. 회사가 전자문서로 안내하고자 할 경우에는 계약자에게 서면 또는 「전자서명법」에 따른 전자서명으로 동의를 얻어 수신확인을 조건으로 전자문서를 송신하여야 한다. 계약자의 전자문서 수신이 확인되기 전까지는 그 전자문서는 송신되지 않은 것으로 본다. 회사는 전자문서가 수신되지 않은 것을 확인한 경우에는 서면(등기우편 등)으로 다시 알린다.

5. 상해보험계약 후 알릴 의무 위반에 따른 보험계약의 해지

   상해보험계약 후 알릴 의무 위반에 따른 보험계약의 해지가 보험금 지급사유 발생 후에 이루어진 경우에는 <u>변경 전 요율의 변경 후 요율에 대한 비율(비례보상)</u>에 따라 보험금을 지급한다.

6. 알릴 의무 위반과 보험사고와의 인과관계

   상해보험계약 후 알릴 의무를 위반했음에도 불구하고 알릴 의무를 위반한 사실이 보험금 지급사유 발생에 영향을 미쳤음을 회사가 증명하지 못한 경우에는 약정한 보험금을 지급한다.

7. 다른 보험가입과 계약 전 알릴 의무

   회사는 다른 보험가입내역에 대한 계약 전 알릴 의무 위반을 이유로 계약을 해지하거나 보험금 지급을 거절하지 않는다.

PART 01

PART 02

PART 03

PART 04

PART 05

PART 06

제17조(사기에 의한 계약)

1. 사기에 의한 계약 **암기** 대약진암
   ① 계약자 또는 피보험자가 대리진단, 약물사용을 수단으로 진단절차를 통과한 경우
   ② 진단서 위·변조
   ③ 청약일 이전에 암 또는 인간면역결핍바이러스(HIV) 감염의 진단 확정을 받은 후 이를 숨기고 가입한 경우
2. 사기에 의한 계약의 효과(제척기간)
   사기에 의하여 계약이 성립되었음을 회사가 증명하는 경우에는 계약일부터 5년 이내(사기사실을 안 날부터 1개월 이내)에 계약을 취소할 수 있다.

TOPIC 04 | 보험계약의 성립과 유지

제18조(보험계약의 성립)

1. 계약의 성립
   계약은 계약자의 청약과 회사의 승낙으로 이루어진다.
2. 피보험자가 계약에 적합하지 않은 경우
   (1) 승낙을 거절하거나
   (2) 별도의 조건을 붙여 승낙할 수 있다.
   ① 보험가입금액 제한   ② 일부보장 제외   ③ 보험금 삭감   ④ 보험료 할증
3. 승낙의제
   ① 회사는 계약의 청약을 받고, 제1회 보험료를 받은 경우에 건강진단을 받지 않는 계약은 청약일, 진단계약은 진단일, 재진단의 경우에는 최종 진단일로부터 30일 이내에 승낙 또는 거절하여야 하며, 승낙한 때에는 보험증권을 교부한다.
   ② 30일 이내에 승낙 또는 거절의 통지가 없으면 승낙된 것으로 본다.
4. 승낙의 거절과 보험료의 반환
   (1) 승낙 거절 시의 보험료 반환
   회사가 제1회 보험료를 받고 승낙을 거절한 경우에는 거절통지와 함께 받은 금액을 계약자에게 반환한다.
   (2) 승낙 거절 시의 이자지급
   회사가 제1회 보험료를 받고 승낙을 거절한 경우에는 보험료를 받은 기간에 대하여 평균공시이율＋1%를 연 단위 복리로 계산한 금액을 더하여 지급한다. 다만, 회사는 계약자가 제1회 보험료를 신용카드로 납입한 계약의 승낙을 거절하는 경우에는 신용카드의 매출을 취소하며 이자를 더하여 지급하지 않는다.
5. 청약일로부터 5년 이후의 보장
   (1) 청약일 또는 최초계약일
   회사가 별도의 보장 제외 조건을 붙여 승낙하였더라도 청약일로부터 5년(갱신형 계약의 경우에는 최초 청약일로부터 5년)이 지나는 동안 보장이 제외되는 질병으로 추가 진단(단순 건강검진 제외) 또는 치료 사실이 없을 경우, 청약일로부터 5년이 지난 이후에는 이 약관에 따라 보장한다.

(2) '청약일로부터 5년이 지나는 동안'의 의미

'청약일로부터 5년이 지나는 동안'이라 함은 이 약관 제28조[보험료의 납입이 연체되는 경우 납입최고(독촉)와 계약의 해지]에서 정한 계약의 해지가 발생하지 않은 경우를 말한다.

(3) 부활 청약일

보험료의 납입연체로 인하여 해지된 계약의 부활이 이루어진 경우 부활을 청약한 날을 청약일로 하여 5년을 적용한다.

제19조(청약의 철회)

1. 청약의 철회

계약자는 보험증권을 받은 날부터 <u>15일 이내</u>에 그 청약을 철회할 수 있다. 다만, 청약한 날부터 <u>30일이 초과된</u> 계약은 청약을 철회할 수 없다. 또한 보험증권을 받은 날에 대한 다툼이 발생한 경우 회사가 이를 증명하여야 한다.

2. 청약철회가 제한되는 계약

회사가 건강상태 진단을 지원하는 계약, 보험기간이 <u>90일 이내인 계약</u> 또는 <u>전문금융소비자</u>가 체결한 계약은 청약을 철회할 수 없다.

> **참고** 전문금융소비자와 일반금융소비자
>
> - 전문금융소비자 : 보험계약에 관한 전문성, 자산규모 등에 비추어 보험계약에 따른 위험감수능력이 있는 자로서, 국가, 지방자치단체, 한국은행, 금융회사, 주권상장법인 등을 포함하며 「금융소비자 보호에 관한 법률」제2조(정의) 제9호에서 정하는 전문금융소비자를 말한다.
> - 일반금융소비자 : 전문금융소비자가 아닌 계약자를 말한다.

3. 청약철회의 방법

청약철회는 계약자가 전화로 신청하거나, 철회의사를 표시하기 위한 서면, 전자우편, 휴대전화 문자메시지 또는 이에 준하는 전자적 의사표시(이하 '서면 등'이라 한다)를 발송한 때 효력이 발생한다. 계약자는 서면 등을 발송한 때에 그 발송 사실을 회사에 지체없이 알려야 한다.

4. 청약철회와 이자지급

계약자가 청약을 철회한 때에는 회사는 청약의 철회를 접수한 날부터 3영업일 이내에 납입한 보험료를 반환하며, 보험료 반환이 늦어진 기간에 대하여는 이 계약의 보험계약대출 이율을 연 단위 복리로 계산한 금액을 더하여 지급한다. 다만, 계약자가 제1회 보험료를 신용카드로 납입한 계약의 청약을 철회하는 경우에 회사는 청약의 철회를 접수한 날부터 3영업일 이내에 해당 신용카드회사로 하여금 대금청구를 하지 않도록 해야 하며, 이 경우 회사는 보험료를 반환한 것으로 본다.

5. 청약철회와 보험금 지급사유의 발생

청약을 철회할 때에 이미 보험금 지급사유가 발생하였으나 계약자가 그 보험금 지급사유가 발생한 사실을 알지 못한 경우에는 청약철회의 효력은 발생하지 않는다.

PART 01

PART 02

PART 03

PART 04

PART 05

PART 06

제20조(약관교부 및 설명의무 등)

1. 약관교부 및 설명의무

   (1) 약관교부 및 설명의무

   회사는 계약자가 청약할 때에 계약자에게 약관의 중요한 내용을 설명하여야 하며, 청약 후에 다음의 방법 중 계약자가 원하는 방법을 확인하여 지체 없이 약관 및 계약자 보관용 청약서를 전달한다. 만약, 회사가 전자우편 및 전자적 의사표시로 제공한 경우 계약자 또는 그 대리인이 약관 및 계약자 보관용 청약서 등을 수신하였을 때에는 해당 문서를 전달한 것으로 본다.

   ① 서면교부

   ② 우편 또는 전자우편

   ③ 휴대전화 문자메시지 또는 이에 준하는 전자적 의사표시

   (2) 통신판매계약의 설명의무

   통신판매계약의 경우, 회사는 계약자가 가입한 특약만 포함한 약관을 전달하며, 전화를 이용하여 체결하는 계약은 계약자의 동의를 얻어 다음의 방법으로 약관의 중요한 내용을 설명할 수 있다. 전화를 이용하여 청약내용, 보험료납입, 보험기간, 계약 전 알릴 의무, 약관의 중요한 내용 등 계약을 체결하는 데 필요한 사항을 질문 또는 설명하는 방법. 이 경우 계약자의 답변과 확인내용을 음성 녹음함으로써 약관의 중요한 내용을 설명한 것으로 본다.

   > **참고**   **통신판매계약**
   >
   > 전화 · 우편 · 인터넷 등 통신수단을 이용하여 체결하는 계약을 말한다.

2. 약관교부 및 설명의무의 위반

   약관 및 계약자 보관용 청약서를 청약할 때 계약자에게 전달하지 않거나 약관의 중요한 내용을 설명하지 않은 때 또는 계약을 체결할 때 계약자가 청약서에 자필서명[날인(도장을 찍음) 및 「전자서명법」 제2조 제2호에 따른 전자서명을 포함한다]을 하지 않은 때에는 계약자는 계약이 성립한 날부터 3개월 이내에 계약을 취소할 수 있다.

3. 전화를 이용한 계약의 체결

   전화를 이용하여 계약을 체결하는 경우 다음의 어느 하나를 충족하는 때에는 자필서명을 생략할 수 있으며, 음성녹음 내용을 문서화한 확인서를 계약자에게 전달함으로써 계약자 보관용 청약서를 전달한 것으로 본다.

   ① 계약자, 피보험자 및 보험수익자가 동일한 계약의 경우

   ② 계약자, 피보험자가 동일하고 보험수익자가 계약자의 법정상속인인 계약일 경우

4. 계약의 취소에 따른 보험료의 환급

   약관교부 및 설명의무를 위반하여 계약이 취소된 경우에는 회사는 이미 납입한 보험료를 계약자에게 반환하며, 보험료를 받은 기간에 대하여 보험계약대출이율을 연 단위 복리로 계산한 금액을 더하여 지급한다.

제21조(계약의 무효)

1. 보험계약이 무효가 되는 경우

   ① 타인의 사망을 보험금 지급사유로 하는 계약에서 계약을 체결할 때까지 피보험자의 서면(「전자서명법」 제2조 제2호에 따른 전자서명이 있는 경우로서 상법 시행령 제44조의2에 정하는 바에 따라 본인확인 및 위조·변조 방지에 대한 신뢰성을 갖춘 전자문서를 포함)에 의한 동의를 얻지 않은 경우. 다만, 단체가 규약에 따라 구성원의 전부 또는 일부를 피보험자로 하는 계약을 체결하는 경우에는 이를 적용하지 않는다. 이때 단체보험의 보험수익자를 피보험자 또는 그 상속인이 아닌 자로 지정할 때에는 단체의 규약에서 명시적으로 정한 경우가 아니면 이를 적용한다.

   ② 만15세 미만자, 심신상실자 또는 심신박약자를 피보험자로 하여 사망을 보험금 지급사유로 한 경우. 다만, 심신박약자가 계약을 체결하거나 소속 단체의 규약에 따라 단체보험의 피보험자가 될 때에 의사능력이 있는 경우에는 계약이 유효하다.

   ③ 계약을 체결할 때 계약에서 정한 피보험자의 나이에 미달되었거나 초과되었을 경우. 다만, 회사가 나이의 착오를 발견하였을 때 이미 계약나이에 도달한 경우에는 유효한 계약으로 보나, 만 15세 미만자에 관한 예외가 인정되는 것은 아니다.

2. 계약이 무효인 경우 보험료의 반환

   계약이 무효인 경우에는 이미 납입한 보험료를 반환한다. 다만, 회사의 고의 또는 과실로 계약이 무효로 된 경우와 회사가 승낙 전에 무효임을 알았거나 알 수 있었음에도 보험료를 반환하지 않은 경우에는 보험료를 납입한 날의 다음날부터 반환일까지의 기간에 대하여 회사는 이 계약의 보험계약대출이율을 연 단위 복리로 계산한 금액을 더하여 반환한다.

제22조(계약내용의 변경 등)

1. 회사의 승낙에 의한 계약내용의 변경

   계약자는 회사의 승낙을 얻어 다음의 사항을 변경할 수 있다. 이 경우 승낙을 서면 등으로 알리거나 보험증권의 뒷면에 기재한다. **암기** 종기주방기계가보

   ① 보험종목

   ② 보험기간

   ③ 보험료 납입주기, 납입방법 및 납입기간

   ④ 계약자, 피보험자

   ⑤ 보험가입금액, 보험료 등 기타 계약의 내용

2. 보험수익자의 변경

   (1) 보험수익자의 변경과 통지

      계약자는 보험수익자를 변경할 수 있으며 이 경우에는 회사의 승낙이 필요하지 않다. 다만, 변경된 보험수익자가 회사에 권리를 대항하기 위해서는 계약자가 보험수익자가 변경되었음을 회사에 통지하여야 한다.

   (2) 수익자의 변경과 피보험자의 서면동의

      계약자가 보험수익자를 변경하고자 할 경우에는 보험금 지급사유가 발생하기 전에 피보험자가 서면으로 동의하여야 한다.

PART 01
PART 02
PART 03
PART 04
PART 05
PART 06

3. 보험종목의 변경

   회사는 계약자가 제1회 보험료를 납입한 때부터 <u>1년 이상 지난</u> 유효한 계약으로서 그 보험종목의 변경을 요청할 때에는 회사의 사업방법서에서 정하는 방법에 따라 이를 변경한다.

4. 보험가입금액의 감액

   회사는 계약자가 보험가입금액을 감액하고자 할 때에는 그 감액된 부분은 해지된 것으로 보며, 이로써 회사가 지급하여야 할 해약환급금이 있을 때에는 제34조(해약환급금) 제1항에 따른 해약환급금을 계약자에게 지급한다.

5. 계약자의 변경과 설명의무

   회사는 계약자를 변경한 경우, 변경된 계약자에게 보험증권 및 약관을 교부하고 변경된 계약자가 요청하는 경우 약관의 중요한 내용을 설명한다.

제23조(보험나이 등)

1. 보험나이와 만 나이

   이 약관에서의 피보험자의 나이는 보험나이를 기준으로 한다. 다만, 제21조(계약의 무효) 제2호의 경우에는 실제 만 나이를 적용한다.

2. 보험나이의 계산

   보험나이는 계약일 현재 피보험자의 실제 만 나이를 기준으로 6개월 미만의 끝수는 버리고 6개월 이상의 끝수는 1년으로 하여 계산하며, 이후 매년 <u>계약 해당일</u>에 나이가 증가하는 것으로 한다.

   참고 **보험나이 계산 예시**

   생년월일 : 1988년 10월 2일, 현재(계약일) : 2014년 4월 13일
   → 2014년 4월 13일 − 1988년 10월 2일 = 25년 6월 11일 = 26세

3. 보험나이의 정정

   피보험자의 나이 또는 성별에 관한 기재사항이 사실과 다른 경우에는 정정된 나이 또는 성별에 해당하는 보험금 및 보험료로 변경한다.

제24조(계약의 소멸)

피보험자의 사망으로 인하여 이 약관에서 규정하는 보험금 지급사유가 더 이상 발생할 수 없는 경우에는 이 계약은 그 때부터 효력이 없다. 이 때 사망을 보험금 지급사유로 하지 않는 경우에는 '보험료 및 해약환급금 산출방법서'에서 정하는 바에 따라 회사가 적립한 <u>사망 당시의 계약자적립액</u>을 지급한다.

참고 **계약자적립액**

장래의 해약환급금 등을 지급하기 위하여 계약자가 납입한 보험료 중 일정액을 기준으로 보험료 및 해약환급금 산출방법서에서 정한 방법에 따라 계산한 금액을 말한다.

PART
01

PART
02

PART
03

PART
04

PART
05

PART
06

TOPIC 05　보험료의 납입

제25조(제1회 보험료 및 회사의 보장개시)

1. 제1회 보험료의 납입과 회사의 보장개시

   회사는 계약의 청약을 승낙하고 제1회 보험료를 받은 때부터 이 약관이 정한 바에 따라 보장을 한다. 또한, 회사가 청약과 함께 제1회 보험료를 받은 후 승낙한 경우에도 제1회 보험료를 받은 때부터 보장이 개시된다. 자동이체 또는 신용카드로 납입하는 경우에는 자동이체신청 또는 신용카드매출승인에 필요한 정보를 제공한 때를 제1회 보험료를 받은 때로 하며, 계약자의 책임 있는 사유로 자동이체 또는 매출승인이 불가능한 경우에는 보험료가 납입되지 않은 것으로 본다.

2. 승낙 전 사고의 보장

   회사가 청약과 함께 제1회 보험료를 받고 청약을 승낙하기 전에 보험금 지급사유가 발생하였을 때에도 보장개시일부터 이 약관이 정하는 바에 따라 보장을 한다.

> **참고　보장개시일**
>
> 회사가 보장을 개시하는 날로서 계약이 성립되고 제1회 보험료를 받은 날을 말하나, 회사가 승낙하기 전이라도 청약과 함께 제1회 보험료를 받은 경우에는 제1회 보험료를 받은 날을 말한다. 또한, 보장개시일을 계약일로 본다.

3. 보장에서 제외되는 경우

   다음 중 한 가지에 해당되는 경우에는 보장을 하지 않는다.

   ① 제14조(계약 전 알릴 의무)에 따라 계약자 또는 피보험자가 회사에 알린 내용이나 건강진단 내용이 보험금 지급사유의 발생에 영향을 미쳤음을 회사가 증명하는 경우

   ② 제16조(알릴 의무 위반의 효과)를 준용하여 회사가 보장을 하지 않을 수 있는 경우

   ② 진단계약에서 보험금 지급사유가 발생할 때까지 진단을 받지 않은 경우. 다만, 진단계약에서 진단을 받지 않은 경우라도 상해로 보험금 지급사유가 발생하는 경우에는 보장을 한다.

제26조(제2회 이후 보험료의 납입)

계약자는 제2회 이후의 보험료를 납입기일까지 납입하여야 하며, 회사는 계약자가 보험료를 납입한 경우에는 영수증을 발행하여 드립니다. 다만, 금융회사(우체국을 포함한다)를 통하여 보험료를 납입한 경우에는 그 금융회사 발행 증빙서류를 영수증으로 대신한다.

> **참고　납입기일**
>
> 계약자가 제2회 이후의 보험료를 납입하기로 한 날을 말한다.

제27조(보험료의 자동대출납입)

1. 자동대출납입의 신청

   계약자는 제28조[보험료의 납입이 연체되는 경우 납입최고(독촉)와 계약의 해지]에 따른 보험료의 납입최고(독촉)기간이 지나기 전까지 회사가 정한 방법에 따라 보험료의 자동대출납입을 신청할 수 있으며, 이 경우 제35조(보험계약대출) 제1항에 따른 보험계약대출금으로 보험료가 자동으로 납입되어 계약은 유효하게 지속된다. 다만, 계약자가 서면 이외에 인터넷 또는 전화(음성녹음) 등으로 자동대출납입을 신청할 경우 회사는 자동대출납입 신청내역을 서면 또는 전화(음성녹음) 등으로 계약자에게 알려준다.

2. 보험료 자동대출납입의 중지

   대출금과 보험료의 자동대출 납입일의 다음날부터 그 다음 보험료의 납입최고(독촉)기간까지의 이자(보험계약대출이율 이내에서 회사가 별도로 정하는 이율을 적용하여 계산)를 더한 금액이 해당 보험료가 납입된 것으로 계산한 해약환급금과 계약자에게 지급할 기타 모든 지급금의 합계액에서 계약자의 회사에 대한 모든 채무액을 뺀 금액을 초과하는 경우에는 보험료의 자동대출납입을 더는 할 수 없다.

3. 자동대출납입 기간

   보험료의 자동대출납입 기간은 최초 자동대출납입일부터 1년을 한도로 하며 그 이후의 기간에 대한 보험료의 자동대출납입을 위해서는 재신청을 하여야 한다.

4. 자동대출납입과 계약의 해지

   보험료의 자동대출 납입이 행하여진 경우에도 자동대출 납입 전 납입최고(독촉)기간이 끝나는 날의 다음 날부터 1개월 이내에 계약자가 계약의 해지를 청구한 때에는 회사는 보험료의 자동대출 납입이 없었던 것으로 하여 해약환급금을 지급한다.

제28조[보험료의 납입이 연체되는 경우 납입최고(독촉)와 계약의 해지]

1. 납입최고

   계약자가 제2회 이후의 보험료를 납입기일까지 납입하지 않아 보험료 납입이 연체 중인 경우에 회사는 14일(보험기간이 1년 미만인 경우에는 7일) 이상의 기간을 납입최고(독촉)기간[납입최고(독촉)기간의 마지막 날이 영업일이 아닌 때에는 최고(독촉)기간은 그 다음 날까지로 한다]으로 정하여 아래 사항에 대하여 서면(등기우편 등), 전화(음성녹음) 또는 전자문서 등으로 알린다. 다만, 해지 전에 발생한 보험금 지급사유에 대하여 회사는 보상한다.

   ① 계약자(보험수익자와 계약자가 다른 경우 보험수익자를 포함한다)에게 납입최고(독촉)기간 내에 연체보험료를 납입하여야 한다는 내용

   ② 납입최고(독촉)기간이 끝나는 날까지 보험료를 납입하지 않을 경우 납입최고(독촉)기간이 끝나는 날의 다음날에 계약이 해지된다는 내용(이 경우 계약이 해지되는 때에는 즉시 해약환급금에서 보험계약대출원금과 이자가 차감된다는 내용을 포함한다)

2. 전자문서에 의한 납입최고

   납입최고(독촉) 등을 전자문서로 안내하고자 할 경우에는 계약자에게 서면 또는 「전자서명법」제2조 제2호에 따른 전자서명으로 동의를 얻어 수신확인을 조건으로 전자문서를 송신하여야 하며, 계약자가 전자문서에 대하여 수신을 확인하기 전까지는 그 전자문서는 송신되지 않은 것으로 본다. 회사는 전자문서가 수신되지 않은 것을 확인한 경우에는 제1항에서 정한 내용을 서면(등기우편 등) 또는 전화(음성녹음)로 다시 알려 준다. 〈개정 2021.7.1.〉

3. 납입최고 이후의 계약해지

   계약이 해지된 경우에는 제34조(해약환급금) 제1항에 따른 해약환급금을 계약자에게 지급한다.

제29조[보험료의 납입연체로 인한 해지계약의 부활(효력회복)]

1. 보험계약의 부활

   제28조[보험료 납입이 연체되는 경우 납입최고(독촉)와 계약의 해지]에 따라 계약이 해지되었으나 해약환급금을 받지 않은 경우(보험계약대출 등에 따라 해약환급금이 차감되었으나 받지 않은 경우 또는 해약환급금이 없는 경우를 포함한다) 계약자는 해지된 날부터 3년 이내에 회사가 정한 절차에 따라 계약의 부활(효력회복)을 청약할 수 있다.

2. 연체된 보험료와 이자의 납입

   회사가 부활(효력회복)을 승낙한 때에 계약자는 부활(효력회복)을 청약한 날까지의 연체된 보험료에 평균공시이율＋1% 범위 내에서 각 상품별로 회사가 정하는 이율로 계산한 금액을 더하여 납입하여야 한다. 다만 금리연동형보험은 각 상품별 사업방법서에서 별도로 정한 이율로 계산한다.

3. 보험계약 부활의 효과

   해지계약을 부활(효력회복)하는 경우에는 제14조(계약 전 알릴 의무), 제16조(알릴 의무 위반의 효과), 제17조(사기에 의한 계약), 제18조(보험계약의 성립) 및 제25조(제1회 보험료 및 회사의 보장개시)를 준용한다. 이때 회사는 해지 전 발생한 보험금 지급사유를 이유로 부활(효력회복)을 거절하지 않는다.

4. 부활의 계약 전 알릴 의무

   계약의 부활이 이루어진 경우라도 계약자 또는 피보험자가 최초 계약 청약시(2회 이상 부활이 이루어진 경우 종전 모든 부활 청약 포함) 제14조(계약 전 알릴 의무)를 위반한 경우에는 제16조(알릴 의무 위반의 효과)가 적용된다.

제30조[강제집행 등으로 인한 해지계약의 특별부활(효력회복)]

1. 강제집행 등으로 인한 해지계약의 특별부활

   회사는 계약자의 해약환급금 청구권에 대한 강제집행, 담보권실행, 국세 및 지방세 체납처분절차에 따라 계약이 해지된 경우 해지 당시의 보험수익자가 계약자의 동의를 얻어 계약 해지로 회사가 채권자에게 지급한 금액을 회사에 지급하고 계약자 명의를 보험수익자로 변경하여 계약의 특별부활(효력회복)을 청약할 수 있음을 보험수익자에게 통지하여야 한다.

2. 청약의 승낙

   회사는 특별부활 청약의 절차에 따른 계약자 명의변경 신청 및 계약의 특별부활(효력회복) 청약을 승낙한다.

3. 특별부활에 대한 통지의무

   회사는 강제집행 등으로 인한 해지계약의 특별부활의 통지를 지정된 보험수익자에게 하여야 한다. 다만, 회사는 법정상속인이 보험수익자로 지정된 경우에는 통지를 계약자에게 할 수 있다. 이러한 통지는 계약이 해지된 날부터 7일 이내에 하여야 한다.

4. 특별부활 청약의 이행

   보험수익자는 통지를 받은 날(계약자에게 통지된 경우에는 계약자가 통지를 받은 날을 말한다)부터 15일 이내에 특별부활에 관한 절차를 이행할 수 있다.

PART
01

PART
02

PART
03

PART
04

PART
05

PART
06

TOPIC 06　계약의 해지 및 해약환급금 등

제31조(계약자의 임의해지 및 피보험자의 서면동의 철회)

1. 계약자의 임의해지

   계약자는 계약이 소멸하기 전에는 언제든지 계약을 해지할 수 있으며, 이 경우 회사는 제34조(해약환급금) 제1항에 따른 해약환급금을 계약자에게 지급한다.

2. 피보험자의 서면동의 철회

   사망을 보험금 지급사유로 하는 계약에서 서면으로 동의를 한 피보험자는 계약의 효력이 유지되는 기간에는 언제든지 서면동의를 장래를 향하여 철회할 수 있으며, 서면동의 철회로 계약이 해지되어 회사가 지급하여야 할 해약환급금이 있을 때에는 제34조(해약환급금) 제1항에 따른 해약환급금을 계약자에게 지급한다.

제31조의2(위법계약의 해지)

1. 위법계약의 해지

   계약자는 「금융소비자 보호에 관한 법률」 제47조 및 관련규정이 정하는 바에 따라 계약체결에 대한 회사의 법위반사항이 있는 경우 계약체결일부터 5년 이내의 범위에서 계약자가 위반사항을 안 날부터 1년 이내에 계약해지요구서에 증빙서류를 첨부하여 위법계약의 해지를 요구할 수 있다. 회사는 해지요구를 받은 날부터 10일 이내에 수락여부를 계약자에 통지하여야 하며, 거절할 때에는 거절 사유를 함께 통지하여야 한다.

2. 정당한 사유없는 요구거절

   계약자는 회사가 정당한 사유 없이 위법계약의 해지 요구를 따르지 않는 경우 해당 계약을 해지할 수 있다.

3. 해약환급금

   제31조의2(위법계약의 해지)에 따라 위법계약이 해지되는 경우 회사가 적립한 해지 당시의 계약자적립액을 반환한다.

4. 관계법령에 따른 권리행사

   계약자는 위법계약 해지에 따른 제척기간에도 불구하고 민법 등 관계 법령에서 정하는 바에 따라 법률상의 권리를 행사할 수 있다.

제32조(중대사유로 인한 해지)

1. 중대사유로 인한 해지

   회사는 아래와 같은 사실이 있을 경우에는 안 날부터 1개월 이내에 계약을 해지할 수 있다.

   ① 계약자, 피보험자 또는 보험수익자가 보험금을 지급받을 목적으로 고의로 보험금 지급사유를 발생시킨 경우

   ② 계약자, 피보험자 또는 보험수익자가 보험금 청구에 관한 서류에 고의로 사실과 다른 것을 기재하였거나 그 서류 또는 증거를 위조 또는 변조한 경우. 다만, 이미 보험금 지급사유가 발생한 경우에는 보험금 지급에 영향을 미치지 않는다.

2. 중대사유로 인한 해지의 경우 환급금

   회사가 '중대사유로 인한 해지'조항에 따라 계약을 해지한 경우 회사는 그 취지를 계약자에게 통지하고 보험료 및 해약환급금 산출방법서에 따라 계산한 해약환급금을 지급한다.

제33조(회사의 파산선고와 해지)

1. 회사의 파산선고와 계약의 해지

   회사가 파산의 선고를 받은 때에는 <u>계약자</u>는 계약을 해지할 수 있다. 그러나, 해지하지 않은 계약은 파산 선고 후 <u>3개월</u>이 지난 때에는 그 효력을 잃는다.

2. 해지 시의 환급금

   회사의 파산선고에 따라 계약이 해지되거나 계약이 효력을 잃는 경우에 회사는 보험료 및 해약환급금 산출방법서에 따라 계산한 <u>해약환급금</u>을 계약자에게 지급한다.

제34조(해약환급금)

1. 해약환급금의 계산

   해약환급금은 보험료 및 해약환급금 산출방법서에 따라 계산한다. 회사는 경과기간별 해약환급금에 관한 표를 계약자에게 제공한다.

2. 해약환급금의 이자

   해약환급금의 지급사유가 발생한 경우 계약자는 회사에 해약환급금을 청구하여야 하며, 회사는 청구를 접수한 날부터 3영업일 이내에 해약환급금을 지급한다. 해약환급금 지급일까지의 기간에 대한 이자의 계산은 '보험금을 지급할 때의 적립이율 계산'에 따른다.

3. 위법계약 해지에 따른 반환금액

   제31조의2(위법계약의 해지)에 따라 위법계약이 해지되는 경우 회사가 적립한 해지 당시의 계약자적립액을 반환한다.

제35조(보험계약대출)

1. 보험계약대출의 신청

   계약자는 이 계약의 해약환급금 범위 내에서 회사가 정한 방법에 따라 대출(이하 '보험계약대출'이라 한다)을 받을 수 있다. 그러나, 순수보장성보험 등 보험상품의 종류에 따라 보험계약대출이 제한될 수도 있다.

2. 보험계약대출금의 상환

   계약자는 보험계약대출금과 그 이자를 언제든지 상환할 수 있으며 상환하지 않은 때에는 회사는 보험금, 해약환급금 등의 지급사유가 발생한 날에 지급금에서 보험계약대출의 원금과 이자를 차감할 수 있다.

3. 해약환급금의 차감

   회사는 계약자의 보험료 납입이 연체되는 경우 납입최고(독촉)와 계약의 해지에 따라 계약이 해지되는 때에는 즉시 해약환급금에서 보험계약대출의 원금과 이자를 차감한다.

4. 보험계약대출 사실의 통지

   회사는 보험수익자에게 보험계약대출 사실을 통지할 수 있다.

제36조(배당금의 지급)

회사는 금융감독원장이 정하는 방법에 따라 회사가 결정한 배당금을 계약자에게 지급한다. 회사는 배당금 지급이 결정되었을 때에는 그 내역을 계약자에게 통지한다.

PART
01

PART
02

PART
03

PART
04

PART
05

PART
06

TOPIC 07 　분쟁의 조정 등

제37조(분쟁의 조정)

1. 분쟁조정 신청

계약에 관하여 분쟁이 있는 경우 분쟁 당사자 또는 기타 이해관계인과 회사는 금융감독원장에게 조정을 신청할 수 있으며, 분쟁조정 과정에서 계약자는 관계 법령이 정하는 바에 따라 회사가 기록 및 유지 · 관리하는 자료의 열람(사본의 제공 또는 청취를 포함한다)을 요구할 수 있다.

2. 소액분쟁사건의 소송제한

회사는 일반금융소비자인 계약자가 조정을 통하여 주장하는 권리나 이익의 가액이 「금융소비자 보호에 관한 법률」 제42조에서 정하는 일정 금액 이내인 분쟁사건에 대하여 조정절차가 개시된 경우에는 관계 법령이 정하는 경우를 제외하고는 소를 제기하지 않는다.

제38조(관할법원)

이 계약에 관한 소송 및 민사조정은 계약자의 주소지를 관할하는 법원으로 한다. 다만, 회사와 계약자가 합의하여 관할법원을 달리 정할 수 있다.

제39조(소멸시효)

보험금청구권, 만기환급금청구권, 보험료 반환청구권, 해약환급금청구권, 계약자적립액 반환청구권 및 배당금청구권은 3년간 행사하지 않으면 소멸시효가 완성된다.

제40조(약관의 해석)

1. 신의성실의 원칙

회사는 신의성실의 원칙에 따라 공정하게 약관을 해석하여야 하며 계약자에 따라 다르게 해석하지 않는다.

2. 작성자 불이익의 원칙

회사는 약관의 뜻이 명백하지 않은 경우에는 계약자에게 유리하게 해석한다.

3. 동종제한의 원칙

회사는 보험금을 지급하지 않는 사유 등 계약자나 피보험자에게 불리하거나 부담을 주는 내용은 확대하여 해석하지 않는다.

제41조(설명서 교부 및 보험안내자료 등의 효력)

1. 중요사항 설명 및 설명서 제공의무

회사는 일반금융소비자에게 청약을 권유하거나 일반금융소비자가 설명을 요청하는 경우 보험상품에 관한 중요한 사항을 계약자가 이해할 수 있도록 설명하고 계약자가 이해하였음을 서명(「전자서명법」 제2조 제2호에 따른 전자서명을 포함), 기명날인 또는 녹취 등을 통해 확인받아야 하며, 설명서를 제공하여야 한다.

2. 입증책임

설명서, 약관, 계약자 보관용 청약서 및 보험증권의 제공 사실에 관하여 계약자와 회사 간에 다툼이 있는 경우에는 회사가 이를 증명하여야 한다.

3. 보험안내자료의 효력

　보험설계사 등이 모집과정에서 사용한 회사 제작의 보험안내자료(계약의 청약을 권유하기 위해 만든 자료 등을 말한다)의 내용이 약관의 내용과 다른 경우에는 계약자에게 유리한 내용으로 계약이 성립된 것으로 본다.

제42조(회사의 손해배상책임)

1. 회사의 손해배상책임

　회사는 계약과 관련하여 임직원, 보험설계사 및 대리점의 책임있는 사유로 계약자, 피보험자 및 보험수익자에게 발생된 손해에 대하여 관계 법령 등에 따라 손해배상의 책임을 진다.
2. 부당한 소제기에 따른 손해배상책임

　회사는 보험금 지급 거절 및 지연지급의 사유가 없음을 알았거나 알 수 있었는데도 소를 제기하여 계약자, 피보험자 또는 보험수익자에게 손해를 가한 경우에는 그에 따른 손해를 배상할 책임을 진다.
3. 현저하게 공정을 잃은 합의와 손해배상책임

　회사가 보험금 지급여부 및 지급금액에 관하여 현저하게 공정을 잃은 합의로 보험수익자에게 손해를 가한 경우에도 회사는 손해를 배상할 책임을 진다.

제43조(개인정보보호)

회사는 이 계약과 관련된 개인정보를 이 계약의 체결, 유지, 보험금 지급 등을 위하여 「개인정보 보호법」, 「신용정보의 이용 및 보호에 관한 법률」 등 관계 법령에 정한 경우를 제외하고 계약자, 피보험자 또는 보험수익자의 동의없이 수집, 이용, 조회 또는 제공하지 않는다. 다만, 회사는 이 계약의 체결, 유지, 보험금 지급 등을 위하여 위 관계 법령에 따라 계약자 및 피보험자의 동의를 받아 다른 보험회사 및 보험관련단체 등에 개인정보를 제공할 수 있다. 회사는 계약과 관련된 개인정보를 안전하게 관리하여야 한다.

제44조(준거법)

이 계약은 대한민국 법에 따라 규율되고 해석되며, 약관에서 정하지 않은 사항은 「금융소비자 보호에 관한 법률」, 상법, 민법 등 관계 법령을 따른다.

제45조(예금보험에 의한 지급보장)

회사가 파산 등으로 인하여 보험금 등을 지급하지 못할 경우에는 예금자보호법에서 정하는 바에 따라 그 지급을 보장한다.

PART
01

PART
02

PART
03

PART
04

PART
05

PART
06

01 인정사망은 '법원에서 인정한 실종기간이 끝나는 때와 가족관계등록부에 기재된 사망연월일'을 사망일로 인정하는 것을 말한다.

02 장해지급률이 상해 발생일 또는 질병의 진단 확정일부터 180일 이내에 확정되지 않는 경우에는 상해 발생일 또는 질병의 진단확정일부터 180일이 되는 날의 의사 진단에 기초하여 고정될 것으로 인정되는 상태를 장해지급률로 결정한다.

03 같은 질병 또는 상해로 두 가지 이상의 후유장해가 생긴 경우에는 후유장해 지급률을 합산하여 지급한다.

04 장해지급률이 결정되었으나 그 이후 보장받을 수 있는 기간(계약의 효력이 없어진 경우에는 보험기간이 10년 이상인 계약은 상해 발생일 또는 질병의 진단확정일부터 2년 이내로 하고, 보험기간이 10년 미만인 계약은 상해 발생일 또는 질병의 진단확정일부터 1년 이내)에 장해상태가 더 악화된 때에는 그 악화된 장해상태를 기준으로 장해지급률을 결정한다.

05 피보험자가 직업, 직무 또는 동호회 활동목적으로 전문등반, 글라이더 조종, 스카이다이빙 등을 하는 것은 상대적 면책사유이다.

06 회사는 보험기간이 끝난 때에 만기환급금을 보험수익자에게 지급한다. 회사는 계약자 및 보험수익자의 청구에 의하여 만기환급금을 지급하는 경우 청구일부터 3영업일 이내에 지급한다.

07 회사는 만기환급금의 지급시기가 되면 지급시기 10일 이전에 그 사유와 지급할 금액을 계약자 또는 보험수익자에게 알려준다.

08 보험금지급의 지연이 예상되는 경우 그 구체적인 사유와 지급예정일 및 보험금 가지급제도(회사가 추정하는 보험금의 50% 이내를 지급)에 대하여 피보험자 또는 보험수익자에게 즉시 통지한다. 다만, 지급예정일은 다음 각 호의 어느 하나에 해당하는 경우를 제외하고는 제7조(보험금의 청구)에서 정한 서류를 접수한 날부터 30영업일 이내에서 정한다.

09 환급금을 지급할 때 지급사유가 발생한 날의 다음 날부터 청구일까지의 기간이 1년 이내이면 평균공시이율의 50%를 지급하고, 1년을 초과하면 평균공시이율의 40%를 지급하며, 청구일의 다음 날부터 지급일까지의 기간은 보험계약대출이율을 지급한다.

10 계약자 또는 피보험자가 고의 또는 중대한 과실로 직업 또는 직무 등의 변경사실을 회사에 알리지 않았을 경우 변경 후 요율이 변경 전 요율보다 높을 때에는 회사는 그 변경사실을 안 날부터 1개월 이내에 계약자 또는 피보험자에게 변경 전 요율의 변경 후 요율에 대한 비율에 따라 보장됨을 통보하고 이에 따라 보험금을 지급한다.

11 고지의무의 위반에도 불구하고 보험금 지급사유가 발생하지 않고 2년(진단계약의 경우 질병에 대하여는 1년)이 지났을 때 또는 계약을 체결한 날부터 3년이 지났을 때에는 보험자는 계약을 해지하지 못한다.

12 사기에 의하여 계약이 성립되었음을 회사가 증명하는 경우에는 계약일부터 5년 이내(사기사실을 안 날부터 1개월 이내)에 계약을 취소할 수 있다.

13 피보험자가 계약에 적합하지 않은 경우 승낙을 거절하거나 별도의 조건을 붙여 승낙할 수 있다. 별도의 조건은 보험가입금액 제한, 일부보장 제외, 보험금 삭감, 보험료 할증 등이 있다.

14 회사는 계약의 청약을 받고, 제1회 보험료를 받은 경우에 건강진단을 받지 않는 계약은 청약일, 진단계약은 진단일, 재진단의 경우에는 최종 진단일로부터 30일 이내에 승낙 또는 거절하여야 하며, 승낙한 때에는 보험증권을 교부한다. 30일 이내에 승낙 또는 거절의 통지가 없으면 승낙된 것으로 본다.

15 회사가 제1회 보험료를 받고 승낙을 거절한 경우에는 보험료를 받은 기간에 대하여 평균공시이율＋1%를 연 단위 복리로 계산한 금액을 더하여 지급한다.

16 계약자는 해지된 날부터 3년 이내에 회사가 정한 절차에 따라 계약의 부활(효력회복)을 청약할 수 있으며, 회사가 부활(효력회복)을 승낙한 때에 계약자는 부활(효력회복)을 청약한 날까지의 연체된 보험료에 평균공시이율＋1% 범위 내에서 각 상품별로 회사가 정하는 이율로 계산한 금액을 더하여 납입하여야 한다.

17 계약자는 보험증권을 받은 날부터 15일 이내에 그 청약을 철회할 수 있다. 다만, 청약한 날부터 30일이 초과된 계약은 청약을 철회할 수 없다. 또한 보험증권을 받은 날에 대한 다툼이 발생한 경우 회사가 이를 증명하여야 한다.

18 약관 및 계약자 보관용 청약서를 청약할 때 계약자에게 전달하지 않거나 약관의 중요한 내용을 설명하지 않은 때 또는 계약을 체결할 때 계약자가 청약서에 자필서명(날인 및 전자서명을 포함한다)을 하지 않은 때에는 계약자는 계약이 성립한 날부터 3개월 이내에 계약을 취소할 수 있다.

19 계약이 무효인 경우에는 이미 납입한 보험료를 납입한 날의 다음날부터 반환일까지의 기간에 대하여 회사는 이 계약의 <u>보험계약대출이율</u>을 연 단위 복리로 계산한 금액을 반환한다.

20 회사는 계약자가 제1회 보험료를 납입한 때부터 <u>3년 이상 지난</u> 유효한 계약으로서 그 보험종목의 변경을 요청할 때에는 회사의 사업방법서에서 정하는 방법에 따라 이를 변경한다.

21 생년월일이 1988년 10월 2일, 현재(계약일)가 2014년 4월 13일이라고 가정할 때, 보험나이는 2014년 4월 13일에서 1988년 10월 2일을 차감한 25년 6월 11일에서 6개월 미만의 끝수는 버리고 6개월 이상의 끝수는 1년으로 하여 계산하므로 <u>26세</u>이다. 또한, 이후 매년 <u>계약 해당일</u>에 나이가 증가하는 것으로 한다.

22 피보험자의 사망으로 인하여 이 약관에서 규정하는 보험금 지급사유가 더 이상 발생할 수 없는 경우에는 이 계약은 그 때부터 효력이 없다. 이때 사망을 보험금 지급사유로 하지 않는 경우에는 '보험료 및 해약환급금 산출방법서'에서 정하는 바에 따라 회사가 적립한 <u>사망 당시의 계약자적립액</u>을 지급한다. 단, <u>80% 이상 후유장해발생의 경우</u>는 소멸의 사유가 아니다.

23 계약자가 제2회 이후의 보험료를 납입기일까지 납입하지 않아 보험료 납입이 연체 중인 경우에 회사는 <u>14일(보험기간이 1년 미만인 경우에는 7일)</u> 이상의 기간을 납입최고(독촉)기간으로 한다.

24 계약의 부활이 이루어진 경우라도 계약자 또는 피보험자가 최초 계약 청약 시(2회 이상 부활이 이루어진 경우 종전 모든 부활 청약 포함) 제14조(계약 전 알릴 의무)를 위반한 경우에는 제<u>16조(알릴 의무 위반의 효과)</u>가 적용된다.

25 회사는 강제집행 등으로 인한 해지계약의 <u>특별부활</u>의 통지를 지정된 보험수익자에게 하여야 한다. 다만, 회사는 법정상속인이 보험수익자로 지정된 경우에는 <u>통지를 계약자에게</u> 할 수 있다. 이러한 통지는 계약이 해지된 날부터 <u>7일 이내에</u> 하여야 한다.

26 보험수익자는 통지를 받은 날(계약자에게 통지된 경우에는 계약자가 통지를 받은 날을 말한다)부터 <u>15일 이내에</u> <u>특별부활에 관한 절차</u>를 이행할 수 있다.

27 사망을 보험금 지급사유로 하는 계약에서 서면으로 동의를 한 피보험자는 계약의 효력이 유지되는 기간에는 <u>언제든지</u> 서면동의를 장래를 향하여 철회할 수 있다.

28 회사가 파산의 선고를 받은 때에는 계약자는 계약을 해지할 수 있다. 그러나, 해지하지 않은 계약은 파산선고 후 <u>6개월이</u> 지난 때에는 그 효력을 잃는다.

29 계약자, 피보험자 또는 보험수익자가 보험금을 지급받을 목적으로 <u>고의로 보험금 지급사유를 발생시</u>킨 경우 또는 <u>보험금 청구에 관한 서류에 고의로 사실과 다른 것을 기재하였거나 그 서류 또는 증거를</u> <u>위조 또는 변조</u>한 경우에는 회사는 안 날부터 <u>1개월 이내</u>에 계약을 해지할 수 있다.

30 약관의 해석원칙은 신의성실의 원칙, 작성자 불이익의 원칙, 동종제한의 원칙이 있으며, 이 중 회사는 보험금을 지급하지 않는 사유 등 계약자나 피보험자에게 불리하거나 부담을 주는 내용은 확대하여 해석하지 않는다는 원칙은 <u>동종제한의 원칙</u>이다.

오답노트

07 회사는 만기환급금의 지급시기가 되면 <u>지급시기 7일 이전</u>에 그 사유와 지급할 금액을 계약자 또는 보험수익자에게 알려준다.

20 회사는 계약자가 제1회 보험료를 납입한 때부터 <u>1년 이상 지난</u> 유효한 계약으로서 그 보험종목의 변경을 요청할 때에는 회사의 사업방법서에서 정하는 방법에 따라 이를 변경한다.

28 회사가 파산의 선고를 받은 때에는 계약자는 계약을 해지할 수 있다. 그러나, 해지하지 않은 계약은 파산선고 후 <u>3개월이</u> 지난 때에는 그 효력을 잃는다.

CHAPTER 03 상해보험

TOPIC 01 상해와 재해

1. 손해보험의 상해

(1) 상해의 의의

① 상해란 '급격하고 우연한 외래의 사고에 의한 신체의 손상'으로 정의된다.

② 유독가스 또는 유독물질을 흡입, 흡수하여 생긴 중독증상을 포함하지만, '세균성 음식물 중독(→ 질병의 성격임)과 상습적으로 흡입, 흡수한 결과로 생긴 중독'은 제외된다.

(2) 급격한 사고

① 피보험자가 피할 수 없을 정도로 급박한 상태에서 비교적 단시간 내에 돌발적으로 사고가 발생하는 것으로, '예견 불능성' 또는 그러한 사고의 발생을 피할 수 없는 '불가피성'이 전제가 되는 사고이다.

② 건설노동자가 장시간 삽질을 하면서 허리에 무리가 감으로써 생기는 요통/테니스 운동 중 누적되는 팔꿈치 충격으로 생기는 테니스엘보우 등은 상해사고라 할 수 없다.

(3) 우연한 사고

원인의 발생이 우연인 경우	화재 시 아이를 구하기 위해 불 속에 뛰어든 사고 (화재는 우연성이 있지만, 구하는 작업의 위험성은 예측 가능)
결과의 발생이 우연인 경우	수영 중에 익사 (수영은 우연성이 없지만, 익사는 우연성)
원인과 결과가 우연인 경우	도로 주행 중 타이어 펑크로 중앙선을 넘어 마주오던 차와 충돌 (원인인 타이어 펑크의 우연성, 마주오던 차와 충돌의 우연성)
주관적 기준	음주운전을 하면 사고위험이 높아지므로 객관적인 기준에서는 음주운전 후 교통사고는 우연성이 결여되지만, 실제 운전자 입장에서는 사고를 의도하거나 예측한 것이 아니므로 우연한 사고가 될 수 있다.

(4) 외래의 사고

① 상해의 원인이 신체 내부가 아닌 외부로부터 야기되는 것을 말한다.

② 피보험자가 무거운 짐을 들어 올리다가 허리를 다친 경우에는 무거운 물건(외력)이 신체에 작용한 것으로서 외래성이 인정되지만, 고혈압이 원인이 되어 뇌출혈로 인한 상해를 입었다면 신체 내부적인 문제에 의한 것으로 외래성이 인정되지 않는다.

(4) 인과관계

신체의 손상은 '급격하고 우연한 외래의 사고'와 인과관계가 있어야 한다(→ 우리나라는 상당인과관계설의 입장)

(5) 입증책임(→ 권리의 주장으로 수혜를 입는 자가 부담하는 것이 원칙)

① 열거주의 : 보험금청구권자가 보상받기 위해 열거위험이 보험기간 중에 발생하였음을 입증
② 포괄주의 : 보험자가 책임을 부정하기 위해 면책위험으로 인한 손해가 발생하였음을 입증

2. 생명보험의 재해

(1) 재해의 의의(→ 생명보험 표준약관에 정한 재해)

① 한국표준질병사인분류상(S00~Y84)에 해당하는 우발적인 외래의 사고
② '감염병의 예방 및 관리에 관한 법률' 제2조 제2호에서 규정한 감염병(→ 1급 감염병)

(2) 보험금을 지급하지 않는 재해

① 질병 또는 체질적 요인이 있는 자로서 경미한 외부요인으로 발병하거나 증상이 악화된 경우
② 과잉노력 및 격심한 또는 반복적 운동에 의한 사고
③ 식량부족, 물부족, 상세불명의 결핍에 의한 사고
④ 무중력환경에서 장시간 체류, 자연의 힘에 의한 급격한 탈수로 인한 사고
⑤ 고의적 자해 또는 법적 처형
⑥ 외과, 내과 치료 중 진료기관의 고의 또는 과실이 없는 사고(즉, 의료과실은 보상)
⑦ 우발적 익사 및 익수, 기타 호흡과 관련한 불의의 위협, 눈 또는 인체의 개구부를 통하여 들어온 이물질 중 질병에 의한 호흡장애 및 삼킴장해

TOPIC 02 사망보험금과 상속

1. 사망보험금

(1) 사망보험금의 종류(→ 질병상해표준약관상 상해사망보험금 + 생명보험의 사망보험금)

① 질병상해표준약관상 사망보험금
상해사망 : 상해로 사망한 경우 사망보험금 지급(질병사망은 제외)
② 생명보험의 사망보험금
ㄱ 일반사망 : 사망원인과 관계없이 사망한 경우 사망보험금 지급
ㄴ 재해사망 : 재해를 원인으로 사망한 경우 사망보험금 지급
ㄷ 질병사망 : 질병으로 80% 이상 장해상태의 경우 질병고도후유장해보험금 지급
ㄹ 암사망 : 암으로 80% 이상 장해상태의 경우 암고도후유장해보험금 지급

PART 01

PART 02

PART 03

PART 04

PART 05

PART 06

(2) 생명보험에서 자살과 자사인 경우의 보험금 지급

자살(自殺)	자사(自死)
일반사망보험금 지급(보장개시일부터 2년 경과 후 자살)	재해사망보험금 지급(→ 심신상실 등으로 자유로운 의사 결정을 할 수 없는 상태에서 자신을 해친 경우 보상)

(3) 보험금의 지급과 계약의 소멸

피보험자의 사망으로 보험금 지급사유가 더 이상 발생하지 않는 경우 계약은 그때부터 효력을 잃는다. 이때 사망을 보험금 지급사유로 하지 않는 경우 회사는 '사망 당시 계약자적립액'을 지급한다.

2. 상속과 사망보험금

(1) 상속의 개시

상속은 주로 사망으로 개시되지만, 실종선고나 인정사망 등으로도 개시된다.

(2) 상속의 순위

① 상속순위 : 직계비속&배우자 → 직계존속&배우자 → 형제, 자매 → 4촌 이내 방계혈족
② 피상속인의 배우자는 직계존비속이 있는 경우 공동상속인이 되며, 직계존비속이 없는 경우 단독상속인이 된다.
③ 사실혼 배우자는 상속권이 인정되지 않지만, 사실혼 배우자와의 사이에서 출산한 자녀는 상속권이 있다.

(3) 대습상속

① 상속인이 될 직계비속 또는 형제자매가 상속개시 전에 사망하거나 결격자가 되어 상속을 받을 수 없더라도 그 직계비속이 있는 때에는 그 직계비속이 사망하거나 결격된 자의 순위에 갈음하여 상속인이 되는 것을 말한다.
② 대습상속에서 직계비속은 태아도 포함되며, 배우자는 법률상 배우자만 인정한다.

(5) 동시사망

상속인은 피상속인이 사망 당시에 생존해 있어야 하고, 동시사망으로 추정되는 경우 사망자 상호 간에는 상호상속이 이루어지지 않는다.

(6) 친권

친권은 부모가 미성년자녀에 대해 가지는 권리이자 의무이며, 부모 공동으로 행사가 가능하다.

(7) 상속의 포기

상속포기는 상속이 있었음을 안 날로부터 3개월 이내에 가정법원에 포기청구를 해야 유효한 법률행위가 된다.

TOPIC 03 후유장해

1. 총칙

(1) 장해의 정의

① '장해'라 함은 상해 또는 질병에 대하여 치유된 후 신체에 남아 있는 영구적인 정신 또는 육체의 훼손상태 및 기능상실 상태를 말한다. 다만, 질병과 부상의 주증상과 합병증상 및 이에 대한 치료를 받는 과정에서 일시적으로 나타나는 증상은 장해에 포함되지 않는다.

② '영구적'이라 함은 원칙적으로 치유하는 때 장래 회복할 가망이 없는 상태로서 정신적 또는 육체적 훼손상태임이 의학적으로 인정되는 경우를 말한다.

③ '치유된 후'라 함은 상해 또는 질병에 대한 치료의 효과를 기대할 수 없게 되고 또한 그 증상이 고정된 상태를 말한다.

④ 다만, 영구히 고정된 증상은 아니지만 치료 종결 후 한시적으로 나타나는 장해에 대하여는 그 기간이 <u>5년 이상인 경우</u> 해당 장해지급률의 20%를 장해지급률로 한다.

⑤ 위 ④에 따라 장해지급률이 결정되었으나 그 이후 보장받을 수 있는 기간(계약의 효력이 없어진 경우에는 보험기간이 <u>10년 이상인 계약</u>은 상해 발생일 또는 질병의 진단확정일부터 2년 이내로 하고, 보험기간이 <u>10년 미만인 계약</u>은 상해 발생일 또는 질병의 진단확정일부터 1년 이내)에 장해상태가 더 악화된 때에는 그 악화된 장해상태를 기준으로 장해지급률을 결정한다.

(2) 신체부위

'신체부위'라 함은 ① 눈, ② 귀, ③ 코, ④ 씹어먹거나 말하는 기능, ⑤ 외모, ⑥ 척추(등뼈), ⑦ 체간골, ⑧ 팔, ⑨ 다리, ⑩ 손가락, ⑪ 발가락, ⑫ 흉·복부장기 및 비뇨생식기, ⑬ 신경계·정신행동의 13개 부위를 말하며, 이를 각각 동일한 신체부위라 한다. 다만, 좌·우의 눈, 귀, 팔, 다리, 손가락, 발가락은 각각 다른 신체부위로 본다.

(3) 장해의 판정

① 하나의 장해가 관찰 방법에 따라서 장해분류표상 2가지 이상의 신체부위에서 장해로 평가되는 경우에는 그중 <u>높은 지급률</u>을 적용한다.

② 동일한 신체부위에 2가지 이상의 장해가 발생한 경우에는 합산하지 않고 그중 높은 지급률을 적용함을 원칙으로 한다. 그러나 각 신체부위별 판정기준에서 별도로 정한 경우에는 그 기준에 따른다.

③ 하나의 장해가 다른 장해와 통상 파생하는 관계에 있는 경우에는 <u>그중 높은 지급률만</u>을 적용하며, 하나의 장해로 둘 이상의 파생장해가 발생하는 경우 <u>각 파생장해의 지급률을 합산한 지급률</u>과 <u>최초 장해의 지급률</u>을 비교하여 그중 <u>높은 지급률</u>을 적용한다.

④ 의학적으로 뇌사판정을 받고 호흡기능과 심장박동기능을 상실하여 인공심박동기 등 장치에 의존하여 생명을 연장하고 있는 뇌사상태는 장해의 판정대상에 포함되지 않는다. 다만, 뇌사판정을 받은 경우가 아닌 식물인간상태(의식이 전혀 없고 사지의 자발적인 움직임이 불가능하여 일상생활에서 항시 간호가 필요한 상태)는 각 신체부위별 판정기준에 따라 평가한다.

⑤ 장해진단서에는 ㉠ 장해진단명 및 발생시기, ㉡ 장해의 내용과 그 정도, ㉢ 사고와의 인과관계 및 사고의 관여도, ㉣ 향후 치료의 문제 및 호전도를 필수적으로 기재해야 한다. 다만, 신경계·정신행동 장해의 경우 ㉠ 개호(장해로 혼자서 활동이 어려운 사람을 곁에서 돌보는 것) 여부, ㉡ 객관적 이유 및 개호의 내용을 추가로 기재하여야 한다.

PART 01

PART 02

PART 03

PART 04

PART 05

PART 06

2. 눈의 장해

(1) 장해의 분류

장해의 분류	지급률
두 눈이 멀었을 때	100
한 눈이 멀었을 때	50
한 눈의 교정시력이 0.02 이하로 된 때	35
한 눈의 교정시력이 0.06 이하로 된 때	25
한 눈의 교정시력이 0.1 이하로 된 때	15
한 눈의 교정시력이 0.2 이하로 된 때	5
한 눈의 안구(눈동자)에 뚜렷한 운동장해나 뚜렷한 조절기능장해를 남긴 때	10
한 눈에 뚜렷한 시야장해를 남긴 때	5
한 눈의 눈꺼풀에 뚜렷한 결손을 남긴 때	10
한 눈의 눈꺼풀에 뚜렷한 운동장해를 남긴 때	5

(2) 장해판정기준

① 시력장해의 경우 공인된 시력검사표에 따라 최소 3회 이상 측정한다.

② '교정시력'이라 함은 안경(콘택트렌즈를 포함한 모든 종류의 시력 교정수단)으로 교정한 원거리 최대교정시력을 말한다. 다만, 각막이식술을 받은 환자인 경우 각막이식술 이전의 시력상태를 기준으로 평가한다.

③ '한 눈이 멀었을 때'라 함은 안구의 적출은 물론 명암을 가리지 못하거나('광각무') 겨우 가릴 수 있는 경우('광각유')를 말한다.

④ '한 눈의 교정시력이 0.02 이하로 된 때'라 함은 안전수동(Hand Movement)[주1], 안전수지(Finger Counting)[주2] 상태를 포함한다.

> ※ 주1) 안전수동 : 물체를 감별할 정도의 시력상태가 아니며 눈앞에서 손의 움직임을 식별할 수 있을 정도의 시력상태
> 주2) 안전수지 : 시표의 가장 큰 글씨를 읽을 수 있는 정도의 시력은 아니나 눈 앞 30cm 이내에서 손가락의 개수를 식별할 수 있을 정도의 시력상태

⑤ 안구(눈동자) 운동장해의 판정은 질병의 진단 또는 외상 후 1년 이상이 지난 뒤 그 장해 정도를 평가한다.

⑥ '안구(눈동자)의 뚜렷한 운동장해'라 함은 아래의 두 경우 중 하나에 해당하는 경우를 말한다.

> ㉠ 한 눈의 안구(눈동자)의 주시야(머리를 움직이지 않고 눈만을 움직여서 볼 수 있는 범위)의 운동범위가 정상의 1/2 이하로 감소된 경우
> ㉡ 중심 20도 이내에서 복시(물체가 둘로 보이거나 겹쳐 보임)를 남긴 경우

⑦ '안구(눈동자)의 뚜렷한 조절기능장해'라 함은 조절력이 정상의 1/2 이하로 감소된 경우를 말한다. 다만, 조절력의 감소를 무시할 수 있는 50세 이상(장해진단 시 연령 기준)의 경우에는 제외한다.

⑧ '뚜렷한 시야 장해'라 함은 한 눈의 시야 범위가 정상시야 범위의 60% 이하로 제한된 경우를 말한다. 이 경우 시야검사는 공인된 시야검사방법으로 측정하며, 시야장해 평가 시 자동시야검사계(골드만 시야검사)를 이용하여 8방향 시야범위 합계를 정상범위와 비교하여 평가한다.

⑨ '눈꺼풀에 뚜렷한 결손을 남긴 때'라 함은 눈꺼풀의 결손으로 눈을 감았을 때 각막(검은 자위)이 완전히 덮이지 않는 경우를 말한다.

⑩ '눈꺼풀에 뚜렷한 운동장해를 남긴 때'라 함은 눈을 떴을 때 동공을 1/2 이상 덮거나 또는 눈을 감았을 때 각막을 완전히 덮을 수 없는 경우를 말한다.

⑪ 외상이나 화상 등으로 안구의 적출이 불가피한 경우에는 외모의 추상(추한 모습)이 가산된다. 이 경우 안구가 적출되어 눈자위의 조직요몰(凹沒) 등으로 의안마저 끼워 넣을 수 없는 상태이면 '뚜렷한 추상(추한 모습)'으로, 의안을 끼워 넣을 수 있는 상태이면 '약간의 추상(추한 모습)'으로 지급률을 가산한다.

⑫ '눈꺼풀에 뚜렷한 결손을 남긴 때'에 해당하는 경우에는 추상(추한 모습)장해를 포함하여 장해를 평가한 것으로 보고 추상(추한 모습)장해를 가산하지 않는다. 다만, 안면부의 추상(추한 모습)은 두 가지 장해평가 방법 중 피보험자에게 유리한 것을 적용한다.

3. 귀의 장해

(1) 장해의 분류

장해의 분류	지급률
두 귀의 청력을 완전히 잃었을 때	80
한 귀의 청력을 완전히 잃고, 다른 귀의 청력에 심한 장해를 남긴 때	45
한 귀의 청력을 완전히 잃었을 때	25
한 귀의 청력에 심한 장해를 남긴 때	15
한 귀의 청력에 약간의 장해를 남긴 때	5
한 귀의 귓바퀴의 대부분이 결손된 때	10
평형기능에 장해를 남긴 때	10

(2) 장해판정기준

① 청력장해는 순음청력검사 결과에 따라 데시벨(dB ; deciBel)로서 표시하고 3회 이상 청력검사를 실시한 후 적용한다. 다만, 각 측정치의 결과값 차이가 ±10dB 이상인 경우 청성뇌간반응검사(ABR)를 통해 객관적인 장해 상태를 재평가하여야 한다.

② '한 귀의 청력을 완전히 잃었을 때'라 함은 순음청력검사 결과 평균순음역치가 90dB 이상인 경우를 말한다.

③ '심한 장해를 남긴 때'라 함은 순음청력검사 결과 평균순음역치가 80dB 이상인 경우에 해당되어, 귀에다 대고 말하지 않고는 큰 소리를 알아듣지 못하는 경우를 말한다.

④ '약간의 장해를 남긴 때'라 함은 순음청력검사 결과 평균순음역치가 70dB 이상인 경우에 해당되어, 50cm 이상의 거리에서는 보통의 말소리를 알아듣지 못하는 경우를 말한다.

⑤ 순음청력검사를 실시하기 곤란하거나(청력의 감소가 의심되지만 의사소통이 되지 않는 경우, 만 3세 미만의 소아 포함) 검사결과에 대한 검증이 필요한 경우에는 '언어청력검사, 임피던스 청력검사, 청성뇌간반응검사(ABR), 이음향방사검사' 등을 추가실시 후 장해를 평가한다.

(3) 귓바퀴의 결손

① '귓바퀴의 대부분이 결손된 때'라 함은 귓바퀴의 연골부가 1/2 이상 결손된 경우를 말한다.

② 귓바퀴의 연골부가 1/2 미만 결손되고 청력에 이상이 없으면 외모의 추상(추한 모습)장해로만 평가한다.

PART 01
PART 02
PART 03
PART 04
PART 05
PART 06

(4) 평형기능의 장해

① '평형기능에 장해를 남긴 때'라 함은 전정기관 이상으로 보행 등 일상생활이 어려운 상태로 아래의 평형장해 평가항목별 합산점수가 30점 이상인 경우를 말한다.

항목	내용	점수
검사 소견	양측 전정기능 소실	14
	양측 전정기능 감소	10
	일측 전정기능 소실	4
치료 병력	장기 통원치료(1년간 12회 이상)	6
	장기 통원치료(1년간 6회 이상)	4
	단기 통원치료(6개월간 6회 이상)	2
	단기 통원치료(6개월간 6회 미만)	0
기능 장해 소견	두 눈을 감고 일어서기 곤란하거나 두 눈을 뜨고 10m 거리를 직선으로 걷다가 쓰러지는 경우	20
	두 눈을 뜨고 10m 거리를 직선으로 걷다가 중간에 균형을 잡으려 멈추어야 하는 경우	12
	두 눈을 뜨고 10m 거리를 직선으로 걸을 때 중앙에서 60cm 이상 벗어나는 경우	8

② 평형기능의 장해는 장해판정 직전 1년 이상 지속적인 치료 후 장해가 고착되었을 때 판정하며, 뇌병변 여부, 전정기능 이상 및 장해상태를 평가하기 위해 아래의 검사들을 기초로 한다.
  ㉠ 뇌영상검사(CT, MRI)
  ㉡ 온도안진검사, 전기안진검사(또는 비디오안진검사) 등

4. 코의 장해

(1) 장해의 분류

장해의 분류	지급률
코의 호흡기능을 완전히 잃었을 때	15
코의 후각기능을 완전히 잃었을 때	5

(2) 장해판정기준

① '코의 호흡기능을 완전히 잃었을 때'라 함은 일상생활에서 구강호흡의 보조를 받지 않는 상태에서 코로 숨쉬는 것만으로 정상적인 호흡을 할 수 없다는 것이 비강통기도검사 등 의학적으로 인정된 검사로 확인되는 경우를 말한다.

② '코의 후각기능을 완전히 잃었을 때'라 함은 후각신경의 손상으로 양쪽 코의 후각기능을 완전히 잃은 경우를 말하며, 후각감퇴는 장해의 대상으로 하지 않는다.

③ 양쪽 코의 후각기능은 후각인지검사, 후각역치검사 등을 통해 6개월 이상 고정된 후각의 완전손실이 확인되어야 한다.

④ 코의 추상(추한 모습)장해를 수반한 때에는 기능장해의 지급률과 추상장해의 지급률을 합산한다.

5. 씹어먹거나 말하는 장해

(1) 장해의 분류

장해의 분류	지급률
씹어먹는 기능과 말하는 기능 모두에 심한 장해를 남긴 때	100
씹어먹는 기능에 심한 장해를 남긴 때	80
말하는 기능에 심한 장해를 남긴 때	60
씹어먹는 기능과 말하는 기능 모두에 뚜렷한 장해를 남긴 때	40
씹어먹는 기능 또는 말하는 기능에 뚜렷한 장해를 남긴 때	20
씹어먹는 기능과 말하는 기능 모두에 약간의 장해를 남긴 때	10
씹어먹는 기능 또는 말하는 기능에 약간의 장해를 남긴 때	5
치아에 14개 이상의 결손이 생긴 때	20
치아에 7개 이상의 결손이 생긴 때	10
치아에 5개 이상의 결손이 생긴 때	5

(2) 장해의 평가기준

① 씹어먹는 기능의 장해는 윗니(상악치아)와 아랫니(하악치아)의 맞물림(교합), 배열상태 및 아래턱의 개구운동, 삼킴(연하)운동 등에 따라 종합적으로 판단하여 결정한다.

② '씹어먹는 기능에 심한 장해를 남긴 때'라 함은 <u>심한</u> 개구운동 제한이나 저작운동 제한으로 물이나 이에 준하는 음료 이외는 섭취하지 못하는 경우를 말한다.

③ '씹어먹는 기능에 <u>뚜렷한</u> 장해를 남긴 때' 라 함은 아래의 경우 중 하나 이상에 해당되는 때를 말한다.
- ㉠ 뚜렷한 개구운동 제한 또는 뚜렷한 저작운동 제한으로 미음 또는 이에 준하는 정도의 음식물(죽 등) 이외는 섭취하지 못하는 경우
- ㉡ 위·아래턱(상·하악)의 가운데 앞니(중절치) 간 <u>최대 개구운동이 1cm 이하</u>로 제한되는 경우
- ㉢ 위·아래턱(상·하악)의 <u>부정교합(전방, 측방)이 1.5cm 이상</u>인 경우
- ㉣ <u>1개 이하의 치아만 교합</u>되는 상태
- ㉤ 연하기능검사(비디오 투시검사)상 연하장애가 있고, 유동식 섭취 시 흡인이 발생하고 연식 외에는 섭취가 불가능한 상태

④ '씹어먹는 기능에 <u>약간의</u> 장해를 남긴 때'라 함은 아래의 경우 중 하나 이상에 해당되는 때를 말한다.
- ㉠ 약간의 개구운동 제한 또는 약간의 저작운동 제한으로 부드러운 고형식(밥, 빵 등)만 섭취 가능한 경우
- ㉡ 위·아래턱(상·하악)의 가운데 앞니(중절치) 간 <u>최대 개구운동이 2cm 이하</u>로 제한되는 경우
- ㉢ 위·아래턱(상·하악)의 <u>부정교합(전방, 측방)이 1cm 이상</u>인 경우
- ㉣ <u>양측 각 1개 또는 편측 2개 이하의 치아만 교합</u>되는 상태
- ㉤ 연하기능검사(비디오 투시검사)상 연하장애가 있고, 유동식 섭취 시 간헐적으로 흡인이 발생하고 부드러운 고형식 외에는 섭취가 불가능한 상태

⑤ 개구장해는 턱관절의 이상으로 개구운동 제한이 있는 상태를 말하며, 최대 개구상태에서 위·아래턱(상·하악)의 가운데 앞니(중절치) 간 거리를 기준으로 한다. 단, 가운데 앞니(중절치)가 없는 경우에는 측정가능한 인접 치아 간 거리의 최대치를 기준으로 한다.

⑥ 부정교합은 위턱(상악)과 아래턱(하악)의 부조화로 윗니(상악치아)와 아랫니(하악치아)가 전방 및 측방으로 맞물림에 제한이 있는 상태를 말한다.

PART
01

PART
02

PART
03

PART
04

PART
05

PART
06

⑦ '말하는 기능에 <u>심한</u> 장해를 남긴 때'라 함은 아래의 경우 중 하나 이상에 해당되는 때를 말한다.
   ㉠ 언어평가상 자음정확도가 <u>30%</u> 미만인 경우
   ㉡ 전실어증, 운동성실어증(브로카실어증)으로 의사소통이 불가한 경우
⑧ '말하는 기능에 <u>뚜렷한</u> 장해를 남긴 때'라 함은 아래의 경우 중 하나 이상에 해당되는 때를 말한다.
   ㉠ 언어평가상 자음정확도가 <u>50%</u> 미만인 경우
   ㉡ 언어평가상 표현언어지수가 <u>25</u> 미만인 경우
⑨ '말하는 기능에 <u>약간</u>의 장해를 남긴 때'라 함은 아래의 경우 중 하나 이상에 해당되는 때를 말한다.
   ㉠ 언어평가상 자음정확도가 <u>75%</u> 미만인 경우
   ㉡ 언어평가상 표현언어지수가 <u>65</u> 미만인 경우
⑩ 말하는 기능의 장해는 1년 이상 지속적인 언어치료를 시행한 후 증상이 고착되었을 때 평가하며, 객관적인 검사를 기초로 평가한다.
⑪ 뇌ㆍ중추신경계 손상(정신ㆍ인지기능 저하, 편마비 등)으로 인한 말하는 기능의 장해(실어증, 구음장애) 또는 씹어먹는 기능의 장해는 신경계ㆍ정신행동 장해 평가와 비교하여 그중 높은 지급률 하나만 인정한다.
⑫ '치아의 결손'이란 치아의 상실 또는 발치된 경우를 말하며, 치아의 일부 손상으로 금관치료(크라운 보철수복)를 시행한 경우에는 치아의 일부 결손을 인정하여 1/2개 결손으로 적용한다.
⑬ 보철치료를 위해 발치한 정상치아, 노화로 인해 자연 발치된 치아, 보철(복합레진, 인레이, 온레이 등)한 치아, 기존 의치(틀니, 임플란트 등)의 결손은 치아의 상실로 인정하지 않는다.
⑭ 상실된 치아의 크기가 크든지 또는 치간의 간격이나 치아 배열구조 등의 문제로 사고와 관계없이 새로운 치아가 결손된 경우에는 사고로 결손된 치아 수에 따라 지급률을 결정한다.
⑮ 어린이의 유치는 향후에 영구치로 대체되므로 후유장해의 대상이 되지 않으나, <u>선천적으로 영구치 결손</u>이 있는 경우에는 유치의 결손을 후유장해로 평가한다.
⑯ 가철성 보철물(신체의 일부에 붙였다 떼었다 할 수 있는 틀니 등)의 파손은 후유장해의 대상이 되지 않는다.

6. 외모의 추상(추한 모습)장해

(1) 장해의 분류

장해의 분류	지급률
외모에 뚜렷한 추상(추한 모습)을 남긴 때	15
외모에 약간의 추상(추한 모습)을 남긴 때	5

(2) 장해판정기준
① '외모'란 얼굴(눈, 코, 귀, 입 포함), 머리, 목을 말한다.
② '추상(추한 모습)장해'라 함은 성형수술(반흔성형술, 레이저치료 등 포함)을 시행한 후에도 영구히 남게 되는 상태의 추상(추한 모습)을 말한다.
③ '추상(추한 모습)을 남긴 때'라 함은 상처의 흔적, 화상 등으로 피부의 변색, 모발의 결손, 조직(뼈, 피부 등)의 결손 및 함몰 등으로 성형수술을 하여도 더 이상 추상(추한 모습)이 없어지지 않는 경우를 말한다.
④ 다발성 반흔 발생 시 각 판정부위(얼굴, 머리, 목) 내의 다발성 반흔의 길이 또는 면적은 합산하여 평가한다. 단, 길이가 5mm 미만인 반흔은 합산대상에서 제외한다.
⑤ 추상(추한 모습)이 얼굴과 머리 또는 목 부위에 걸쳐 있는 경우에는 머리 또는 목에 있는 흉터의 길이 또는 면적의 1/2을 얼굴의 추상(추한 모습)으로 보아 산정한다.

(3) 뚜렷한 추상(추한 모습)과 약간의 추상

구분	뚜렷한 추상(15%)	약간의 추상(5%)
얼굴	• 손바닥 크기 1/2 이상의 추상(추한 모습) • 길이 10cm 이상의 추상 반흔(추한 모습의 흉터) • 지름 5cm 이상의 조직함몰 • 코의 1/2 이상 결손	• 손바닥 크기 1/4 이상의 추상(추한 모습) • 길이 5cm 이상의 추상반흔(추한 모습의 흉터) • 지름 2cm 이상의 조직함몰 • 코의 1/4 이상 결손
머리	• 손바닥 크기 이상의 반흔(흉터) 및 모발결손 • 머리뼈의 손바닥 크기 이상의 손상 및 결손	• 손바닥 크기 1/2 이상의 반흔(흉터) 및 모발결손 • 머리뼈의 손바닥 크기 1/2 이상의 손상 및 결손
목	손바닥 크기 이상의 추상(추한 모습)	손바닥 크기 1/2 이상의 추상(추한 모습)

(4) 손바닥 크기

'손바닥 크기'라 함은 해당 환자의 손가락을 제외한 손바닥의 크기를 말하며, 12세 이상의 성인에서는 $8 \times 10\text{cm}(1/2$ 크기는 40cm^2, $1/4$ 크기는 $20\text{cm}^2)$, $6 \sim 11$세의 경우는 $6 \times 8\text{cm}(1/2$ 크기는 24cm^2, $1/4$ 크기는 $12\text{cm}^2)$, 6세 미만의 경우는 $4 \times 6\text{cm}(1/2$ 크기는 12cm^2, $1/4$ 크기는 $6\text{cm}^2)$로 간주한다.

7. 척추(등뼈)의 장해

(1) 장해의 분류

장해의 분류	지급률
척추(등뼈)에 심한 운동장해를 남긴 때	40
척추(등뼈)에 뚜렷한 운동장해를 남긴 때	30
척추(등뼈)에 약간의 운동장해를 남긴 때	10
척추(등뼈)에 심한 기형을 남긴 때	50
척추(등뼈)에 뚜렷한 기형을 남긴 때	30
척추(등뼈)에 약간의 기형을 남긴 때	15
추간판탈출증으로 인한 심한 신경 장해	20
추간판탈출증으로 인한 뚜렷한 신경 장해	15
추간판탈출증으로 인한 약간의 신경 장해	10

(2) 장해판정기준

① 척추(등뼈)는 경추에서 흉추, 요추, 제1천추까지를 동일한 부위로 한다. 제2천추 이하의 천골 및 미골은 체간골의 장해로 평가한다.

② 척추(등뼈)의 기형장해는 척추체(척추뼈 몸통을 말하며, 횡돌기 및 극돌기는 제외한다. 이하 이 신체부위에서 같다)의 압박률 또는 척추체(척추뼈 몸통)의 만곡 정도에 따라 평가한다.

  ㉠ 척추체(척추뼈 몸통)의 만곡변화는 객관적인 측정방법(Cobb's Angle)에 따라 골절이 발생한 척추체(척추뼈 몸통)의 상·하 인접 정상 척추체(척추뼈 몸통)를 포함하여 측정하며, 생리적 정상만곡을 고려하여 평가

  ㉡ 척추(등뼈)의 기형장해는 척추체(척추뼈 몸통)의 압박률, 골절의 부위 등을 기준으로 판정한다. 척추체(척추뼈 몸통)의 압박률은 인접 상·하부[인접 상·하부 척추체(척추뼈 몸통)에 진구성 골절이 있거나, 다발성 척추골절이 있는 경우에는 골절된 척추와 가장 인접한 상·하부] 정상 척추체(척추뼈 몸통)의 전방 높이의 평균에 대한 골절된 척추체(척추뼈 몸통) 전방 높이의 감소비를 압박률로 정함

PART 01
PART 02
PART 03
PART 04
PART 05
PART 06

ⓒ 척추(등뼈)의 기형장해는 「산업재해보상보험법 시행규칙」상 경추부, 흉추부, 요추부로 구분하여 각각을 하나의 운동단위로 보며, 하나의 운동단위 내에서 여러 개의 척추체(척추뼈 몸통)에 압박골절이 발생한 경우에는 각 척추체(척추뼈 몸통)의 압박률을 합산하고, 두 개 이상의 운동단위에서 장해가 발생한 경우에는 그중 가장 높은 지급률을 적용

③ 척추(등뼈)의 장해는 퇴행성 기왕증 병변과 사고가 그 증상을 악화시킨 부분만큼, 즉 이 사고와의 관여도를 산정하여 평가한다.

④ 추간판탈출증으로 인한 신경 장해는 수술 또는 시술(비수술적 치료) 후 6개월 이상 지난 후에 평가한다.

⑤ 신경학적 검사상 나타난 저린감이나 방사통 등 신경자극증상의 원인으로 CT, MRI 등 영상검사에서 추간판탈출증이 확인된 경우를 추간판탈출증으로 진단하며, 수술 여부에 관계없이 운동장해 및 기형장해로 평가하지 않는다.

⑥ 심한 운동장해란 다음 중 어느 하나에 해당하는 경우를 말한다.

ⓐ 척추체(척추뼈 몸통)에 골절 또는 탈구로 4개 이상의 척추체(척추뼈 몸통)를 유합(아물어 붙음) 또는 고정한 상태

ⓑ 머리뼈(두개골), 제1경추, 제2경추를 모두 유합 또는 고정한 상태

⑦ 뚜렷한 운동장해란 다음 중 어느 하나에 해당하는 경우를 말한다.

ⓐ 척추체(척추뼈 몸통)에 골절 또는 탈구로 3개의 척추체(척추뼈 몸통)를 유합(아물어 붙음) 또는 고정한 상태

ⓑ 머리뼈(두개골)와 제1경추 또는 제1경추와 제2경추를 유합 또는 고정한 상태

ⓒ 머리뼈(두개골)와 상위목뼈(상위경추 : 제1, 2경추) 사이에 CT 검사상, 두개 대후두공의 기저점(basion)과 축추 치돌기 상단사이의 거리(BDI ; Basion – Dental Interval)에 뚜렷한 이상전위가 있는 상태

ⓓ 상위목뼈(상위경추 : 제1, 2경추) CT 검사상, 환추 전방 궁(arch)의 후방과 치상돌기의 전면과의 거리(ADI : Atlanto – Dental Interval)에 뚜렷한 이상전위가 있는 상태

⑧ **약간의 운동장해** : 머리뼈(두개골)와 상위목뼈(상위경추 : 제1, 2경추)를 제외한 척추체(척추뼈 몸통)에 골절 또는 탈구로 2개의 척추체(척추뼈 몸통)를 유합(아물어 붙음) 또는 고정한 상태를 말한다.

⑨ 심한 기형이란 다음 중 어느 하나에 해당하는 경우를 말한다.

ⓐ 척추(등뼈)의 골절 또는 탈구 등으로 35° 이상의 척추전만증(척추가 앞으로 휘어지는 증상), 척추후만증(척추가 뒤로 휘어지는 증상) 또는 20° 이상의 척추측만증(척추가 옆으로 휘어지는 증상) 변형이 있을 때

ⓑ 척추체(척추뼈 몸통) 한 개의 압박률이 60% 이상인 경우 또는 한 운동단위 내에 두 개 이상 척추체(척추뼈 몸통)의 압박골절로 각 척추체(척추뼈 몸통)의 압박률의 합이 90% 이상일 때

⑩ 뚜렷한 기형이란 다음 중 어느 하나에 해당하는 경우를 말한다.

ⓐ 척추(등뼈)의 골절 또는 탈구 등으로 15° 이상의 척추전만증(척추가 앞으로 휘어지는 증상), 척추후만증(척추가 뒤로 휘어지는 증상) 또는 10° 이상의 척추측만증(척추가 옆으로 휘어지는 증상) 변형이 있을 때

ⓑ 척추체(척추뼈 몸통) 한 개의 압박률이 40% 이상인 경우 또는 한 운동단위 내에 두 개 이상 척추체(척추뼈 몸통)의 압박골절로 각 척추체(척추뼈 몸통)의 압박률의 합이 60% 이상일 때

⑪ 약간의 기형이란 다음 중 어느 하나에 해당하는 경우를 말한다.
  ㉠ 1개 이상의 척추(등뼈)의 골절 또는 탈구로 경도(가벼운 정도)의 척추전만증(척추가 앞으로 휘어지는 증상), 척추후만증(척추가 뒤로 휘어지는 증상) 또는 척추측만증(척추가 옆으로 휘어지는 증상) 변형이 있을 때
  ㉡ 척추체(척추뼈 몸통) 한 개의 압박률이 20% 이상인 경우 또는 한 운동단위 내에 두 개 이상 척추체(척추뼈 몸통)의 압박골절로 각 척추체(척추뼈 몸통)의 압박률의 합이 40% 이상일 때
⑫ '추간판탈출증으로 인한 심한 신경 장해'란 추간판탈출증으로 추간판을 2마디 이상(또는 1마디 추간판에 대해 2회 이상) 수술하고도 마미신경증후군이 발생하여 하지의 현저한 마비 또는 대소변의 장해가 있는 경우를 말한다.
⑬ '추간판탈출증으로 인한 뚜렷한 신경 장해'란 추간판탈출증으로 추간판 1마디를 수술하고도 신경생리검사에서 명확한 신경근병증의 소견이 지속되고 척추신경근의 불완전 마비가 인정되는 경우를 말한다.
⑭ '추간판탈출증으로 인한 약간의 신경 장해'란 추간판탈출증이 확인되고 신경생리검사에서 명확한 신경근병증의 소견이 지속되는 경우를 말한다.

참고 척추의 장해 - 암기테이블

1. 척추의 운동장해

심한 40%	• 4개 이상 척추체 유합 또는 고정 • 머리뼈, 제1경추, 제2경추 모두 유합 또는 고정
뚜렷한 30%	• 3개 이상 척추체 유합 또는 고정 • 머리뼈 + 제1경추 유합 또는 고정 • 제1경추 + 제2경추 유합 또는 고정 • BDI(대후두공의 기저점 – 축추치돌기상단 사이 거리) 이상 전위 • ADI(환추전방궁의 후방 – 치상돌기 전면과의 거리) 이상 전위
약한 10%	2개의 척추체 유합 또는 고정(머리뼈와 상위목뼈 제외)

2. 척추의 기형장해

구분	전만/후만	측만	압박률(%)
심한 50%	35도 이상	20도 이상	1개 60도/2개 이상 합 90도
뚜렷한 30%	15도 이상	10도 이상	1개 40도/2개 이상 합 60도
약한 15%	경도		1개 20도/2개 이상 합 40도

3. 추간판탈출증 장해

심한 20%	추간판 2마디(또는 1마디 추간판에 대행 2회 이상)수술 + 마미신경증후군 + 하지의 현저한 마비(또는 대소변 장해)
뚜렷한 15%	추간판 1마디 수술 + 신경근 병증 소견지속(신경생리검사) + 척추신경근의 불완전 마비
약한 10%	추간판탈출증 확인 + 신경근 병증 소견지속(신경생리검사)

8. 체간골의 장해

(1) 장해의 분류

장해의 분류	지급률(%)
어깨뼈(견갑골)나 골반뼈(장골, 제2천추 이하의 천골, 미골, 좌골 포함)에 뚜렷한 기형을 남긴 때	15
빗장뼈(쇄골), 가슴뼈(흉골), 갈비뼈(늑골)에 뚜렷한 기형을 남긴 때	10

PART 01

PART 02

PART 03

PART 04

PART 05

PART 06

(2) 장해판정기준

① '체간골'이라 함은 어깨뼈(견갑골), 골반뼈(장골, 제2천추 이하의 천골, 미골, 좌골 포함), 빗장뼈(쇄골), 가슴뼈(흉골), 갈비뼈(늑골)를 말하며 이를 모두 동일한 부위로 본다.

② '골반뼈의 뚜렷한 기형'이라 함은 아래의 경우 중 하나에 해당하는 때를 말한다.

　　㉠ 천장관절 또는 치골문합부가 분리된 상태로 치유되었거나 좌골이 2.5cm 이상 분리된 부정유합 상태

　　㉡ 육안으로 변형(결손을 포함)을 명백하게 알 수 있을 정도로 방사선 검사로 측정한 각(角) 변형이 20°이상인 경우

　　㉢ 미골의 기형은 골절이나 탈구로 방사선 검사로 측정한 각(角) 변형이 70° 이상 남은 상태

③ '빗장뼈(쇄골), 가슴뼈(흉골), 갈비뼈(늑골), 어깨뼈(견갑골)에 뚜렷한 기형이 남은 때'라 함은 방사선 검사로 측정한 각(角) 변형이 20° 이상인 경우를 말한다.

④ 갈비뼈(늑골)의 기형은 그 개수와 정도, 부위 등에 관계없이 전체를 일괄하여 하나의 장해로 취급한다. 다발성 늑골 기형의 경우 각각의 각(角) 변형을 합산하지 않고 그중 가장 높은 각(角) 변형을 기준으로 평가한다.

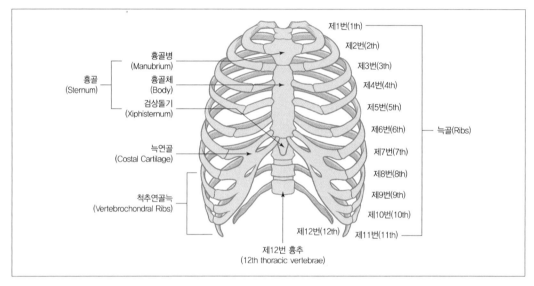

[가슴뼈]

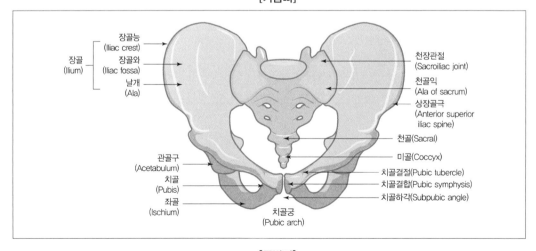

[골반뼈]

9. 팔의 장해

(1) 장해의 분류

장해의 분류	지급률
두 팔의 손목 이상을 잃었을 때	100
한 팔의 손목 이상을 잃었을 때	60
한 팔의 3대 관절 중 관절 하나의 기능을 완전히 잃었을 때	30
한 팔의 3대 관절 중 관절 하나의 기능에 심한 장해를 남긴 때	20
한 팔의 3대 관절 중 관절 하나의 기능에 뚜렷한 장해를 남긴 때	10
한 팔의 3대 관절 중 관절 하나의 기능에 약간의 장해를 남긴 때	5
한 팔에 가관절이 남아 뚜렷한 장해를 남긴 때	20
한 팔에 가관절이 남아 약간의 장해를 남긴 때	10
한 팔의 뼈에 기형을 남긴 때	5

(2) 장해판정기준

① 골절부에 금속내고정물 등을 사용하였기 때문에 그것이 기능장해의 원인이 되는 때에는 그 내고정물 등이 제거된 후 장해를 평가한다. 단, 제거가 불가능한 경우에는 고정물 등이 있는 상태에서 장해를 평가한다.

② 관절을 사용하지 않아 발생한 일시적인 기능장해(예 캐스트로 환부를 고정시켰기 때문에 치유 후의 관절에 기능장해가 발생한 경우)는 장해로 평가하지 않는다.

③ '팔'이라 함은 어깨관절(견관절)부터 손목관절(완관절)까지를 말한다.

④ '팔의 3대 관절'이라 함은 어깨관절(견관절), 팔꿈치관절(주관절), 손목관절(완관절)을 말한다.

⑤ '한 팔의 손목 이상을 잃었을 때'라 함은 손목관절(완관절)부터(손목관절 포함) 심장에 가까운 쪽에서 절단된 때를 말하며, 팔꿈치관절(주관절) 상부에서 절단된 경우도 포함한다.

⑥ 팔의 관절기능장해 평가는 팔의 3대 관절의 관절운동범위 제한 등으로 평가한다.

  ㉠ 각 관절의 운동범위 측정은 장해평가시점의 「산업재해보상보험법 시행규칙」 제47조 제1항 및 제3항의 정상인의 신체 각 관절에 대한 평균 운동가능영역을 기준으로 정상각도 및 측정방법 등을 따름

  ㉡ 관절기능장해를 표시할 경우 장해부위의 장해각도와 정상부위의 측정치를 동시에 판단하여 장해상태를 명확히 한다. 단, 관절기능장해가 신경손상으로 인한 경우에는 운동범위 측정이 아닌 근력 및 근전도 검사를 기준으로 평가한다.

⑦ '관절 하나의 기능을 완전히 잃었을 때'라 함은 아래의 경우 중 하나에 해당하는 경우를 말한다.

  ㉠ 완전 강직(관절굳음)

  ㉡ 근전도 검사상 완전손상(complete injury) 소견이 있으면서 도수근력검사(MMT)에서 근력이 '0등급(zero)'인 경우

⑧ '관절 하나의 기능에 심한 장해를 남긴 때'라 함은 아래의 경우 중 하나에 해당하는 경우를 말한다.

  ㉠ 해당 관절의 운동범위 합계가 정상 운동범위의 1/4 이하로 제한된 경우

  ㉡ 인공관절이나 인공골두를 삽입한 경우

  ㉢ 근전도 검사상 완전손상(complete injury) 소견이 있으면서 도수근력검사(MMT)에서 근력이 '1등급(trace)'인 경우

⑨ '관절 하나의 기능에 뚜렷한 장해를 남긴 때'라 함은 아래의 경우 중 하나에 해당하는 경우를 말한다.

  ㉠ 해당 관절의 운동범위 합계가 정상 운동범위의 1/2 이하로 제한된 경우

  ㉡ 근전도 검사상 불완전한 손상(incomplete injury) 소견이 있으면서 도수근력검사(MMT)에서 근력이 '2등급(poor)'인 경우

PART 01

PART 02

PART 03

PART 04

PART 05

PART 06

⑩ '관절 하나의 기능에 약간의 장해를 남긴 때'라 함은 아래의 경우 중 하나에 해당하는 때를 말한다.

    ㉠ 해당 관절의 운동범위 합계가 정상 운동범위의 3/4 이하로 제한된 경우

    ㉡ 근전도 검사상 불완전한 손상(incomplete injury) 소견이 있으면서 도수근력검사(MMT)에서 근력이 '3등급(fair)'인 경우

⑪ '가관절 ^{주)}이 남아 뚜렷한 장해를 남긴 때'라 함은 상완골에 가관절이 남은 경우 또는 요골과 척골의 2개 뼈 모두에 가관절이 남은 경우를 말한다.

    ※ 주) 가관절이란, 충분한 경과 및 골이식술 등 골유합을 얻는 데 필요한 수술적 치료를 시행하였음에도 불구하고 골절부의 유합이 이루어지지 않는 '불유합' 상태를 말하며, 골유합이 지연되는 지연유합은 제외한다.

⑫ '가관절이 남아 약간의 장해를 남긴 때'라 함은 요골과 척골 중 어느 한 뼈에 가관절이 남은 경우를 말한다.

⑬ '뼈에 기형을 남긴 때'라 함은 상완골 또는 요골과 척골에 변형이 남아 정상에 비해 부정유합된 각 변형이 15° 이상인 경우를 말한다.

(3) 지급률의 결정

① 한 팔의 3대 관절 중 관절 하나에 기능장해가 생기고 다른 관절 하나에 기능장해가 발생한 경우 지급률은 각각 적용하여 합산한다.

② 1상지(팔과 손가락)의 후유장해지급률은 원칙적으로 각각 합산하되, 지급률은 60% 한도로 한다.

10. 다리의 장해

(1) 장해의 분류

장해의 분류	지급률
두 다리의 발목 이상을 잃었을 때	100
한 다리의 발목 이상을 잃었을 때	60
한 다리의 3대 관절 중 관절 하나의 기능을 완전히 잃었을 때	30
한 다리의 3대 관절 중 관절 하나의 기능에 심한 장해를 남긴 때	20
한 다리의 3대 관절 중 관절 하나의 기능에 뚜렷한 장해를 남긴 때	10
한 다리의 3대 관절 중 관절 하나의 기능에 약간의 장해를 남긴 때	5
한 다리에 가관절이 남아 뚜렷한 장해를 남긴 때	20
한 다리에 가관절이 남아 약간의 장해를 남긴 때	10
한 다리의 뼈에 기형을 남긴 때	5
한 다리가 5cm 이상 짧아지거나 길어진 때	30
한 다리가 3cm 이상 짧아지거나 길어진 때	15
한 다리가 1cm 이상 짧아지거나 길어진 때	5

(2) 장해판정기준

① 골절부에 금속내고정물 등을 사용하였기 때문에 그것이 기능장해의 원인이 되는 때에는 그 내고정물 등이 제거된 후 장해를 평가한다. 단, 제거가 불가능한 경우에는 고정물 등이 있는 상태에서 장해를 평가한다.

② 관절을 사용하지 않아 발생한 일시적인 기능장해(예 캐스트로 환부를 고정시켰기 때문에 치유 후의 관절에 기능장해가 발생한 경우)는 장해로 평가하지 않는다.

③ '다리'라 함은 엉덩이관절(고관절)부터 발목관절(족관절)까지를 말한다.

④ '다리의 3대 관절'이라 함은 엉덩이관절(고관절), 무릎관절(슬관절), 발목관절(족관절)을 말한다.

⑤ '한 다리의 발목 이상을 잃었을 때'라 함은 발목관절(족관절)부터(발목관절 포함) 심장에 가까운 쪽에서 절단된 때를 말하며, 무릎관절(슬관절)의 상부에서 절단된 경우도 포함한다.

⑥ 다리의 관절기능장해 평가는 다리의 3대 관절의 관절운동범위 제한 및 <u>무릎관절(슬관절)의 동요성</u> 등으로 평가한다.

    ㉠ 각 관절의 운동범위 측정은 장해평가시점의 「산업재해보상보험법 시행규칙」 제47조 제1항 및 제3항의 정상인의 신체 각 관절에 대한 평균 운동가능영역을 기준으로 정상각도 및 측정방법 등을 따름

    ㉡ 관절기능장해가 신경손상으로 인한 경우에는 운동범위 측정이 아닌 근력 및 근전도 검사를 기준으로 평가

⑦ '관절 하나의 기능을 <u>완전히</u> 잃었을 때'라 함은 아래의 경우 중 하나에 해당하는 때를 말한다.

    ㉠ <u>완전 강직(관절굳음)</u>

    ㉡ 근전도 검사상 <u>완전손상(complete injury)</u> 소견이 있으면서 도수근력검사(MMT)에서 근력이 '<u>0등급 (zero)</u>'인 경우

⑧ '관절 하나의 기능에 <u>심한</u> 장해를 남긴 때'라 함은 아래의 경우 중 하나에 해당하는 때를 말한다.

    ㉠ 해당 관절의 운동범위 합계가 <u>정상 운동범위의 1/4 이하</u>로 제한된 경우

    ㉡ 인공관절이나 인공골두를 삽입한 경우

    ㉢ 객관적 검사(스트레스 엑스선)상 <u>15mm 이상</u>의 동요관절(관절이 흔들리거나 움직이는 것)이 있는 경우

    ㉣ 근전도 검사상 <u>완전손상(complete injury)</u> 소견이 있으면서 도수근력검사(MMT)에서 근력이 '<u>1등급 (trace)</u>'인 경우

⑨ '관절 하나의 기능에 <u>뚜렷한</u> 장해를 남긴 때'라 함은 아래의 경우 중 하나에 해당하는 때를 말한다.

    ㉠ 해당 관절의 운동범위 합계가 <u>정상 운동범위의 1/2 이하</u>로 제한된 경우

    ㉡ 객관적 검사(스트레스 엑스선)상 <u>10mm 이상</u>의 동요관절(관절이 흔들리거나 움직이는 것)이 있는 경우

    ㉢ 근전도 검사상 <u>불완전한 손상(incomplete injury)</u> 소견이 있으면서 도수근력검사(MMT)에서 근력이 '<u>2등급(poor)</u>'인 경우

⑩ '관절 하나의 기능에 <u>약간</u>의 장해를 남긴 때'라 함은 아래의 경우 중 하나에 해당하는 때를 말한다.

    ㉠ 해당 관절의 운동범위 합계가 정상 운동범위의 3/4 이하로 제한된 경우

    ㉡ 객관적 검사(스트레스 엑스선)상 <u>5mm 이상</u>의 동요관절(관절이 흔들리거나 움직이는 것)이 있는 경우

    ㉢ 근전도 검사상 <u>불완전한 손상(incomplete injury)</u> 소견이 있으면서 도수근력검사(MMT)에서 근력이 '<u>3등급(fair)</u>'인 경우

⑪ 동요장해 평가 시에는 정상측과 환측을 비교하여 증가된 수치로 평가한다.

⑫ '가관절 ^{주)}이 남아 뚜렷한 장해를 남긴 때'라 함은 <u>대퇴골에 가관절이 남은 경우</u> 또는 <u>경골과 종아리뼈의 2개 뼈 모두에 가관절이 남은 경우</u>를 말한다.

    ※ 주) 가관절이란, 충분한 경과 및 골이식술 등 골유합을 얻는 데 필요한 수술적 치료를 시행하였음에도 불구하고 골절부의 유합이 이루어지지 않는 '불유합' 상태를 말하며, 골유합이 지연되는 지연유합은 제외한다.

⑬ '가관절이 남아 약간의 장해를 남긴 때'라 함은 <u>경골과 종아리뼈 중 어느 한 뼈</u>에 가관절이 남은 경우를 말한다.

⑭ '뼈에 기형을 남긴 때'라 함은 대퇴골 또는 경골에 기형이 남아 정상에 비해 부정유합된 각 변형이 <u>15° 이상</u>인 경우를 말한다.

⑮ 다리 길이의 단축 또는 과신장은 스캐노그램(scanogram)을 통하여 측정한다.

PART 01
PART 02
PART 03
PART 04
PART 05
PART 06

(3) 지급률의 결정

① 한 다리의 3대 관절 중 관절 하나에 기능장해가 생기고 다른 관절 하나에 기능장해가 발생한 경우 지급률은 각각 적용하여 합산한다.

② 1하지(다리와 발가락)의 후유장해 지급률은 원칙적으로 각각 합산하되, 지급률은 <u>60% 한도</u>로 한다.

참고 팔 · 다리의 장해 - 암기테이블

운동장해	동요장해(다리만 해당)	근전도&근력(MMT)	지급률
완전강직	–	완전손상&0등급	완전 30%
1/4 이하 제한/인공관절/인공골두	15mm 이상	완전손상&1등급	심한 20%
1/2 이하 제한	10mm 이상	불완전손상&2등급	뚜렷한 10%
3/4 이하 제한	5mm 이상	불완전손상&3등급	약간 5%

11. 손가락의 장해

(1) 장해의 분류

장해의 분류	지급률
한 손의 5개 손가락을 모두 잃었을 때	55
한 손의 첫째 손가락을 잃었을 때	15
한 손의 첫째 손가락 이외의 손가락을 잃었을 때(손가락 하나마다)	10
한 손의 5개 손가락 모두의 손가락뼈 일부를 잃었을 때 또는 뚜렷한 장해를 남긴 때	30
한 손의 첫째 손가락의 손가락뼈 일부를 잃었을 때 또는 뚜렷한 장해를 남긴 때	10
한 손의 첫째 손가락 이외의 손가락의 손가락뼈 일부를 잃었을 때 또는 뚜렷한 장해를 남긴 때(손가락 하나마다)	5

(2) 장해판정기준

① 골절부에 금속내고정물 등을 사용하였기 때문에 그것이 기능장해의 원인이 되는 때에는 그 내고정물 등이 제거된 후에 장해를 평가한다. 단, 제거가 불가능한 경우에는 고정물 등이 있는 상태에서 장해를 평가한다.

② 관절을 사용하지 않아 발생한 일시적인 기능장해(예 캐스트로 환부를 고정시켰기 때문에 치유 후의 관절에 기능장해가 발생한 경우)는 장해로 평가하지 않는다.

③ 손가락에는 첫째 손가락에 2개의 손가락관절이 있다. 그중 심장에서 가까운 쪽부터 중수지관절, 지관절이라 한다.

④ 다른 네 손가락에는 3개의 손가락관절이 있다. 그중 심장에서 가까운 쪽부터 중수지관절, 제1지관절(근위지관절) 및 제2지관절(원위지관절)이라 부른다.

⑤ '손가락을 잃었을 때'라 함은 첫째 손가락에서는 지관절부터 심장에서 가까운 쪽에서, 다른 네 손가락에서는 제1지관절(근위지관절)부터(제1지관절 포함) 심장에서 가까운 쪽으로 손가락이 절단되었을 때를 말한다.

⑥ '손가락뼈 일부를 잃었을 때'라 함은 첫째 손가락의 지관절, 다른 네 손가락의 제1지관절(근위지관절)부터 심장에서 먼 쪽으로 손가락 뼈의 일부가 절단된 경우를 말하며, 뼈 단면이 불규칙해진 상태나 손가락 길이의 단축 없이 골편만 떨어진 상태는 해당하지 않는다.

⑦ '손가락에 뚜렷한 장해를 남긴 때'라 함은 첫째 손가락의 경우 중수지관절 또는 지관절의 굴신(굽히고 펴기) 운동영역이 정상 운동영역의 1/2 이하인 경우를 말하며, 다른 네 손가락에 있어서는 제1, 2지관절의 굴신운동영역을 합산하여 정상운동영역의 1/2 이하이거나 중수지관절의 굴신(굽히고 펴기) 운동영역이 정상운동영역의 1/2 이하인 경우를 말한다.

⑧ 한 손가락에 장해가 생기고 다른 손가락에 장해가 발생한 경우, 지급률은 각각 적용하여 합산한다.

⑨ 손가락의 관절기능장해 평가는 손가락 관절의 관절운동범위 제한 등으로 평가한다. 각 관절의 운동범위 측정은 장해평가시점의 「산업재해보상보험법 시행규칙」 제47조 제1항 및 제3항의 정상인의 신체 각 관절에 대한 평균 운동가능영역을 기준으로 정상각도 및 측정방법 등을 따른다.

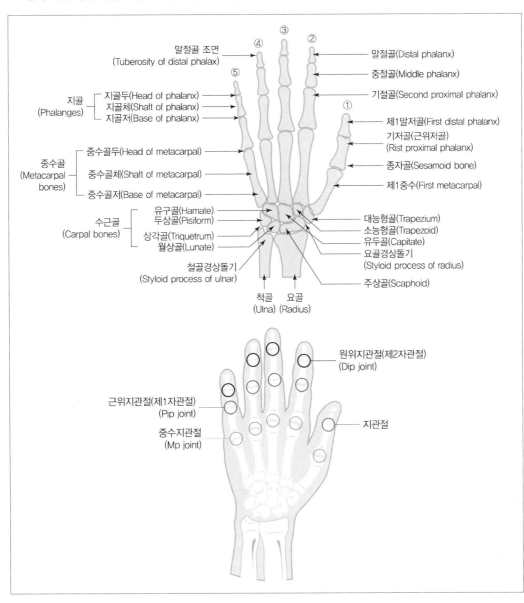

[손가락]

PART 01

PART 02

PART 03

PART 04

PART 05

PART 06

12. 발가락의 장해

(1) 장해의 분류

장해의 분류	지급률
한 발의 리스프랑관절 이상을 잃었을 때	40
한 발의 5개 발가락을 모두 잃었을 때	30
한 발의 첫째 발가락을 잃었을 때	10
한 발의 첫째 발가락 이외의 발가락을 잃었을 때(발가락 하나마다)	5
한 발의 5개 발가락 모두의 발가락뼈 일부를 잃었을 때 또는 뚜렷한 장해를 남긴 때	20
한 발의 첫째 발가락의 발가락뼈 일부를 잃었을 때 또는 뚜렷한 장해를 남긴 때	8
한 발의 첫째 발가락 이외의 발가락의 발가락뼈 일부를 잃었을 때 또는 뚜렷한 장해를 남긴 때(발가락 하나마다)	3

(2) 장해판정기준

① 골절부에 금속내고정물 등을 사용하였기 때문에 그것이 기능장해의 원인이 되는 때에는 그 내고정물 등이 제거된 후에 장해를 평가한다. 단, 제거가 불가능한 경우에는 고정물 등이 있는 상태에서 장해를 평가한다.

② 관절을 사용하지 않아 발생한 일시적인 기능장해(CI) 캐스트로 환부를 고정시켰기 때문에 치유 후의 관절에 기능장해가 발생한 경우)는 장해로 평가하지 않는다.

③ '발가락을 잃었을 때'라 함은 첫째 발가락에서는 지관절부터 심장에 가까운 쪽을, 나머지 네 발가락에서는 제1지관절(근위지관절)부터(제1지관절 포함) 심장에서 가까운 쪽을 잃었을 때를 말한다.

④ 리스프랑 관절 이상에서 잃은 때라 함은 족근－중족골간 관절 이상에서 절단된 경우를 말한다.

⑤ '발가락뼈 일부를 잃었을 때'라 함은 첫째 발가락의 지관절, 다른 네 발가락의 제1지관절(근위지관절)부터 심장에서 먼 쪽으로 발가락 뼈 일부가 절단된 경우를 말하며, 뼈 단면이 불규칙해진 상태나 발가락 길이의 단축 없이 골편만 떨어진 상태는 해당하지 않는다.

⑥ '발가락에 뚜렷한 장해를 남긴 때'라 함은 첫째 발가락의 경우에 중족지관절과 지관절의 굴신(굽히고 펴기)운동범위 합계가 정상 운동 가능영역의 1/2 이하가 된 경우를 말하며, 다른 네 발가락에 있어서는 중족지관절의 신전운동범위만을 평가하여 정상운동범위의 1/2 이하로 제한된 경우를 말한다.

⑦ 한 발가락에 장해가 생기고 다른 발가락에 장해가 발생한 경우, 지급률은 각각 적용하여 합산한다.

⑧ 발가락 관절의 운동범위 측정은 장해평가시점의 「산업재해보상보험법 시행규칙」 제47조 제1항 및 제3항의 정상인의 신체 각 관절에 대한 평균 운동가능영역을 기준으로 정상각도 및 측정방법 등을 따른다.

말절골(Distal)
중절골(Middle)
기절골(Proximal)

중족골(Metatarsal bones)

내측설상골
(Medial cuneiform)
중간설상골
(Intermediate cuneiform)
주상골(Navicular)

외측설상골(Lateral cuneiform)
입방골(Cuboid)

거골(Talus)

리스프랑 관절(Lisfranc joint)

종골(Calcaneus)

주상골(Navicular)
중간설상골(Intermediate cuneiform)

거골(Talus)
외측성상골(Lateral cuneiform)

중골
(Calcaneus)

입방골(Cuboid)
제5중족골
(Fifth metatarsal)

원위지관절(제2자관절)
(Dip joint)
지관절

근위지관절(제1자관절)
(Pip joint)
중족지관절
(Mp joint)

리스프랑 관절
(Lisfranc joint)

[발가락]

PART
01

PART
02

PART
03

PART
04

PART
05

PART
06

13. 흉 · 복부장기 및 비뇨생식기의 장해

(1) 장해의 분류

장해의 분류	지급률
심장 기능을 잃었을 때	100
흉복부장기 또는 비뇨생식기 기능을 잃었을 때	75
흉복부장기 또는 비뇨생식기 기능에 심한 장해를 남긴 때	50
흉복부장기 또는 비뇨생식기 기능에 뚜렷한 장해를 남긴 때	30
흉복부장기 또는 비뇨생식기 기능에 약간의 장해를 남긴 때	15

(2) 장해의 판정기준

① '심장 기능을 잃었을 때'라 함은 심장 이식을 한 경우를 말한다.

② '흉복부장기 또는 비뇨생식기 기능을 잃었을 때'라 함은 아래의 경우 중 하나에 해당하는 때를 말한다.

    ㉠ 폐, 신장, 또는 간장의 장기이식을 한 경우

    ㉡ 장기이식을 하지 않고서는 생명유지가 불가능하여 혈액투석, 복막투석 등 의료처치를 평생토록 받아야 할 때

    ㉢ 방광의 저장기능과 배뇨기능을 완전히 상실한 때

③ '흉복부장기 또는 비뇨생식기 기능에 심한 장해를 남긴 때'라 함은 아래의 경우 중 하나에 해당하는 때를 말한다.

    ㉠ 위, 대장(결장~직장) 또는 췌장의 전부를 잘라내었을 때

    ㉡ 소장을 3/4 이상 잘라내었을 때 또는 잘라낸 소장의 길이가 3m 이상일 때

    ㉢ 간장의 3/4 이상을 잘라내었을 때

    ㉣ 양쪽 고환 또는 양쪽 난소를 모두 잃었을 때

④ '흉복부장기 또는 비뇨생식기 기능에 뚜렷한 장해를 남긴 때'라 함은 아래의 경우 중 하나에 해당하는 때를 말한다.

    ㉠ 한쪽 폐 또는 한쪽 신장을 전부 잘라내었을 때

    ㉡ 방광 기능상실로 영구적인 요도루, 방광루, 요관 장문합 상태

    ㉢ 위, 췌장을 50% 이상 잘라내었을 때

    ㉣ 대장절제, 항문 괄약근 등의 기능장해로 영구적으로 장루, 인공항문을 설치한 경우(치료과정에서 일시적으로 발생하는 경우는 제외)

    ㉤ 심장기능 이상으로 인공심박동기를 영구적으로 삽입한 경우

    ㉥ 요도괄약근 등의 기능장해로 영구적으로 인공요도괄약근을 설치한 경우

⑤ '흉복부장기 또는 비뇨생식기 기능에 약간의 장해를 남긴 때'라 함은 아래의 경우 중 하나에 해당하는 때를 말한다.

    ㉠ 방광의 용량이 50cc 이하로 위축되었거나 요도협착, 배뇨기능 상실로 영구적인 간헐적 인공요도가 필요한 때

    ㉡ 음경의 1/2 이상이 결손되었거나 질구 협착으로 성생활이 불가능한 때

    ㉢ 폐질환 또는 폐 부분절제술 후 일상생활에서 호흡곤란으로 지속적인 산소치료가 필요하며, 폐기능 검사(PFT)상 폐환기 기능(1초간 노력성 호기량, FEV1)이 정상예측치의 40% 이하로 저하된 때

⑥ 흉복부, 비뇨생식기계 장해는 질병 또는 외상의 직접 결과로 인한 장해를 말하며, 노화에 의한 기능장해 또는 질병이나 외상이 없는 상태에서 예방적으로 장기를 절제, 적출한 경우는 장해로 보지 않는다.

⑦ 상기 흉복부 및 비뇨생식기계 장해항목에 명기되지 않은 기타 장해상태에 대해서는 '〈붙임〉 일상생활 기본동작(ADLs) 제한 장해평가표'에 해당하는 장해가 있을 때 ADLs 장해 지급률을 준용한다.

⑧ 상기 장해항목에 해당되지 않는 장기간의 간병이 필요한 만성질환(만성간질환, 만성폐쇄성폐질환 등)은 장해의 평가 대상으로 인정하지 않는다.

14. 신경계 · 정신행동 장해

(1) 장해의 분류 **암기** 신정치간

장해의 분류	지급률
신경계에 장해가 남아 일상생활 기본동작에 제한을 남긴 때	10~100
정신행동에 극심한 장해를 남긴때	100
정신행동에 심한 장해를 남긴 때	75
정신행동에 뚜렷한 장해를 남긴 때	50
정신행동에 약간의 장해를 남긴 때	25
정신행동에 경미한 장해를 남긴 때	10
극심한 치매 : CDR 척도 5점	100
심한 치매 : CDR 척도 4점	80
뚜렷한 치매 : CDR 척도 3점	60
약간의 치매 : CDR 척도 2점	40
심한 간질발작이 남았을 때	70
뚜렷한 간질발작이 남았을 때	40
약간의 간질발작이 남았을 때	10

(2) 장해판정기준

① 신경계

㉠ '신경계에 장해를 남긴 때'라 함은 뇌, 척수 및 말초신경계 손상으로 '〈붙임〉 일상생활 기본동작(ADLs) 제한 장해평가표'의 5가지 기본동작 중 하나 이상의 동작이 제한되었을 때를 말함

㉡ ㉠의 경우 '〈붙임〉 일상생활 기본동작(ADLs) 제한 장해평가표'상 지급률이 10% 미만인 경우에는 보장대상이 되는 장해로 인정하지 않음

㉢ 신경계의 장해로 발생하는 다른 신체부위의 장해(눈, 귀, 코, 팔, 다리 등)는 해당 장해로도 평가하고 그중 높은 지급률을 적용

㉣ 뇌졸중, 뇌손상, 척수 및 신경계의 질환 등은 발병 또는 외상 후 12개월 동안 지속적으로 치료한 후에 장해를 평가함. 그러나, 12개월이 지났다고 하더라도 뚜렷하게 기능 향상이 진행되고 있는 경우 또는 단기간 내에 사망이 예상되는 경우는 6개월의 범위에서 장해 평가를 유보함

㉤ 장해진단 전문의는 재활의학과, 신경외과 또는 신경과 전문의로 함

② 정신행동

㉠ 정신행동장해는 보험기간 중에 발생한 뇌의 질병 또는 상해를 입은 후 18개월이 지난 후에 판정함을 원칙으로 한다. 단, 질병 발생 또는 상해를 입은 후 의식상실이 1개월 이상 지속된 경우에는 질병발생 또는 상해를 입은 후 12개월이 지난 후에 판정 가능

㉡ 정신행동장해는 장해판정 직전 1년 이상 충분한 정신건강의학과의 전문적 치료를 받은 후 치료에도 불구하고 장해가 고착되었을 때 판정하여야 하며, 그렇지 않은 경우에는 그로써 고정되거나 중하게 된 장해에 대해서는 인정하지 않음

PART 01
PART 02
PART 03
PART 04
PART 05
PART 06

ⓒ '정신행동에 극심한 장해를 남긴 때'라 함은 장해판정 직전 1년 이상 지속적인 정신건강의학과의 치료를 받았으며 GAF 30점 이하인 상태를 말함

ⓔ '정신행동에 심한 장해를 남긴 때'라 함은 장해판정 직전 1년 이상 지속적인 정신건강의학과의 치료를 받았으며 GAF 40점 이하인 상태를 말함

ⓜ '정신행동에 뚜렷한 장해를 남긴 때'라 함은 장해판정 직전 1년 이상 지속적인 정신건강의학과의 치료를 받았으며, 보건복지부고시 「장애정도판정기준」의 '능력장애측정기준'^{주)}상 6개 항목 중 3개 항목 이상에서 독립적 수행이 불가능하여 타인의 도움이 필요하고 GAF 50점 이하인 상태를 말함

　　※ 주) 능력장애측정기준의 항목

　　　　• 적절한 음식섭취　　　　　　　　　　• 대소변관리, 세면, 목욕, 청소 등의 청결 유지
　　　　• 적절한 대화기술 및 협조적인 대인관계　• 규칙적인 통원 · 약물 복용,
　　　　• 소지품 및 금전관리나 적절한 구매행위　• 대중교통이나 일반공공시설의 이용

ⓗ '정신행동에 약간의 장해를 남긴 때'라 함은 장해판정 직전 1년 이상 지속적인 정신건강의학과의 치료를 받았으며, 보건복지부고시 「장애정도판정기준」의 '능력장애측정기준'상 6개 항목 중 2개 항목 이상에서 독립적 수행이 불가능하여 타인의 도움이 필요하고 GAF 60점 이하인 상태를 말함

ⓢ '정신행동에 경미한 장해를 남긴 때'라 함은 장해판정 직전 1년 이상 지속적인 정신건강의학과의 치료를 받았으며, 보건복지부고시 「장애정도판정기준」의 '능력장애측정기준'상 6개 항목 중 2개 항목 이상에서 독립적 수행이 불가능하여 타인의 도움이 필요하고 GAF 70점 이하인 상태를 말함

ⓞ 지속적인 정신건강의학과의 치료란 3개월 이상 약물치료가 중단되지 않았음을 의미함

ⓩ 심리학적 평가보고서는 정신건강의학과 의료기관에서 실시되어져야 하며, 자격을 갖춘 임상심리전문가가 시행하고 작성하여야 함

ⓩ 정신행동장해 진단 전문의는 정신건강의학과 전문의를 말함

ⓚ 정신행동장해는 뇌의 기능 및 결손을 입증할 수 있는 뇌자기공명촬영, 뇌전산화촬영, 뇌파 등 객관적 근거를 기초로 평가한다. 다만, 보호자나 환자의 진술, 감정의의 추정 혹은 인정, 한국표준화가 이루어지지 않고 신빙성이 적은 검사들(뇌 SPECT 등)은 객관적 근거로 인정하지 않음

ⓔ 각종 기질성 정신장해와 외상 후 간질에 한하여 보상함

ⓟ 외상 후 스트레스장애, 우울증(반응성) 등의 질환, 정신분열증(조현병), 편집증, 조울증(양극성장애), 불안장애, 전환장애, 공포장애, 강박장애 등 각종 신경증 및 각종 인격장애는 보상의 대상이 되지 않음

③ 치매

ⓐ '치매'라 함은 정상적으로 성숙한 뇌가 질병이나 외상 후 기질성 손상으로 파괴되어 한 번 획득한 지적 기능이 지속적 또는 전반적으로 저하되는 것을 말함

ⓑ 치매의 장해평가는 임상적인 증상뿐 아니라 뇌영상검사(CT 및 MRI, SPECT 등)를 기초로 진단되어져야 하며, 18개월 이상 지속적인 치료 후 평가함. 다만, 진단시점에 이미 극심한 치매 또는 심한 치매로 진행된 경우에는 6개월간 지속적인 치료 후 평가함

ⓒ 치매의 장해평가는 전문의(정신건강의학과, 신경과)에 의한 임상치매척도(한국판 Expanded Clinical Dementia Rating) 검사결과에 따름

④ 뇌전증(간질)

ⓐ '뇌전증(간질)'이라 함은 돌발적 뇌파이상을 나타내는 뇌질환으로 발작(경련, 의식장해 등)을 반복하는 것을 말함

ⓑ 간질발작의 빈도 및 양상은 지속적인 항간질제(항전간제) 약물로도 조절되지 않는 간질을 말하며, 진료기록에 기재되어 객관적으로 확인되는 간질발작의 빈도 및 양상을 기준으로 함

© '심한 간질 발작'이라 함은 월 8회 이상의 중증발작이 연 6개월 이상의 기간에 걸쳐 발생하고, 발작할 때 유발된 호흡장애, 흡인성 폐렴, 심한 탈진, 구역질, 두통, 인지장해 등으로 요양관리가 필요한 상태를 말함

② '뚜렷한 간질 발작'이라 함은 월 5회 이상의 중증발작 또는 월 10회 이상의 경증발작이 연 6개월 이상의 기간에 걸쳐 발생하는 상태를 말함

⑩ '약간의 간질 발작'이라 함은 월 1회 이상의 중증발작 또는 월 2회 이상의 경증발작이 연 6개월 이상의 기간에 걸쳐 발생하는 상태를 말함

⑪ '중증발작'이라 함은 전신경련을 동반하는 발작으로써 신체의 균형을 유지하지 못하고 쓰러지는 발작 또는 의식장해가 3분 이상 지속되는 발작을 말함

⑫ '경증발작'이라 함은 운동장해가 발생하나 스스로 신체의 균형을 유지할 수 있는 발작 또는 3분 이내에 정상으로 회복되는 발작을 말함

참고 일상생활 기본동작(ADLs) 제한 장해평가표

유형	제한정도에 따른 지급률 **알기** 이음배목옷
동작 이동	• 특별한 보조기구를 사용함에도 불구하고 다른 사람의 계속적인 도움이 없이는 방 밖을 나올 수 없는 상태 또는 침대에서 휠체어로 옮기기를 포함하여 휠체어 이동 시 다른 사람의 계속적인 도움이 필요한 상태(지급률 40%) • 휠체어 또는 다른 사람의 도움 없이는 방밖을 나올 수 없는 상태 또는 보행이 불가능하나 스스로 휠체어를 밀어 이동이 가능한 상태(30%) • 목발 또는 보행기(walker)를 사용하지 않으면 독립적인 보행이 불가능한 상태(20%) • 보조기구 없이 독립적인 보행은 가능하나 보행 시 파행(절뚝거림)이 있으며, 난간을 잡지 않고는 계단을 오르내리기가 불가능한 상태 또는 평지에서 100m 이상을 걷지 못하는 상태(10%)
음식물 섭취	• 입으로 식사를 전혀 할 수 없어 계속적으로 튜브(비위관 또는 위루관)나 경정맥 수액을 통해 부분 혹은 전적인 영양공급을 받는 상태(20%) • 수저 사용이 불가능하여 다른 사람의 계속적인 도움이 없이는 식사를 전혀 할 수 없는 상태(15%) • 숟가락 사용은 가능하나 젓가락 사용이 불가능하여 음식물 섭취에 있어 부분적으로 다른 사람의 도움이 필요한 상태(10%) • 독립적인 음식물 섭취는 가능하나 젓가락을 이용하여 생선을 바르거나 음식물을 자르지는 못하는 상태(5%)
배변 배뇨	• 배설을 돕기 위해 설치한 의료장치나 외과적 시술물을 사용함에 있어 타인의 계속적인 도움이 필요한 상태, 또는 지속적인 유치도뇨관 삽입상태, 방광루, 요도루, 장루상태(20%) • 화장실에 가서 변기 위에 앉는 일(요강을 사용하는 일 포함)과 대소변 후에 뒤처리 시 다른 사람의 계속적인 도움이 필요한 상태, 또는 간헐적으로 자가 인공도뇨가 가능한 상태(CIC), 기저귀를 이용한 배뇨, 배변 상태(15%) • 화장실에 가는 일, 배변, 배뇨는 독립적으로 가능하나 대소변 후 뒤처리에 있어 다른 사람의 도움이 필요한 상태(10%) • 빈번하고 불규칙한 배변으로 인해 2시간 이상 계속되는 업무를 수행하는 것이 어려운 상태, 또는 배변, 배뇨는 독립적으로 가능하나 요실금, 변실금이 있는 때(5%)
목욕	• 세안, 양치, 샤워, 목욕 등 모든 개인위생 관리 시 타인의 지속적인 도움이 필요한 상태(10%) • 세안, 양치 시 부분적인 도움하에 혼자서 가능하나 목욕이나 샤워 시 타인의 도움이 필요한 상태(5%) • 세안, 양치와 같은 개인위생관리를 독립적으로 시행 가능하나 목욕이나 샤워 시 부분적으로 타인의 도움이 필요한 상태(3%)
옷입고 벗기	• 상·하의 의복 착탈 시 다른 사람의 계속적인 도움이 필요한 상태(10%) • 상·하의 의복 착탈 시 부분적으로 다른 사람의 도움이 필요한 상태 또는 상의 또는 하의중 하나만 혼자서 착탈의가 가능한 상태(5%) • 상·하의 의복 착탈 시 혼자서 가능하나 미세동작(단추 잠그고 풀기, 지퍼 올리고 내리기, 끈 묶고 풀기 등)이 필요한 마무리는 타인의 도움이 필요한 상태(3%)

PART
01

PART
02

PART
03

PART
04

PART
05

PART
06

TOPIC 04 교통상해와 교통재해

1. 교통상해(손해보험)

(1) 교통상해의 정의(→ 자동차 '운전 중 또는 자동차 탑승 중, 비탑승 중'의 급격·우연·외래의 사고)

① 자동차를 운전하던 중의 급격하고도 우연한 자동차 사고

② 운행 중인 자동차에 운전을 하고 있지 않은 상태로 탑승 중이거나 운행 중인 기타교통수단(교통승용구)에 탑승(운전을 포함)하고 있을 때의 급격하고도 우연한 외래의 사고

③ 운행 중인 자동차 및 기타교통수단(기타 교통승용구)에 탑승하지 않은 때, 운행 중인 자동차 및 기타교통수단(적재물을 포함)과의 충돌, 접촉, 화재 또는 폭발 등의 교통사고

(2) 교통수단의 정의(→ 자배법상의 자동차 + 기타 교통수단)

① 자배법상의 자동차

　ㄱ 자동차관리법상 자동차 : 승용자동차, 승합자동차, 화물자동차, 특수자동차, 이륜자동차

　ㄴ 9종 건설기계 : 덤프트럭, 타이어식 기중기, 콘크리트믹서트럭, 트럭적재식 아스팔트살포기, 트럭적재식 콘크리트펌프, 타이어식 굴착기, 트럭지게차, 도로보수트럭, 노면측정기

② 기타 교통수단(기타 교통승용구)

　ㄱ 기차, 전동차, 기동차, 케이블카(공중케이블카 포함), 리프트, 엘리베이터 및 에스컬레이터, 모노레일

　ㄴ 스쿠터, 자전거, 원동기를 붙인 자전거

　ㄷ 항공기, 선박(요트, 모터보트, 보트를 포함)

　ㄹ 9종 건설기계를 제외한 건설기계, 농업기계. 다만, 이들이 작업기계로 사용되는 동안에는 교통 승용구로 보지 않음

(3) 보상하지 않는 사고 　알기　 시하자건

① 시운전, 경기 또는 흥행을 위해 운행 중인 자동차 및 기타 교통수단에 탑승하고 있는 동안에 발생한 손해

② 하역작업을 하는 동안 발생하는 손해

③ 자동차 및 기타교통수단의 설치, 수선, 점검, 정비, 청소작업을 하는 동안 발생한 손해

④ 건설기계 및 농업기계가 본연의 작업기계로 사용되는 동안 발생한 사고

2. 교통재해(생명보험)

(1) 교통재해의 정의(→ 교통기관에 탑승 중 또는 비탑승 중 또는 도로통행 중의 불의의 사고를 보상)

① 운행 중의 교통기관의 충돌, 접촉, 화재, 폭발, 도주 등으로 인하여 그 운행 중의 교통기관에 탑승하고 있지 아니한 피보험자가 입은 불의의 사고

② 운행 중인 교통기관에 탑승하고 있는 동안 또는 승객으로서 개찰구를 갖는 교통기관의 승강장 구내에 있는 동안 피보험자가 입은 불의의 사고

③ 도로통행 중 건조물, 공작물 등의 도괴 또는 건조물, 공작물 등으로부터 낙하물로 인하여 피보험자가 입은 불의의 사고

(2) 교통기관의 정의(→ 본래 사람이나 물건을 운반하기 위한 것)

① 기차, 전동차, 기동차, 모노레일, 케이블카(공중케이블카 포함), 엘리베이터, 에스컬레이터
② 승용차, 버스, 화물자동차, 오토바이, 스쿠터, 자전거, 화물철도차량, 경운기 및 우마차 등
③ 항공기, 선박(요트, 모터보트, 보트 포함)

(3) 기타사항

① 교통기관과 <u>유사한 기관</u>으로 인한 불의의 사고일지라도 도로상에서 운반 중이거나 주행 중일 때 발생 한 사고는 교통재해로 본다.
② 공장, 탄광 등 구내에서 사용되는 교통기관에 직무상 관계되는 사고는 <u>보상하지 않는다</u>.

PART 01

PART 02

PART 03

PART 04

PART 05

PART 06

TOPIC 05 　여행 · 레저 보험

1. 국내여행보험

① <u>국내거주자</u>가 보험증권에 기재된 국내여행을 목적으로 주거지를 출발하여 여행을 마치고 주거지에 도착 할 때까지 또는 <u>국외거주자</u>가 여행을 목적으로 국내의 공항이나 부두에 도착하여 여행을 마치고 출국을 위해 항공기나 선박에 탑승하기 직전까지 발생한 상해를 보상한다.
② 여행보험의 보험기간(→ 구간보험과 시간보험이 동시에 적용되는 혼합보험)

2. 해외여행보험

(1) 보상하는 손해

피보험자가 보험증권에 기재된 여행을 목적으로 주거지를 출발하여 여행을 마치고 주거지에 도착할 때까지 의 여행 도중에 발생한 상해를 보상한다.

(2) 특별비용담보 특별약관 **알기** 구항숙이제

수색구조비용	조난한 피보험자를 수색, 구조 또는 이송하는 활동에 필요한 비용 중 이들의 활동에 종사 한 사람으로부터의 청구에 의하여 지급한 비용
항공운임 등 교통비	피보험자의 수색, 간호 또는 사고처리를 위해 피보험자의 법정상속인의 현지 왕복교통비 (2명분을 한도)
숙박비	현지에서의 구원자의 숙박비(구원자 2명분을 한도, 1명당 14일분을 한도)
이송비용	피보험자가 사망한 경우 그 유해를 현지로부터 주소지로 이송하는 데 필요한 비용, 치료 를 계속 중인 피보험자를 주소지로 이송하는 데 드는 비용으로 통상액을 넘는 <u>피보험자의 운임 및 수행하는 의사, 간호사의 호송비</u>
제잡비	구원자의 출입국절차 비용 및 현지교통비(10만원을 한도)

(3) 인질위험담보 추가 특별약관 (암기) 수구정정

수색구조비용	조난한 피보험자를 수색, 구조 또는 이송하는 활동에 필요한 비용 중 이들의 활동에 종사한 사람으로부터의 청구에 의해 지급한 비용
구조대 파견비용	피보험자를 구조하기 위하여 사고발생지로 구조대를 파견하는 경우 현지의 왕복항공운임 등 교통비
정보수집비/ 정보제공자 사례비	피보험자를 구조하는 데 직접적으로 사용된 정보수집비 또는 정보제공자에 대한 사례비 등

3. 레저보험

구분	낚시	스키	골프	수렵	테니스
담보 구간	대한민국 내에서 낚시를 목적으로 거주지를 출발한 때부터 거주지에 도착할 때까지	대한민국 내에서 스키를 목적으로 거주지를 출발한 때부터 거주지에 도착할 때까지	골프시설구내에서의 골프의 연습, 경기 또는 지도 중	대한민국의 수렵장 또는 사격장 내	테니스 구역구내에서의 테니스 연습, 경기 또는 지도 중
담보 손해	• 상해손해 • 낚시도구의 화재, 도난과 낚시대의 파손	• 상해손해 • 스키용품의 화재, 도난과 스키플레이트의 파손(스키폴의 도난은 스키플레이트와 동시에 생긴 경우)	• 상해손해 • 골프용품의 화재, 도난과 골프채의 파손	• 상해손해 • 수렵용품의 화재, 도난과 총기의 파손	• 상해손해 • 테니스용품의 화재, 도난과 테니스채 파손(테니스공은 다른 테니스용품과 동시에 생긴 손해에 한함)
	• 타인의 신체 및 재물에 대한 법률상 배상책임손해	• 타인의 신체 및 재물에 대한 법률상 배상책임손해	• 타인의 신체 및 재물에 대한 법률상 배상책임손해	• 총기 또는 엽견에 의한 법률상 배상책임손해	• 법률상 배상책임손해
지급 보험금	• 사망, 후유장해, 의료비보험금 • 낚시용품손해보험금 • 배상책임손해보험금	• 사망, 후유장해, 의료비보험금 • 스키용품손해보험금 • 배상책임손해보험금	• 사망, 후유장해, 의료비보험금 • 골프용품손해보험금 • 배상책임손해보험금	• 사망, 후유장해, 의료비보험금 • 수렵용품손해보험금 • 배상책임손해보험금	• 사망, 후유장해, 의료비보험금 • 테니스용품손해보험금 • 배상책임손해보험금

TOPIC 06 상해보험의 주요 특별약관

1. 특정 여가활동 중 상해 특별약관

피보험자가 약관에 정한 특정 여가활동을 하는 동안 발생한 급격하고도 우연한 외래의 사고로 신체상해를 입었을 때 그 상해로 인한 손해를 보상한다.

2. 뺑소니 무보험자동차 상해 특별약관

피보험자가 뺑소니사고 또는 무보험자동차로 인한 사고로 신체상해를 입었을 때 보상한다. 단, 가해자동차가 두 대 이상인 경우에는 그 전부가 무보험차이어야 한다.

3. 대중교통이용 중 상해 특별약관

① 피보험자가 승객으로서 대중교통을 이용 중에 급격하고도 우연한 외래의 사고로 신체에 상해를 입었을 때 보상한다.
② 대중교통이용 중 교통사고
    ㉠ 피보험자가 대중교통 수단에 탑승 중
    ㉡ 피보험자가 대중교통 수단에 탑승을 목적으로 승·하차 하던 중
    ㉢ 피보험자가 대중교통수단을 이용하기 위해 승강장 내에서 대기하던 중
③ 대중교통수단
    ㉠ 여객수송용 항공기
    ㉡ 여객수송용 지하철, 전철, 기차
    ㉢ 여객자동차운수사업법 시행령 제3조에 정한 시내버스, 시외버스, 고속버스(전세버스 제외)
    ㉣ 여객자동차운수사업법 시행령 제3조에 정한 일반택시, 개인택시(렌트카 제외)
    ㉤ 여객수송용 선박

4. 주말교통상해 특별약관

구분	주말교통상해 특별약관	신주말교통사고 특별약관
보상하는 사고	피보험자가 사고발생지(국외도 가능)의 표준시를 기준으로 주말에 교통사고로 신체에 상해를 입었을 때 그 상해로 인한 손해를 보상	
주말의 의미	토요일, 일요일, 법정공휴일, 근로자의 날	좌동＋금요일

5. 5대 사고 상해 특별약관

① 급격하고 우연한 외래의 사고(5대 사고)로 신체에 상해를 입었을 때 보상한다.
② 5대 사고란 '화재(벼락포함), 폭발, 파열사고/건물 및 건축구조물의 붕괴, 침강사태사고/철도 및 지하철사고/항공기사고/익사사고'를 말한다.

6. 중대한 특정상해수술비 특별약관

피보험자가 상해사고로 뇌손상 또는 내장손상을 입고 사고일로부터 180일 이내에 그 치료를 목적으로 개두수술, 개흉수술 또는 개복수술을 받은 경우에 보상한다.

7. 아동 관련 담보 특별약관

① **정신피해 치료비 특약** : 피보험자(5세 이상 20세 미만)가 집단 따돌림 등으로 정신과 치료를 받은 경우 실제치료비를 보상한다.
② **유괴납치위로금 특약** : 피보험자가 유괴 등으로 억류상태에 있는 피보험자를 신고시점부터 72시간 내로 구출하지 못했을 때, 이후 구출되거나 억류해제 또는 사망사실이 확인될 때까지 90일을 한도로 보험가입금액을 지급한다.

PART 01

PART 02

PART 03

PART 04

PART 05

PART 06

TOPIC 07 | 제도성 특별약관

1. 보장제한부인수 특별약관

(1) 특정 신체부위·질병 부담보 특별약관	(2) 이륜자동차 운전 중 상해 부담보 특별약관
• 비표준체 피보험자에 대해서도 보험가입의 기회를 제공, 보험자는 보험판매 증대 기회 • 납입보험료는 표준체와 동일 • 보장제한기간 : 1~5년 또는 보험계약의 보험기간(→ 청약일로부터 5년간 해당 질병에 대해 치료사실이 없을 경우 5년 이후부터는 예외적으로 보장) • 특정 부위에 발생한 특정 질병의 합병증으로 특정 부위 이외의 부위에 발생한 질병은 보상(단순한 전이는 보상하지 않음)	• 위험이 높은 이륜자동차의 주기적 운전 중(탑승포함) 사고는 면책, 운전 중이 아니면 부책 • 이륜자동차 운전자의 일반 상해의 보장공백을 해소, 보험자는 틈새시장에서 수익을 제고 • 이륜자동차를 직업, 직무 또는 동호회 목적으로 사용한 사실을 회사가 입증해야 면책 • 이륜자동차＝자동차관리법상 이륜자동차＋그와 유사한 구조로 되어 있는 자동차＋도로교통법상 원동기장치자전거

(3) 그와 유사한 구조로 되어 있는 자동차

① 이륜인 자동차에 측차를 붙인 자동차
② 내연기관을 이용한 동력장치를 사용하고 조향장치 동력전달방삭, 냉각방식이 이륜자동차와 유사한 삼륜 또는 사륜의 자동차
③ 전동기를 이용한 동력장치를 사용하는 삼륜 또는 사륜의 자동차

2. 특별조건부 특별약관

(1) 보험료 할증

① 체증성 위험, 항상성 위험이 보험료 할증의 대상(→ 보험기간 전 기간을 대상으로 함)이다.
② 표준체보다 높은 보험료(할증보험료)를 받고 표준체와 동일한 보험금을 지급하는 특별약관이다.

(2) 보험금 감액

① 체감성 위험을 대상으로 하며 보험금 감액기간은 계약 후 5년 이내로 한다.
② 표준체와 동일한 보험료를 납부하며, 질병사망보험금을 감액하여 지급하는 특별약관이다.

3. 선지급 서비스 특별약관

① 선지급 서비스 특약은 계약자와 피보험자가 동일한 계약으로서 사망보험금이 부가된 계약에 한하여 적용한다.
② 선지급 서비스 특약의 보험기간은 보통약관의 보험기간이 끝나는 날의 12개월 이전까지로 한다.
③ 인정하는 의료기관에서 전문자격을 가진 자가 실시한 진단결과 피보험자의 잔여수명이 6개월 이내라고 판단된 경우에 회사의 신청서에 정한 바에 따라 사망보험금의 50%를 선지급 사망보험금으로 피보험자에게 지급한다.
④ 선지급 서비스 특약에 따라 보험금을 지급하였을 경우에는 지급한 보험금액에 해당하는 금액만큼 계약의 보험가입금액이 감액된 것으로 본다. 다만, 감액 부분에 해당하는 해지환급금을 지급하지 않는다.

01 상해의 정의에서는 유독가스 또는 유독물질을 흡입, 흡수하여 생긴 중독증상을 포함하지만, '세균성 음식물 중독(→ 질병의 성격임)과 상습적으로 흡입, 흡수한 결과로 생긴 중독'은 제외된다.

02 건설노동자가 장시간 삽질을 하면서 허리에 무리가 감으로써 생기는 요통/테니스 운동 중 누적되는 팔꿈치 충격으로 생기는 테니스엘보우 등은 급격한 사고라 할 수 없다.

03 도로 주행 중 타이어 펑크로 중앙선을 넘어 마주오던 차와 충돌하는 것은 원인과 결과가 우연인 경우이다.

04 열거주의는 보험금청구권자가 보상받기 위해 열거위험이 보험기간 중에 발생하였음을 입증해야 하고, 포괄주의는 보험자가 보상책임을 부정하기 위해 면책위험으로 인한 손해가 발생하였음을 입증해야 한다.

05 과잉노력 및 격심한 또는 반복적 운동에 의한 사고, 식량부족, 물부족, 상세불명의 결핍에 의한 사고, 무중력환경에서 장시간 체류 등은 생명보험에서 보험금을 지급하지 않는 재해에 해당한다.

06 피보험자의 사망으로 보험금 지급사유가 더 이상 발생하지 않는 경우 계약은 그때부터 효력을 잃는다. 이때 사망을 보험금 지급사유로 하지 않는 경우 회사는 '사망 당시 책임준비금'을 지급한다.

07 민법상의 상속순위는 '직계비속&배우자 → 직계존속&배우자 → 형제, 자매 → 4촌 이내 방계혈족'의 순서이다.

08 대습상속에서 직계비속은 태아도 포함되며, 배우자는 사실혼 배우자도 인정한다.

09 상속인은 피상속인이 사망 당시에 생존해 있어야 하고, 동시사망으로 추정되는 경우 사망자 상호 간에는 상호상속이 이루어지지 않는다.

10 상속포기는 상속이 있었음을 안 날로부터 3개월 이내에 가정법원에 포기청구를 해야 유효한 법률행위가 된다.

11 영구히 고정된 증상은 아니지만 치료 종결 후 한시적으로 나타나는 장해에 대하여는 그 기간이 5년 이상인 경우 해당 장해지급률의 20%를 장해지급률로 한다.

12 하나의 장해가 다른 장해와 통상 파생하는 관계에 있는 경우에는 <u>그중 높은 지급률만을</u> 적용하며, 하나의 장해로 둘 이상의 파생장해가 발생하는 경우 <u>각 파생장해의 지급률을 합산한 지급률과 최초 장해의 지급률을</u> 비교하여 그중 높은 지급률을 적용한다.

13 두 눈을 잃었을 때 장해지급률은 <u>100%</u>, 한 눈이 멀었을 때는 <u>50%</u>이다.

14 '안구(눈동자)의 뚜렷한 조절기능장해'라 함은 조절력이 <u>정상의 1/2 이하</u>로 감소된 경우를 말한다. 다만, 조절력의 감소를 무시할 수 있는 <u>50세 이상</u>(장해진단 시 연령 기준)의 경우에는 제외한다.

15 '한 눈의 교정시력이 0.02 이하로 된 때'라 함은 <u>안전수동(Hand Movement), 안전수지(Finger Counting)</u> 상태를 포함한다.

16 '한 귀의 청력을 완전히 잃었을 때'라 함은 순음청력검사 결과 평균순음역치가 <u>80dB 이상</u>인 경우를 말한다.

17 양쪽 코의 후각기능은 후각인지검사, 후각역치검사 등을 통해 <u>6개월 이상 고정</u>된 후각의 완전손실이 확인되어야 한다.

18. 두 귀의 청력을 완전히 잃었을 때 장해지급률은 <u>80%</u>, 한 귀의 청력을 완전히 잃고, 다른 귀의 청에 심한 장해를 남긴 때 장해지급률은 <u>45%</u>, 한 귀의 청력에 심한 장해를 남긴 때 장해지급률은 <u>15%</u>이다.

20 '말하는 기능에 <u>뚜렷한</u> 장해를 남긴 때'라 함은 다음의 경우 중(㉠ 언어평가상 자음정확도가 <u>50% 미만</u>인 경우, ㉡ 언어평가상 표현언어지수 <u>25 미만</u>인 경우) 하나 이상에 해당되는 때를 말한다.

21 어린이의 유치는 향후에 영구치로 대체되므로 후유장해의 대상이 되지 않으나, <u>선천적으로 영구치 결손</u>이 있는 경우에는 유치의 결손을 후유장해로 평가한다.

22 척추에 심한 기형을 남긴 때 장해지급률은 <u>50%</u>, 심한 운동장해를 남긴 때는 <u>40%</u>, 심한 추간판 탈출증은 <u>20%</u>이다.

23 '외모'란 얼굴(눈, 코, 귀, 입 포함), 머리, 목을 말하며, 외모에 뚜렷한 추상(추한 모습)을 남긴 때의 장해지급률은 <u>15%</u>, 외모에 약간의 추상(추한 모습)을 남긴 때의 장해지급률은 <u>5%</u>이다.

24 얼굴의 뚜렷한 추상은 '손바닥 크기 1/2 이상의 추상(추한 모습), 길이 10cm 이상의 추상 반흔(추한 모습의 흉터), 지름 5cm 이상의 조직함몰, 코의 1/2 이상 결손'을 말한다.

25 1상지(팔과 손가락)와 1하지(다리와 발가락)의 후유장해지급률은 원칙적으로 합산하되 최대한도는 60%이다.

26 일상생활 기본동작(ADLs)의 장해지급률은 이동동작의 경우 최고 40%, 음식물 섭취의 경우 최고 20%, 배변/배뇨하기의 경우 최고 20%, 목욕의 경우 최고 10%, 옷 입고 벗기의 경우 최고 10%이다.

27 자동차를 운전하던 중의 급격하고도 우연한 자동차 사고는 교통재해(운전 중 사고는 제외되므로)가 아닌 교통상해에서 보상한다.

28 교통기관과 유사한 기관으로 인한 불의의 사고일지라도 도로상에서 운반 중이거나 주행 중일 때 발생한 사고는 교통재해로 보며, 공장, 탄광 등 구내에서 사용되는 교통기관에 직무상 관계되는 사고는 보상하지 않는다.

29 덤프트럭과 이륜자동차는 기타 교통승용구에 해당한다.

30 트랙터로 밭을 갈다가 발생한 교통사고는 보상하지 않고, 도로를 운행하던 중 발생한 교통사고는 보상한다.

31 여행보험에서 피보험자의 수색, 간호 또는 사고처리를 위한 피보험자의 법정상속인의 현지 왕복교통비 (2명분을 한도)를 보상을 위한 특약은 항공운임 등 교통비 특약이며, 현지에서의 구원자의 숙박비 (구원자 2명분을 한도, 1명당 14일분을 한도)를 보상하기 위한 특약은 숙박비 특약이다.

32 구내에 있는 동안 위험을 담보하는 레저보험은 골프, 수렵, 테니스보험이며, 대한민국 내에서 레저를 목적으로 거주지를 출발한 때부터 거주지에 도착할 때까지 담보하는 보험은 낚시와 스키보험이다.

33 신주말교통사고 특별약관에서 신주말은 '토요일, 일요일, 법정공휴일, 근로자의 날'을 말한다.

34 이륜자동차 운전 중 상해 부담보 특별약관에 따르면 이륜자동차＝자동차관리법상 이륜자동차＋그와 유사한 구조로 되어 있는 자동차＋도로교통법상 원동기장치자전거이며, 이륜자동차를 직업, 직무 또는 동호회 목적으로 사용한 사실을 회사가 입증하면 면책이 된다.

35 인정하는 의료기관에서 전문자격을 가진 자가 실시한 진단결과 피보험자의 잔여수명이 <u>6개월</u> 이내라고 판단된 경우에 회사의 신청서에 정한 바에 따라 사망보험금의 <u>50%</u>를 선지급 사망보험금으로 피보험자에게 지급한다.

오답노트

08 대습상속에서 직계비속은 <u>태아도 포함</u>되며, 배우자는 <u>법률상 배우자만</u> 인정한다.

16 '한 귀의 청력을 완전히 잃었을 때'라 함은 순음청력검사 결과 평균순음역치가 <u>90dB 이상인</u> 경우를 말한다.

29 덤프트럭과 이륜자동차는 <u>자동차</u>에 해당한다.

33 신주말교통사고 특별약관에서 신주말은 '<u>금요일, 토요일, 일요일, 법정공휴일, 근로자의 날</u>'을 말한다.

질병보험

PART
01

PART
02

PART
03

PART
04

PART
05

PART
06

TOPIC 01 　질병보험의 정의와 특징

1. 질병보험의 정의

(1) 질병보험의 의의

보험기간 중에 피보험자가 질병에 걸리거나 질병으로 인한 입원, 통원, 수술 등과 같은 의료처치로 인한 경제적 위험(질병사망은 제외)을 보장하는 보험이다.

(2) 질병보험의 분류

① 건강보험　　　　　　　　　⑤ 실손의료보험

② 암보험　　　　　　　　　　⑥ 해외여행 실손의료보험

③ CI보험　　　　　　　　　　⑦ 간병보험

④ DI보험

(3) 질병보험의 면책기간

① 일반 질병보험(건강보험) : 제1회 보험료를 받은 때부터 보상

② 암, CI(중대한 질병, 수술)보험 : 면책기간 90일

③ 간병보험 : 생명보험의 간병보험은 90일 또는 2년의 면책기간

2. 질병보험과 계약 전 알릴 의무 　암기　 315 - 5730

① 최근 3개월 이내

　　㉠ 의사로부터의 진찰 · 검사를 통해 진단, 수술, 입원, 투약 등 의료행위를 받은 경우

　　㉡ 약물(혈압강하제, 신경안정제, 수면제, 각성제, 진통제 등)의 상시 복용(단, 마약류는 1회도 고지)

② 최근 1년 이내 : 의사로부터 진찰 · 검사를 통해 추가검사를 받은 경우

③ 최근 5년 이내

　　㉠ 10대 질병의 진단을 받은 경우

　　　※ 10대 질병 : 암, 백혈병, 고혈압, 협심증, 심근경색, 심장판막증, 간경화증, 뇌졸중증(뇌출혈, 뇌경색), 당뇨병, AIDS
　　　　 및 HIV 보균

④ 최근 5년 이내 : 의사로부터 진찰 · 검사를 통해 '7일 이상 치료 또는 30일 이상 투약'을 받은 경우

3. 간편심사보험의 고지사항

일반심사보험의 알릴 항목	간편심사보험의 알릴 항목	비고
1. 최근 3개월 이내에 의사로부터의 진찰·검사를 통해 진단, 수술, 입원, 투약 등 의료행위를 받은 경우	1. 최근 3개월 이내에 1) 입원필요소견, 2) 수술필요소견, 3) 추가검사필요소견을 받았는지 여부	완화
2. 최근 3개월 이내에 약물(혈압강하제, 신경안정제, 수면제, 각성제, 진통제 등)의 상시 복용 (단, 마약류는 1회도 고지)	–	삭제
3. 최근 1년 이내에 의사로부터 진찰·검사를 통해 추가검사를 받은 경우	–	삭제
4. 최근 5년 이내에 10대 질병의 진단을 받은 경우	2. 최근 5년 이내에 암으로 진단받거나 암으로 입원 또는 수술을 받은 적이 있는지 여부	완화
5. 최근 5년 이내에 의사로부터 진찰·검사를 통해 '7일 이상 치료 또는 30일 이상 투약'을 받은 경우	3. 최근 2년 이내에 질병이나 사고로 인하여 입원 또는 수술을 받은 적이 있는지 여부	완화
6. (여성의 경우) 현재 임신 여부	–	삭제

4. 질병보험에서의 입원

(1) 입원의 정의

병원 또는 의원의 의사, 치과의사 또는 한의사의 자격을 가진 자(이하, '의사'라 함)에 의하여 특정질환의 치료가 필요하다고 인정된 경우로서 자택 등에서 치료가 곤란하여 의료법 제3조(의료기관)에서 규정한 국내의 병원, 의원 또는 국외의 의료관련법에서 정한 의료기관에 입실하여 의사의 관리하에 치료에 전념하는 것을 말한다.

(2) 입원급여금 지급기준

① 생명보험은 120일 한도를 적용하고, 손해보험은 180일 한도를 적용한다. 단 암보험 등과 같은 일부보험은 생명보험영역이므로 손해보험도 120일 한도를 적용한다.

② 동일질병의 치료를 목적으로 2회 이상 입원한 경우 이를 1회 입원으로 보아 합산지급한다.

③ 동일한 질병에 대한 입원이라도, 입원급여금이 지급된 최종입원의 퇴원일로부터 180일이 경과하여 개시한 입원은 새로운 입원으로 본다.

④ 입원치료 중 보험기간이 만료될 경우 : 만료 전 입원일로부터 180일 한도로 보상한다.

질병보험	실손의료보험
보험기간 만료일 전 입원일로부터 180일을 한도로 보상	보험기간 종료일로부터 180일까지 보상(→ 실손보험이 상대적으로 유리함)

5. 질병보험에서의 수술

(1) 수술의 정의

의사에 의하여 해당 질병의 치료가 필요하다고 인정하는 경우, 의료기관(의료법 제3조)에서 의사의 관리하에, 해당 질병의 치료를 목적으로, 기구를 사용하여 생체에 절단, 절제 등의 조작을 가하는 것을 말한다(흡인, 천자 등의 조치 및 신경차단은 제외).

(2) 보험금 지급기준

① 동시수술에서 피보험자가 동시에 두 종류 이상의 수술을 받은 경우에는 그 수술 중 가장 높은 보험금을 지급한다. 단, 동시수술의 대상이 동일한 신체부위가 아닌 경우로서 의학적으로 치료목적이 다를 경우는 각각 보상한다.

② 동일수술의 반복에서 동일한 수술을 2회 이상 받았을 경우 그때마다 해당 수술급여금을 지급한다.

TOPIC 02   암보험

1. 암보험의 개요

(1) 보장개시일

① 암(일반암)의 보장개시일은 보험계약일로부터 그날을 포함하여 90일이 지난 날의 다음 날에 시작된다.

② 기타피부암, 갑상선암, 제자리암 및 경계성종양에 대한 보장개시일은 보험계약일로 하고, 이 경우 보험계약일은 제1회 보험료를 받은 날로 한다.

③ 보험 나이로 15세 미만자인 암보험의 보장개시일은 보험계약일로 한다.

④ 갱신계약의 경우 갱신일을 보장개시일로 한다.

(2) 암보장 개시일 이전에 암으로 진단받은 경우

① 보험계약일 이전에 암진단 사실을 숨긴 경우 사기에 의한 계약임을 회사가 입증하는 경우에는 계약일로부터 5년 이내(사기를 안 날로부터 1개월 이내) 계약을 취소할 수 있다.

② 90일 이내 암진단 경우 계약은 무효로 하고, 기납입 보험료는 반환한다.

2. 암진단 급여금

(1) 암의 정의

① 제8차 한국표준질병·사인분류에 있어서 '악성신생물(암) 분류표'에 해당하는 질병을 말한다.

② 단, 제자리암, 경계성종양, 전암상태(암이 되기 전 상태), 갑상선암, 기타 피부암, 대장점막내암 등은 제외한다.

(2) 암의 진단

① 해부병리 또는 임상병리 전문의사자격증을 가진 자가 진단 확정을 하며 조직검사, 미세바늘흡인검사, 혈액검사에 의한 현미경 소견을 기초로 진단한다.

② 이상의 방법에 의한 진단이 가능하지 않을 경우는 '암'으로 진단하거나 치료받고 있음을 증명하는 문서화된 기록 또는 증거가 있어야 한다.

PART 01

PART 02

PART 03

PART 04

PART 05

PART 06

(3) 암진단 급여금의 지급

① 암의 보장개시일 이후에 암, 기타피부암, 갑상선암, 제자리암, 경계성종양이 진단 확정되었을 때에는 각 각 최초 1회에 한하여 암진단 보험금을 지급한다.

② 이차성 암(속발암)으로 진단 시 이차성 암의 원인이 되는 일차성 암(원발암)이 확인된 경우 <u>일차성 암을 기준</u>으로 보험금을 지급하고 이차성 암에 대한 보험금은 지급하지 않는다.

③ 일반암을 진단받은 후 특정암을 진단받은 경우, 특정암 보험금에서 일반암 보험금을 차감한 나머지 잔액을 지급한다. 단, 특정암을 진단받은 후 일반암을 진단받은 경우에는 일반암 보험금을 지급하지 않는다.

(4) 암수술 급여금

① 암수술 급여금은 매 수술 1회당 각각 지급한다.

② 암치료를 직접적인 목적으로 동시에 두 종류 이상의 암수술 시에는 각각 지급한다.

③ 암치료 목적의 수술만을 인정하므로 암의 합병증으로 인한 수술비용을 지급하지 않는다(단, 생명유지를 위해 불가피한 경우에는 지급함).

(5) 암 직접치료 입원일당

① 암의 치료를 직접적인 목적으로 <u>4일 이상</u> 입원한 경우 지급한다.

② 입원 1일당 금액을 <u>120일 한도</u>로 지급한다.

TOPIC 03 | CI(Critical Illness, 치명적 질병)보험

1. CI(Critical Illness)보험

(1) CI보험의 보험금 지급대상

중대한 질병	중대한 수술	중대한 화상&부식
• 중대한 암 • 중대한 뇌졸중 • 중대한 급성심근경색증 • 말기신부전증 • 말기간질환 • 말기폐질환	• 관상동맥우회술 • 대동맥류혈관치환수술 • 심장판막수술 • 5대장기이식수술(간장/심장/췌장/ 폐장/신장)	신체표면적의 <u>20% 이상</u>이 3도 화상 또는 부식을 입은 경우(→ "9의 법칙" 또는 "룬드와 브라우더 신체 표면적차트"에 의해 측정)

(2) CI보험의 담보유형

① **선지급형** : 사망보험금의 전부 또는 일부(50~100%)를 선지급하는 형태

② **부가특약형** : 사망보험금이 있는 보험에서 특약의 형태로 CI보장이 추가되는 형태

③ **단일보장형** : CI상태만을 보장하는 보험으로 사망보장상품과 패키지로 판매되는 형태

2. 중대한 질병

(1) 제외되는 항목

중대한 암에서 제외	• 악성흑색종 중 침범정도가 1.5mm 이하인 경우 • 초기 전립선암, 기타피부암, 갑상선암, 제자리암, 경계성종양 • 인간면역바이러스(HIV) 감염과 관련된 암 • 신체부위에 관계없이 병리학적으로 현재 양성종양
중대한 뇌졸중에서 제외	• 일과성 허혈발작, 가역적 허혈성 신경학적 결손 • 외상에 의한 뇌출혈 • 뇌종양에 의한 뇌출혈 • 뇌수술합병증으로 인한 뇌출혈 • 신경학적 결손을 가져오는 안동맥의 폐쇄
중대한 심근경색에서 제외	안정협심증, 불안정협심증, 이형협심증을 포함한 모든 협심증

(2) 기타

① 급성심근경색은 관상동맥의 폐색으로 말미암아 심근으로의 혈액공급이 급격히 감소되어 전형적인 흉부 통증과 함께 해당 심근조직의 비가역적인 괴사가 발생하는 증상을 말한다. 발병 당시 전형적인 급성심근 경색 심전도 변화(ST분절, T파, Q파)가 새롭게 출현하고, CK-MB를 포함한 심근효소가 새롭게 상승하는 특징이 있다.

② 말기간질환 3가지 특징은 영구적 황달, 복수, 간성뇌병증이다.

3. 중대한 수술에서 제외되는 항목(→ 근본적 치료를 위해 개흉술과 개복술이 전제됨)

관상동맥우회술에서 제외	• 관상동맥성형술 • 스텐트삽입술 • 회전죽상반제거술
대동맥류혈관치환수술에서 제외	• 경피적 혈관 내 대동맥류 수술(카테터를 이용한 수술)
심장판막수술에서 제외	• 카테터를 이용한 수술 • 개흉술 또는 개심술을 동반하지 않는 수술

▌ TOPIC 04   소득보상보험(Disability Income보험)

1. 소득보상보험의 개요

피보험자가 신체장해를 입고 의사의 치료를 요하며 업무에 완전히 종사할 수 없는 상태를 '취업 불능 상태'라 하며, 이러한 취업 불능 상태에서의 소득상실을 보상하는 보험이다.

2. 보상하는 손해

① 보험기간 중 피보험자가 상해 또는 질병을 입고 그로 인하여 취업 불능 상태가 되는 것을 보험사고로 한다.

② 취업 불능의 3가지 요건 : 신체장해의 발생/의사의 치료/보험증권에 기재된 업무에 전연 종사할 수 없을 것

PART 01

PART 02

PART 03

PART 04

PART 05

PART 06

3. 보상하지 않는 손해

① 마약 기타 각성제의 상용 및 이에 기인하는 질병
② 임신, 출산 또는 유산 및 이에 기인하는 질병
③ 신경증
④ 보험증권에 기재된 질병

4. 질병의 경합

담보하는 질병과 부담보하는 질병이 서로 경합하여 취업 불능이 발생한 경우 각각의 기여율을 감안해서 취업 불능 기간을 결정한다.

5. 회사의 보상책임과 보험금의 산출

① 통상 4주에서 52주 내에서 면책기간을 정하며, 면책기간이 길수록 보험료는 낮아진다.
② 취업 불능이 개시된 때가 보험기간 내이고, 취업 불능이 원인이 되는 신체장해를 입은 때가 보험기간 이내일 때 보험금을 지급한다.
③ 취업 불능의 원인이 재발할 경우 직장에 복귀한 기간이 6개월 이상인 경우에는 새로운 사고로 보아 면책기간을 새롭게 적용한다.
④ 지급보험금＝취업 불능 기간 월수×Min[보험가입금액, 평균월간소득액]
⑤ 취업 불능 상태를 보상하는 보험에 다수 가입한 경우 각각의 보상책임액에 따라 비례보상한다. 다만, 정액보험은 비례보상의 대상이 아니다.

TOPIC 05   실손의료보험

1. 실손의료보험상품의 이해

(1) 의의

급여		비급여
공단부담금	법정본인부담금	
국민건강보험	실손의료보험의 영역	

① 상해 또는 질병으로 인하여 병·의원에 입원하거나 통원하여 치료받는 경우, 실제로 본인이 지출한 '법정본인부담금 및 비급여'를 보험가입금액 한도 내에서 보장하는 보험을 '실손의료보험'이라 한다.
② 2021년 7월부터 기본형 실손의료보험에서 급여항목만을 보장하고, 특별약관에서는 비급여항목만을 보장하는 '4세대 실손의료보험'을 적용하고 있다.

(2) 상품구조

실손의료보험	=	**기본형 실손의료보험** • 급여의료비 보상 • 주계약 : 5천만원 한도 • 상해급여/질병급여	+	**실손의료보험 특약** • 비급여의료비 보상 • 특약 : 5천만원 한도 • 상해비급여/질병비급여/ 3대 비급여

PART
01

PART
02

PART
03

PART
04

PART
05

PART
06

2. 기본형 실손의료보험(급여실손의료비)

(1) 보장종목

보장종목	보상하는 내용
상해급여	피보험자가 상해로 인하여 의료기관에 입원 또는 통원하여 급여('국민건강보험법'에서 정한 요양급여 또는 '의료급여법'에서 정한 의료급여) 치료를 받거나 급여 처방조제를 받은 경우에 보상
질병급여	피보험자가 질병으로 인하여 의료기관에 입원 또는 통원하여 급여 치료를 받거나 급여 처방조제를 받은 경우에 보상

(2) 상해급여 · 질병급여 종목에서의 상해 · 질병

① 상해 : 질병급여 및 비급여에서 상해란 보험기간 중 발생한 급격하고 우연한 외래의 사고를 말한다. 상해에는 유독가스 또는 유독물질을 우연히 일시에 흡입, 흡수 또는 섭취한 결과로 생긴 중독증상이 포함된다. 다만, 유독가스 또는 유독물질을 상습적으로 흡입, 흡수 또는 섭취한 결과로 생긴 중독증상과 세균성 음식물 중독증상은 포함되지 않는다.

② 질병 : 질병급여 및 비급여에서 질병에 대한 별도의 정의는 없다. 다만, 하나의 질병에 대하여는 정의하고 있다. "하나의 질병"이란 발생 원인이 동일한 질병(의학상 중요한 관련이 있는 질병은 하나의 질병으로 간주하며, 하나의 질병으로 2회 이상 치료를 받는 경우는 이를 하나의 질병으로 본다)을 말하며, 질병의 치료 중에 발생된 합병증 또는 새로 발견된 질병의 치료가 병행되거나 의학상 관련이 없는 여러 종류의 질병을 갖고 있는 상태에서 통원한 경우에는 하나의 질병으로 간주한다.

(3) 상해급여 및 질병급여 종목에서 공통적으로 보상하는 사항

① 보상금액

구분	보상금액		
입원 (입원실료, 입원제비용 입원수술비)	「국민건강보험법」에서 정한 요양급여 또는 「의료급여법」에서 정한 의료급여 중 본인부담금(본인이 실제로 부담한 금액)의 80%에 해당하는 금액(단, 연간 최대공제액은 200만원)		
통원 (외래제비용, 외래수술비, 처방조제비)	• 통원 1회당(외래 및 처방조제 합산)「국민건강보험법」에서 정한 요양급여 또는 「의료급여법」에서 정한 의료급여 중 본인부담금(본인이 실제로 부담한 금액)에서 '통원항목별 공제금액'을 뺀 금액 • 통원항목별 공제금액		
	「의료법」상의 의료기관(상급종합병원, 종합병원 제외), 「국민건강보험법」상의 보건소 · 보건의료원 · 보건지소 등	Max[1만원, 보장대상 의료비의 20%]	
	「국민건강보험법」상의 전문요양기관, 「의료법」상의 상급종합병원, 종합병원	Max[2만원, 보장대상 의료비의 20%]	

② 법령 등에 따라 의료비를 감면받거나 의료기관으로부터 의료비를 감면받은 경우(의료비를 납부하는 대가로 수수한 금액 등은 감면받은 의료비에 포함)에는 감면 후 실제 본인이 부담한 의료비 기준으로 계산하고, 감면받은 의료비가 근로소득에 포함된 경우, 「국가유공자 등 예우 및 지원에 관한 법률」 및 「독립유공자 예우에 관한 법률」에 따라 의료비를 감면받은 경우에는 감면 전 의료비 기준으로 계산한다.

③ 피보험자가 국민건강보험법 또는 의료급여법을 적용받지 못한 경우와 국민건강보험에서 정한 요양급여와 의료급여법에서 정한 의료급여절차를 거치지 아니한 경우에는 본인이 실제 부담한 금액의 40% 해당액을 보상한다.

④ 피보험자가 입원하여 치료를 받던 중 보험계약이 종료되더라도 입원의료비는 보험계약종료일의 다음날부터 180일까지 보상하고, 통원의료비는 보험계약종료일의 다음날부터 180일 이내의 통원을 90회 한도로 보상한다.

⑤ 하나의 상해로 인해 하루에 같은 치료를 목적으로 2회 이상 통원치료(외래 및 처방조제 합산)를 받은 경우 1회의 통원으로 보아 보상한다. 이때 공제금액은 2회 이상의 중복방문 의료기관 중 가장 높은 공제금액을 적용한다.

(4) 급여의료비의 보상하지 않는 사항

상해급여	질병급여
• 피보험자가 고의로 자신을 해친 경우 • 보험수익자가 고의로 피보험자를 해친 경우 • 계약자가 고의로 피보험자를 해친 경우 • 의사지시에 따르지 않는 입원 또는 통원 • 임신, 출산, 산후기로 입원 또는 통원한 경우	상해급여와 동일
직업, 직무 또는 동호회활동에서 발생한 상해 • 전문등반, 글라이더 조종 등으로 인한 상해 • 모터보트 · 자동차 등의 경기 또는 시운전으로 인한 상해(단, 공용도로 시운전은 보상) • 직무상 선박에 탑승하고 있는 동안의 상해	'한국표준질병사인분류'에 따른 의료비 • 정신 및 행동장애 • 습관성 유산, 불임 및 인공수정 관련 합병증 • 선천성 뇌질환(피보험자가 보험가입 당시 태아인 경우에는 보상) • 요실금
• 전쟁, 혁명, 내란, 사변, 폭동으로 인한 경우	• 성장호르몬제 투여로 소요된 비용 • HIV 감염으로 인한 치료비 등
• 국민건강보험법 또는 의료급여법상으로 사전 또는 사후 환급이 가능한 금액 • 자동차보험이나 산재보험에서 보상받는 의료비 • 응급환자가 아니면서 응급의료행위를 받고 부담한 본인부담금 전액	상해급여와 동일

(5) 보험료의 계산

① 보험기간이 종료되어 갱신되는 계약의 보험료는 갱신일 현재의 보험요율에 관한 제도를 반영하여 계산된 보험료를 적용하며, 그 보험료는 나이의 증가, 보험료 산출에 관한 기초율의 변동 등의 사유로 인하여 인상 또는 인하될 수 있다.

② 갱신계약의 보험료는 매년 최대 25% 범위(나이의 증가로 인한 보험료 증감분은 제외) 내에서 인상 또는 인하될 수 있다.

(6) 다수보험의 처리

① 다수보험의 경우 각 계약의 보장대상 의료비 및 보장책임액에 따라 제2항에서 정한 방법으로 계산된 각 계약의 비례분담액을 지급

② 비례부담액＝(각 계약의 보장대상 의료비 중 최고액 – 각 계약의 피보험자부담 공제금액 중 최소액)×(각 계약별 보장책임액)/각 계약별 보장책임액을 합한 금액)

3. 실손의료보험 특별약관(비급여실손의료비)

(1) 보장종목

PART 01

PART 02

PART 03

PART 04

PART 05

PART 06

보장종목	보상하는 내용
상해비급여	피보험자가 상해로 인하여 의료기관에 입원 또는 통원하여 비급여 치료를 받거나 비급여 처방조제를 받은 경우에 보상(3대 비급여 제외)
질병비급여	피보험자가 질병으로 인하여 의료기관에 입원 또는 통원하여 비급여 치료를 받거나 비급여 처방조제를 받은 경우에 보상(3대 비급여 제외)
3대 비급여	피보험자가 상해 또는 질병의 치료목적으로 의료기관에 입원 또는 통원하여 3대 비급여 치료를 받은 경우에 보상

(2) 상해비급여 및 질병비급여 종목에서 공통적으로 보상하는 사항

구분	보상금액
입원 (입원실료, 입원제비용, 입원수술비)	'비급여 의료비(비급여병실료는 제외)'(본인이 실제로 부담한 금액)의 70%에 해당하는 금액
상급병실료 차액	Min(상급병실료차액×50%, 입원일수×10만원) **암기** 오차십일 단, 1일 평균금액 10만원을 한도로 하며, 1일 평균금액은 입원기간 동안 비급여 병실료 전체를 총 입원일수로 나누어 산출한다.
통원 (외래제비용, 외래수술비, 처방조제비)	• 통원 1회당(외래 및 처방조제 합산) '비급여 의료비(비급여병실료는 제외)'(본인이 실제로 부담한 금액)의 본인부담금(본인이 실제로 부담한 금액)에서 '통원항목별 공제금액'을 뺀 금액(1년간 통원 100회 한도) • 통원항목별 공제금액 `「국민건강보험법」상의 의료기관, 보건소 · 보건의료원 · 보건지소, 보건진료소에서의 외래 및 「국민건강보험법」상의 약국, 한국희귀 · 필수의약품센터에서의 처방조제` → Max[3만원, 보장대상 의료비의 30%]

(3) 3대 비급여의 보상하는 사항 **암기** 도주자

구분		공제금액	보장한도
도수치료 · 체외충격파치료 · 증식치료	"도수치료 · 체외충격파치료 · 증식치료"로 인하여 본인이 실제로 부담한 비급여의료비(행위료, 약제비, 치료재료대 포함)	Max[3만원, 보장대상 의료비의 30%]	1년 단위로 합산하여 350만원 이내에서 50회까지 보상
주사료	주사치료를 받아 본인이 실제로 부담한 비급여의료비	Max[3만원, 보장대상 의료비의 30%]	1년 단위로 합산하여 250만원 이내에서 50회까지 보상
자기공명 영상진단	자기공명영상진단을 받아 본인이 실제로 부담한 비급여의료비(조영제, 판독료 포함)	Max[3만원, 보장대상 의료비의 30%]	1년 단위로 합산하여 300만원 이내에서 보상

① '도수치료 · 체외충격파치료 · 증식치료'의 횟수 한도 : 도수, 체외충격파, 증식치료 각각을 합산하여 최초 <u>10회</u>를 우선 보장하고, 이후부터는 병변개선 등 객관적으로 인정되는 경우에 한하여 <u>10회 단위로 연간 50회</u>까지 보장한다.

② 주사료에서 함암제, 항생제(항진균제 포함), 희귀의약품을 위해 사용된 비급여 주사료는 상해비급여 또는 질병비급여에서 보상한다.

(4) 비급여의료비의 보상하지 않는 사항

① 상해 및 질병급여의 면책사항을 <u>포함</u>한다.

② 추가적인 비급여 공통면책사항(상해비급여, 질병비급여, 3대 비급여)

- 치과치료(단, 안면골절로 발생한 의료비는 치아치료비를 제외하고 보상)
- 한방치료(단, 한의사를 제외한 '의사의 의료행위'에 의해 발생한 의료비는 보상)
- 영양제, 비타민제(단, 약관상 보상하는 치료의 목적으로 사용하는 경우 보상)
- 호르몬투여, 보신용 투약, 의약외품 등
- 의치, 의수족, 의안, 안경, 콘택트렌즈, 보조기 등의 대체비용(단, 인공장기 등 신체에 이식되어 그 기능을 대신하는 경우는 보상)
- TV시청료, 전화료, 각종 증명료 등 진료와 무관한 비용
- 자동차보험이나 산재보험에서 보상받는 의료비(단, 본인부담의료비는 보상)
- '국민건강보험법'상의 요양기관이 아닌 외국에 있는 의료기관에서 발생한 의료비
- '응급의료에 관한 법률'상의 응급환자에 해당하지 않는 자가 상급종합병원 응급실을 이용하면서 발생한 응급의료관리료

---

(5) 비급여 공통으로 보상하지 않는 사항(상해, 질병, 3대 비급여)

비급여의료비의 유형	종류
업무나 일상생활에 지장이 없는 경우	단순한 피로 또는 권태/주근깨 · 사마귀 · 여드름 · 노화현상으로 인한 탈모/발기부전 · 불감증/단순코골음(수면무호흡증은 보상)/단순포경/검열반 등 안과질환 등
신체의 필수 기능 개선목적이 아닌 경우	쌍꺼풀수술(이중검수술)/성형수술(융비술)/유방확대 · 축소술(단, 유방암환자의 유방재건술은 보상)/지방흡입술/주름살제거술/사시교정(단 시력 개선 목적 수술은 보상)/치과교정/키 성장을 목적으로 하는 진료/다리정맥류 등 외모 개선 목적의 수술 등
질병 · 부상 진료를 직접 목적으로 하지 않는 경우	건강검진(단, 이상소견에 따른 추가 검사비용은 보상)/예방접종(파상풍, 혈청주사 등 치료목적으로 사용하는 예방접종은 보상) 등
보험급여시책상 요양급여로 인정하기 어려운 경우	친자확인을 위한 진단/불임검사 · 불임수술 · 불임복원술/보조생식술(체내 · 외 인공수정 포함)/인공유산(불가피한 경우 보상) 등

4. 노후실손의료보험

① 기존에는 65세까지로 제한하였으나 노후실손의료보험에서는 <u>75세</u>까지 가입이 가능하도록 한 노인 전용 보험이다.

② 노후실손보험의 보험기간은 <u>1년</u>으로 하되 <u>3년</u>간은 자동갱신이 가능하다.

③ 입원과 통원 모두 <u>연간 1억원</u>을 한도로 하며, 통원은 횟수 제한없이 <u>100만원</u>을 한도로 보상한다.

④ <u>입원당 30만원, 통원당 3만원</u>을 공제한 다음, 급여부분은 공제 후 금액의 80%, 비급여 부분은 공제 후 금액의 70%를 보상한다.

PART 01

PART 02

PART 03

PART 04

PART 05

PART 06

TOPIC 06   해외여행 실손의료보험

보장종목	세부구성항목	보상하는 사항
해외	상해의료비	• 피보험자가 보험증권에 기재된 해외여행 중에 상해를 입고, 이로 인해 해외의료기관에서 의사(치료받는 국가의 법에서 정한 병원 및 의사의 자격을 가진 자에 한함)의 치료를 받은 때에는 보험가입금액을 한도로 피보험자가 실제 부담한 의료비를 보상
	질병의료비	• 해외여행 중에 피보험자가 입은 상해로 인해 치료를 받던 중 보험기간이 끝났을 경우에는 보험기간 종료일부터 180일까지(보험기간 종료일은 제외) 보상
국내(급여)	상해의료비	• 회사는 피보험자가 보험증권에 기재된 해외여행 중에 상해를 입고, 이로 인해 국내 의료기관 · 약국에서 치료를 받은 때에는 보험가입금액을 한도로 피보험자가 실제 부담한 의료비를 보상
	질병의료비	• 다만, 보험기간이 1년 미만인 경우에는 해외여행 중에 피보험자가 입은 상해로 보험기간 종료 후 30일(보험기간 종료일은 제외) 이내에 의사의 치료를 받기 시작했을 때에는 의사의 치료를 받기 시작한 날부터 180일(통원은 180일 동안 90회)까지만(보험기간 종료일은 제외) 보상(→ 보험기간이 1년 이상인 경우 보험기간종료일로부터 180일까지 90회를 한도로 보상)

TOPIC 07   질병보험의 특별약관

1. 뇌출혈 진단비 특별약관&급성 심근경색증 진단비 특별약관

구분	뇌출혈진단비 특별약관	급성 심근경색증 진단비 특별약관
정의	지주막하출혈(I60)/뇌내출혈(I61)/기타 비외상성 두개내 출혈(I62)	급성심근경색증(I21)/이차성심근경색증(I22)/급성심근경색증에 의한 특정 현존 합병증(I23)
진단확정	병력신경학적 검진과 함께 CT, MRI, 뇌혈관조영술, PET, SPECT, 뇌척수액검사	병력신경학적 검진과 함께 심전도, 심장초음파, 관상동맥촬영술, 혈액 중 심장효소검사
사망 시 진단방법	피보험자의 사망으로 위와 같은 검사방법을 진단의 기초로 할 수 없는 경우 피보험자가 뇌출혈(급성 심근경색)로 진단 또는 치료를 받고 있었음을 증명할 수 있는 문서화된 기록 또는 증거를 진단확정의 기초로 할 수 있음	
진단비 보상	피보험자가 보험기간 중 뇌출혈(급성 심근경색)으로 진단 확정되었을 때 최초 1회에 한하여 진단비를 지급	

2. 과로사담보 특별약관

(1) 의의

피보험자가 보험기간 중 과중한 업무부담의 지속으로 인하여 업무를 하던 중 뇌혈관 질환 내지 심질환의 급격한 발현 또는 악화로 돌연히 사망하게 된 경우 이 특약으로 보장한다.

(2) 과중한 업무부담의 지속

① 직전 24시간 이내의 일반인이 적응하기 어렵다고 여겨지는 근로의 수행
② 직전 3일 이상 연속적으로 일상업무보다 30% 이상 업무량 증가

③ 직전 1주일 이내의 근무환경의 급격한 변화로 인정되는 전환배치

④ 월 50시간 이상 잔업

⑤ 직전 1개월 내의 소정 휴일의 1/2 이상을 출근 근무

⑥ 직전 1개월 내의 10일 이상 지방출장(격지 단신부임 포함)

(3) 업무 중 및 돌연한 사망의 의미

① 업무 중이란 피보험자의 통상적인 근무장소(출장지 포함)에서 근무 중일 때와 그 근무장소로의 이동 중일 때 및 통상적인 거주지(출장지에서의 숙박장소 포함)에서의 수면 중인 경우를 말한다.

② 돌연한 사망이란 피보험자가 뇌혈관질환 또는 심질환에 의한 병변의 발증 내지 악화로 의식불명상태가 되고, 그것을 직접원인으로 4주 이내에 사망(뇌사상태 포함)하는 것을 말한다.

3. 신생아담보 특별약관

(1) 출생 전 자녀가입 특별약관

① 보통약관의 보험계약을 체결할 때 피보험자가 될 자가 태아인 계약에 적용한다.

② 태아 출생 시(보장개시일) 피보험자가 되며 유산 또는 사산의 경우는 계약이 무효가 된다.

③ 태아가 복수로 출생한 경우 계약자가 출생아 각각을 피보험자로 지정할 수 있고, 출생아 중 1인을 피보험자로 지정할 수 있다.

④ 출생통지로 출생일이 확정되면 출생 후 계약으로 전환되며 피보험자의 나이는 계약 전환시점에 0세가 된다. 출생통지를 하지 않은 경우 출생예정일이 포함된 달의 다음달의 계약 해당일에 출생 후 계약으로 자동전환된다.

(2) 저체중아 입원일당 담보 특별약관

① 임신 22주 이내인 임산부에 의하여 태어날 자녀(인공수정 임신 제외)가 대상이며 저체중아는 2.5kg 이하인 신생아를 말한다.

② 미숙아 출산 시 인큐베이터를 3일 이상 사용했을 때 2일 초과 때부터 최고 60일(사용 1일당 보상)을 한도로 보상한다.

③ 다태아 출산의 경우 태어난 각각의 신생아에 대해 보험금을 지급한다.

(3) 주산기 질병담보 특별약관

① 피보험자가 출생전후기(임신 28주부터 생후 1주 사이)에 약관에 정한 질병치료를 직접목적으로 하여 4일 이상 계속 입원하였을 경우에 보험금을 지급한다.

② 주산기질병 입원일당은 1회 입원당 120일을 한도로 한다.

③ 동일한 출생전후기 질병의 치료를 직접목적으로 2회 이상 입원한 경우 계속 입원으로 보아 각 입원일수를 합산한다.

01 암, CI(중대한 질병, 수술)보험의 면책기간은 90일을 적용하고, 생명보험의 간병보험은 90일 또는 2년의 면책기간을 적용한다.

02 일반심사보험의 알릴 항목으로 최근 5년 이내에 의사로부터 진찰 · 검사를 통해 '7일 이상 치료 또는 30일 이상 투약'을 받은 경우가 있다.

03 최근 3개월 이내에 약물(혈압강하제, 신경안정제, 수면제, 각성제, 진통제 등)의 상시 복용(단, 마약류는 1회도 고지)과 최근 1년 이내에 의사로부터 진찰 · 검사를 통해 추가검사를 받았는지 여부는 간편심사보험의 알릴 항목에서 삭제되었다.

04 입원급여금 지급기준의 경우 생명보험은 120일 한도를 적용하고, 손해보험은 180일 한도를 적용한다. 단 암보험 등과 같은 일부보험은 생명보험영역이므로 손해보험도 120일 한도를 적용한다.

05 수술이란 의사에 의하여 해당 질병의 치료가 필요하다고 인정하는 경우, 의료기관(의료법 제3조)에서 의사의 관리하에, 해당 질병의 치료를 목적으로, 기구를 사용하여 생체에 절단, 절제 등의 조작을 가하는 것을 말한다(흡인, 천자 등의 조치 및 신경차단은 제외).

06 보험나이로 15세 미만자의 암보험의 보장개시일은 보험계약일로 하며, 갱신계약의 경우 보장개시일은 갱신일로 한다.

07 보험계약일 이전에 암진단 사실을 숨긴 경우 사기에 의한 계약임을 회사가 입증하는 경우에는 계약일로부터 5년 이내(사기를 안 날로부터 1개월 이내) 계약을 취소할 수 있고, 90일 이내 암진단 경우 계약은 무효로 하고, 기납입 보험료는 반환한다.

08 암의 진단은 해부병리 또는 임상병리 전문의사자격증을 가진 자가 진단 확정을 하며 조직검사, 미세바늘흡인검사, 혈액검사에 의한 현미경 소견을 기초로 진단한다.

09 이차성 암(속발암)으로 진단 시 이차성 암의 원인이 되는 일차성 암(원발암)이 확인된 경우 일차성 암을 기준으로 보험금을 지급하고 이차성 암에 대한 보험금은 지급하지 않는다.

10 암 직접치료 입원일당은 암의 치료를 직접적인 목적으로 4일 이상 입원한 경우 지급하며, 입원 1일당 금액을 120일 한도로 지급한다.

11 일반암(진단금 3천만원)을 진단받은 후 특정암(진단금 5천만원)을 추가로 진단받은 경우 3천만원을 지급한 후 2천만원을 추가 지급한다.

12 급성심근경색증은 발병 당시 전형적인 급성심근경색 심전도 변화(ST분절, T파, Q파)가 새롭게 출현하고, CK−MB를 포함한 심근효소가 새롭게 상승하는 특징이 있다.

13 CI보험에서 중대한 화상&부식은 신체표면적의 20% 이상이 4도 화상 또는 부식을 입은 경우이다.

14 소득보상보험(Disability Income보험)의 취업 불능의 3가지 요건은 '신체장해의 발생, 의사의 치료, 보험증권에 기재된 업무에 전연 종사할 수 없을 것'이다.

15 소득보상보험(Disability Income보험)에서 취업 불능 요건을 갖춘다고 해도 임신, 출산 관련 질병, 신경증, 보험증권에 기재된 질병의 경우는 보상하지 않는다.

16 소득보상보험(Disability Income보험)에서 취업 불능의 원인이 재발할 경우 직장에 복귀한 기간이 6개월 이상인 경우에는 새로운 사고로 보아 면책기간을 새롭게 적용한다.

17 2021년 7월부터 기본형 실손의료보험에서 급여항목만을 보장하고, 특별약관에서는 비급여항목만을 보장하는 '4세대 실손의료보험'을 적용하고 있다.

18 기본형 실손의료보험의 통원비보장은 상급종합병원, 종합병원에서 외래 및 처방을 받았을 경우 '2만원과 보장대상 의료비의 20%중 큰 금액'을 공제한다.

19 4세대 실손의료보험의 특별약관은 비급여병실료는 제외한 비급여 의료비(본인이 실제로 부담한 금액)의 80%에 해당하는 금액을 보상한다.

20 4세대 실손의료보험의 특별약관은 통원의료비를 지급할 때 '3만원과 보장대상 의료비의 30% 중 큰 금액'을 공제한다.

21 도수치료 · 체외충격파치료 · 증식치료의 경우 1년 단위로 합산하여 350만원 이내에서 50회까지 보상하며 공제금액은 '3만원과 보장대상 의료비의 30% 중 큰 금액'을 적용한다.

22 한방치료 관련 비급여의료비는 보상하지 않는다. 단, 한의사를 제외한 '의사의 의료행위'에 의해 발생한 의료비는 보상한다.

23 의치, 의수족, 의안, 안경, 콘택트렌즈, 보조기 등의 대체비용은 보상하지 않는다. 단, 인공장기 등 신체에 이식되어 그 기능을 대신하는 경우는 보상한다.

24 자동차보험이나 산재보험에서 보상받는 의료비는 보상하지 않는다. 단, 본인부담의료비는 보상한다.

25 유방확대술은 보상하지 않지만, 유방암환자의 <u>유방재건술</u>은 보상한다. 또한, 단순코골음은 보상하지 않지만 <u>수면무호흡증</u>은 보상한다.

26 노후실손의료보험에서는 <u>75세</u>까지 가입이 가능하도록 설계되었으며 보험기간은 <u>1년</u>으로 하되 <u>3년</u>간은 자동갱신이 가능하다.

27 노후실손의료보험의 경우 입원과 통원 모두 <u>연간 1억원</u>을 한도로 하며, 통원은 횟수 제한없이 <u>100만원을 한도</u>로 보상한다.

28 해외실손의료보험 국내담보의 경우 보험기간이 1년 이상이고 치료 중 보험기간이 종료될 때에는 <u>보험기간종료일로부터</u> 180일까지 90회를 한도로(보험기간 종료일은 제외) 보상한다.

29 돌연한 사망이란 피보험자가 뇌혈관질환 또는 심질환에 의한 병변의 발증 내지 악화로 의식불명상태가 되고, 그것을 직접원인으로 <u>4주</u> 이내에 사망(뇌사상태 포함)하는 것을 말한다.

30 업무 중이란 피보험자의 통상적인 근무장소(출장지 포함)에서 근무 중일 때와 그 근무장소로의 이동 중일 때 통상적인 거주지(출장지에서의 숙박장소 포함)에서의 수면 중인 경우를 말한다.

31 월 <u>50시간</u> 이상 잔업 및 직전 1개월 내의 <u>10일 이상</u> 지방출장 등은 특별약관상 과중한 업무부담으로 본다.

32 저체중아 입원일당 담보 특별약관에서 임신 <u>23주</u> 이내인 임산부에 의하여 태어날 자녀(인공수정 임신 제외)가 대상이며 저체중아는 <u>3.5kg 이하</u>인 신생아를 말한다.

33 주산기 질병담보 특별약관에서 피보험자가 출생전후기(임신 28주부터 생후 1주 사이)에 약관에 정한 질병치료를 직접목적으로 하여 <u>4일 이상</u> 계속 입원하였을 경우에 보험금을 지급하며, 주산기질병 입원일당은 1회 입원당 <u>120일</u>을 한도로 한다.

오답노트

13 CI보험에서 중대한 화상&부식은 신체표면적의 <u>20% 이상</u>이 3도 화상 또는 부식을 입은 경우이다.

19 4세대 실손의료보험의 특별약관은 비급여병실료는 제외한 비급여 의료비(본인이 실제로 부담한 금액)의 <u>70%</u>에 해당하는 금액을 보상한다.

32 저체중아 입원일당 담보 특별약관에서 임신 <u>22주 이내</u>인 임산부에 의하여 태어날 자녀(인공수정 임신 제외)가 대상이며 저체중아는 <u>2.5kg 이하</u>인 신생아를 말한다.

간병보험

CHAPTER 05

TOPIC 01 간병보험의 의의

피보험자가 보험기간 중에 상해 또는 질병에 의해 치매 상태(인식불명)또는 활동 불능 상태(일상생활 장해상태)가 되었을 때 보험금을 지급하는 보험이다.

TOPIC 02 치매 상태(인식 불명 상태)

1. 손해보험의 치매 상태

(1) 치매 상태의 정의
① 기질성 치매의 진단 확정&일상생활동작 장해분류상의 상태
② 기질성 치매의 진단 확정&문제행동표상의 상태

(2) 기질성 치매

분류항목	분류번호
알츠하이머 치매	F00
혈관성 치매	F01
기타 질환에서의 치매	F02
상세불명의 치매	F03
치매에서 병발된 섬망	F05.1

※ 정신분열증에 의한 치매(F04)는 제외

(3) 일상생활동작 장해분류
일상생활동작(보행, 식사, 배설, 목욕, 의복 탈부착)을 보조기구를 사용하여도 할 수 없는 상태 또는 이와 같은 정도의 간병을 필요로 하는 상태를 말한다.

(4) 문제행동
다음의 7가지 중 <u>어느 하나의 행위</u> 또는 <u>이와 같은 정도의 간병이 필요한 경우</u>를 말한다.
① 배회한다. 또는 길을 잃는다.
② 과식, 거식 또는 이식을 한다.
③ 장소에 가리지 않고 배설을 한다.
④ 폭력행위 또는 파괴행위를 한다.

⑤ 흥분해서 소동을 피운다.

⑥ 불단속을 제대로 하지 못한다.

⑦ 물건을 훔친다. 또는 물건을 마구 모은다.

2. 생명보험의 치매 상태

(1) 치매 상태의 정의

기질성 치매의 진단 확정&이로 인한 인지기능 장해가 발생한 상태이다.

PART
01

PART
02

PART
03

PART
04

PART
05

PART
06

(2) 인지기능장애('MMSE−K은 19점 이하+CDR 척도 3점 이상+90일 지속'인 상태를 말함)

① '한국형간이인지기능검사(MMSE−K, 1989년)'는 인지기능 선별검사로서 점수의 범위는 0~30점까지 이며, 점수가 낮을수록 중증을 의미한다.

② 'CDR 척도(1993년)'는 치매 관련 전문의가 실시하는 전반적인 인지기능 및 사회기능 정도를 측정하는 검사로서 전체 점수구성은 0, 0.5, 1, 2, 3, 4, 5로 되어 있으며, 점수가 높을수록 중증을 의미한다.

▌ **TOPIC 03**   **활동 불능 상태(일상생활 장해상태)**

1. 개념 비교

구분	손해보험의 활동 불능 상태	생명보험의 일상생활 장해상태
진단시점	책임을 개시한 후 진단	계약체결일(그날을 포함)로 90일 이후 진단
보상시점	진단 후 180일 이상 지속할 경우	진단 후 90일 이상 지속할 경우

2. 활동 불능 상태(일상생활 장해상태)

다음의 ①을 포함하고, ②의 ㉠~㉣ 중 어느 하나에 해당하는 상태를 말한다.

① 보조기구를 사용하여도 보행을 스스로 할 수 없는 상태

② 다음의 한 가지 항목이라도 스스로 할 수 없는 상태

    ㉠ 음식물 섭취

    ㉡ 배설 후 뒷처리

    ㉢ 목욕

    ㉣ 의복을 입고 벗는 것

1. 장기간병상태(다음의 두 가지 모두를 충족하는 경우를 말함)

① 65세 이상 노인 또는 노인성 질병을 가진 65세 미만자이며 거동이 불편한 자로서 장기요양 1등급 또는 2등급으로 판정받은 경우

② 다음의 ㉠과 ㉡ 중 하나에 영구히 해당되는 경우

㉠ 장해분류표 중에서 '제한정도에 따른 지급률'이 이동동작 40%에 해당하는 상태를 반드시 포함하여 60% 이상인 경우

㉡ 임상치매척도가 CDR 3점(뚜렷한 치매), 4점(심한 치매), 5점(극심한 치매)인 경우

2. 책임 개시일

① 피보험자에게 보험기간 중에 상해 또는 질병을 직접적인 원인으로 하여, 책임개시일 이후에 '장기요양(간병)상태'가 되었을 경우 최초 1회에 한하여 장기요양비를 지급한다.

② 책임개시일은 보험계약일로부터 그 날을 포함하여 <u>90일이</u> 지난 날의 다음날로 한다.

01 치매 상태란 '기질성 치매의 진단 확정&일상생활동작 장해분류상의 상태 또는 기질성 치매의 진단 확정&문제행동표상의 상태'를 말한다.

02 기질성 치매란 '알츠하이머 치매, 혈관성 치매, 기타 질환에서의 치매, 상세불명의 치매, 치매에서 병발된 치매'를 말하며, 정신분열증에 의한 치매는 포함하지 않는다.

03 '물건을 쉽게 잃어버린다거나 계절을 전혀 인식하지 못할 경우' 문제행동으로 분류된다.

04 인지기능장애상태는 'MMSE-K 19점 이하+CDR 척도 3점 이상+90일 지속'인 상태를 말한다.

05 보조기구를 사용하여도 보행을 스스로 할 수 없는 상태&'음식물 섭취를 스스로 할 수 없는 상태/배설 후 뒷처리를 스스로 할 수 없는 상태/목욕을 스스로 할 수 없는 상태/ 의복을 입고 벗는 것을 스스로 할 수 없는 상태' 중 한가지 항목이라도 스스로 할 수 없는 상태를 손해보험에서는 '활동 불능 상태'라고 하고, 생명보험에서는 '일상생활 장해상태'라고 한다.

06 생명보험의 일상생활 장해상태에서 보상은 면책기간이 지난 후 진단 확정이 되고 180일 이상 지속할 경우 가능하다.

07 (신)장기간병(요양) 특별약관의 책임개시일은 피보험자에게 보험기간 중에 상해 또는 질병을 직접적인 원인으로 하여, 책임개시일 이후에 '장기요양(간병)상태'가 되었을 경우 최초 1회에 한하여 장기요양비를 지급한다. 책임개시일은 보험계약일로부터 그 날을 포함하여 90일이 지난 날의 다음날로 한다.

오답노트

03 '물건을 쉽게 잃어버린다거나 계절을 전혀 인식하지 못한다'하더라도 문제행동으로 분류되지 않는다.
06 생명보험의 일상생활 장해상태에서 보상은 면책기간이 지난 후 진단확정이 되고 90일 이상 지속할 경우 가능하다.

출제예상문제

01 다음은 제3보험의 특징에 대한 설명이다. 옳지 않은 것은?

① 제3보험은 상해 또는 질병의 정도에 따라 일정한 보험 금액을 지급하는 정액급부방식과 실제 발생한 비용을 지급하는 실손급부방식을 모두 적용할 수 있다.

② 제3보험의 보험사고는 사람의 생존과 사망을 보험사고로 하여 사망 그 자체는 확정되어 있으나 발생시기만이 불확정적이다.

③ 제3보험에서 사망을 보험사고로 한 계약은 보험계약자, 피보험자 또는 보험수익자의 중대한 과실도 보험자는 책임을 부담하여야 한다.

④ 타인의 사망을 보험사고로 하는 제3보험은 피보험자의 서면 동의를 얻어야 하며, 보험계약자가 계약 체결 후에 보험수익자를 지정 또는 변경하는 경우에도 피보험자의 서면 동의를 필요로 한다.

해설 | <u>생명보험</u>의 보험사고는 사람의 생존과 사망을 보험사고로 하여 사망 그 자체는 확정되어 있으나 발생시기 만이 불확정적이다.

02 다음은 손해보험과 제3보험의 비교한 것이다. 옳지 않은 것은?

	구분	손해보험	제3보험
①	보험사고 발생의 객체	피보험자의 재물 (→ 피보험자가 보험금 수령)	피보험자의 신체 (→ 보험수익자가 보험금 수령)
②	초과보험 등의 존재	초과, 일부, 중복보험이 존재	초과, 일부, 중복보험이 부존재 (→ 보험가액이 없으므로)
③	피보험자의 서면동의	'타인을 위한 보험'은 피보험자의 동의 없이 체결 가능	'타인의 사망보험'은 피보험자의 서면동의 없이 체결 불가능
④	중대한 과실의 담보	부책	면책

해설 | 중대한 과실의 담보는 손해보험은 면책이지만 제3보험은 부책이다.

03 제3보험의 질병사망특약 부가요건 중 (㉠, ㉡) 안에 들어갈 내용으로 올바른 것은?

구분	생명보험	손해보험
보험기간	제한 없음	(㉠)
보험금액	(㉡)	2억 원

① ㉠ : 제한 없음, ㉡ : 2억원

② ㉠ : 80세, ㉡ : 2억 원

③ ㉠ : 80세, ㉡ : 제한 없음

④ ㉠ : 제한 없음, ㉡ : 제한 없음

해설 | 손해보험의 질병사망보장 특약의 요건
- 보험만기는 80세 이하일 것
- 보험금액의 한도는 개인당 2억원 이내일 것
- 만기 시에 지급하는 환급금은 납입보험료 합계액의 범위 내일 것

PART
01

PART
02

PART
03

PART
04

PART
05

PART
06

04 다음은 질병 · 상해보험 표준약관상 "용어의 정의"를 설명한 것이다. 옳지 않은 것은?

① 보험수익자 : 보험금 지급사유가 발생하는 때에 회사에 보험금을 청구하여 받을 수 있는 사람을 말한다.

② 진단계약 : 계약을 체결하기 위하여 피보험자가 건강 진단을 받아야 하는 계약을 말한다.

③ 연 단위 복리 : 회사가 지급할 금전에 이자를 줄 때 1년마다 마지막 날에 그 이자를 원금에 더한 금액을 다음 1년의 원금으로 하는 이자 계산방법을 말한다.

④ 만기환급금 : 계약이 해지되는 때에 회사가 계약자에게 돌려주는 금액을 말한다.

해설 | 계약이 해지되는 때에 회사가 계약자에게 돌려주는 금액은 해약환급금이다.

05 질병 · 상해보험 표준약관 「보험금의 지급에 관한 세부 규정」에서는 보험기간 중 "관공서에서 수해, 화재나 그 밖의 재난을 조사하고 사망한 것으로 통보하는 경우"에는 어느 시점을 사망시점으로 규정하고 있는가?

① 법원에 실종 신고를 접수한 때

② 법원에서 인정한 실종기간이 끝나는 때

③ 가족관계등록부에 기재된 사망연월일을 기준

④ 법정상속인이 피보험자의 실종을 경찰에 신고하고 6개월이 경과한 때

해설 | 인정사망의 기준은 관공서에서 수해, 화재나 그 밖의 재난을 조사하고 사망한 것으로 통보하는 경우 가족관계등록부에 기재된 사망연월일을 기준으로 한다.

정답 01 ② 02 ④ 03 ③ 04 ④ 05 ③

06 다음은 질병 · 상해보험 표준약관상 "상해보험 계약 후 알릴 의무"에 관한 설명이다. (   )에 들어갈 내용으로 알맞은 것은?

> 계약자 또는 피보험자는 보험기간 중에 피보험자가 그 직업 또는 직무를 변경(자가용 운전자가 영업용 운전자로 직업 또는 직무를 변경하는 등의 경우를 포함한다)하거나 이륜자동차 또는 원동기장치자전거를 계속적으로 사용하게 된 경우에는 (   ) 회사에 알려야 한다.

① 지체없이
② 7영업일 이내에
③ 15영업일 이내에
④ 30영업일 이내에

해설 | 계약자 또는 피보험자는 보험기간 중에 피보험자에게 보험증권 등에 기재된 직업 또는 직무의 변경 등이 발생한 경우에는 우편, 전화, 방문 등의 방법으로 <u>지체없이</u> 회사에 알려야 한다.

07 질병 · 상해보험 표준약관상 "회사는 계약자 또는 피보험자가 고의 또는 중대한 과실로 계약 전 알릴 의무를 위반한 경우에는 계약을 해지할 수 있다"고 규정하고 있다. 다음 중 회사가 계약을 해지할 수 있는 경우로 가장 올바른 것은?

① 계약자 또는 피보험자가 회사에 제출한 기초자료의 내용 중 중요사항을 고의로 사실과 다르게 작성한 때
② 계약을 체결한 날부터 3년이 지났을 때
③ 보험설계사 등이 계약자 또는 피보험자에게 고지할 기회를 주지 않았거나 계약자 또는 피보험자가 사실대로 고지하는 것을 방해한 경우
④ 회사가 계약 당시에 그 사실을 알았거나 과실로 인하여 알지 못하였을 때

해설 | 해지권의 제한(계약 전 알릴 의무 위반에도 불구하고 해지할 수 없는 경우) **알기** 알123건설
- 회사가 계약 당시에 그 사실을 <u>알았거나</u> <u>과실</u>로 인하여 알지 못하였을 때
- 회사가 그 사실을 안 날부터 <u>1개월</u> 이상 지났거나 또는 제1회 보험료를 받은 때부터 보험금 지급사유가 발생하지 않고 <u>2년</u>(진단계약의 경우 질병에 대하여는 1년)이 지났을 때
- 계약을 체결한 날부터 <u>3년</u>이 지났을 때
- 회사가 이 계약을 청약할 때 피보험자의 건강상태를 판단할 수 있는 기초자료(건강진단서 사본 등)에 따라 승낙한 경우에 건강진단서 사본 등에 명기되어 있는 사항으로 보험금 지급사유가 발생하였을 때(계약자 또는 피보험자가 회사에 제출한 기초자료의 내용 중 중요사항을 고의로 사실과 다르게 작성한 때에는 계약을 해지할 수 있다)
- 보험설계사 등이 계약자 또는 피보험자에게 고지할 기회를 주지 않았거나 계약자 또는 피보험자가 사실대로 고지하는 것을 방해한 경우, 계약자 또는 피보험자에게 사실대로 고지하지 않게 하였거나 부실한 고지를 권유했을 때. 다만, 보험설계사 등의 행위가 없었다 하더라도 계약자 또는 피보험자가 사실대로 고지하지 않거나 부실한 고지를 했다고 인정되는 경우에는 계약을 해지할 수 있다.

08 다음은 질병 · 상해보험 표준약관에서 규정하고 있는 "사기에 의한 계약"이다. 옳지 않은 것은?

① 진단서를 위 · 변조

② 계약자 또는 피보험자가 대리진단

③ 청약일 이전에 협심증 진단 확정을 받은 후 이를 숨기고 가입

④ 약물사용을 수단으로 진단절차를 통과

해설 | 사기에 의한 계약 **알기** 대약진암

- 계약자 또는 피보험자가 대리진단, 약물사용을 수단으로 진단절차를 통과한 경우
- 진단서 위 · 변조
- 청약일 이전에 암 또는 인간면역결핍바이러스(HIV) 감염의 진단 확정을 받은 후 이를 숨기고 가입한 경우

09 질병 · 상해보험 표준약관상 "계약의 무효"에 관한 설명으로 옳지 않은 것은?

① 계약을 체결할 때 계약에서 정한 피보험자의 나이에 미달되었거나 초과되었을 경우에는 무효이다.

② 만15세 미만자, 심신상실자 또는 심신박약자를 피보험자로 하여 사망을 보험금 지급사유로 한 경우에는 무효이다.

③ 타인의 사망을 보험금 지급사유로 하는 계약에서 계약을 체결할 때까지 피보험자의 서면에 의한 동의를 얻지 않은 경우에는 무효이다.

④ 단체보험의 보험수익자를 단체의 규약에서 명시적으로 정한 경우 단체가 규약에 따라 구성원의 전부 또는 일부를 피보험자로 하는 계약을 체결하는 경우에도 피보험자의 서면에 의한 동의를 얻지 않은 경우에는 무효이다.

해설 | 타인의 사망을 보험금 지급사유로 하는 계약에서 계약을 체결할 때까지 피보험자의 서면에 의한 동의를 얻지 않은 경우 무효이지만, 다만, 단체가 규약에 따라 구성원의 전부 또는 일부를 피보험자로 하는 계약을 체결하는 경우에는 이를 적용하지 않는다.

10 다음은 질병 · 상해보험 표준약관상 "청약의 철회"에 관한 설명이다. (   )에 들어갈 내용으로 바르게 짝지어진 것을 고르시오.

> 계약자는 보험증권을 받은 날부터 (㉠) 이내에 그 청약을 철회할 수 있다. 다만, 의무보험의 경우에는 철회의사를 표시한 시점에 동종의 다른 의무보험에 가입된 경우에만 철회할 수 있으며, 보험기간이 (㉡) 이내인 계약 또는 전문금융소비자가 체결한 계약은 청약을 철회할 수 없다.

① ㉠ − 3일, ㉡ − 30일

② ㉠ − 3일, ㉡ − 90일

③ ㉠ − 15일, ㉡ − 30일

④ ㉠ − 15일, ㉡ − 90일

PART 01

PART 02

PART 03

PART 04

PART 05

PART 06

해설 | • 계약자는 보험증권을 받은 날부터 <u>15일 이내</u>에 그 청약을 철회할 수 있다. 다만, 청약한 날부터 <u>30일이 초과</u>된 계약은 청약을 철회할 수 없다.
　　　• 회사가 건강상태 진단을 지원하는 계약, 보험기간이 <u>90일 이내인 계약</u> 또는 전문금융소비자가 체결한 계약은 청약을 철회할 수 없다.

11 다음은 질병 · 상해보험 표준약관에 관한 내용이다. (　　) 안에 들어갈 내용으로 알맞은 것은?

> 회사가 제공될 약관 및 계약자 보관용 청약서를 청약할 때 계약자에게 전달하지 않거나 약관의 중요한 내용을 설명하지 않은 때 또는 계약을 체결할 때 계약자가 청약서에 자필서명[날인(도장을 찍음) 및 「전자서명법」 제2조 제2호에 따른 전자서명을 포함 한다]을 하지 않은 때에는 계약자는 (　　)에 계약을 취소할 수 있다.

① 계약이 성립한 날부터 3개월 이내
② 계약이 성립한 날부터 6개월 이내
③ 계약이 성립한 날부터 1년 이내
④ 계약이 성립한 날부터 2년 이내

해설 | 약관 및 계약자 보관용 청약서를 청약할 때 계약자에게 전달하지 않거나 약관의 중요한 내용을 설명하지 않은 때 또는 계약을 체결할 때 계약자가 청약서에 자필서명[날인(도장을 찍음) 및 「전자서명법」 제2조 제2호에 따른 전자서명을 포함한다]을 하지 않은 때에는 계약자는 계약이 <u>성립한 날부터 3개월 이내</u>에 계약을 취소할 수 있다.

12 질병 · 상해보험 표준약관상 "보험계약을 부활하기 위한 요건"으로 가장 옳지 않은 것은?

① 해지환급금을 받지 않는 경우이어야 한다.
② 해지된 날로부터 5년 이내 계약이어야 한다.
③ 연체된 보험료와 이자를 납입해야 한다.
④ 제2회 이후의 보험료를 납입하지 않아 해지된 계약이어야 한다.

해설 | 보험료 납입이 연체되어 계약이 해지되었으나 해약환급금을 받지 않은 경우계약자는 해지된 날부터 <u>3년 이내</u>에 회사가 정한 절차에 따라 계약의 부활(효력회복)을 청약할 수 있다.

13 다음은 질병 · 상해보험 표준약관 "위법계약의 해지"에 관한 설명이다. (   )에 들어갈 내용으로 바르게 짝지어진 것을 고르시오.

> • 계약자는 「금융소비자 보호에 관한 법률」 제47조 및 관련규정이 정하는 바에 따라 계약체결에 대한 회사의 법위반사항이 있는 경우 계약체결일부터 5년 이내의 범위에서 계약자가 위반사항을 안 날부터 (㉠) 이내에 계약해지요구서에 증빙서류를 첨부하여 위법계약의 해지를 요구할 수 있다.
> • 회사는 해지요구를 받은 날부터 (㉡) 이내에 수락 여부를 계약자에 통지하여야 하며, 거절할 때에는 거절 사유를 함께 통지하여야 한다.

① ㉠ − 1년, ㉡ − 10영업일
② ㉠ − 1년, ㉡ − 10일
③ ㉠ − 1개월, ㉡ − 10영업일
④ ㉠ − 1개월, ㉡ − 10일

해설 | 계약자는 「금융소비자 보호에 관한 법률」 제47조 및 관련규정이 정하는 바에 따라 계약체결에 대한 회사의 법위반사항이 있는 경우 계약체결일부터 5년 이내의 범위에서 계약자가 위반사항을 안 날부터 1년 이내에 계약해지요구서에 증빙서류를 첨부하여 위법계약의 해지를 요구할 수 있다. 회사는 해지요구를 받은 날부터 10일 이내에 수락여부를 계약자에 통지하여야 하며, 거절할 때에는 거절 사유를 함께 통지하여야 한다.

14 다음 중 질병 · 상해보험 표준약관상 "중대사유로 인한 해지" 사유에 해당하는 것은 모두 몇 개인가?

> (a) 계약자가 보험금을 지급받을 목적으로 고의로 상해 또는 질병을 발생시킨 경우
> (b) 피보험자가 보험금을 지급받을 목적으로 고의로 상해 또는 질병을 발생시킨 경우
> (c) 보험수익자가 보험금을 지급받을 목적으로 고의로 상해 또는 질병을 발생시킨 경우
> (d) 계약자가 보험금 청구에 관한 서류에 고의로 사실과 다른 것을 기재한 경우
> (e) 피보험자가 보험금 청구에 관한 서류를 위조한 경우
> (f) 보험수익자가 보험금 청구에 관한 증거를 변조한 경우

① 2개
② 3개
③ 5개
④ 전부 해당

해설 | 중대사유로 인한 해지
    회사는 아래와 같은 사실이 있을 경우에는 안 날부터 1개월 이내에 계약을 해지할 수 있다.
    • 계약자, 피보험자 또는 보험수익자가 보험금을 지급받을 목적으로 고의로 보험금 지급사유를 발생시킨 경우
    • 계약자, 피보험자 또는 보험수익자가 보험금 청구에 관한 서류에 고의로 사실과 다른 것을 기재하였거나 그 서류 또는 증거를 위조 또는 변조한 경우

PART 01
PART 02
PART 03
PART 04
PART 05
PART 06

15 다음은 질병 · 상해 표준약관상 회사의 파산선고와 해지에 관한 설명이다. (   )에 들어갈 내용으로 바르게 짝지어진 것을 고르시오.

> (a) 회사가 파산의 선고를 받은 경우 (㉠)는 계약을 해지할 수 있다.
> (b) (a)항에 따라 해지하지 않은 계약은 파산선고 후 (㉡)이 지나면 그 효력을 잃는다.
> (c) (a)항에 따라 계약이 해지되거나 (b)항에 따라 계약이 효력을 잃는 경우 회사는 (㉢) 을 (㉠)에게 지급한다.

① ㉠ – 계약자, ㉡ – 3개월, ㉢ 해지환급금
② ㉠ – 계약자, ㉡ – 6개월, ㉢ 해지환급금
③ ㉠ – 보험수익자, ㉡ – 3개월, ㉢ 책임준비금
④ ㉠ – 보험수익자, ㉡ – 6개월, ㉢ 책임준비금

해설 | • 회사가 파산의 선고를 받은 때에는 계약자는 계약을 해지할 수 있다. 그러나, 해지하지 않은 계약은 파산선고 후 3개월이 지난 때에는 그 효력을 잃는다.
   • 회사의 파산선고에 따라 계약이 해지되거나 계약이 효력을 잃는 경우에 회사는 보험료 및 해약환급금 산출방법서에 따라 계산한 해약환급금을 계약자에게 지급한다.

16 다음은 질병 · 상해보험 표준약관 "해지환급금"에 관한 설명이다. (   )에 알맞은 것은?

> • 이 약관에 따른 해약환급금은 보험료 및 해약환급금 산출방법서에 따라 계산한다.
> • 위법계약의 해지에 따라 위법계약이 해지되는 경우 회사가 적립한 해지 당시의 (   )을 반환하여 준다.

① 해약환급금
② 계약자적립액
③ 이미 납입한 보험료
④ 배당금

해설 | 제31조의2(위법계약의 해지)에 따라 위법계약이 해지되는 경우 회사가 적립한 해지 당시의 계약자적립액을 반환한다.

17 다음 ㉠~㉣ 안에 들어갈 내용으로 바르게 짝지어진 것은?

> • 제3보험에서 약관상 보상하지 않는 원인으로 사망 시에는 (㉠)을 지급하고 계약을 (㉡)한다.
> • 질병보험에서 보장개시일 이전에 대기기간이 설정된 특별약관에 해당하는 질병으로 진단, 확정된 경우에는 해당 특별약관을 (㉢)(으)로 처리한다.
> • 15세 미만자, 심신상실자, 의사능력이 없는 심신 박약자의 사망담보를 가입한 경우에 그 계약은 (㉣)로 처리한다.

① ㉠ – 사망보험금, ㉡ – 소멸, ㉢ – 무효, ㉣ – 해지
② ㉠ – 해약환급금, ㉡ – 소멸, ㉢ – 실효, ㉣ – 해지
③ ㉠ – 사망보험금, ㉡ – 해지, ㉢ – 해지, ㉣ – 무효
④ ㉠ – 해약환급금, ㉡ – 소멸, ㉢ – 무효, ㉣ – 무효

해설 | 피보험자의 사망으로 인하여 이 약관에서 규정하는 보험금 지급사유가 더 이상 발생할 수 없는 경우에는 이 계약은 그 때부터 효력이 없다. 이때 사망을 보험금 지급사유로 하지 않는 경우에는 '보험료 및 해약환급금 산출방법서'에서 정하는 바에 따라 회사가 적립한 <u>사망 당시의 계약자적립액</u>을 지급한다.

18 질병 · 상해보험 표준약관상 "약관의 해석"에 대한 설명 중 옳지 않은 것은?

① 회사는 신의성실의 원칙에 따라 공정하게 약관을 해석하여야 한다.
② 회사는 약관의 뜻이 명백하지 않은 경우에는 계약자에게 유리하게 해석한다.
③ 회사는 보험금을 지급하지 않는 사유 등 계약자나 피보험자에게 불리하거나 부담을 주는 내용은 확대하여 해석하지 않는다.
④ 회사는 계약자에 따라 약관을 다르게 해석하여야 한다.

해설 | 약관의 해석
- 신의성실의 원칙 : 회사는 신의성실의 원칙에 따라 공정하게 약관을 해석하여야 하며 계약자에 따라 다르게 해석하지 않는다.
- 작성자 불이익의 원칙 : 회사는 약관의 뜻이 명백하지 않은 경우에는 계약자에게 유리하게 해석한다.
- 동종제한의 원칙 : 회사는 보험금을 지급하지 않는 사유 등 계약자나 피보험자에게 불리하거나 부담을 주는 내용은 확대하여 해석하지 않는다.

PART 01

PART 02

PART 03

PART 04

PART 05

PART 06

19 다음은 질병상해보험 표준약관상 "관할법원"에 관한 설명이다. (   )에 공통으로 들어갈 내용으로 알맞은 것은?

> 이 계약에 관한 소송 및 민사조정은 (   )의 주소지를 관할하는 법원으로 하는 것으로 한다. 다만, 회사와 (   )가 합의하여 관할법원을 달리 정할 수 있다.

① 계약자   ② 피보험자
③ 수익자   ④ 보험회사

해설 | 제38조(관할법원)이 계약에 관한 소송 및 민사조정은 <u>계약자</u>의 주소지를 관할하는 법원으로 한다. 다만, 회사와 계약자가 합의하여 관할법원을 달리 정할 수 있다.

20 다음은 민법상의 상속에 관한 내용이다. 옳지 않은 것은?

① 상속은 주로 사망으로 개시되지만, 실종선고나 인정사망 등으로도 개시된다.
② 상속순위는 '직계비속&배우자 → 직계존속&배우자 → 형제, 자매 → 4촌 이내 방계혈족'의 순서이다.
③ 피상속인의 배우자는 직계존비속이 있는 경우 공동상속인이 되며, 직계존비속이 없는 경우 단독 상속인이 된다.
④ 사실혼 배우자는 상속권이 인정되지 않으므로, 사실혼 배우자와의 사이에서 출산한 자녀도 상속권이 없다.

해설 | 사실혼 배우자는 상속권이 인정되지 않지만, 사실혼 배우자와의 사이에서 출산한 자녀는 상속권이 있다.

21 다음은 질병·상해보험 표준약관상 보험금 지급에 관한 세부규정에 관한 설명이다. (   )에 들어갈 내용으로 올바르게 짝지어진 것은?

> 장해지급률이 결정되었으나 그 이후 보장받을 수 있는 기간[계약의 효력이 없어진 경우에는 보험기간이 (㉠)년 이상인 계약은 상해 발생일 또는 질병의 진단 확정일로부터 (㉡)년 이내로 하고, 보험기간이 (㉢)년 미만인 계약은 상해 발생일 또는 질병의 진단확정일부터 (㉣)년 이내]에 장해상태가 더 악화된 때에는 그 악화된 장해상태를 기준으로 장해지급률을 결정한다.

① ㉠ - 20, ㉡ - 2, ㉢ - 20, ㉣ - 1
② ㉠ - 20, ㉡ - 3, ㉢ - 20, ㉣ - 2
③ ㉠ - 10, ㉡ - 2, ㉢ - 10, ㉣ - 1
④ ㉠ - 10, ㉡ - 3, ㉢ - 10, ㉣ - 2

해설 | 장해지급률이 결정되었으나 그 이후 보장받을 수 있는 기간(계약의 효력이 없어진 경우에는 보험기간이 <u>10년</u> <u>이상인 계약은 상해 발생일 또는 질병의 진단확정일부터 2년 이내</u>로 하고, 보험기간이 <u>10년 미만인 계약은 상</u> <u>해 발생일 또는 질병의 진단확정일부터 1년 이내</u>)에 장해상태가 더 악화된 때에는 그 악화된 장해상태를 기준으로 장해지급률을 결정한다.

22 다음은 장해분류표상 "씹어 먹거나 말하는 기능의 장해"에 관한 설명이다. 올바르지 않은 것은?

① 어린이의 유치는 향후에 영구치로 대체되므로 후유 장해의 대상이 되지 않으며, 선천적으로 영구치 결손이 있는 경우에도 유치의 결손을 후유장해로 인정하지 않는다.

② 말하는 기능의 장해는 1년 이상 지속적인 언어치료를 시행한 후 증상이 고착되었을 때 평가하며, 객관적인 검사를 기초로 평가한다.

③ 뇌 · 중추신경계 손상(정신 · 인지기능 저하, 편마비등)으로 인한 말하는 기능의 장해(실어증, 구음장애) 또는 씹어먹는 기능의 장해는 신경계 · 정신행동 장해 평가와 비교하여 그중 높은 지급률 하나만 인정한다.

④ '치아의 결손'이란 치아의 상실 또는 발치된 경우를 말하며, 치아의 일부 손상으로 금관치료(크라운 보철 수복)를 시행한 경우에는 치아의 일부 결손을 인정하여 1/2개 결손으로 적용한다.

해설 | 어린이의 유치는 향후에 영구치로 대체되므로 후유 장해의 대상이 되지 않으나, 선천적으로 영구치 결손이 있는 경우에도 유치의 결손을 후유장해로 <u>인정한다.</u>

23 다음은 장해분류표상 "척추의 기형장해"에 관한 설명이다. (   )에 알맞은 것으로 짝지어진 것은?

> • 심한 기형장해 : 척추 골절 또는 탈구 등으로 (㉠) 이상의 척추전만증, 척추후만증 또는 20도 이상의 척추측만증 변형이 있을 때
> • 뚜렷한 기형장해 : 척추 골절 또는 탈구 등으로 (㉡) 이상의 척추전만증, 척추후만증 또는 10도 이상의 척추측만증 변형이 있을 때

① ㉠ − 30도, ㉡ − 20도   ② ㉠ − 35도, ㉡ − 20도

③ ㉠ − 30도, ㉡ − 15도   ④ ㉠ − 35도, ㉡ − 15도

해설 | 척추의 기형장해

구분	전만/후만	측만	압박률(%)
심한 50%	35도 이상	20도 이상	1개 60도/2개 이상 합 90도
뚜렷한 30%	15도 이상	10도 이상	1개 40도/2개 이상 합 60도
약한 15%	경도		1개 20도/2개 이상 합 40도

24 다음 중 장해지급률 50% 이상의 후유장해에 해당되지 않는 것은?

① 말하는 기능에 심한 장해를 남긴 때
② 한 귀의 청력을 완전히 잃고, 다른 귀의 청력에 심한 장해를 남긴 때
③ 정신행동에 뚜렷한 장해를 남긴 때
④ 한 손의 5개 손가락을 모두 잃었을 때

해설 | 한 귀의 청력을 완전히 잃고, 다른 귀의 청력에 심한 장해를 남긴 때의 장해지급률은 45%이다.

25 다음은 질병 · 상해보험 장해분류표상 "외모의 추상장해"에 대한 설명이다. 이 중 "외모에 약간의 추상(추한 모습)을 남긴 때"에 해당하지 않는 것은?

① 얼굴 : 지름 2cm 이상의 조직함몰
② 얼굴 : 길이 10cm 이상의 추상반흔
③ 코 : 1/4 이상의 결손
④ 목 : 손바닥 크기 1/2 이상의 추상

해설 | 뚜렷한 추상(추한 모습)과 약간의 추상

구분	뚜렷한 추상(15%)	약간의 추상(5%)
얼굴	• 손바닥 크기 1/2 이상의 추상(추한 모습) • 길이 10cm 이상의 추상 반흔(추한 모습의 흉터) • 지름 5cm 이상의 조직함몰 • 코의 1/2 이상 결손	• 손바닥 크기 1/4 이상의 추상(추한 모습) • 길이 5cm 이상의 추상 반흔(추한 모습의 흉터) • 지름 2cm 이상의 조직함몰 • 코의 1/4 이상 결손
머리	• 손바닥 크기 이상의 반흔(흉터) 및 모발결손 • 머리뼈의 손바닥 크기 이상의 손상 및 결손	• 손바닥 크기 1/2 이상의 반흔(흉터) 및 모발결손 • 머리뼈의 손바닥 크기 1/2 이상의 손상 및 결손
목	손바닥 크기 이상의 추상(추한 모습)	손바닥 크기 1/2 이상의 추상(추한 모습)

26 다음 중 질병 · 상해보험 장해분류표상 "신경계 · 정신행동 장해"의 장해의 분류와 지급률을 설명한 내용으로 옳지 않은 것은?

① 심한 치매 : CDR 척도 4점 → 80%
② 약간의 치매 : CDR 척도 2점 → 40%
③ 뚜렷한 간질발작이 남았을 때 → 70%
④ 정신행동에 경미한 장해를 남긴 때 → 10%

해설 | 뚜렷한 간질발작이 남았을 때의 장해지급률은 40%이다.

27 다음 장해의 분류 중 장해지급률이 다른 것은?

① 씹어 먹는 기능에 심한 장해를 남긴 때
② 두 다리의 발목 이상을 잃었을 때
③ 정신행동에 극심한 장해를 남긴 때
④ 극심한 치매 : CDR 척도 5점

해설 | 씹어 먹는 기능에 심한 장해를 남긴 때의 장해지급률은 80%이고 나머지는 10%이다.

PART
01

PART
02

PART
03

PART
04

PART
05

PART
06

28 다음 중 "일상생활 기본동작(ADLs) 제한 장해평가표"를 설명한 내용으로 옳지 않은 것은?

① 목욕 : 세안, 양치 시 부분적인 도움하에 혼자서 가능하나 목욕이나 샤워 시 타인의 도움이 필요한 상태의 장해 지급률은 5%이다.
② 이동동작 : 목발 또는 보행기(walker)를 사용하지 않으면 독립적인 보행이 불가능한 상태의 장해 지급률은 20%이다.
③ 음식물 섭취 : 수저 사용이 불가능하여 다른 사람의 계속적인 도움이 없이는 식사를 전혀 할 수 없는 상태의 장해 지급률은 15%이다.
④ 옷 입고 벗기 : 상·하의 의복 착탈 시 부분적으로 다른 사람의 도움이 필요한 상태 또는 상의 또는 하의 중 하나만 혼자서 착탈의가 가능한 상태의 장해 지급률은 10%이다.

해설 | 옷 입고 벗기
　상·하의 의복 착탈 시 부분적으로 다른 사람의 도움이 필요한 상태 또는 상의 또는 하의 중 하나만 혼자서 착탈의가 가능한 상태의 장해 지급률은 5%이다.

29 다음은 제3보험의 장해분류표에서 정하고 있는 "장해의 분류와 지급률"에 관한 설명이다. 이 중 옳지 않은 것은?

① 정신행동에 심한 장해를 남긴 때 : 75%
② 뚜렷한 치매(CDR 척도 3점) : 50%
③ 정신행동에 약간의 장해를 남긴 때 : 25%
④ 약간의 간질발작이 남았을 때 : 10%

해설 | 장해의 분류(치매)

극심한 치매 : CDR 척도 5점	100
심한 치매 : CDR 척도 4점	80
뚜렷한 치매 : CDR 척도 3점	60
약간의 치매 : CDR 척도 2점	40

30 다음 중 장해분류표상 "다리의 관절"에 해당하는 관절은 모두 몇 개인가?

(a) 고관절	(b) 주관절
(c) 슬관절	(d) 족관절
(e) 완관절	

① 2개　　　　　　　　　　　② 3개
③ 4개　　　　　　　　　　　④ 5개

해설 | 고관절, 슬관절, 족관절이 다리의 관절에 해당되고, 견관절, 주관절, 완관절은 팔의 관절에 해당된다.

31 다음 중 제3보험의 장해분류표상 "장해지급률이 100%"가 아닌 것은?

① 두 눈이 멀었을 때
② 두 귀의 청력을 완전히 잃었을 때
③ 씹어먹는 기능과 말하는 기능 모두에 심한 장해를 남긴 때
④ 두 팔의 손목 이상을 잃었을 때

해설 | 두 귀의 청력을 완전히 잃었을 때의 장해지급률은 80%이다.

장해지급률 100%

- 두 눈이 멀었을 때
- 씹어먹는 기능과 말하는 기능 모두에 심한 장해를 남긴 때
- 두 팔의 손목 이상을 잃었을 때 또는 두 다리를 잃었을 때
- 심장기능을 잃었을 때
- 신경계의 장해가 남아 일상생활기본동작에 제한을 남긴 때의 100% 장해상태
- 정신행동에 극심한 장해가 남아 타인의 지속적인 감시 또는 감금상태에서 생활해야 할 때
- 극심한 치매 : CDR 척도 5점

32 다음 보험종목 중 "거주지를 출발한 때로부터 거주지에 도착할 때까지의 사고를 담보하는 보험"에 해당하는 항목은 모두 몇 개인가?

• 골프보험	• 낚시보험
• 스키보험	• 수렵보험
• 테니스보험	• 국내여행보험

① 2개　　　　　　　　　　　② 3개
③ 4개　　　　　　　　　　　④ 5개

해설 | 거주지를 출발한 때로부터 거주지에 도착할 때까지의 사고를 담보하는 보험은 낚시, 스키, 국내여행보험이다. 골프, 수렵, 테니스는 구내에 있는 동안의 위험을 담보한다.

33 다음 중 레저보험에 대한 설명으로 옳지 않은 것은?

① 골프보험은 보험기간 중에 피보험자가 보험사고로 입은 상해손해, 골프용품의 화재, 도난과 골프채의 파손, 타인의 신체 및 재물에 대한 법률상 배상책임 손해를 담보한다.

② 낚시보험은 보험기간 중 피보험자가 대한민국 내에서 낚시(직업적 낚시는 제외)를 목적으로 거주지를 출발한 때로부터 거주지에 도착할 때까지의 과정 중에 입은 손해를 약관에 따라 보상한다.

③ 수렵보험은 대한민국 내의 수렵장(조수보호 및 수렵에 관한 법률에 의함) 또는 사격장 내가 담보구간이다.

④ 테니스보험은 보험기간 중에 피보험자가 테니스 구역(연습장 및 탈의실 등 그 외 부속시설) 구내에서 테니스 연습, 경기 또는 지도(이에 따른 탈의, 휴식은 제외) 중에 입은 손해를 보상한다.

해설 | 테니스보험은 보험기간 중에 피보험자가 테니스 구역(연습장 및 탈의실 등 그 외 부속시설) 구내에서 테니스 연습, 경기 또는 지도(<u>이에 따른 탈의, 휴식은 포함</u>) 중에 입은 손해를 보상한다.

PART 01
PART 02
PART 03
PART 04
PART 05
PART 06

34 다음 중 교통상해보험에서 보상하는 손해에 해당하는 것은?

① 시운전 자동차에 탑승(운전 포함)하고 있는 동안 발생한 손해

② 농업기계가 도로운행 중 발생한 손해

③ 엘리베이터를 설치하는 동안 발생한 손해

④ 하역작업을 하는 동안에 발생한 손해

해설 | 농업기계가 본연의 목적에 따라 작업기계로 사용되는 동안 발생한 손해는 면책이지만 도로운행 중 발생한 손해는 부책이다.

35 대중교통 이용 중 상해 특별약관에서 정한 "대중교통수단"에 해당하는 항목은 모두 몇 개인가?

> (a) 여객수송용 항공기
> (b) 여객수송용 지하철
> (c) 자동차운수사업법 시행령에서 정한 시내버스
> (d) 전세버스
> (e) 자동차운수사업법 시행령에서 정한 일반택시
> (f) 렌트카
> (g) 여객수송용 선박

① 3개　　　　　　　　　　② 4개
③ 5개　　　　　　　　　　④ 6개

해설 | <u>전세버스와 렌터카</u>를 제외한 나머지가 대중교통 이용 중 상해 특별약관에서 정한 "대중교통수단"에 해당된다.

정답 　30 ②　31 ②　32 ②　33 ④　34 ②　35 ③

36 다음은 "자동차 사고 변호사선임비용 특별약관"에 대한 설명이다. 옳지 않은 것은?

① 피보험자가 자동차를 운전하던 중 급격하고도 우연한 자동차 사고로 타인의 신체에 상해를 입힘으로써 구속 영장에 의하여 구속되었거나, 검찰에 의해 공소제기된 경우 또는 검사에 의해 약식기소되었으나 법원에 의해 보통의 심판절차인 공판절차에 의해 재판을 진행하게 된 경우 변호사선임비용을 부담함으로써 입은 손해를 보상한다.

② 변호사선임비용을 부담함으로써 입은 손해는 1사고마다 특별약관의 보험가입금액을 한도로 보험수익자에게 지급한다. "1사고"라 함은 하나의 자동차 운전 중 교통사고를 말한다.

③ 1사고로 항소심, 상고심을 포함하여 다수의 소송을 하였을 경우 그 소송 동안 피보험자가 부담한 전체 변호사선임 비용을 합쳐서 특별약관의 보험가입금액을 한도로 보험 수익자에게 지급한다.

④ 변호사선임비용에 대하여 보험금을 지급할 다른 계약(공제계약을 포함하지 않음)이 체결되어 있고 각각의 계약에 대하여 다른 계약이 없는 것으로 하여 산출한 보상책임액의 합계액이 피보험자가 부담하는 금액을 초과했을 때, 회사는 이 계약에 따른 보상책임액의 상기 합계액에 대한 비율에 따라 보험금을 지급한다.

해설 | 변호사선임비용에 대하여 보험금을 지급할 다른 계약(공제계약을 포함)이 체결되어 있고 각각의 계약에 대하여 다른 계약이 없는 것으로 하여 산출한 보상책임액의 합계액이 피보험자가 부담하는 금액을 초과했을 때, 회사는 이 계약에 따른 보상책임액의 상기 합계액에 대한 비율에 따라 보험금을 지급한다.

37 "암보험"에 대한 아래의 설명 중 옳지 않은 것은?

① 보험료 납입연체로 인한 해지계약의 부활이 발생한 경우 부활(효력회복)일을 보험계약의 청약일로 보며, 갱신계약의 경우에는 갱신일을 보장개시일로 한다.

② 최초로 암이 발생하여 전이된 경우, 원발암(1차성 암)이 확인되는 경우에는 원발 부위(최초 발생한 부위)를 기준으로 분류한다.

③ 악성종양과 양성종양은 종양의 성장 속도, 전이성 여부, 세포의 특성, 예후와 재발성 여부 등을 기준으로 구분한다.

④ 암의 진단은 해부병리 또는 임상병리의 전문의사 자격증을 가진 자에 의해 내려져야 하며, 이 진단은 조직검사만의 소견을 기초로 한다.

해설 | 해부병리 또는 임상병리 전문의사 자격증을 가진 자가 진단 확정을 하며, 조직검사, 미세바늘흡인검사, 혈액검사에 의한 현미경 소견을 기초로 진단한다.

38 다음은 "대장점막내암"에 대한 설명이다. 밑줄 친 부분 중 가장 옳지 않은 것은?

> 대장점막내암이라 함은 ⓐ 대장의 상피세포층에서 발생한 악성종양세포가 기저막을 뚫고 내려가서
> ⓑ 점막고유층 또는 점막근층을 침범하였으나 ⓒ 점막하층까지는 침범하지 않은 상태의 질병을 말하
> 며, ⓓ 대장은 맹장, 충수, 신장, 직장을 말한다.

① ⓐ
② ⓑ
③ ⓒ
④ ⓓ

해설 | 대장은 맹장, 충수, 결장, 직장을 말한다.

PART
01

PART
02

PART
03

PART
04

PART
05

PART
06

39 다음은 "실손의료보험 특별약관(비급여실손의료비)" 중 '도수치료 · 체외충격파치료 · 증식치료'에 관한 설명이다. (   ) 안에 들어갈 내용으로 올바르게 짝지어진 것은?

> 도수치료 · 체외충격파치료 · 증식치료의 각 치료횟수를 합산하여 최초 (㉠)회 보장하고, 이후 객관
> 적이고 일반적으로 인정되는 검사결과 등을 토대로 증상의 개선, 병변호전 등이 확인된 경우에 한하여
> (㉡)회 단위로 연간 (㉢)회까지 보상한다.

① ㉠ − 10회, ㉡ − 10회, ㉢ − 30회
② ㉠ − 10회, ㉡ − 20회, ㉢ − 30회
③ ㉠ − 10회, ㉡ − 10회, ㉢ − 50회
④ ㉠ − 10회, ㉡ − 20회, ㉢ − 50회

해설 | '도수치료 · 체외충격파치료 · 증식치료'의 횟수한도
도수, 체외충격파, 증식 치료 각각을 합산하여 최초 10회를 우선 보장하고, 이후부터는 병변개선 등 객관적으로
인정되는 경우에 한하여 10회 단위로 연간 50회까지 보장한다.

40 다음의 사례의 경우, 보험회사의 입원의료비 지급보험금은?

> • 4세대 실손의료비보험 주계약과 특별약관에 가입(보험가입금액 각 5천만원)
> • 입원기간 8일 중 상급병실 이용일수 8일, 병실차액 300만원 발생
> • 본인부담총액 급여 300만원, 비급여(병실차액만 있음) 300만원

① 320만원
② 340만원
③ 370만원
④ 390만원

해설 | • 급여 300만원×80%＝240만원
• 비급여(병실차액) : Min[300만×50%, 10만원×8일]＝80만원
• 지급보험금＝240＋80＝320만원

41 다음 중 실손의료보험 표준약관에서 보험회사가 '보상하지 않는 사항'으로 옳지 않은 것은?

① TV 시청료, 전화료, 각종 증명료 등

② 외국에 있는 의료기관에서 발생한 의료비

③ 외모 개선 목적의 치료로 국민건강보험 비급여 대상에 해당하는 진료비용

④ 건강검진 검사결과 이상소견에 따라 건강검진센터 등에서 발생한 추가 의료비용

해설 | 건강검진은 면책이지만, 검사결과 이상소견에 따라 건강검진센터 등에서 발생한 추가 의료비용은 보상한다.

42 다음은 3대 비급여 항목의 보장내용이다. 옳은 내용을 고른 것은?

> 가. 도수치료 · 체외충격파 · 증식치료 : 계약일 또는 매년 계약해당일로부터 1년 단위로 350만원 이내에서 최대 50회까지 보상
> 나. 비급여 주사료 : 계약일 또는 매년 계약해당일로부터 1년 단위로 입원과 통원을 합산하여 연간 300만원 이내에서 최대 50회까지 보상
> 다. 비급여 자기공명영상진단(MRI) : 계약일 또는 매년 계약해당일로부터 1년 단위로 300만원 한도에서 보상

① 가, 나   ② 나, 다

③ 가, 다   ④ 가, 나, 다

해설 | 나. 비급여 주사료는 1년 단위로 합산하여 <u>250만원</u> 이내에서 <u>50회</u>까지 보상한다.

43 다음의 사례의 경우, 보험회사가 지급하는 보험금 총액은?

> • 4세대 실손의료보험 기본형과 특별약관에 가입(보험가입금액 각 5천만원)
> • 약관상 보장하는 질병으로 총 5일간 입원치료(5일 모두 1인실 사용)
> • 급여 중 본인부담총액은 100만원, 비급여는 상급병실차액 200만원, MRI 1회당 50만원씩 5회, 도수치료는 1회당 10만원 씩 5회로 총 500만원

① 130만원   ② 340만원

③ 390만원   ④ 410만원

해설 | • 급여 의료비 : 본인부담금 100만원×80% = <u>80만원</u>
　　　• 병실차액(비급여) : Min(200만원×50%, 5일×10만원) = <u>50만원</u>
　　　• 3대 비급여 : MRI는 '(50만원 − 15만원)×5 = 175만원', 도수치료는 '(10만원 − 3만원)×5 = 35만원', 즉 비급여특약 지급액은 <u>210만원</u>(3만원과 30% 중 큰 금액을 공제)
　　　• 보험자지급액 = 80 + 50 + 210 = <u>340만원</u>

PART
01

PART
02

PART
03

PART
04

PART
05

PART
06

44 다음 중 실손의료보험(비급여의료비)에서 보상하지 않는 것은?

① 수면무호흡증치료

② 유방암환자의 유방재건술

③ 보조생식술로서 체내 인공수정

④ 사시교정, 안와격리증의 교정 등 시각계 수술로서 시력 개선 목적의 수술

해설 | 체내 · 체외 인공수정 포함하여 보조생식술은 보상하지 않는다.

45 다음은 소득보상보험(DI)에 대한 설명이다. 옳지 않은 것은?

① 보험기간 중 피보험자가 상해 또는 질병을 입고 그로 인하여 취업 불능 상태가 되는 것을 보험사고로 한다.

② 통상 4주에서 52주 내에서 면책기간을 정하며, 면책기간이 길수록 보험료는 낮아진다.

③ 신경증 등에 의한 질병으로 취업 불능 상태가 되었다면 보상을 받을 수 있다.

④ 취업 불능이 개시된 때가 보험기간 내이고, 취업 불능이 원인이 되는 신체장해를 입은 때가 보험기간 이내일 때 보험금을 지급한다.

해설 | 보상하지 않는 손해
  • 마약 기타 각성제의 상용 및 이에 기인하는 질병
  • 임신, 출산 또는 유산 및 이에 기인하는 질병
  • 신경증
  • 보험증권에 기재된 질병

46 다음 중 CI(Critical Illness)보험에서 담보하는 "중대한 수술"에 해당하는 항목은 모두 몇 개인가?

(a) 관상동맥우회술	(b) 관상동맥성형술
(c) 회전죽상반제술	(d) 심장판막수술
(e) 대동맥류인조혈관치환수술	(f) 5대장기이식수술
(g) 랑게르한스 소도 세포 이식수술	

① 3개   ② 4개

③ 5개   ④ 6개

해설 | 중대한 수술
  • 관상동맥우회술
  • 대동맥류혈관치환수술
  • 심장판막수술
  • 5대장기이식수술(간장/심장/췌장/폐장/신장)

정답   41 ④   42 ③   43 ②   44 ③   45 ③   46 ②

47 다음 중 CI(Critical Illness)보험에서 말기 간질환(End Stage Liver Disease)으로 진단되기 위한 3가지 특징에 포함되지 않은 것은?

① 복수(ascites)　　　　　　　　　　　② 영구적인 황달
③ 혈변　　　　　　　　　　　　　　　④ 간성뇌병증

해설 | 말기간질환 3가지 특징은 <u>영구적 황달</u>, <u>복수</u>, <u>간성뇌병증</u>이다.

48 다음 중 제3보험 과로사담보 특별약관에서 규정하고 있는 "과중한 업무부담의 지속"에 해당하는 항목은 모두 몇 개인가?

> (a) 사망일 직전 3일 이상 연속적으로 일상 업무보다 30% 이상 업무량과 시간이 증가
> (b) 사망일 직전 월 30시간 이상의 잔업
> (c) 사망일 직전 1개월 내의 소정 휴일의 반 이상의 출근 근무
> (d) 사망일 직전 1개월 내의 10일 이상의 지방출장(격지에의 단신부임을 포함)
> (e) 사망일 직전 1주일 이내의 근무환경의 급격한 변화로 인정되는 전환배치
> (f) 사망일 직전 24시간 이내의 일반인이 적응하기 어렵다고 여겨지는 근로의 수행

① 3개　　　　　　　　　　　　　　　② 4개
③ 5개　　　　　　　　　　　　　　　④ 6개

해설 | **과중한 업무부담의 지속**
- 직전 <u>24시간 이내</u>의 일반인이 적응하기 어렵다고 여겨지는 근로의 수행
- 직전 <u>3일 이상</u> 연속적으로 일상업무보다 30% 이상 업무량 증가
- 직전 <u>1주일 이내</u>의 근무환경의 급격한 변화로 인정되는 전환배치
- 월 <u>50시간</u> 이상 잔업
- 직전 1개월 내의 소정 <u>휴일의 1/2 이상</u>을 출근 근무
- 직전 1개월 내의 <u>10일 이상</u> 지방출장(격지 단신부임 포함)

49 아래 내용에 해당하는 제도성 특별약관은 무엇인가?

> 회사는 보험기간 중 피보험자의 남은 생존기간이 6개월 이내라고 판단한 경우에는 회사의 신청서에서 정한 바에 따라 사망보험금의 50%를 피보험자에게 지급한다.

① 분할지급 특별약관　　　　　　　　② 선지급 서비스 특별약관
③ 특별조건부 지급 특별약관　　　　　④ 계약분리 특별약관

해설 | 선지급 서비스 특별약관에서는 인정하는 의료기관에서 전문자격을 가진 자가 실시한 진단결과 피보험자의 잔여 수명이 <u>6개월</u> 이내라고 판단된 경우에 회사의 신청서에서 정한 바에 따라 사망보험금의 <u>50%</u>를 선지급 사망보험금으로 피보험자에게 지급한다.

50 간병보험의 "중증치매 상태의 정의 및 진단확정"에서 규정하고 있는 내용으로 (   )에 들어갈 내용이 올바르게 짝지어진 것은?

> • "중증치매 상태"는 아래 각 호에 모두 해당되는 "치매"로 "중증 인지기능의 장애"가 발생하여, "중증치매 상태"로 진단된 경우를 말한다.
> • "중증 인지기능의 장애"라 함은 CDR 척도(Clinical dementia rating scale, 2001년)의 검사결과가 (㉠) 이상(단, 국내 의학계에서 인정되는 검사방법으로 이와 동등한 정도로 판정되는 경우를 포함한다)에 해당되는 상태로서 그 상태가 발생시점부터 (㉡) 이상 계속되어 더 이상의 호전을 기대할 수 없는 상태를 말한다.

① ㉠ − 2점, ㉡ − 90일
② ㉠ − 2점, ㉡ − 180일
③ ㉠ − 3점, ㉡ − 90일
④ ㉠ − 3점, ㉡ − 180일

해설 | 인지기능장애란 'MMSE−K은 19점 이하＋CDR 척도 3점 이상＋90일 지속'인 상태를 말한다.

PART
01

PART
02

PART
03

PART
04

PART
05

PART
06

MEMO

PART 03

자동차보험

자동차보험 관련 법률

TOPIC 01　자동차 사고의 법적 책임

구분	민사상 책임	형사상 책임	행정법상의 책임
관련법률	• 자동차손해배상법 • 국가배상법 • 민법	• 교통사고처리특례법 • 도로교통법 • 형법	도로교통법
관련책임	손해배상책임	벌금형 또는 금고형	면허정지, 취소
보험상품	자동차보험	운전자보험	

TOPIC 02　민법

1. 민법상 불법행위책임의 종류 (암기) 책사도공동불법

제750조	제755조	제756조	제757조	제758조	제759조	제760조
일반불법행위책임	책임무능력자의 감독자책임	사용자책임	도급인의 책임(→ 책임 없음)	공작물의 점유자, 소유자책임	동물의 점유자책임	공동불법행위책임

2. 민법 제750조의 일반불법행위책임

(1) 민법 제750조

고의 또는 과실로 인한 위법행위로 타인에게 손해를 가한 자는 그 손해를 배상할 책임이 있다.

(2) 일반불법행위책임의 성립요건 (암기) 고책위손

① 가해자에 고의 또는 과실이 있어야 한다(과실이 없으면 책임도 없음).
② 가해자에 책임능력이 있어야 한다.
③ 가해자에 위법이 있어야 한다(정당방위나 긴급피난은 위법성이 없음).
④ 가해행위와 손해에는 상당인과관계가 있어야 한다[→ 입증책임은 피해자(원고)에게 있음].

(3) 적용사례

자동차 사고로 입원 중인 피해자가 집안싸움을 하던 중 흥분하여 병원에서 투신자살을 하였다면 투신자살은 자동차 사고와 인과관계가 없으므로 가해자는 자살 시까지만 손해배상금을 지급하고 자살에 따른 사망 손해배상금은 인정하지 않는다.

3. 책임무능력자의 감독자 책임

(1) 민법 제755조
① 다른 자에게 손해를 가한 사람이 제753조 또는 제754조에 따라 책임이 없는 경우에는 그를 감독할 법정의무가 있는 자가 그 손해를 배상할 책임이 있다.
② 감독의무자를 갈음하여 제753조 또는 제754조에 따라 책임이 없는 사람을 감독하는 자도 전항의 책임이 있다.

(2) 적용사례
① 8세 미만의 초등학생이 자동차 사고를 낸 경우 감독의무자의 책임을 인정한다.
② 책임능력이 있는 미성년자(중학교 입학연령인 만 13세 이상 정도)가 일으킨 자동차 사고의 경우에는 사안에 따라 책임발생 여부를 달리 보아야 한다.

4. 사용자 책임

(1) 민법 제756조
① 타인을 사용하여 어느 사무에 종사하게 한 자는 피용자가 그 사무집행에 관하여 제3자에게 가한 손해를 배상할 책임이 있으며, 단 사용자가 피용자의 선임 및 그 사무감독에 상당한 주의를 한 때 또는 상당한 주의를 하여도 손해가 있을 경우에는 사용자책임이 면책된다.
② 사용자에 갈음하여 그 사무를 감독하는 자도 전항의 책임이 있다.

(2) 적용사례
① 고용운전자가 고의나 과실로 손해배상책임을 지는 경우, 피해자는 고용운전자에게는 민법 제750조의 일반불법행위책임을, 그리고 사용자에게는 민법 756조의 사용자책임을 물어 둘 중 아무에게나 손해배상금의 전액을 청구할 수 있다.
② 공무원이 고의나 과실로 사고를 일으킨 경우 국가가 사용자책임을 지며, 배상책임을 부담한 국가는 공무원의 고의나 중과실에 한하여 구상권을 행사할 수 있다.
③ 피해자에게 손해배상을 한 사용자는 그 피용자에게 구상권을 행사할 수 있다(→ 민법에서는 피용자의 경과실, 중과실을 구분하지 않고 구상권을 행사할 수 있으나, 국가배상법에서는 공무원의 고의, 중과실이 있는 경우에만 구상권을 행사할 수 있다).
④ 자동차보험에서는 피용운전자에게 보험금을 지급한 후, 피용운전자에게 구상권을 행사하지 않는다(→ 피용운전자는 운전피보험자로서 보험금청구권을 가지며, 보험자대위 규정의 제3자에 해당되지 않기 때문이다).

5. 도급인의 책임

(1) 민법 제757조
도급인은 수급인이 그 일에 관하여 제3자에게 가한 손해를 배상할 책임이 없다. 그러나 도급 또는 지시에 관하여 도급인에게 중대한 과실이 있는 때에는 그러하지 아니하다.

PART 01

PART 02

PART 03

PART 04

PART 05

PART 06

(2) 적용사례

자동차 취급업자의 정비공이 일으킨 자동차 사고의 경우 소유자는 수리기간 동안 운행지배권을 상실하므로 보상책임이 발생하지 않는데, 이것은 민법 제757조 도급인의 책임에 근거한 것이다. 반면, 정비공은 민법 제750조 일반불법행위책임, 취급업자는 운행자책임, 사용자책임을 부담한다.

6. 공작물 등의 점유자, 소유자책임

(1) 민법 제758조

공작물의 설치 또는 보존의 하자로 인해 타인에게 손해를 가한 때에는 공작물 점유자가 손해를 배상할 책임이 있다. 그러나 점유자가 손해방지에 필요한 주의를 해태하지 아니한 때에는 그 소유자가 손해를 배상할 책임이 있다.

(2) 적용사례

① 내리막길에 주차해 둔 자동차의 브레이크가 풀리면서 내려와 건물을 충격하여 화재가 발생된 사고에서는, 운전자에 대하여 공물의 점유자책임을 인정하였다(대판).
② 태풍으로 아파트 유리창이 떨어져 주차된 차량을 파손시킨 사고의 경우 그 점유자가 1차적으로 과실책임을 지며, 점유자에게 과실이 없는 경우에는 소유자가 2차적으로 무과실 책임을 진다.

7. 동물 점유자의 책임

(1) 민법 제759조

① 동물의 점유자는 그 동물이 타인에게 가한 손해를 배상할 책임이 있다. 그러나, 동물의 종류와 성질에 따라 그 보관에 상당한 주의를 해태하지 아니한 때에는 그러하지 아니하다.
② 점유자에 갈음하여 동물을 보관한 자도 전항의 책임이 있다.

(2) 적용사례

① 국도에 뛰어든 개를 피하다가 사고가 발생된 경우 개 주인에게 30% 책임을 인정한 사례가 있다(고판).
② 위 사례에서 개 소유자가 A이고 B가 A의 허락을 받아 그 개를 데려와 일정기간 키우고 있는 경우라면 배상의무자는 점유자인 B이다.

8. 공동불법행위자의 책임

(1) 민법 제760조

① 수인이 공동의 불법행위로 타인에게 손해를 가한 때에는 연대하여 그 손해를 배상할 책임이 있다.
② 공동 아닌 수인의 행위 중 어느 자의 행위가 그 손해를 가한 것인지를 알 수 없는 때에도 전항과 같다.
③ 교사자나 방조자는 공동행위자로 본다.

(2) 적용사례

① A와 B의 과실비율이 6:4인 경우 피해자는 A 또는 B 누구에게나 손해배상금 전액을 청구할 수 있다. 즉, 불법행위책임자가 2인 이상이면 피해자는 아무에게나 손해배상금의 전액을 청구할 수 있다(→ 부진정연대채무).

② 공동불법행위자 간의 구상채무는 <u>분할채무</u>이며, 구상권을 행사할 수 있는 소멸시효는 자기부담금을 초과하여 지급한 때로부터 <u>10년</u>이다.

9. 손해배상의 범위

통상손해 (상당 인과관계가 있는 손해)	재산적 손해	• 적극적 손해(현재) : 장례비, 구조비, 치료비, 등 • 소극적 손해(미래) : 휴업손해, 상실수익액 등
	정신적 손해	위자료
특별손해 (조건적 인과관계가 있는 손해)	고혈압 등의 지병을 가진 자가 피해를 당하여 치료비가 증가된 경우(증가된 치료비) → 가해자가 사고 당시 그 사정을 알았거나 알 수 있었을 때에 한하여 책임을 짐	

10. 소멸시효

(1) 소멸시효기간

2년	보험료청구권
3년	• 불법행위 손해배상청구권(안 날로 3년, 있는 날로 10년) • 보험금청구권, 보험료반환청구권 • 직접청구권, 가불금청구권, 정부보장사업청구권 • 자기차량손해, 자동차상해, 무보험차상해의 대위권 • 음주 · 무면허운전 자기부담금 구상권
5년	상사채권(보험사간 보험금 분담청구권)
10년 (대공판)	• 대인 · 대물배상 대위권 • 공동불법행위자에 대한구상권 • 판결채권

(2) '보험금청구권'의 소멸시효 기산점

대인1, 2 대물배상	판결확정, 재판상 화해, 서면합의 등에 의해 손해배상금이 확정된 때
자기신체사고	피보험자동차의 소유, 사용, 관리 중 생긴 자동차 사고로 사상을 당한 때(사고발생일)
무보험차상해	무보험자동차에 의해 피보험자가 사상을 당한 때(사고발생일)
자기차량손해	사고가 발생한 때, 단, 도난 시에는 경찰에 신고한 후 <u>30일이</u> 경과한 때

(3) 소멸시효의 중단과 정지

구분	중단	정지
정의	시효가 완성되기 위한 사실의 진행이 어떤 사유에 의해 막아지는 경우 그때까지 진행되어 온 시효기간을 무효로 하고 그 사유가 끝난 후에 시효기간이 새롭게 진행됨	시효의 중단절차를 취하기 곤란한 경우 기간의 진행을 일시에 그치게 하고 그 사정이 없어졌을 때 다시 그 나머지의 기간을 진행하게 하는 것
사유	• 청구: 재판상의 청구(소의 제기), 지급명령, 최고 (예 보험금 청구서류 제출) 등 • 압류, 가압류, 가처분 • 승인 : 일부 변제(예 피해자에게 가불금 지급)	• 제한능력자의 시효정지 • 부부 간의 권리와 시효정지

PART 01
PART 02
PART 03
PART 04
PART 05
PART 06

11. 손해배상 청구권자

① **부상사고** : 치료비와 부상위자료는 <u>본인</u>이 청구권자이다(단, 가족위자료는 가족이 청구).

② **사망사고** : 장례비는 <u>장례비 지불자</u>가, 위자료는 <u>상속인</u>이 청구권자이다.

12. 상속

① **상속의 개시** : 상속은 주로 <u>사망</u>으로 개시되지만, <u>실종선고나 인정사망</u> 등으로도 개시된다.

② **상속의 순위**

　㉠ 상속순위 : <u>직계비속&배우자 → 직계존속&배우자 → 형제, 자매 → 4촌 이내 방계혈족</u>

　㉡ 피상속인의 배우자는 직계존비속이 있는 경우 공동상속인이 되며, 직계존비속이 없는 경우 단독상속인이 됨

　㉢ 사실혼 배우자는 상속권이 인정되지 않지만, <u>사실혼 배우자와의 사이에서 출산한 자녀는</u> 상속권이 있음

③ **대습상속**

　㉠ 상속인이 될 직계비속 또는 형제자매가 상속개시 전에 사망하거나 결격자가 되어 상속을 받을 수 없더라도 그 직계비속이 있는 때에는 그 직계비속이 <u>사망하거나 결격된 자의 순위에 갈음</u>하여 상속인이 되는 것을 말함

　㉡ 대습상속에서 직계비속은 <u>태아도 포함</u>되며, 배우자는 법률상 배우자만 인정함

⑤ **동시사망** : 상속인은 피상속인이 사망 당시에 생존해 있어야 하고, 동시사망으로 <u>추정되는</u> 경우 사망자 상호 간에는 상호상속이 이루어지지 않는다.

⑥ **친권** : 친권은 부모가 미성년자녀에 대해 가지는 권리이자 의무이며, 부모 공동으로 행사가 가능하다.

⑦ **상속의 포기** : 상속포기는 상속이 있었음을 안 날로부터 <u>3개월</u> 이내에 가정법원에 포기청구를 해야 유효한 법률행위가 된다.

⑧ **태아**

　㉠ 살아서 태어나면 상속권이 인정되고, 사산되면 상속권이 상실됨

　㉡ 정지조건설 VS 해제조건설(학설)

출생 전 부가 사망하고, 유족은 모, 조부모가 있는 경우			
정지조건설(판례)		해제조건설	
출생 전 상속권 ×	출생 후 상속권 ○	출생 전 상속권 ○	출생 후 상속권 ○
모 : 조부 : 조모 =1.5 : 1 : 1	모 : 태아=1.5 : 1	모 : 태아=1.5 : 1	모 : 태아=1.5 : 1

⑨ **유류분**

　㉠ 직계비속, 배우자 → 법정상속분의 1/2

　㉡ 직계존속 → 법정상속분의 1/3

⑩ **혼동과 상속포기**

　㉠ 혼동이란 동일인에게 채권과 채무가 귀속한 때에는 채무의 범위 내에서 채권이 소멸하는 것을 말함(민법 제507조)

ⓛ 자동차보험에서 혼동의 문제

기명피보험자 A가 운전 중 과실로 동승한 아들을 사망케 하였고, 유족으로 망인의 부(A)와 망인의 모(B)가 있으며 손해배상금이 1억원이고 망인의 상속재산에 해당된다고 가정	
망인의 부(A)가 상속(→ 혼동 발생)	망인의 부(A)가 상속포기
부(A)는 손해배상책임 1억원과 상속청구권 0.6억원이 혼동이 되어 없어지고, 모(B)는 대인1에 4천만원의 직접청구권 행사 가능	부(A)는 손해배상책임 1억원만 존재(혼동 없음)하고, 모(B)는 대인1에 1억원의 직접청구권 행사 가능

PART
01

PART
02

PART
03

PART
04

PART
05

PART
06

TOPIC 03 　자동차손해배상보장법

1. 자배법상 피해자보호제도

(1) 배상책임주체의 확대

① 자배법상의 운행자(운행이익과 운행지배를 지닌 자)는 민법상 배상책임을 지지 않는 경우에도 운행자는 배상책임을 지는 경우가 많다. 이처럼 대인사고에는 자배법과 민법이 모두 적용되므로 민법만 적용하는 경우보다 배상책임의 주체가 확대되어 자배법 제3조는 피해자 보호의 기능을 하게 된다.

② 예를 들어, 자동차를 빌린 사람이 사고를 일으켰을 때, 민법상 피해자는 운전자에게 민법 제750조의 책임만을 물을 뿐이었으나, 자배법에서는 자동차를 빌려준 소유자도 운행자(자기를 위하여 자동차를 운행하는 자)가 되어 손해배상책임을 부담한다.

(2) 조건부무과실주의 도입

① 자동차손해배상보장법 제3조

> 자기를 위해 자동차를 운행하는 자는 그 운행으로 다른 사람을 사망하게 하거나 부상하게 한 경우에는 그 손해를 배상할 책임을 진다. 다만, 다음 각 호에 해당하면 그러하지 아니하다.
> 1. 승객이 아닌 자가 사망하거나 부상한 경우에
>   • 자기와 운전자가 자동차의 운행에 주의를 게을리하지 아니하였고
>   • 피해자 또는 자기 및 운전자 외의 제3자에게 고의 또는 과실이 있으며,
>   • 자동차의 구조상의 결함이나 장해가 없었다는 것을 증명한 경우
> 2. 승객이 고의나 자살행위로 사망하거나 부상한 경우

② 민법상의 불법행위책임은 과실책임주의이나, 자배법에서는 '조건부무과실책임주의'이다. 즉, 자배법 제3조 단서에서 규정하는 '운행자 면책사유'를 입증하면 운행자는 면책되지만, 그 입증을 못하면 운행자에게 과실이 없어도 무과실책임을 부담하게 된다.

(3) 입증책임의 전환

민법에서는 피해자가 입증책임을 지지만, 자배법에서는 운행자가 입증책임을 진다. 자동차 사고는 대부분 순간적으로 발생하는 우발적인 사고이므로, 피해자 측에서 운전자의 고의 또는 과실을 입증하기가 곤란하다. 그리하여 자배법에서는 운행자가 자배법 제3조상의 면책요건을 입증하도록 하고 있다.

(4) 의무보험제도

① 의무보험 가입대상 차량

가입대상	가입대상 제외(임의가입은 가능) **암기** 구미유외피
• 자동차관리법상의 자동차(50cc 미만 이륜차 포함) • 9종 건설기계(→ 덤프트럭, 타이어식기중기, 콘크리트믹서트럭, 콘크리트펌프, 아스팔트살포기, 타이어식굴착기, 트럭지게차, 도로보수트럭, 노면측정기)	• 구내에서만 운행하는 자동차 • 미군자동차 • UN자동차 • 외국인자동차 • 피견인자동차

② 의무보험의 보상한도

대인배상	대물배상
• 사망 1억 5천만원 • 부상 3천만원 • 후유장해 1억 5천만원	• 1사고당 2천만원

※ 영업용 자동차는 대인배상Ⅱ를 1억원 이상 가입해야 함

(5) 직접청구권

① 피해자는 피보험자의 의지와 상관없이 보험회사에 직접청구권을 행사할 수 있다(→ 피해자에게 보험금이 전달되지 않을 가능성을 배제하기 위함).

② 직접청구권의 특징

대인배상 Ⅰ	대인배상 Ⅱ
• 자배법상의 권리 • 양도 및 압류 금지 • 피보험자의 고의사고에도 적용	• 상법상의 권리 • 양도 및 압류 가능

※ 직접청구권의 소멸시효는 3년이다.

(6) 가불금청구권

① 가불금은 자동차 사고로 사상을 당한 피해자의 응급의료비 또는 장례비 등 당장 지출이 필요한 경비를 위해, 손해배상책임확정 이전에도 보험회사 등에 청구할 수 있는 금액을 말한다.

② 대인배상Ⅰ에만 가불금청구권이 인정되며, 소멸시효는 3년이다.

③ 가불금과 가지급보험금

구분	가불금	가지급보험금
근거	자동차손해배상보장법	자동차보험 표준약관
청구권자	피해자	피보험자/손해배상청구권자
지급금액	• 진료 수가 : 가입자가 가입한 보험금액 한도 내 전액 • 그 외의 보험금 : 책임보험금 한도 내 발생손해액의 50%	• 진료 수가 : 약관에 따라 지급할 금액의 한도 내 전액 • 그 외의 보험금 : 약관에 따라 지급할 금액의 50%
지급기한	청구 후 10일	지급보험금을 정한 날로부터 7일 이내
제재규정	미지급 시 2천만원 이하의 과태료	없음

(7) 정부보장사업

① 보상받을 수 있는 경우
- ㉠ 자동차보유자를 알 수 없는 자동차의 운행으로 사망하거나 부상한 경우
- ㉡ 보험가입자가 아닌 자가 자배법 제3조에 따라 손해배상 책임을 지게 되는 경우
- ㉢ 자동차보유자를 알 수 없는 자동차의 운행 중 해당 자동차로부터 낙하된 물체로 인하여 사망, 부상한 경우

② 보상받을 수 <u>없는</u> 경우
- ㉠ 피해자 일방과실 사고
- ㉡ 자배법의 적용을 받지 않는 차량사고(→ 경운기, 무한궤도식 굴삭기 등)
- ㉢ 의무보험 가입대상 제외 차량의 사고(→ 미군 소유차, UN군 소유차 등)
- ㉣ 피해자의 타인성이 부정되는 경우(→ 자배법상 타인)

③ 정부보장사업 보상과 타 법률에 의한 배상과 조정 : 타 법률에 의한 배상의 경우 정부는 그 금액의 범위 안에서 면책된다. 만약, 피해자가 정부보장 사업에서 먼저 보상받고 타 보상을 받는다면 정부보장사업의 보상금을 반환하지 않으므로 정부보장사업을 먼저 받는 것이 유리하다.

(8) 진료 수가 제도

① 자동차운행으로 사고를 당한 자가 의료기관에서 진료를 받음으로써 발생한 비용에 대해, 보험사가 보험금으로 지급하는 가액을 말하며 피해자에게 청구를 금지한다.

② 보험회사는 진료 수가 청구 시 <u>환자 동의 없이도</u> 진료기록 열람권을 가진다.

③ 진료 수가 청구 → <u>30일</u> 내 지급 → 이의제기(심평원) → 이의제기결과를 통보일로부터 <u>30일</u> 내로 <u>진료수가분쟁심의회</u>에 심사청구

(9) 정비 수가 제도

국토교통부 장관은 적절한 정비요금(＝표준작업시간×표준 시간당 공임)에 대해 조사, 연구하여 그 결과를 공표한다.

(10) 압류 및 양도의 금지

<u>직접청구권, 가불금청구권, 정부보장사업보상청구권</u> 등은 압류 및 양도가 불가능하며, 압류가 금지된 채권은 상계도 금지된다.

(11) 양도 후 무보험상태의 방지

① 양도 후 매도인의 책임

명의가 이전되지 않은 경우		명의가 이전된 경우
잔금이 남아 있는 경우	잔금이 완제된 경우	
매도인의 운행자 책임 ○	매도인의 운행자 책임 ×	매도인의 운행자 책임 ×

② 양수인이 의무보험의 승계기간에 해당하는 보험료를 양도인에게 반환한 경우에는 그 금액의 범위에서 양수인은 보험회사 등에 보험료의 지급의무를 지지 아니한다.

③ 자동차보험의 의무보험 일시담보 특약에서는 양도 후 15일 동안 양수인을 기명피보험자 및 보험계약자로 하는 의무보험계약이 자동으로 체결된다.

PART 01

PART 02

PART 03

PART 04

PART 05

PART 06

2. 자배법상 운행자 책임

(1) 운행자의 뜻

① 운행자란 '자기를 위해 자동차를 운행하는 자'로서 자배법상 피해자에게 손해배상책임을 질 자이다.
② 운행이익과 운행지배권이 있으면 '자기를 위한 운행'으로 본다.

(2) 운행자의 분류

보유자	무단절취 운전자
자동차소유자 또는 자동차를 사용할 권리가 있는 자로서 운행자(자기를 위해 자동차를 운행하는 자)를 말함	'보유자의 승낙없이 자동차를 무단으로 운전하는 자를 말하며, 무단운전 중에서 반환의사가 없는 경우'를 절취운전이라 함

※ 운행자 = 보유자 + 무단절취 운전자(→ 운전자, 운전보조자는 운행자가 아님)

(3) 운행자의 범위

자동차취급업자의 경우	• 소유자 : 수리기간 동안 운행지배권을 상실하므로 책임 없음 • 정비공 : 민법 제750조 일반불법행위책임 • 정비업자 : 운행자책임, 사용자책임
명의대여의 경우	단순명의만 빌려줄 경우 대여자의 운행자책임이 없다고 보지만, 보험명이나 사업명의까지 빌려준 경우에는 운행지배권이 있다고 보아 대여자의 운행자책임이 있다고 봄
자기차를 가진 피용자 및 그 사용자의 경우	• 피용자 : 운행자책임 + 민법 제750조 일반불법행위책임 • 사용자 : 운행자책임 + 민법 제756조 사용자책임
임대차나 사용대차의 경우	차주는 당연히 운행자이며, 대주(렌터카회사)도 운행자성이 있다고 봄
할부계약의 경우	소유권을 유보하고 있는 것은 월부판매대금의 회수를 위한 것일 뿐이므로 운행지배권은 매수인에게 있음

3. 자배법상 타인

(1) 자배법상 타인의 뜻

① **자배법 제3조** : 자기를 위해 자동차를 운행하는 자는 그 운행으로 '타인'을 사망하게 하거나 부상하게 한 경우에는 그 손해를 배상할 책임을 진다.
② 타인은 '운행자, 운전자, 운전보조자'를 제외한 모든 자이다.
③ 단순 동승 중인 가족은 타인에 해당하며, 타인에 해당되면 피해자로서 대인배상Ⅰ의 보상을 받을 수 있다.

(2) 자배법상 타인에 해당되는 자

① 운행자, 운전자, 운전보조자가 아닌 한 피용자, 동료, 친구 등은 모두 타인에 해당된다.
② 교대운전에서 벗어난 경우는 '운전자 또는 운전보조자가 아니므로' 타인이 된다.
③ 조수석에서 졸고 있는 조수는 운전보조 중이 아니므로 자배법상 타인에 해당된다.

(3) 자배법상 타인에 해당되지 않는 자

① 자동차를 빌린 자, 대여한 자는 모두 운행자이므로 타인이 아니다.
② 면허없는 자에게 운전을 맡기고 조수석에 앉아 쉬고 있는 경우는, '운전자의 위치를 벗어난 것이 아니므로' 타인성이 부정된다.

③ 자동차에 공동투자하여 공동명의로 등록하고 공동사업에 사용하는 경우, 한 사람의 운전으로 다른 사람이 사상된 경우 타인성이 부정된다.

4. 자배법상 '운행'

(1) 운행의 뜻
'운행'이란 사람 또는 물건의 운송여부에 불구하고 자동차를 그 용법에 따라 사용 또는 관리하는 것을 말한다.

(2) 운행으로 인한 사고로 보는 경우
① 자동차문을 열다가 지나가는 이륜차와 부딪혀 이륜차운전자가 부상한 경우
② 심야에 도로결빙으로 상태가 좋아질 때까지 휴식을 취하다가 엘피지가스의 누출에 따른 화재로 운전자가 소사한 경우

(3) 운행으로 인한 사고가 아닌 것으로 보는 경우
① 자동차 적재함에서 화물을 내리던 중 걸쳐놓은 나무발판을 잘못 디뎌 추락하여 상해를 입은 경우
② 주차된 자동차에서 시동을 켜고 잠을 자다가 담뱃불로 인한 화재로 사망한 경우

PART
01

PART
02

PART
03

PART
04

PART
05

PART
06

TOPIC 04 　교통사고처리특례법

1. 제정취지

① 운전자에 관한 형사처벌 등의 특례를 정함으로써 교통사고로 인한 피해의 신속한 회복을 촉진한다.
② 경미한 사고의 운전자에 대하여 형사처벌을 면제해주고자 하는 취지에서 시행되었다.

2. 사고운전자에 대한 형사처벌

(1) 처벌의 내용
① 대인사고운전자 : 5년 이하의 금고 또는 2천만원 이하의 벌금에 처한다.
② 대물사고운전자 : 2년 이하의 금고 또는 5백만원 이하의 벌금에 처한다.

(2) 처벌의 특례

반의사불벌	자동차종합보험의 가입
피해자가 가해자의 처벌을 원치 않을 때, 즉 형사합의의 경우 운전자의 형사처벌이 면제됨	사고운전자가 '대인1, 대인2(무한), 대물배상'에 가입한 경우(우선지급금이 지급되는 종합보험 가입), 운전자 형사처벌이 면제됨

※ '경미한 사고'의 경우 둘 중 하나면 형사처벌이 면제된다.

(3) 특례제외 사유 (암기) 12대 중사 음주측정불응 뺑소니

① 사망사고

② 대인사고 후 도주(뺑소니) 및 음주측정불응

③ 중상해

④ 12대 중대법규 위반 : 신호위반, 중앙선침범이나 횡단 · 유턴위반, 속도위반(매시 20km초과), 추월방법 및 끼어들기 위반, 건널목통과방법 위반, 횡단보도 보행자 보호의무 위반, 무면허 · 음주운전(음주운전은 혈중알콜농도 0.05% 이상), 약물복용운전, 보도침범, 승객추락방지의무위반, 어린이보호구역의무위반, 적재물추락방지의무 위반(→ 고속도로 갓길통행위반은 해당 안 됨)

　※ 주의 : 혈중알콜농도의 처벌기준이 0.05%에서 0.03%로 변경되었으나 현재까지 기본서 개정에 반영되지 않았음

(4) 가불금청구권 및 우선지급금

구분	가불금청구권(대인1)	우선지급금(대인2, 대물)
적용법률	자동차손해배상법	교통사고처리특례법
지급범위	치료비 전액과 피해자 손해액의 50%	• 치료비 전액 • 부상 : 위자료 전액과 휴업손해액의 50% • 후유장해 : 위자료 전액과 상실수익액의 50% • 대물손해 : 대물배상액의 50%

| 자동차보험 관련 법률

01 민법 제750조 일반불법행위책임의 성립요건은 '가해자에 <u>고</u>의 또는 과실이 있어야 한다/가해자에 <u>책</u>임능력이 있어야 한다/가해자에 <u>위</u>법이 있어야 한다/가해행위와 손해에는 상당인과관계가 있어야 한다.'이다.

02 8세 미만의 초등학생이 자동차 사고를 낸 경우 감독의무자의 책임을 인정하나, 책임능력이 있는 미성년자(중학교 입학 연령인 만 13세 이상 정도)가 일으킨 자동차 사고의 경우에는 사안에 따라 책임 발생 여부를 달리 보아야 한다.

03 고용운전자가 고의나 과실로 손해배상책임을 지는 경우, 피해자는 고용운전자에게는 민법 제750조의 일반불법행위책임을 그리고 사용자에게는 민법 제756조의 <u>사용자책임</u>을 물어 둘 중 아무에게나 손해배상금의 전액을 청구할 수 있다.

04 피해자에게 손해배상을 한 사용자는 그 피용자에게 구상권을 행사할 수 있다(→ 민법에서는 피용자의 <u>경과실, 중과실을 구분하지 않고</u> 구상권을 행사할 수 있으나, 국가배상법에서는 공무원의 <u>고의, 중과실</u>이 있는 경우에만 구상권을 행사할 수 있다).

05 자동차취급업자의 정비공이 일으킨 자동차 사고의 경우 소유자는 수리기간 동안 운행지배권을 상실하므로 보상책임이 발생하지 않는데 이것은 민법 제757조 <u>도급인의 책임</u>에 근거한 것이다. 반면, 정비공은 민법 제750조 <u>일반불법행위책임</u>, 취급업자는 운행자책임, <u>사용자책임</u>을 부담한다.

06 태풍으로 아파트 유리창이 떨어져 주차된 차량을 파손시킨 사고의 경우 그 점유자가 1차적으로 <u>과실 책임</u>을 지며, 점유자에게 과실이 없는 경우에는 소유자가 2차적으로 <u>무과실 책임</u>을 진다.

07 국도에 뛰어든 개를 피하다가 사고가 발생된 경우 개 주인에 30% 책임을 인정한 사례가 있는데, 위 사례에서 개 소유자가 A이고 B가 A의 허락을 받아 그 개를 데려와 일정기간 키우고 있는 경우라면 배상의무자는 <u>점유자인 B</u>이다.

08 공동불법행위자 간의 구상채무는 <u>분할채무</u>이며, 구상권을 행사할 수 있는 소멸시효는 자기부담금을 초과하여 지급한 때로부터 <u>10년</u>이다.

09 장례비, 구조비, 치료비, 등은 통상손해에서 <u>재산적 손해</u>이며 <u>소극적 손해</u>이다.

10 자기차량손해의 소멸시효기산점은 사고가 발생한 때인데, 도난 시에는 경찰에 신고한 후 <u>30일</u>이 경과한 때이다.

11 불법행위 손해배상청구권은 <u>안 날로 3년(소멸시효), 있는 날로 10년(제척기간)</u> 내에 행사하여야 한다.

12 치료비와 부상위자료는 <u>본인</u>이 손해배상청구권자이며, 장례비는 <u>장례비 지불자</u>가, 위자료는 <u>상속인</u>이 청구권자이다.

13 사실혼 배우자는 상속권이 인정되지 않지만, <u>사실혼 배우자와의 사이에서 출산한 자녀</u>는 상속권이 있다.

14 대습상속에서 직계비속은 <u>태아도 포함</u>되며, 배우자는 법률상 배우자만 인정한다. 단, 태아는 살아서 태어나면 상속권이 인정되고, 사산되면 상속권이 상실된다.

15 상속인으로 배우자, 장남, 차남이 있는데, 장남이 상속개시 전에 사망하였고, 장남의 상속인으로는 며느리(장남의 배우자)와 손자(장남의 아들)가 있다. 이 경우 장남의 상속지분에 대해서 장남의 배우자와 아들이 대습상속을 하는데, 상속재산의 분할 비율은 '배우자 : 장남의 배우자 : 장남의 아들 : <u>차남 = 1.5 : 0.6 : 0.4 : 1</u>'이다.

16 기명피보험자A가 운전 중 과실로 동승한 아들을 사망케 하였고 유족으로 망인의 부(A)와 망인의 모(B)가 있으며 손해배상금이 1억원이고 망인의 상속재산에 해당된다고 가정할 때, 망인의 부(A)가 상속을 받게 되면 부(A)는 손해배상책임 1억원과 상속청구권 0.6억원이 혼동이 되어 없어지고, 모(B)는 대인1에 <u>4천만원의 직접청구권</u> 행사가 가능하다.

17 자동차보험에서 민법상의 혼동이 적용되는 담보종목은 대인배상Ⅰ이고, <u>대인배상Ⅱ는 가족면책약관</u>에 의해 면책되므로 혼동이 적용되지 않는다.

18 <u>승객이 아닌 자</u>가 사망하거나 부상한 경우에 '자기와 운전자가 자동차의 운행에 주의를 게을리하지 아니하였고, 피해자 또는 자기 및 운전자 외의 제3자에게 고의 또는 과실이 있으며, 자동차의 구조상의 결함이나 장해가 없었다는 것을 증명'한 경우 <u>운행자는 면책</u>이 된다.

19 <u>자동차관리법상의 자동차(50cc 미만 이륜차 포함)와 9종 건설기계</u>는 의무보험 가입대상 차량이며, <u>구내에서만 운행하는 자동차, 미군자동차, UN자동차, 외국인자동차, 피견인자동차</u> 등은 임의가입은 가능하나 의무가입대상은 아니다.

20 직접청구권은 대인배상Ⅰ에서 자배법상의 권리이며, 양도 및 압류 금지되고, 피보험자의 <u>고의사고</u>에도 적용되는 특성이 있다. 또한 직접청구권의 소멸시효는 <u>10년</u>이다.

21 가불금(자동차손해배상보장법)의 지급기한은 청구 후 <u>10일</u>이나, 가지급보험금(자동차보험 표준약관)의 지급기한은 지급보험금을 정한 날로부터 <u>7일</u> 이내이다.

22 <u>직접청구권, 가불금청구권, 정부보장사업보상청구권</u> 등은 압류 및 양도가 불가능하며, 압류가 금지 된 채권은 상계도 금지된다. 또한 <u>직접청구권, 가불금청구권, 정부보장사업보상청구권</u>의 소멸시효 는 <u>3년</u>이다.

23 정부보장사업과 산재에서 동시에 보장을 받는 경우 만약 1억원의 산재보상금을 먼저 받는다면 정부 보장사업에서 추가적으로 0.5억(대안 1)을 받아 총 <u>1.5억</u>을 수령하게 되고, 정부보장사업에서 1.5억 을 먼저 받게 되면 추가적으로 산재보상금 1억을 받게 되어 총 <u>2.5억</u>을 수령하게 된다. 결국, <u>산재보 상을 나중에</u> 받는 것이 유리하다.

24 운행자란 '<u>자기를 위해 자동차를 운행하는 자</u>'로서 자배법상 피해자에게 손해배상책임을 질 자이다. 운행자는 '<u>보유자와 무단절취운전자</u>'를 말한다.

25 자기차를 가진 피용자 및 그 사용자의 경우 운행자책임의 범위는 피용자의 경우 '<u>운행자책임＋민법 제750조 일반불법행위책임</u>', 사용자의 경우 '<u>운행자책임＋민법 제756조 사용자책임</u>'을 부담한다.

26 자배법상 타인은 '운행자, 운전자, 운전보조자'를 제외한 모든 자이다. 단순 동승 중인 가족은 타인에 해당하며, 타인에 해당되면 피해자로서 <u>대인배상 I</u>의 보상을 받을 수 있다.

27 자동차를 빌린 자, 대여한 자는 모두 운행자이므로 <u>타인이 아니며</u>, 조수석에서 졸고 있는 조수는 운전 보조 중이므로 자배법상 <u>타인에 해당되지 않는다.</u>

28 심야에 도로결빙으로 상태가 좋아질 때까지 휴식을 취하다가 엘피지가스의 누출에 따른 화재로 운전 자가 소사한 경우는 <u>운행으로 인한 사고</u>이지만, 주차된 자동차에서 시동을 켜고 잠을 자다가 담뱃불 로 인한 화재로 사망한 경우는 <u>운행으로 인한 사고가 아니다.</u>

29 <u>반의사불벌과 자동차종합보험의 가입</u>은 교통사고처리특례법상의 처벌의 특례에 해당하므로, '경미 한 사고'의 경우 둘 중 하나면 형사처벌이 면제된다.

30 교통사고처리특례법상의 처벌의 특례제외 사유는 '<u>사망사고, 대인사고 후 도주(뺑소니) 및 음주측정 불응, 중상해, 12대 중대법규 위반</u>'이다.

오답노트

09 장례비, 구조비, 치료비, 등은 <u>통상손해</u>에서 <u>재산적 손해</u>이며 <u>적극적 손해</u>이다.
20 직접청구권은 대인배상 I 에서 자배법상의 권리이며, 양도 및 압류 금지되고, 피보험자의 <u>고의사고</u>에도 적용되는 특 성이 있다. 또한 직접청구권의 소멸시효는 3년이다.
27 자동차를 빌린 자, 대여한 자는 모두 운행자이므로 <u>타인이 아니며</u>, 조수석에서 졸고 있는 조수는 운전보조 중이 아니 므로 자배법상 <u>타인에 해당된다.</u>

자동차보험 약관

1. 자동차보험의 종류 및 가입대상

자동차보험의 종류	가입대상
개인용 자동차보험	개인 소유 자가용 승용차
플러스개인용 자동차보험	(운전학원용 승용차는 업무용)
업무용 자동차보험	개인 소유 자가용과 이륜자동차를 제외한 모든 자가용 자동차
플러스업무용 자동차보험	• 개인 소유 소형승합차(16인승 이하) • 개인 소유 소형화물차(1톤 이하)
이륜자동차보험	이륜자동차 및 원동기장치자전거
영업용 자동차보험	모든 영업용 자동차
운전자보험	자동차운전, 건설기계조종면허소지자
자동차취급업자 종합보험	주차장업자, 정비업자, 탁송업자 등
외화보험	미군부대 출입차 등
운전면허교습생자동차보험	임시운전면허소지자
농기계보험	경운기, 농업용트랙터, 콤바인 등

2. 자동차보험의 담보종목

(1) 종목별 담보내용

분류	대인 I	대인 II	대물	자기신체	자상	무보험차	자차
개인용	○	○	○	○	×	○	○
플러스개인용	○	○	○	×	○	○	○
업무용	○	○	○	○	×	○	○
플러스업무용	○	○	○	×	○	○	○
영업용	○	○	○	○	×	×, 특약	○
이륜	○	○	○	○	×	○	○
농기계	대인배상		○	○	×	×	○
취급업자	배상책임		×	×	×	×	○
운전자보험	벌금, 방어비용, 생계비, 사망, 장해, 의료비 담보 등						

(2) 주요 내용

① 개인 소유 자가용승용차와 이륜차를 제외한 나머지 모든 자가용 자동차는 '업무용 자동차보험'의 가입대상이다.

② 운전자보험은 면허소지자가 가입하며, 자동차보유와는 관계가 없다.

③ 상법상 책임보험은 '대인배상Ⅰ, 대인배상Ⅱ(유일하게 무한 보상이 가능), 대물배상'이다.

④ 상법상 상해보험은 '자기신체사고 또는 자동차상해, 무보험차상해' 담보이다. 단, 자동차상해담보는 플러스보험에서만 가입이 가능하다.

⑤ 상법상 물보험은 '자기차량손해'가 유일하다.

⑥ 자기차량손해는 보험가입금액을 보험가액의 60% 이상으로 가입해야 한다.

⑦ 농기계보험은 책임보험이 없으므로 대인배상Ⅰ, 대인배상Ⅱ의 구분이 없다.

⑧ 대인배상Ⅰ, 대인배상Ⅱ, 자기신체사고, 무보험차상해의 보상한도는 피해자 1인당이며 1사고당 한도는 없다.

⑨ 무보험차상해와 자기신체사고 또는 자동차상해는 중복보상이 되지 않으며, 먼저 받은 금액은 상호 공제된다.

⑩ 연령한정특약이 적용되지 않는 것은 '대인배상Ⅰ'뿐이다.

PART 01

PART 02

PART 03

PART 04

PART 05

PART 06

TOPIC 02 담보종목별 보상책임

1. 대인배상Ⅰ, 대인배상Ⅱ 및 대물배상의 보상책임 발생 요건

대인배상Ⅰ, 대인배상Ⅱ 및 대물배상에서 보상책임이 발생되려면 다음 요건을 만족시켜야 한다.

① 피보험자동차를 소유, 사용, 관리하는 동안에 생긴 피보험자동차의 사고이어야 한다.

② 남을 죽게 하거나 또는 남의 재물을 없애거나 훼손하여야 한다.

③ 피보험자가 법률상 손해배상책임을 져야 한다.

④ 피보험자에게 손해가 발생되어야 한다.

2. 자기신체사고와 자동차 상해의 보상책임

피보험자동차를 소유, 사용, 관리하는 동안에 생긴 다음의 사고 중 어느 하나의 사고로 인하여 상해를 입은 때에 그로 인한 손해를 보상한다.

① 피보험자동차의 운행으로 인한 사고

② 피보험자동차의 운행 중 발생한 다음의 사고. 다만, 피보험자가 피보험자동차에 탑승 중일 때에 한한다.

　　㉠ 날아오거나 떨어지는 물체와 충돌

　　㉡ 화재 또는 폭발

　　㉢ 피보험자동차의 낙하

3. 무보험자상해 담보의 보상책임

① 보상책임 발생 요건 : 무보험차 상해담보에서 보상책임이 발생하려면 다음과 같은 요건이 만족되어야 한다.

　　㉠ 무보험자동차에 의하여 생긴 사고여야 함

　　㉡ 피보험자가 사상되어야 함

　　㉢ 배상의무자가 있어야 함

② 무보험자동차의 범위

무보험자동차에서 '무보험'이 되는 자동차	무보험자동차에서 '자동차'의 범위
• 대인배상Ⅱ 또는 공제계약이 없는 자동차 • 대인배상Ⅱ 또는 공제계약에서 면책인 자동차 • 보통약관보다 낮은 대인배상Ⅱ 또는 공제계약이 적용되는 자동차 • 가해자 불명자동차(단, 개인형 이동장치 제외)	• 자동차관리법상의 자동차(50cc 미만의 이륜차) • 군수품관리법상 자동차 • 건설기계법에 의한 자동차 • 농업기계화촉진법에 의한 농업기계 • 도로교통법상의 원동기장치 자전거 등

※ 피보험자동차가 무보험자동차와 충돌할 경우에는 무보험자동차 상해의 보장대상이 된다.

③ 정부보장사업과 무보험자동차상해의 비교

구분	정부보장사업	무보험자동차 상해
적용대상	의무보험 가입대상 (자동차＋9종 건설기계)	의무보험 가입대상＋군수품관리법의 차량, 농업기계 등
보상한도	대인배상Ⅰ	대인배상Ⅱ
법적근거	자배법에 의한 보상	상해를 대비한 보험상품
배상의무자가 부모/배우자/자녀인 경우	보상 가능	보상 불가능
대위권	가해자에게 대위권 행사 가능	가해자에게 대위권 행사 가능

※ 농기계사고 피해자는 정부보장사업에 대한 보상 청구가 불가하나, 무보험차상해에 대한 보상 청구는 가능하다.

4. 자기차량손해의 보상책임

① 열거책임주의

　　㉠ 타차 또는 물체와의 충돌, 접촉, 추락, 전복 또는 차량의 침수로 인한 손해를 보상

　　㉡ 화재, 폭발, 낙뢰, 날아온 물체, 떨어지는 물체 또는 풍력에 의해 차체에 생긴 손해를 보상

　　㉢ 피보험자동차의 도난을 보상하되, 전부도난으로 인한 손해만을 보상

② 직접손해만 보상 : 피보험차에 생긴 직접손해만 보상하며 대차료, 휴차료 등 간접손해는 보상하지 않는다.

③ 보상되는 부속품의 범위(→ 자동차에 통상 부착 또는 장착된 부속품과 부속기계장치는 자동으로 담보한다).

출고 시 장착된 경우	에어컨, 에어백 등
출고 시 장착되지 않았으나 보험증권에 기재된 경우	스테레오, 무선전화기, 차내 TV 등

※ 보상되지 않는 부속품 : 연료, 장난감, 장식품 등

TOPIC 03　피보험자

1. 대인배상 I , 대인배상 II 및 대물배상의 피보험자

(1) 피보험자 **암기** 기친승사운

기명피보험자	보험증권에 기재된 피보험자
친족피보험자	• (동거, 생계) 8촌 이내 혈족, 4촌 이내 인척 • 기명피보험자와 같이 살거나 살림을 같이하는 친족으로서, 피보험자동차를 사용하거나 관리하고 있는 자
승낙피보험자	기명피보험자로부터 직접 승낙(묵시적 또는 명시적)을 받은 자
사용피보험자	기명피보험자의 차량을 회사업무에 사용할 때의 사용자
운전피보험자	피보험자를 위해 <u>운전 중</u>이거나 <u>운전을 보조</u>하는 자(→ 사고 발생 시 운전피보험자로서의 보험금청구권이 있는 자를 말함)

(2) 주요내용
  ① <u>자동차취급업자</u>는 '대인배상 I '에서만 승낙피보험자가 된다.
  ② 기명피보험자로부터 승낙을 받아 피보험자동차를 사용 또는 관리 중인 자로부터 <u>다시 승낙</u>을 받아 자동차를 사용 중인 자는 승낙피보험자가 될 수 없다.
  ③ 친족피보험자는 허락을 요하지 않으므로 <u>무단운전</u>을 하더라도 피보험자로서 보험금청구권을 갖는다.
  ④ <u>기명피보험자의 사용자만</u>이 사용피보험자가 될 수 있다.
  ⑤ 자기차량손해의 피보험자는 <u>기명피보험자가 유일</u>하다.

2. 자기신체사고의 피보험자

(1) 피보험자

기친승사운(− 취급업자) + 해당피보험자의 '배우자, 부모, 자녀'

(2) 주요내용
  ① 기명피보험자의 '부모/배우자/자녀'는 대인 II 에서 <u>면책(가족면책약관)</u>이며, 기타 피보험자의 '부모/배우자/자녀'는 보상한다.
  ② 기명피보험자가 운전 중 무보험자동차와의 쌍방과실로 부상당하였을 경우, 가해차량의 대인배상 I 이나 정부보장사업으로부터 보상을 받고, 그 초과분은 무보험차상해담보에서 보상받게 된다. 그리고 이 보상액이 총손해액에 못 미칠 경우 자기신체사고에서 나머지 손해를 보상받을 수 있다.

3. 무보험차사고의 피보험자

탑승 여부를 불문하고 피보험자인 경우	탑승 중일 때만 피보험자인 경우
• 기명피보험자와 그 배우자 • 기명피보험자와 그 배우자의 부모, 자녀(계자녀 포함)	• 승낙피보험자 • 운전피보험자

PART 01
PART 02
PART 03
PART 04
PART 05
PART 06

TOPIC 04 | 면책사유

1. 공통면책사유 [암기] 고전지핵영시

① 고의로 인한 손해

보험계약자 또는 기명피보험자	기명피보험자 이외의 피보험자
면책 여부가 개별적용되지 않음	면책 여부가 개별적용됨

※ 피보험자 개별적용 : 고의사고를 일으킨 운전피보험자의 보험금 청구권은 면책이다. 그러나, 기명피보험자의 운행자
책임은 여전히 존재하므로 이를 피보험자로 하여 피해자에게 보험금을 지급하고 사고운전자에게 구상권을 행사하게
된다.

② 전쟁, 혁명, 내란, 사변, 폭동, 소요 및 이와 유사한 사태에 기인한 손해
③ 지진, 분화, 태풍, 홍수, 해일 등 천재지변에 의한 손해
④ 핵연료물질의 직접 또는 간접적인 영향에 의한 손해
⑤ 영리를 목적으로 요금이나 대가를 받고 피보험자동차를 반복적으로 사용하거나 빌려준 때(유상운송)에
생긴 손해
⑥ 피보험자동차를 시험용, 경기용 또는 경기를 위해 연습용으로 사용하던 중 손해(단, 운전면허시험을 위
한 도로주행 시험용으로 사용하던 중 생긴 손해는 보상)

2. 대인배상 I 의 면책사유

① '피보험자의 고의'가 유일한 면책사유이다.
② 피해자 구제를 강화하는 차원에서 피보험자의 고의사고에도 '피해자 직접청구권'을 인정하고 있다.

3. 대인배상 II 의 면책사유

① 이상위험면책약관 : 전쟁, 천재지변, 핵 등의 거대위험은 보험으로 담보가 불가능하다(단, 대인배상 I 은
보상).
② 비사업용 유상운송 면책약관 : 비사업용 자동차로 요금이나 대가를 목적으로 반복적으로 사용하는 경우
는 면책이다. 단, 승용차와, 승합차만 대상이며, 유사운송 특약에 가입 시 보상이 가능하다.
③ 가족면책약관 : 피해자가 피보험자 또는 그 부모, 배우자, 자녀인 경우 면책이다.
④ 산재면책약관 : 피용자재해 또는 동료재해의 경우 산재보험의 보상을 받으므로 면책이다(→ 공제 후 보
상 가능).
⑤ 계약상 가중책임 면책약관 : 피보험자가 손해배상에 관하여 제3자와의 사이에 다른 계약을 맺고 있을 때
그 계약으로 말미암아 늘어난 손해는 면책이다.

4. 대물배상의 면책사유

① 가족재물면책약관 : 피보험자 또는 그 부모, 배우자 및 자녀가 소유, 사용 또는 관리하는 재물에 생긴 손해
② 사용자재물 면책약관 : 피보험자가 사용자의 업무에 종사하고 있을 때, 피보험자의 사용자가 소유, 사용
또는 관리하는 재물에 생긴 손해
③ 운송면책약관 : 피보험자동차에 싣고 있거나 운송 중인 물품에 생긴 손해

④ 골동품, 미술품, 휴대품 등의 손해
　　㉠ 다른 사람의 서화, 골동품, 조각물, 기타 미술품과 탑승자와 통행인의 의류나 휴대품에 생긴 손해(→ 단, 탑승자의 신체를 보호할 인명보호장구에 한하여 피해자 1인당 200만원의 한도에서 실제 손해를 보상)
　　㉡ 휴대품이란 몸에 지니는 물품으로 '현금, 유가증권, 지갑, 손목시계, 귀금속' 등을 말함
⑤ 소지품 손해
　　㉠ 탑승자와 통행인의 분실 또는 도난으로 인한 소지품에 생긴 손해(→ 단, 훼손된 소지품에 대해서는 피해자 1인당 200만원의 한도 내에서 실손보상)
　　㉡ 소지품이란 휴대품 이외에 소지한 물품으로 '휴대폰, 노트북, 매코더, 카메라, CD플레이어, MP3, 워크맨, 녹음기, 전자수첩, 전자사전, 휴대용 라디오, 핸드백, 골프채' 등을 말한다.

5. 자기신체사고의 면책사유

① **고의면책약관** : 피보험자의 고의로 그 본인이 상해를 입은 때. 이 경우 그 피보험자에 대한 보험금만 지급하지 않는다. 즉, 타 피보험자에 대해서는 보상한다.
② **천재지변 면책약관** : 자기신체사고와 자기차량사고에는 천재지변 중 태풍, 홍수, 해일에 대한 손해는 보상한다.
③ **정규승차용 구조장치가 아닌 장소에 탑승 시 면책** : 업무용 및 영업용 자동차 보험에만 해당된다. 승강장소 이외의 곳에서 탑승 시 위험이 현격히 높기 때문이다.

6. 무보험차상해의 면책사유

① **운전자 한정특약 위반 면책** : 운전자 한정특약에서 한정된 운전자 이외의 자가 피보험자동차를 운전하던 중 무보험자동차와 충돌사고가 발생된 경우에는 이 계약의 무보험자동차상해에서 보상되지 않는다.
② **배상의무자가 부모, 배우자, 자녀, 사용자, 동료일 때의 면책** : 다음 중 어느 하나에 해당하는 사람이 배상의무자일 경우에는 보상하지 않는다. 다만, 이들이 무보험차를 운전하지 않은 경우로 이들 이외에 다른 배상의무자가 있는 경우에는 보상한다.
　　㉠ 상해를 입은 피보험자의 부모, 배우자, 자녀
　　㉡ 피보험자가 사용자의 업무에 종사하고 있을 때 피보험자의 사용자 또는 피보험자의 사용자의 업무에 종사 중인 다른 피용자

7. 자기차량손해의 면책사유(열거담보)

① 사기 또는 횡령으로 인한 손해(**예** 친구에게 차를 빌려주었는데 소식이 끊긴 경우는 횡령)
② 국가가 공공단체에 공권력을 행사함에 따른 압류 몰수 등으로 인한 손해
③ 흠, 마멸, 부식, 녹, 그 밖의 자연소모로 인한 손해(→ 단, 바닷물 침수 손해는 보상)
④ 피보험차의 일부 부분품, 부속품만의 도난손해(→ 단, 전부도난 후 회수한 자동차에서의 일부 부분품을 도난당한 경우는 보상)
⑤ 동파로 인한 손해 또는 외래사고와 무관한 전기적, 기계적 손해

PART 01

PART 02

PART 03

PART 04

PART 05

PART 06

⑥ 피보험자동차를 운송 또는 싣고 내릴 때에 생긴 손해

⑦ 주정차 중일 때 피보험자동차의 타이어나 튜브에만 생긴 손해(→ 단, 화재, 산사태로 입은 손해, 기타 가해자가 확정된 손해는 보상)

8. 대인배상Ⅰ, 대인배상Ⅱ 및 대물배상에서의 사고부담금

(1) 적용대상(→ 약관상으로 피보험자가 아닌 자는 자기부담금을 부담하지 않음)

① 음주, 무면허, 마약, 약물운전 또는 사고 후 조치의무 위반을 한 피보험자

② 피보험자동차 운전자의 음주, 무면허, 마약, 약물운전 또는 사고 후 조치의무 위반을 <u>명시적 또는 묵시적으로</u> 승인한 피보험자 (암기) 음무마약사

(2) 사고부담금 보상 및 부담금액

담보구분		음주/무면허/마약/약물 운전	사고 후 조치의무 위반
배상	대인배상Ⅰ	보상(한도 내 지급보험금 전액)	
	대인배상Ⅱ	보상(1사고당 <u>1억원</u>)	
	대물배상(강제)	보상(지급보험금 전액)	
	대물배상(임의)	보상(1사고당 <u>5천만원</u>)	
상해	자기신체사고 자동차상해 무보험차상해	보상	
재물	자기차량손해	미보상	보상

TOPIC 05 | 지급보험금 계산방법

1. 담보별 지급보험금 계산

(1) 대인배상Ⅰ

① 지급보험금＝지급기준액(보험금지급기준 또는 확정판결금액)＋비용

② 비용 : 손해방지비용, 권리보전행사비용, 기타 보험회사의 동의를 얻어 지출한 비용

③ 공제액 : 공제액 없음

(2) 대인배상Ⅱ

① 지급보험금＝지급기준액＋비용 － 공제액

② 비용 : 손해방지비용, 권리보전행사비용, 기타 보험회사의 동의를 얻어 지출한 비용

③ 공제액 : 대인배상Ⅰ 지급액

④ 관련 사례

> **[사례]**
> 대인배상Ⅰ, 대인배상Ⅱ가 가입된 상태에서 피해자는 사망하고, 피해자의 손해액은 2억원, 피해자의 과실은 20%, 손해방지비용은 500만원일 때 대인배상Ⅰ, 대인배상Ⅱ의 보상액은?
> - 피해자에 대한 손해배상금 = 2억원×80% = 1억 6천만원, 대인배상Ⅰ의 보상한도는 1억 5천만원, 비용은 보상한도 없이 전액 지급한다.
> - 대인배상Ⅰ 지급보험금 = 1억 5천만원 + 500만원 = <u>1억 5,500만원</u>
> - 대인배상Ⅱ 지급보험금 = 1억 6천만원 + 500만원 − 1억 5,500만원 = <u>1천만원</u>

(3) 대물배상

① 지급보험금 = 지급기준액 + 비용 − 감가상각액

② 비용 : 손해방지비용, 권리보전행사비용, 기타 보험회사의 동의를 얻어 지출한 비용

③ 공제액 : 사고차량을 고칠 때 부득이 엔진, 미션 등 주요부분을 새부분품으로 교환하는 경우 '그 교환된 기존 부분품의 감가상각액에 해당하는 금액'을 공제한다.

④ 관련 사례

> **[사례]**
> 대물배상 보험금액이 3천만원, 과실상계 전 대물피해액이 4천만원, 피해차량의 과실비율이 30%, 피해차량으로부터 하천에 흘러 들어가는 유류의 방제비용이 5천만원 소요된 사건에서 대물배상의 보상책임액은?
> - 손해배상금은 2,800만원(= 4천만원×70%)이고, 비용은 보험금액을 초과하더라도 보험사가 전액 부담한다.
> - 대물배상 지급보험금 = 2,800만원 + 5천만원 = 7,800만원

(4) 자기신체사고

① 지급보험금 = 실제손해액(피해자 과실을 상계하기 전의 총손해) + 비용 − 공제액

② 비용 : 손해방지비용, 권리보전행사비용

③ 공제액

   ㉠ 대인배상Ⅰ(정부보장사업 포함) 및 대인배상Ⅱ에 의해 보상받을 수 있는 금액

   ㉡ 무보험차 상해보험금

   ㉢ 배상의무자 이외의 제3자로부터 보상받은 금액(단, '산재보상금 제외'라고 규정한 약관 있음)

④ 관련 사례

> **[사례]**
> 가입금액(갑 보험회사) 사망 1억원이고, 피보험자의 실제손해액이 3억원, 피보험자의 과실비율이 30%이고, 상대차량은 을보험회사에 대인배상Ⅰ, 대인배상Ⅱ 가입된 상태일 때 갑보험회사의 자기신체사고 보험금은?
> - 피보험자의 가해차량에 의한 손해배상금 = 3억원×70% = 2억 1천만원
> - 을보험회사 대인배상Ⅰ 지급보험금 = 1억 5천만원
> - 을보험회사 대인배상Ⅱ 지급보험금 = 2억 1천만원 − 1억 5천만원 = 6천만원
> - 갑보험회사 자기신체사고 보험금 = 실제손해액 − 대인배상보상액 = 3억원 − 2억 1천만원 = 9천만원

PART
01

PART
02

PART
03

PART
04

PART
05

PART
06

2. 보험

(5) 자동차상해

① 지급보험금＝실제손해액＋비용－공제액

② 비용 : 손해방지비용, 권리보전행사비용

③ 공제액

  ㉠ 대인배상Ⅰ(정부보장사업 포함) 및 대인배상Ⅱ에 의해 보상받을 수 있는 금액

  ㉡ 무보험차 상해보험금(단, 무보험차상해 보험금을 포기하면 공제하지 않음)

  ㉢ 배상의무자 이외의 제3자로부터 보상받은 금액

  ㉣ 배상의무자로부터 이미 지급받은 손해배상액

④ 관련 사례

> **[사례]**
> 피해자는 사망하였고, 자동차상해보험 가입금액은 2억원이다. 피해자의 손해액은 2억원, 피해자의 과실 40%, 상대
> 차량은 대인배상Ⅰ, 대인배상Ⅱ가 가입된 상태에서, 피해자 보험사가 지급하는 금액은?
> - 실제손해액 2억원
> - 상대 차량의 대인배상액＝2억원×60%＝1억 2천만원
> - 자동차상해는 대인배상에 대한 과실상계 전 금액으로 피해자에게 선급하고, 상대 차량의 대인배상액 1억 2천만원
>   에 대하여 구상권 행사를 한다.

(6) 무보험차상해

① 지급보험금＝보험금지급기준＋비용－공제액

② 비용 : 손해방지비용, 권리보전행사비용

③ 공제액

  ㉠ 대인배상Ⅰ(정부보장사업 포함) 및 대인배상Ⅱ에 의해 보상받을 수 있는 금액

  ㉡ 탑승 중인 자동차의 대인배상Ⅱ에서 보상받은 금액

  ㉢ 자기신체사고 보험금(단, 자기신체사고 보험금을 포기하면 공제하지 않음)

  ㉣ 배상의무자 이외의 제3자로부터 보상받은 금액(→ 산재보험금 등)

  ㉤ 배상의무자로부터 이미 지급받은 손해배상액

④ 관련 사례

> **[사례]**
> 무보험차상해 보험가입금액이 2억원이며, 피보험자가 무보험차와의 충돌사고로 사망하였다. 과실상계 전 무보험차
> 상해 보험금 지급기준액은 3억원, 피보험자의 과실비율이 40%이다. 정부보장사업으로부터 보상받기 전에 가해자로
> 부터 5천만원을 배상받았고, 산재보험에서 6천만원을 보상받았으며, 가해차량은 대인배상Ⅰ, 대인배상Ⅱ 모두 미
> 가입된 상태일 때 무보험차상해 보험금은?
> - 무보험자상해 지급기준액＝3억원×60%＝1억 8천만원
> - 정부보장사업 보상금＝1억 5천만원－배상금 5천만원－산재보상액 6천만원＝4천만원
> - 무보험상해 보상액＝1억 8천만원－가해자 배상액 5천만원－정부보장사업 보상액 4천만원－산재보상액 6천만원
>   ＝3천만원
> - 무보험차 상해보험사는 3천만원을 대위청구할 수 있음

(7) 자기차량손해

① 지급보험금＝피보험차량손해액＋비용－자기부담금(분손 시)

② 피보험차량손해액＝수리비－잔존물가액－감가상각액＋임시수리비와 견인비용

③ 비용 : 손해방지비용, 권리보전행사비용

④ 자기부담금＝Max[발생손해액×20%, 물적사고 할증기준금액×10%]

⑤ 관련 사례

> **[사례]**
> 물적사고할증기준금액이 200만원, 수리비가 80만원(분손)인 경우, 자기차량손해 담보에서 지급하는 보험금은 얼마인가?
> - 자기부담금＝Max[80만원×20%, 200만원×10%]＝20만원
> - 자기차량손해 보험금＝수리비 80만원－자기부담금 20만원＝<u>60만원</u>

참고 자기차량손해와 대물배상		
구분	자기차량손해	대물배상
법적 성격	재물보험	책임보험
수리비 지급	차량가액의 100%까지	차량가액의 120%(영업용 : 130%)까지
간접손해	보상 ×	보상 ○
시세하락손해	보상 ×	보상 ○
자기부담금	있음(분손 시)	없음
대위권	• 청구권대위 • 잔존물대위(자동차보험에서 유일)	청구권대위

PART 01

PART 02

PART 03

PART 04

PART 05

PART 06

TOPIC 06 피보험자동차의 대체와 양도

1. 피보험자동차의 양도

(1) 보험목적 양도효과의 3가지 형태

① 포괄승계로 **추정하는 경우**	상법 제679조(보험목적의 양도)
② 보험자의 **사후승인**이 있으면 포괄승계하는 경우	상법 제726조의4(자동차의 양도)
③ 보험자의 **사전동의**가 없으면 **자동종료하는 경우**	상법 제703조의2(선박의 양도 등의 효과)

① 보험목적 양도 시 포괄승계를 추정하는 보험은 ②와 ③의 경우에 비해서 역선택의 우려가 높을 수 있으므로, 통지의무 위반의 효과가 중요하다.

② 자동차보험의 경우, 보험자의 <u>사후승인</u>이 필요한데, 보험자가 양수인의 통지를 받은 날로부터 10일 이내에 낙부의 통지를 하지 않으면 승낙된 것으로 간주한다.

③ 선박보험의 경우, 보험자의 <u>사전동의</u>가 없으면 계약이 자동 종료된다.

④ ②과 ③은 상법 제679조(양도 시 포괄승계 추정)의 예외규정인 바, 이는 자동차보험과 선박보험이 운행자의 변경에 따라 위험의 변화정도가 크므로 상법상 이러한 특칙을 인정하고 있다.

(2) 자동차 양도 시 주요사항

① 양도 후 매도인의 책임

명의가 이전되지 않은 경우		명의가 이전된 경우
잔금이 남아 있는 경우	잔금이 완제된 경우	
매도인의 운행자 책임 ○	매도인의 운행자 책임 ×	매도인의 운행자 책임 ×

② 양수인이 의무보험의 승계기간에 해당하는 보험료를 양도인에게 반환한 경우에는 그 금액의 범위에서 양수인은 보험회사 등에게 보험료의 지급의무를 지지 아니한다.

(3) 보험자의 이전승인

보험자가 이전을 승인한 경우, 보험계약상 양수인에게 추가보험료를 청구할 수 있다. 청구일로부터 14일 이내에 납입이 없을 경우 대인배상Ⅰ을 제외한 모든 계약을 해지할 수 있다.

(4) 의무보험 일시담보특약

자동차보험의 의무보험 일시담보 특약에서는 양도 후 15일 동안(양도된 날로부터 15일째 되는 날의 24시까지) 양수인을 기명피보험자 및 보험계약자로 하는 의무보험계약이 자동으로 체결된다.

(5) 불량할증

15일의 기간 동안 사고가 발생할 경우 불량할증은 양수인에게 적용된다.

(6) 양도 후 보험관계

피보험자동차를 양도한 후에도 '무보험차상해', '다른 자동차운전담보특약'은 양도인(기명피보험자)에게 유효하게 적용된다.

2. 피보험자동차의 대체

(1) 의의

기존 피보험차의 폐차 또는 양도 후에 동일 종류의 다른 차로 대체하는 경우 보험회사에 서면으로 승인청구를 하고, 또 승인한 때부터 보험계약도 대체 적용된다.

(2) 승인 전 사고

① 승인 전 사고는 면책이 원칙이다(→ 단, '무보험차상해' '다른 자동차운전담보특약'은 유지).
② 양도인이 자동차를 대체(교체)하고 아직 승인 전에 사고가 발생할 경우에는(승인 전 사고) '다른 자동차운전담보특약'에 의해 '대인배상Ⅱ', '대물배상', '자기신체사고'에 대해서 보상을 받는다.

TOPIC 07 대위와 보험금 분담

1. 보험금의 분담

① 중복보험의 경우 대인배상 I 은 의무보험이므로 가입금액이 동일하고, 대인배상 II 도 무한으로 동일하므로 2개의 대인배상보험은 5:5의 비율로 지급보험금을 분담한다.

② 중복보험의 경우 대물보험은 독립책임액 방식으로 분담한다.

2. 보험자 대위

① 청구권대위와 잔존물대위

청구권대위	잔존물대위
대인배상 I · II, 대물, 자동차상해, 자차손	자기차량손해만 인정

※ 운전자보험은 청구권대위가 인정되지 않는다.

② 자기신체손해는 법리상 청구권 인정이 어려우나, 상대 차량의 대인배상으로 보상받는 경우에는 대위권 행사가 가능하다.

③ 자기차량손해담보의 청구권대위 포기 : 피보험자동차를 정당한 권리로 사용 또는 관리 중의 사고에 대해서는 청구권대위를 포기한다. 그러나, '고의사고/음주 · 무면허운전사고/마약 또는 약물로 인한 운전/자동차취급업자의 업무상 사고 등'의 경우는 대위권을 행사한다.

TOPIC 08 자동차보험의 계약 일반사항

1. 보험금청구권 소멸시효의 기산점(→ 보험금을 청구할 수 있는 시점부터 3년)

대인 I · II 대물배상	판결확정, 재판상 화해, 서면합의 등에 의해 손해배상금이 확정된 때
자기신체사고	피보험자동차의 소유, 사용, 관리 중 생긴 자동차 사고로 사상을 당한 때(사고발생일)
무보험차상해	무보험자동차에 의해 피보험자가 사상을 당한 때(사고발생일)
자기차량손해	사고가 발생한 때, 단, 도난 시에는 경찰에 신고한 후 30일이 경과한 때

2. 보험기간

일반적용 시(갱신의 경우)	처음 가입이며 의무보험일 경우	
	첫날 보험료 납입 시	첫날 이전 보험료 납입 시
첫날 24시~마지막 날 24시	납입시점~마지막 날 24시	첫날 0시~마지막 날 24시

PART 01

PART 02

PART 03

PART 04

PART 05

PART 06

3. 보험계약의 소멸

보험계약자의 해지사유		보험자의 해지사유
임의보험해지사유	**의무보험해지사유**	
• 임의해지 • 보험회사 파산 후 3개월 이내	• 피보험차의 양도, 말소등록 • 보험자 파산선고 • 의무가입대상에서 제외되어 도로 밖에서 운행하는 차 • 의무보험 중복계약 체결 시	• 법정자동차검사를 받지 않은 경우 (→ 의무보험 해지 가능) • 고지의무 위반 • 위험변경통지의무 위반 • 추가보험료 청구일 후 14일 내 미납 • 보험금 청구에 사기가 있는 경우

4. 보험료의 환급

① 보험계약자 등의 책임 없는 사유로 해지 시에는 미경과 기간에 대한 일할 보험료로 계산한 금액을 지급한다.

② 보험계약자 등의 책임 있는 사유로 해지 시에는 경과기간에 대해 단기요율로 계산한 보험료를 차감한 금액을 지급한다(→ 단기요율이 더 비싸므로).

③ 취소나 해제의 경우 납입보험료 전액을 환급한다.

01 업무용 자동차보험의 가입대상은 '개인 소유 자가용 자동차와 이륜자동차를 제외한 모든 자가용 자동차'이다.

02 상법상 상해보험은 '자기신체사고 또는 자동차상해, 무보험차상해' 담보이다. 단, 자동차상해담보는 플러스보험에서만 가입이 가능하다.

03 자기차량손해는 보험가입금액을 보험가액의 60% 이상으로 가입해야 한다.

04 무보험차상해와 자기신체사고 또는 자동차상해는 중복보상이 되지 않으며, 먼저 받은 금액은 상호 공제된다.

05 자기신체사고와 자동차 상해의 보상책임에서 날아오거나 떨어지는 물체와 충돌, 화재 또는 폭발 피보험자동차의 낙하 등은 피보험자동차의 운행 중 발생할 때 보상한다. 다만, 피보험자가 피보험자동차에 탑승 중일 때에 한한다.

06 무보험차 상해담보에서 보상책임이 발생하려면 무보험자동차에 의하여 생긴 사고이어야 하고, 피보험자가 사상되어야 하며, 배상의무자가 있어야 한다.

07 피보험자동차가 무보험자동차와 충돌할 경우에는 무보험자동차상해의 보장대상이 된다.

08 농기계사고 피해자는 정부보장사업에 보상청구가 가능하나, 무보험차상해에 보상청구는 불가능하다.

09 자기차량손해의 보상책임은 피보험차에 생긴 직접손해만 보상하며 대차료, 휴차료 등 간접손해는 보상하지 않는다.

10 자기차량손해의 보상책임은 자동차에 통상 부착 또는 장착된 부속품과 부속기계장치는 자동으로 담보한다.

11 자동차취급업자는 '대인배상Ⅰ'에서만 허락피보험자가 되며, 자기차량손해의 피보험자는 기명피보험자가 유일하다.

12 기명피보험자로부터 승낙을 받아 피보험자동차를 사용 또는 관리 중인 자로부터 다시 승낙을 받아 자동차를 사용 중인 자는 승낙피보험자가 될 수 없다.

13 친족피보험자는 허락을 요하지 않으므로 무단운전을 하더라도 피보험자로서 보험금청구권을 갖는다.

14 자기신체사고의 피보험자는 '취급업자를 제외한 기명피보험자, 친족피보험자, 승낙피보험자, 사용피보험자, 운전피보험자와 해당 피보험자의 배우자, 부모, 자녀'이다.

15 기명피보험자의 '부모/배우자/자녀'는 대인 Ⅱ에서 면책(가족면책약관)이며, 기타 피보험자의 '부모/배우자/자녀'는 보상한다.

16 무보험차사고에서 탑승 여부를 불문하고 피보험자인 경우는 '기명피보험자와 그 배우자 그리고, 기명피보험자와 그 배우자의 부모, 자녀'이다.

17 대인배상 Ⅰ에서는 '피보험자의 고의'가 유일한 면책사유이다.

18 대인배상 Ⅱ의 면책사유로는 이상위험면책약관, 비사업용 유상운송 면책약관, 가족면책약관, 산재면책약관, 계약상 가중책임 면책약관 등이 있다.

19 대물배상에서 탑승자와 통행인의 분실 또는 도난으로 인한 소지품에 생긴 손해는 면책이다. 단, 훼손된 소지품에 대해서는 피해자 1인당 200만원의 한도 내에서 실손보상한다.

20 자기신체사고와 자기차량사고에는 천재지변 중 태풍, 홍수, 해일에 대한 손해는 보상한다.

21 운전자 한정특약에서 한정된 운전자 이외의 자가 피보험자동차를 운전하던 중 무보험자동차와 충돌사고가 발생된 경우에는 이 계약의 무보험자동차상해에서 보상되지 않는다.

22 자기차량손해의 면책사유에서 흠, 마멸, 부식, 녹, 그 밖의 자연소모로 인한 손해는 면책이나, 바닷물 침수 손해는 보상한다.

23 자기차량손해의 면책사유에서 주정차 중일 때 피보험자동차의 타이어나 튜브에만 생긴 손해는 면책이나 화재, 산사태로 입은 손해, 기타 가해자가 확정된 손해는 보상한다.

24 대인배상 Ⅱ의 사고부담금은 1사고당 1억원까지이며, 대물배상(임의)은 1사고당 5천만원까지이다.

25 자기신체사고의 지급보험금은 '실제손해액(피해자 과실을 상계하기 전의 총손해액) + 비용 − 공제액'이다.

26 무보험차상해의 지급보험금은 '보험금지급기준 + 비용 − 공제액'이다.

27 자기차량손해의 지급보험금은 '피보험차량의 보험가액 + 비용 − 자기부담금(분손 시)'이다.

28 자기차량손해에서 수리비는 차량가액의 100%까지 보상하며 대물배상에서 수리비는 차량가액 120%(영업용 : 130%)까지 보상한다.

29 보험자가 이전을 승인한 경우, 보험계약상 양수인에게 추가보험료를 청구할 수 있다. 청구일로부터 14일 이내에 납입이 없을 경우 대인배상 Ⅰ을 제외한 모든 계약을 해지할 수 있다.

30 자동차보험의 의무보험 일시담보 특약에서는 양도 후 <u>15일 동안</u>(양도된 날로부터 15일째 되는 날의 24시까지) 양수인을 기명피보험자 및 보험계약자로 하는 의무보험계약이 자동으로 체결된다.

31 피보험자동차를 양도한 후에도 '<u>무보험차상해</u>', '<u>다른 자동차운전담보특약</u>'은 양도인(기명피보험자)에게 유효하게 적용된다.

32 양도인이 자동차를 대체(교체)하고 아직 승인 전에 사고가 발생할 경우(승인 전 사고) '<u>다른 자동차 운전담보특약</u>'에 의해 '대인배상Ⅱ', '대물배상', '자기신체사고'에 대해서 보상을 받는다.

33 중복보험의 경우 대인배상Ⅰ은 의무보험이므로 가입금액이 동일하고, 대인배상Ⅱ도 무한으로 동일하므로 2개의 대인배상보험은 <u>5 : 5의 비율</u>로 지급보험금을 분담한다.

34 자기신체손해는 법리상 청구권 인정이 어려우나, 상대 차량의 <u>대인배상으로 보상</u>받는 경우에는 <u>대위권 행사가 가능하다</u>.

35 자기차량손해의 소멸시효 기산점은 사고가 발생한 때이다. 단, 도난 시에는 경찰에 신고한 후 <u>45일</u>이 경과한 때이다.

36 자기차량손해담보의 청구권대위 포기의 경우 피보험자동차를 정당한 권리로 사용 또는 관리 중의 사고에 대해서는 청구권대위를 포기한다. 그러나, '고의사고/음주 · 무면허운전사고/마약 또는 약물로 인한 운전/자동차취급업자의 업무상 사고 등'의 경우는 <u>대위권을 행사한다</u>.

37 처음 가입이며 의무보험일 경우 첫날 이전 보험료 납입 시의 보험기간은 '<u>첫날 0시~마지막 날 24시</u>'이다.

38 취소나 해제의 경우 <u>납입보험료 전액</u>을 환급한다.

39 보험자의 해지사유 중에서 법정자동차검사를 받지 않은 경우는 의무보험의 <u>해지가 가능하다</u>.

40 보험계약자 등의 책임 있는 사유로 해지 시에는 경과기간에 대해 <u>단기요율</u>로 계산한 보험료를 차감한 금액을 지급한다.

오답노트

08 농기계사고 피해자는 정부보장사업에 보상청구가 <u>불가</u>하나, 무보험차상해에 보상청구는 <u>가능</u>하다.
17 대인배상Ⅱ의 면책사유는 '<u>피보험자의 고의</u>'가 유일한 면책사유이다.
27 자기차량손해의 지급보험금은 '피보험차량손해액＋비용－자기부담금(분손 시)'이다.
35 자기차량손해의 소멸시효 기산점은 사고가 발생한 때이다. 단, 도난 시에는 경찰에 신고한 후 <u>30일</u>이 경과한 때이다.

CHAPTER 03

보험금 지급기준

TOPIC 01 · 사망보험금(= 장례비 + 위자료 + 상실수익액)

1. 장례비

장례비는 5,000,000원을 지급한다(→ 청구권자는 장례비 지출손해를 입은 자).

2. 위자료

① 사망자 본인 및 유족의 위자료는 다음과 같다.

> • 사망 당시 피해자의 나이가 65세 미만인 경우 : 80,000,000원
> • 사망 당시 피해자의 나이가 65세 이상인 경우 : 50,000,000원

② 청구권자의 범위 및 청구권자별 지급기준은 민법상 상속규정에 따른다.

3. 상실수익액 산정방법

> 상실수익액 = (월평균현실소득액 − 생활비) × (사망일부터 보험금지급일까지의 월수 + 보험금지급일부터 취업가능연한까지 월수에 해당하는 호프만 계수)
> • 사망일부터 취업가능연한까지 월수에 해당하는 호프만계수의 총합은 <u>240</u>을 한도로 함
> • 생활비율 : <u>1/3</u>

4. 유직자의 현실소득액 산정방법

(1) 현실소득액을 증명할 수 있는 자 (알기) 급사그기

① 급여소득자 : 피해자가 근로의 대가로서 받은 보수액에서 제세액을 공제한 금액
② 사업소득자

> 현실소득액 = [연간수입액 − 주요경비 − (연간수입액 × 기준경비율) − 제세공과금] × 노무기여율 × 투자비율
> • 제 경비가 세법에 따른 관계증빙서에 따라 증명되는 경우에는 위 기준경비율 또는 단순경비율을 적용하지 않고 그 증명된 경비를 공제함
> • 소득세법 등에 의해 단순경비율 적용대상자는 기준경비율 대신 그 비율을 적용함
> • 투자비율은 증명이 불가능할 때에는 '1/동업자수'로 함
> • 노무기여율은 85/100를 한도로 타당한 율을 적용함

㉠ 본인이 없더라도 사업의 계속성이 유지될 수 있는 경우에는 위 산식에 따르지 않고 일용근로자 임금을 인정함

㉡ 위 산식에 따라 산정한 금액이 일용근로자 임금에 미달한 경우에는 일용근로자 임금을 인정함

일용근로자 임금＝(공사부문 보통인부임금＋제조부문 단순노무종사원임금)/2

※ 월 임금 산출 시 25일을 기준으로 산정

③ 그 밖의 유직자(이자소득자, 배당소득자 제외) : 세법상의 관계증빙서에 따라 증명된 소득액에서 제세액을 공제한 금액. 다만, 부동산임대소득자의 경우에는 일용근로자 임금을 인정하며, 이 기준에서 정한 여타의 증명되는 소득이 있는 경우에는 그 소득과 일용근로자 임금 중 많은 금액을 인정한다.

④ 기술직 종사자 : 통계법 제15조에 의한 통계작성지정기관(공사부문 : 대한건설협회, 제조부문 : 중소기업중앙회)이 통계법 제17조에 따라 조사, 공표한 노임에 의한 해당직종 임금이 많은 경우에는 그 금액을 인정함. 다만, 사고발생 직전 1년 이내 해당 직종에 종사하고 있었음을 관련 서류를 통해 객관적으로 증명한 경우에 한한다.

(2) 현실소득액을 증명하기 곤란한 자(→ 세법에 의한 관계증빙서에 따라 소득을 산정할 수 없는 자)

① 급여소득자 : 일용근로자 임금
② 사업소득자 : 일용근로자 임금
③ 그 밖의 유직자 : 일용근로자 임금
④ 기술직 종사자 : 월소득액을 증명할 수 있는 자와 동일

(3) 미성년자로서 현실소득액이 일용근로자 임금에 미달한 자

19세에 이르기까지는 현실소득액, 19세 이후는 일용근로자 임금을 적용한다.

5. 유직자 이외 자의 현실소득액 산정방법

① 가사종사자 : 일용근로자 임금
② 무직자(학생 포함) : 일용근로자 임금
③ 현역병 등 군 복무해당자(복무예정자 포함) : 일용근로자 임금
④ 소득이 두 가지 이상인 자
　㉠ 세법에 따른 관계증빙서에 따라 증명된 소득이 두 가지 이상 있는 경우에는 그 합산액을 인정함
　㉡ 세법에 따른 관계증빙서에 따라 증명된 소득과 증명이 곤란한 소득이 있는 때 혹은 증명이 곤란한 소득이 두 가지 이상 있는 경우에 이 기준에 따라 인정하는 소득 중 많은 금액을 인정함
⑤ 외국인
　㉠ 유직자

---
1) 국내에서 소득을 얻고 있는 자로서 그 증명이 가능한 자 : 내국인의 현실소득액의 증명이 가능한 자의 현실소득액 산정방법으로 산정한 금액
2) 위 1) 이외의 자 : 일용근로자 임금

　㉡ 무직자(학생 및 미성년자 포함) : 일용근로자 임금

6. 취업가능월수

① 취업가능연한을 65세로 하여 취업가능월수를 산정한다(다만, 농업인이나 어업인일 경우 70세로 하여 취업가능월수를 산정함).

② 피해자가 사망 당시(후유장애를 입은 경우에는 노동능력 상실일) 62세 이상인 경우에는 다음의 [62세 이상 피해자의 취업가능월수]에 의하되, 사망일 또는 노동능력 상실일부터 정년에 이르기까지는 월현실소득액을, 그 이후부터 취업가능월수까지는 일용근로자 임금을 인정한다.

[62세 이상 피해자의 취업가능월수]

62세부터 67세 미만	67세부터 76세 미만	76세 이상
36월	24월	12월

③ 취업가능연한이 사회통념상 65세 미만인 직종에 종사하는 자인 경우 해당 직종에 타당한 취업가능연한 이후 65세에 이르기까지의 현실소득액은 사망 또는 노동능력 상실 당시의 일용근로자 임금을 인정한다.

④ 취업시기는 19세로 한다.

⑤ 외국인
- ㉠ 적법한 일시체류자(국내 입국허가를 득하였으나 취업활동의 허가를 얻지 못한 자)인 경우 생활 본거지인 본국의 소득기준을 적용함. 다만 적법한 일시체류자가 국내에서 취업활동을 한 경우 아래 ㉡을 적용함
- ㉡ 적법한 취업활동자(국내 취업활동 허가를 얻은 자)인 경우 외국인 근로자의 적법한 체류기간 동안은 국내의 소득기준을 적용하고, 적법한 체류기간 종료 후에는 본국의 소득기준을 적용함. 다만, 사고 당시 남은 적법한 체류기간이 3년 미만인 경우 사고일부터 3년간 국내의 소득기준을 적용함
- ㉢ 그 밖의 경우 사고일부터 3년은 국내의 소득기준을, 그 후부터는 본국의 소득기준을 적용

TOPIC 02　부상보험금(= 적극손해 + 위자료 + 휴업손해 + 간병비 + 기타)

1. 적극손해

(1) 구조수색비
사회통념상으로 보아 필요 타당한 실비를 말한다.

(2) 치료관계비
① 인정범위
- ㉠ 외국치료의 경우 국내치료비 상당액을 인정함
- ㉡ 국내법규에서 환자 진료비로 인정하는 선택진료비를 인정함
- ㉢ 상해등급 12급~14급에 해당하는 환자는 상해입은 날로 4주 후에도 치료를 요하는 경우 진단서상의 향후 추가비용에 한하여 보상함

② 입원료
- ㉠ 입원료는 대중적인 일반병실(이하 '기준병실'이라 함)의 입원료를 지급함. 다만, 의사가 치료상 부득이 기준병실보다 입원료가 비싼 병실(이하 '상급병실'이라 함)에 입원하여야 한다고 판단하여 상급병실에 입원하였을 때에는 그 병실의 입원료를 지급함

ⓛ 기준병실이 없어 부득이하게 병원급 이상 의료기관의 상급병실에 입원하였을 때에는 7일의 범위에서 는 그 병실의 입원료를 지급함. 입원일수가 7일을 초과한 때에는 그 초과한 기간은 기준병실의 입원료 와 상급병실의 입원료와의 차액은 지급하지 아니함

ⓒ 피보험자나 피해자의 희망으로 상급병실에 입원하였을 때는 기준병실의 입원료와 상급병실의 입원료 와의 차액은 지급하지 아니함.

③ 응급치료, 호송, 진찰, 전원, 퇴원, 투약, 수술(성형수술 포함), 처치, 의지, 의치, 안경, 보청기 등에 소요 되는 필요 타당한 실비

④ **치아보철비** : 금주조관보철(백금관보철 포함) 또는 임플란트(실제 시술한 경우로 1치당 1회에 한함)에 소요되는 비용. 다만, 치아보철물이 외상으로 인하여 손상 또는 파괴되어 사용할 수 없게 된 경우에는 원 상회복에 소요되는 비용

2. 위자료

① **청구권자의 범위** : 피해자 본인
② **지급기준** : 책임보험 상해구분에 따라 1급(200만원)에서 14급(15만원)까지 급별로 인정한다.
③ **보상한도의 초과** : 과실상계 후 후유장애 상실수익액과 가정간호비가 후유장애 보험금 보상한도를 초과 하는 경우에는 부상보험금 한도 내에서 부상 위자료를 지급한다.

3. 휴업손해

(1) 산정방법

부상으로 인하여 휴업함으로써 수입의 감소가 있었음을 관계 서류를 통해 증명할 수 있는 경우에 한하여 휴 업기간 중 피해자의 실제 수입감소액의 85% 해당액을 지급한다.

1일 수입감소액×휴업일수×(85/100)

(2) 휴업일수의 산정

① **휴업일수의 산정** : 피해자의 상해정도를 감안, 치료 기간의 범위에서 인정한다.
② 사고 당시 피해자의 나이가 취업가능연한을 초과한 경우, 휴업일수를 산정하지 아니한다.
③ **취업가능연한** : 65세를 기준으로 한다(단, 농업인 또는 어업인의 경우 70세로 함).

(3) 수입감소액의 산정

① 유직자
  ㉠ 사망한 경우 현실소득액의 산정방법에 따라 산정한 금액을 기준으로 하여 산정함
  ㉡ 실제의 수입감소액이 위 ㉠의 기준으로 산정한 금액에 미달하는 경우 실제의 수입 감소액으로 함
② **가사종사자** : 일용근로자 임금을 수입감소액으로 함
③ 무직자
  ㉠ 무직자는 수입의 감소가 없는 것으로 함
  ㉡ 유아, 연소자, 학생, 연금생활자, 그 밖의 금리나 임대료에 의한 생활자는 수입의 감소가 없는 것으로 함

PART
01

PART
02

PART
03

PART
04

PART
05

PART
06

4. 간병비

① 청구권자의 범위 : 피해자 본인

② 인정 대상
- ㉠ 책임보험 상해구분상 1~5급에 해당하는 자 중 객관적인 증빙자료를 제출한 경우 인정함
- ㉡ 동일한 사고로 부모 중 1인이 사망 또는 상해등급 1~5급의 상해를 입은 7세 미만의 자 중 객관적인 증빙자료를 제출한 경우 인정함

③ 지급 기준
- ㉠ 위 '② 인정대상 ㉠'에 해당하는 자는 책임보험 상해구분에 따라 다음과 같이 상해등급별 인정일수를 한도로 하여 실제 입원기간을 인정함

상해등급	인정일수
1급~2급	60일
3급~4급	30일
5급	15일

- ㉡ 위 '② 인정대상 ㉡'에 해당하는 자는 최대 60일을 한도로 하여 실제 입원기간을 인정함
- ㉢ 간병인원은 1일 1인 이내에 한하며, 1일 일용근로자 임금을 기준으로 지급함
- ㉣ 위 ㉠과 ㉡의 간병비가 피해자 1인에게 중복될 때에는 양자 중 많은 금액을 지급함

5. 기타

입원한 경우 입원기간 중 한끼당 4,030원, 통원한 경우 통원일수에 대하여 1일 8,000원을 지급한다.

TOPIC 03 ' 후유장해보험금(= 후유장애위자료 + 후유장애상실수익액 + 가정간호비)

1. 후유장애 위자료

① 청구권자의 범위 : 피해자 본인

② 지급기준
- ㉠ 가정간호비 지급대상인 경우
  - 후유장애 판정 당시 피해자의 나이가 65세 미만인 경우 : 80,000,000원×노동능력 상실률×85%
  - 후유장애 판정 당시 피해자의 나이가 65세 이상인 경우 : 50,000,000원×노동능력 상실률×85%
- ㉡ 노동능력 상실률이 50% 이상인 경우
  - 후유장애 판정 당시 피해자의 나이가 65세 미만인 경우 : 45,000,000원×노동능력 상실률×85%
  - 후유장애 판정 당시 피해자의 나이가 65세 이상인 경우 : 40,000,000원×노동능력 상실률×85%
- ㉢ 노동능력 상실률이 50% 미만인 경우
  - 최저 : 0% 초과~5% 미만 → 50만원
  - 최고 : 45% 이상~50% 미만 → 400만원

③ 위자료의 지급
- ㉠ 후유장애 상실수익액을 지급하는 경우에는 후유장애 위자료를 지급함
- ㉡ 다만, 부상 위자료 해당액이 더 많은 경우에는 그 금액을 후유장애 위자료로 지급함

2. 후유장애 상실수익액

① 산정방법

　ⓐ 피해자가 노동능력을 상실한 경우 피해자의 월평균 현실소득액에 노동능력 상실률과 노동능력상실기간에 해당하는 호프만 계수를 곱하여 산정

　ⓑ 다만, 노동능력 상실일부터 취업가능연한까지 월수에 해당하는 호프만계수의 총합은 240을 한도로 함

> 후유장애 상실수익액 = 월평균현실소득액 × 노동능력 상실률 × (노동능력 상실일부터 보험금지급일까지의 월수
> ＋보험금지급일부터 취업가능연한까지의 월수에 해당하는 호프만계수)

② 현실소득액의 산정방법(→ 사망의 경우와 동일)

③ 노동능력 상실률 : 맥브라이드식 후유장애 평가방법에 따라 일반의 옥내 또는 옥외 근로자를 기준으로 실질적으로 부상 치료 진단을 실시한 의사 또는 해당과목 전문의가 진단·판정한 타당한 노동능력 상실률을 적용하며, 그 판정과 관련하여 다툼이 있을 경우 보험금 청구권자와 보험회사가 협의하여 정한 제3의 전문의료기관의 전문의에게 판정을 의뢰할 수 있다.

3. 가정간호비

① 인정 대상 : 치료가 종결되어 더 이상의 치료효과를 기대할 수 없게 된 때에 1인 이상의 해당 전문의로부터 노동능력 상실률 100%의 후유장애 판정을 받은 자로서 다음 요건에 해당하는 '식물인간상태의 환자 또는 척수손상으로 인한 사지완전마비 환자'로 생명유지에 필요한 일상생활의 처리동작에 있어 항상 다른 사람의 개호를 요하는 자를 말한다.

　ⓐ 식물인간 상태의 환자(→ 다음 항목에 모두 해당되는 자)

> • 스스로는 이동이 불가능하다.
> • 자력으로는 식사가 불가능하다.
> • 대소변을 가릴 수 없는 상태이다.
> • 안구는 겨우 물건을 쫓아가는 수가 있으나, 알아보지는 못한다.
> • 소리를 내도 뜻이 있는 말은 못한다.
> • '눈을 떠라', '손으로 물건을 쥐어라'하는 정도의 간단한 명령에는 가까스로 응할 수 있어도 그 이상의 의사소통은 불가능하다.

　ⓑ 척수손상으로 인한 사지완전마비 환자(→ 다음 항목에 모두 해당되는 자)

> • 생존에 필요한 일상생활의 동작(식사, 배설, 보행 등)을 자력으로 할 수 없다.
> • 침대에서 몸을 일으켜 의자로 옮기거나 집안에서 걷기 등의 자력이동이 불가능하다.
> • 욕창을 방지하기 위해 수시로 체위를 변경시켜야 하는 등 다른 사람의 상시 개호를 필요로 한다.

② 지급 기준 : 가정간호 인원은 1일 1인 이내에 한하며, 가정간호비는 일용근로자 임금을 기준으로 보험금 수령권자의 선택에 따라 일시금 또는 퇴원일부터 향후 생존기간에 한하여 매월 정기금으로 지급한다.

PART
01

PART
02

PART
03

PART
04

PART
05

PART
06

1. 수리비

① 열처리도장료도 전액 인정한다.

② 수리비 및 열처리 도장료의 합계액은 피해물의 사고 직전 가액의 <u>120%</u>(내용연수 경과차량이나 영업용 차량은 130%)까지 인정한다.

2. 교환가액

(1) 지급대상(→ 피해물이 다음 중 <u>어느 하나에</u> 해당하는 경우)

① 수리비용이 피해물의 사고 직전 가액을 초과하여 수리하지 않고 폐차하는 경우

② 원상회복이 불가능한 경우

(2) 인정기준액

① 사고 직전 피해물의 가액 상당액

② 사고 직전 피해물의 가액에 상당하는 동종의 대용품을 취득할 때 실제로 소요된 필요 타당한 비용

3. 대차료

(1) 지급대상

비사업용 자동차(건설기계 포함)가 파손 또는 오손되어 가동하지 못하는 기간 동안에 다른 자동차를 대신 사용할 필요가 있는 경우

(2) 인정기준액

대차하는 경우	대체차종 ○	동급의 대여자동차 중 최저요금의 대여자동차를 빌리는 데 소요되는 통상의 요금을 지급
	대체차종 ×	보험개발원이 산정한 사업용 해당 차종 휴차료 일람표 범위 내에서의 실임차료를 지급
대차하지 않는 경우	대체차종 ○	동급의 대여자동차 중 최저요금의 대여자동차를 빌리는 데 소요되는 통상의 요금의 35%를 지급
	대체차종 ×	보험개발원이 산정한 사업용 해당 차종 휴차료 일람표 범위 내에서의 실임차료의 <u>35%</u>를 지급

(3) 인정기간

수리가 가능한 경우는 수리가 완료될 때까지의 기간으로 하되 30일을 한도로 하며, 수리가 불가능한 경우는 10일을 한도로 한다.

4. 휴차료

(1) 지급대상

사업용 자동차(건설기계 포함)가 파손 또는 오손되어 사용하지 못하는 기간 동안에 발생하는 타당한 영업손해

(2) 인정기준액

① 증명자료가 있는 경우 : 1일 영업수입에서 운행경비를 공제한 금액에 휴차 기간을 곱한 금액
② 증명자료가 없는 경우 : 보험개발원이 산정한 사업용 해당 차종 휴차료일람표 금액에 휴차기간을 곱한 금액

(3) 인정기간

수리가 가능한 경우는 수리가 완료될 때까지의 기간으로 하되 30일을 한도로 하며, 수리가 불가능한 경우는 10일을 한도로 한다.

5. 영업손실

(1) 지급대상

소득세법령에 정한 사업자의 사업장 또는 그 시설물을 파괴하여 휴업함으로써 상실된 이익

(2) 인정기준액

① 증명자료가 있는 경우 : 소득을 인정할 수 있는 세법에 따른 관계증빙서에 의하여 산정한 금액
② 증명자료가 없는 경우 : 일용근로자 임금

(3) 인정기간

영업손실의 인정기간은 30일을 한도로 한다.

6. 자동차시세 하락손해

(1) 지급대상

사고로 인한 자동차(출고 후 5년 이하인 자동차에 한함)의 수리비용이 사고 직전 자동차가액의 20%를 초과하는 경우

(2) 인정기준액

① 출고 후 1년 이하인 자동차 : 수리비용의 20%
② 출고 후 1년 초과 2년 이하인 자동차 : 수리비용의 15%
③ 출고 후 2년 초과 5년 이하인 자동차 : 수리비용의 10%

PART 01

PART 02

PART 03

PART 04

PART 05

PART 06

1. 손익상계, 과실상계

구분	손익상계	과실상계
의의	• 손해를 발생시킨 동일한 원인에 의하여 이익도 얻은 때에는 손해에서 그 이익을 공제 • 손익상계 대상 : 산재보험금/공무원연금 　(단, 생명보험금/상해보험금은 대상이 아님)	• 채무불이행이나 불법행위에서 채권자에게 과실이 있는 때에 손해배상의 책임 및 그 금액을 정함에 그 과실을 참작 • 대인 I · II, 대물 → 피해자의 과실상계 • 무보험차상해 → 피보험자의 과실상계 • 치료비는 과실비율과 무관하며 100% 보상
목적	이득금지의 원칙 준수차원	손해의 공평분담차원
적용순서	과실상계 후 손익상계가 원칙(→ 자동차보험의 경우 예외)	

2. 무상동승감액 **암기** 음요합권

(1) 기준요소

동승의 유형 및 운행목적	감액비율
동승자의 강요 및 무단동승	100%
음주운전자의 차량동승	40%
동승자의 요청동승	30%
상호 의논합의 동승	20%
운전자의 권유동승	10%
운전자의 강요동승	0%

※ 단, 피보험자와 동승자가 토요일, 일요일 및 공휴일을 제외한 날의 출 · 퇴근 시간대(오전 7시부터 오전 9시까지 및 오후 6시부터 오후 8시까지를 말한다)에 실제의 출 · 퇴근 용도로 자택과 직장 사이를 이동하면서 승용차 함께 타기를 실시한 경우에는 위 동승자 감액비율을 적용하지 않는다.

(2) 수정요소

수정요소	수정비율
동승자의 동승과정에 과실이 있는 경우	+10~20%

TOPIC 04   상해등급과 후유장애등급

1. 상해등급

(1) 상해등급의 적용(1급~14급)

부상의 경우	최고금액	최저금액
대인배상 I 한도액	3천만원	50만원
자기신체사고 한도액(1,500만원 가입 시)	1,500만원	20만원
위자료	200만원	15만원

(2) 중복적용

① 2급부터 11급까지의 상해 내용 중 2가지 이상의 상해가 중복된 경우 → 가장 높은 등급에 해당하는 등급으로부터 하위 3등급 사이에서 중복된 경우에만, 가장 높은 등급보다 한 등급 높은 금액으로 배상한다.

② 예를 들어, 상해등급 3급, 6급이 중복되는 경우 가장 높은 등급인 3등급에서 3단계 아래에 6급이 있으므로 3급을 한 급 더 높여서 <u>2급</u>을 적용한다.

2. 장해등급

(1) 장해등급의 적용(1급~14급)

후유장해의 경우	최고금액	최저금액
대인배상 I 한도액	1억 5천만원	1천만원
자기신체사고 한도액(1,500만원 가입 시)	1,500만원	60만원
위자료	장애등급을 적용하지 않고 노동능력 상실률 적용	

(2) 중복적용

신체장해가 2개 이상 있는 경우에는 중한 신체장해에 해당하는 장애등급보다 한 급 높이 배상한다.

PART 01

PART 02

PART 03

PART 04

PART 05

PART 06

자동차보험 특약

TOPIC 01   보험료 분납특약

① 대인배상Ⅰ, 대물배상 담보에 대해서는 분할납입특약이 적용되지 않는다(→ 피해자를 배려).
② 납입연체 시, 납입기일로부터 <u>30일간</u>의 납입최고기간을 둔다.
③ 납입최고기간 내에 분할보험료가 납입되지 않을 경우에는, 납입최고기간이 <u>끝나는 날의 24시</u>부터 보험계약은 해지된다.
④ 납입최고기간인 30일간의 사고에 대해서는 보험자의 <u>보상책임이 발생</u>한다. 그러나, 해지 이후의 사고는 책임지지 않는다.
⑤ 보험계약의 부활의 경우 보험계약 <u>해지 후 30일 이내에 부활</u>을 청구하고 분할보험료를 납입하면 보험계약은 부활된다.
⑥ '해지일부터 분할보험료를 납부한 날의 24시'까지의 사고에 대해서는 보상하지 <u>않는다</u>.

TOPIC 02   운전자 한정특약

1. 운전자 <u>연령</u> 제한특약

① **의의** : 한정된 <u>연령 미만</u>의 자가 피보험자동차를 운전하던 중에 발생된 사고에 대해서는 보험금을 지급하지 않는다(→ 연령은 사고 당시의 <u>주민등록상 나이</u>를 기준으로 한다).
② **적용** : 대인배상Ⅰ에는 적용되지 않는다.
③ **면책의 예외**(→ 운전자 한정특약을 위반했다고 하더라도 다음의 경우에는 보험자는 보상)
    ㉠ 특약설명의무 위반의 경우(→ 특약설명 이행을 보험자가 입증하지 못하면 보상)
    ㉡ 무단운전 또는 절취운전의 경우(→ 도난시점에서 발견시점까지의 사고를 보상)
    ㉢ 자동차취급업자의 경우(→ 취급업자가 일으킨 사고로 피보험자가 배상책임이 발생된 경우. 단, 취급업자 보험에서 보상될 때는 그 초과손해를 보상)

2. 운전자 <u>범위</u> 제한특약

① **의의** : 보험계약자의 선택에 의하여 피보험자동차를 운전할 자를 기명피보험자 <u>1인, 부부, 가족</u> 등으로 한정하는 특약을 말한다.

② **기명피보험자의 가족**(→ 형제자매, 조부모, 손자녀는 제외)

    ㉠ 기명피보험자의 부모와 양부모, 계부모

    ㉡ 기명피보험자의 배우자의 부모 또는 양부모, 계부모

    ㉢ 법률상의 배우자 또는 사실혼관계에 있는 배우자

    ㉣ 법률상의 혼인관계에서 출생한 자녀, 사실혼관계에서 출생한 자녀, 양자 또는 양녀, 계자녀

    ㉤ 기명피보험자의 며느리 또는 사위(계자녀의 배우자 포함)

③ **면책의 예외**

    ㉠ 무단운전 또는 절취운전의 경우

    ㉡ 자동차취급업자의 경우

PART
01

PART
02

PART
03

PART
04

PART
05

PART
06

TOPIC 03   의무보험 일시담보특약

① **적용대상** : 피보험자동차의 양도 시, 의무보험('대인배상Ⅰ 대물배상')을 양수인에게 자동으로 적용한다.

② **양도 후 일시 담보** : 보험회사는 피보험자동차가 양도된 날로부터 15일째 되는 날의 24시까지는 의무보험에서 양수인을 보험계약자 및 기명피보험자로 본다.

③ **보험회사의 보상책임**

    ㉠ 대인배상Ⅰ 및 대물배상(2,000만원 한도)에서 손해를 보상

    ㉡ 양도된 피보험자동차가 양수인에게 명의가 이전된 후의 손해는 보상하지 않음

④ **불량할증의 적용** : 15일의 기간 동안 사고가 발생할 경우 불량할증은 양수인에게 적용된다.

⑤ **보험료의 청구 및 납입** : 보험회사가 보상책임을 지는 기간에 대해 단기요율로 계산한 보험요율을 양수인에게 청구할 수 있다.

TOPIC 04   다른 자동차운전담보특약

1. 적용대상

무보험자동차 상해에 가입 시 자동으로 적용되며, 추가적인 보험료가 없다. 단, 업무용 자동차 보험에서는 무보험자동차 상해에 가입한 피보험자가 개인이면서 피보험차가 경·3종승합차, 경·4종화물자동차인 경우에만 적용된다.

2. 다른 자동차 운전 중 사고의 담보

① 피보험자가 다른 자동차를 운전 중(주·정차 중은 제외) 생긴 사고로 인한 법률상 손해배상책임을 질 때, '대인배상Ⅱ, 대물배상, 자기신체사고'에서 보상한다.

② 다른 자동차의 소유자는 자기신체사고담보의 피보험자가 된다.

3. 다른 자동차 보험계약의 초과손해 보상

다른 자동차의 보험계약에 의해 지급될 보험금액을 초과하는 금액을 보상한다.

4. 다른 자동차의 범위

① 자가용 자동차이며 피보험자동차와 동일한 차종이어야 한다.
② 기명피보험자와 그 부모, 배우자 또는 자녀가 소유하거나 통상적으로 사용하는 자동차는 다른 자동차가 될 수 없다.
③ 대체 승인 전의 자동차도 다른 자동차로 보아 보상한다(→ 다른 자동차로 보아 보상하겠다는 취지).

5. 다른 자동차 운전담보특약상의 면책사유 (암기) 사취요소무

① 피보험자가 사용자의 업무에 종사하고 있을 때 그 사용자가 소유하는 자동차를 운전 중 생긴 손해
② 피보험자가 소속한 법인이 소유하는 자동차를 운전 중 생긴 사고로 인한 손해
③ 피보험자가 자동차취급업자의 취급업무상 수탁받은 자동차를 운전 중 생긴 손해
④ 피보험자가 요금 또는 대가를 지불하거나 받고 다른 자동차를 운전 중 생긴 사고로 인한 손해
⑤ 피보험자가 다른 자동차의 소유자에 법률상 손해배상책임을 짐으로써 입은 손해
⑥ 피보험자가 다른 자동차의 사용에 대해 정당한 권리를 가지고 있는 자의 승낙을 받지 않고 다른 자동차를 운전(무단운전)하던 중 생긴 손해

6. 피보험자

피보험자는 기명피보험자와 그 배우자이다.

| 자동차보험 특약

01 사망보험금의 경우 보험금은 <u>장례비, 위자료, 상실수익액</u>으로 구성되고, 장례비는 장례비 지출손해를 입은 자에게 <u>500만원</u>을 지급한다.

02 사망자 본인 및 유족의 <u>위자료</u>는 사망 당시 피해자의 나이가 <u>65세 미만인 경우에는 80,000,000원</u>, 사망 당시 피해자의 나이가 <u>65세 이상인 경우에는 50,000,000원</u>이다.

03 상실수익액 계산식에서 사망일부터 취업가능연한까지 월수에 해당하는 호프만계수의 총합은 <u>240</u>을 한도로 하며, 생활비율은 <u>1/3</u>을 적용한다.

04 유직자의 현실소득액의 산정방법에서 사업소득자의 현실소득액은 '<u>[연간수입액 − 주요경비 − (연간수입액 × 기준경비율) − 제세공과금] × 노무기여율 × 투자비율</u>'로 구하는데 노무기여율은 <u>85/100</u>를 한도로 타당한 율을 적용한다.

05 유직자의 현실소득액의 산정방법에서 사업소득자의 현실소득액은 본인이 없더라도 사업의 계속성이 유지될 수 있는 경우에는 계산식에 따르지 않고 일용근로자 임금을 인정하며, 계산식에 따라 산정한 금액이 일용근로자 임금에 <u>미달</u>한 경우에도 일용근로자 임금을 인정한다.

06 미성년자로서 현실소득액이 일용근로자 임금에 미달한 자는 19세에 이르기까지는 현실소득액, 19세 이후는 일용근로자 임금을 적용한다.

07 유직자 <u>이외</u> 자의 현실소득액 산정방법에서 세법에 따른 관계증빙서에 따라 증명된 소득이 두 가지 이상 있는 경우에는 <u>그 합산액</u>을 인정하고, 세법에 따른 관계증빙서에 따라 증명된 소득과 증명이 곤란한 소득이 있는 때 혹은 증명이 곤란한 소득이 두 가지 이상 있는 경우에 이 기준에 따라 <u>인정하는 소득 중 많은 금액</u>을 인정한다.

08 취업가능연한이 사회통념상 65세 미만인 직종에 종사하는 자인 경우 해당 직종에 타당한 취업가능연한 이후 65세에 이르기까지의 현실소득액은 사망 또는 노동능력 상실 당시의 <u>일용근로자 임금</u>을 인정한다.

09 만 67세의 피보험자가 교통사고로 사망한 경우 인정되는 취업가능월수는 <u>36개월</u>이다.

10 자동차 사고로 피보험자(67세)가 사망한 경우, 상실수익액이 1억원이고 피보험자의 과실이 30%일 때 보험자가 지급하는 사망보험금은 108,500,000[= (500만원 + 5,000만원 + 1억원) × 70%]이다.

11 외국인의 경우 적법한 <u>취업활동자</u>(국내 취업활동 허가를 얻은 자)인 경우 외국인 근로자의 적법한 체류기간 동안은 국내의 소득기준을 적용하고, 적법한 체류기간 종료 후에는 본국의 소득기준을 적용한다. 다만, 사고 당시 남은 적법한 체류기간이 <u>3년 미만</u>인 경우 사고일부터 3년간 국내의 소득기준을 적용한다.

12 적극손해의 치료관계비에서 기준병실이 없어 부득이하게 병원급 이상 의료기관의 상급병실에 입원하였을 때에는 <u>7일</u>의 범위에서는 그 병실의 입원료를 지급하지만, 입원일수가 7일을 초과한 때에는 그 초과한 기간은 기준병실의 입원료와 상급병실의 입원료와의 차액은 지급하지 아니한다.

13 부상으로 인하여 휴업함으로써 수입의 감소가 있었음을 관계 서류를 통해 증명할 수 있는 경우에 한하여 휴업기간 중 피해자의 실제 수입감소액의 <u>85%</u> 해당액을 지급한다.

14 입원한 경우 입원기간 중 <u>한끼당 4,030원</u>, 통원한 경우 통원일수에 대하여 <u>1일 8,000원</u> 지급한다.

15 가정간호비 지급대상인 경우의 지급기준은 '후유장애 판정 당시 피해자의 나이가 65세 미만인 경우 : <u>80,000,000원</u>×노동능력 상실률×85%, 후유장애 판정 당시 피해자의 나이가 65세 이상인 경우 : <u>50,000,000원</u>×노동능력 상실률×85%'을 적용한다.

16 후유장애 상실수익액을 지급하는 경우에는 후유장애 위자료를 지급하지만, 부상 위자료 해당액이 더 <u>많은 경우</u>에는 그 금액을 후유장애 위자료로 지급한다.

17 가정간호비 인정대상은 치료가 종결되어 더 이상의 치료효과를 기대할 수 없게 된 때에 1인 이상의 해당 전문의로부터 노동능력 상실률 100%의 후유장애 판정을 받은 자로서 '<u>식물인간 상태의 환자 또는 척수손상으로 인한 사지완전마비 환자</u>'로 생명유지에 필요한 일상생활의 처리동작에 있어 항상 <u>다른 사람의 개호를</u> 요하는 자이다.

18 대물배상보험금 지급기준에서 수리비 및 열처리 도장료의 합계액은 피해물의 사고 직전 가액의 <u>100%</u>(내용연수 경과차량이나 영업용차량은 120%)까지 인정한다.

19 대물배상보험금 지급기준에서 대차료에서 대차하지 않는 경우 대체차종이 없으면 보험개발원이 산정한 사업용 해당차종 휴차료 일람표 범위 내에서의 실임차료의 <u>35%</u>를 지급한다.

20 자동차시세 하락손해는 사고로 인한 자동차(출고 후 <u>5년 이하인</u> 자동차에 한함)의 수리비용이 사고 직전 자동차가액의 <u>20%</u>를 초과하는 경우 지급대상이며, 출고 후 1년 초과 2년 이하인 자동차의 인정기준액은 수리비용의 <u>15%</u>이다.

21 손익상계에서 <u>산재보험금/공무원연금</u>은 대상이 되지만, 생명보험금/상해보험금은 대상이 안 된다.

22 피보험자와 동승자가 토요일, 일요일 및 공휴일을 제외한 날의 출·퇴근 시간대(오전 7시부터 오전 9시까지 및 오후 6시부터 오후 8시까지를 말한다)에 실제의 출·퇴근 용도로 자택과 직장 사이를 이동하면서 승용차 함께 타기를 실시한 경우에는 <u>동승자 감액비율</u>을 적용하지 않는다.

23 2급부터 11급까지의 상해 내용 중 2가지 이상의 상해가 중복된 경우 가장 높은 등급에 해당하는 등급으로부터 하위 3등급 사이에서 중복된 경우에만, 가장 높은 등급보다 한 등급 높은 금액으로 배상한다.

24 보험료 분납특약은 대인배상Ⅰ, 대물배상 담보에 대해서는 분할납입특약이 적용되지 않으며, 납입 연체 시, 납입기일로부터 30일간의 납입최고기간을 둔다. 또한, 보험계약의 부활의 경우 보험계약 해지 후 30일 이내에 부활을 청구하고 분할보험료를 납입하면 보험계약은 부활된다.

25 운전자 연령 제한특약에서 특약설명의무 위반, 무단운전 또는 절취운전, 자동차취급업자의 경우 면책의 예외에 해당하므로 보상한다.

26 운전자 범위 제한특약 기명피보험자의 가족의 범위에서 형제자매, 조부모, 손자녀는 포함된다.

27 의무보험 일시담보특약에서 보험회사는 피보험자동차가 양도된 날로부터 15일째 되는 날의 24시까지는 양수인을 보험계약자 및 기명피보험자로 본다.

28 피보험자가 다른 자동차를 운전 중(주·정차 중은 제외) 생긴 사고로 인한 법률상 손해배상책임을 질 때, '대인배상Ⅱ, 대물배상, 자기신체사고'에서 보상한다.

29 기명피보험자와 그 부모, 배우자 또는 자녀가 소유하거나 통상적으로 사용하는 자동차는 다른 자동차가 될 수 없으나, 대체 승인 전의 자동차는 다른 자동차로 보아 보상한다.

30 다른 자동차운전담보특약에서 피보험자는 기명피보험자와 그 배우자이다.

오답노트

09 만 67세의 피보험자가 교통사고로 사망한 경우 인정되는 취업가능월수는 24개월이다.
18 대물배상보험금 지급기준에서 수리비 및 열처리 도장료의 합계액은 피해물의 사고 직전 가액의 120%(내용연수 경과차량이나 영업용차량은 130%)까지 인정한다.
26 운전자 범위 제한특약에서 기명피보험자의 가족의 범위에서 형제자매, 조부모, 손자녀는 제외된다.

출제예상문제

01 다음 중 자동차 사고 발생의 경우 민사상 책임에 적용되는 법률이 아닌 것은?

① 국가배상법
② 도로교통법
③ 자동차손해배상보장법
④ 민법 제750조(일반불법행위책임)

해설 | 자동차 사고의 3대 법적 책임

구분	민사상 책임	형사상 책임	행정법상의 책임
관련법률	• 자동차손해배상법 • 국가배상법 • 민법	• 교통사고처리특례법 • 도로교통법 • 형법	도로교통법
관련책임	손해배상책임	벌금형 또는 금고형	면허정지, 취소
보험상품	자동차보험	운전자보험	

02 다음은 자동차손해배상보장법의 책임관계에 대한 설명이다. 가장 적절한 것은?

① 무과실책임주의를 적용한다.
② 피해자는 직접청구권을 행사할 수 있다.
③ 법률상 손해배상책임의 주체는 운전자이다.
④ 자동차손해배상보장법은 형법의 특별법으로 형법보다 우선하여 적용한다.

해설 | ① 조건부 무과실책임주의를 적용한다.
③ 법률상 손해배상책임의 주체는 운행자이다.
④ 자동차손해배상보장법은 민법의 특별법으로 민법보다 우선하여 적용한다.

03 다음은 민법 제750조 '일반불법행위책임'의 성립요건에 관한 설명이다. 가장 거리가 먼 것은?

① 가해자에 고의 또는 과실이 있어야 한다.
② 가해자의 행위에 위법성이 있어야 한다.
③ 가해자의 행위에 책임능력이 있어야 한다.
④ 불법행위와 손해 간에 상당인과관계가 있어야 하며, 인과관계의 입증책임은 피고가 진다.

해설 | 입증책임은 피해자(원고)가 부담한다.

04 자동차수리를 위해 자동차소유자가 정비공장에 차를 맡겼는데, 정비공의 과실로 대인사고가 발생하였다. 피해자가 손해배상책임을 물을 수 있는 근거로 적절하지 않은 것은?

① 소유자에게 운행자책임(자배법 제3조)을 물을 수 있다.
② 정비공에게 일반불법행위책임(민법 제750조)을 물을 수 있다.
③ 정비공장 대표에게 사용자책임(민법 제756조)을 물을 수 있다.
④ 정비공장 대표에게 운행자책임(자배법 제3조)을 물을 수 있다.

해설 | 소유자는 책임이 없다(민법 제757조 도급인의 책임). 이때 운행자책임은 정비공장 대표(수급인)가 진다.

PART 01

05 다음은 자배법상 '타인'에 대한 설명이다. 타인성이 인정되지 않는 것은?

① 단순히 동승 중인 가족은 모두 타인에 해당된다.
② 장거리운전 중 교대하여 조수석에서 쉬고 있을 때 타인성이 인정된다.
③ 무면허 운전자에게 운전을 맡기고 조수석에서 쉬고 있을 때 타인성이 인정된다.
④ 주차가 서투른 운전자를 돕기 위해 지나가는 시민이 일시적으로 운전보조행위를 하고 있을 때 타인성이 인정된다.

해설 | ③은 운전자의 지위를 벗어나지 못한 것이므로 타인성이 부정된다.

PART 02

PART 03

PART 04

PART 05

PART 06

06 다음은 자배법상의 용어에 대한 정의이다. 옳지 않은 것은?

① '운행자'란 자기를 위하여 자동차를 운행하는 자를 말한다.
② '타인'이란 운행자, 운전자, 운전보조자 및 그들의 가족을 제외한 모든 자를 말한다.
③ '운전자'란 운행자를 위하여 자동차를 운전 또는 운전의 보조에 종사하는 자를 말한다.
④ '운행'이란 사람 또는 물건의 운송여부에 불구하고 자동차를 그 용법에 따라 사용 또는 관리하는 것을 말한다.

해설 | '타인'이란 '운행자와 운전자, 운전보조자'를 제외한 모든 자를 말한다.

07 다음 중 자배법상 '운행자'가 될 수 없는 자는?

① 자동차소유자
② 무단절취운전자
③ 할부판매의 매도인
④ 사용대차와 임대차의 대주(貸主)

정답 01 ② 02 ② 03 ④ 04 ① 05 ③ 06 ② 07 ③

해설 | • 임대차나 사용대차에서는 차주, 대주를 모두 운행자로 보지만, 할부계약에서는 매도인의 운행자성은 인정되지 않으며, 매수인이 운행자이다.
• 할부판매계약에서의 소유권은 월부판매대금의 확보를 위한 것에 불과하므로, 운행지배권은 특별한 사정이 없는 한 매수인에게만 귀속되는 것으로 본다.

08 자동차손해배상보장법상 손해배상책임을 지는 자로서 가장 옳은 것은?

① 자동차의 소유자
② 자동차의 보유자
③ 자동차의 운전자
④ 자동차의 운행자

해설 | 자배법상의 배상주체는 운행이익과 운행지배를 갖고 있는 '운행자'이며, 민법상의 '운전자'보다 적용범위가 더 넓어 피해자 구제의 폭이 확대되었다.

09 자배법에서 '승객 이외의 자가 사상한 경우' 운행자가 손해배상책임을 면할 수 있는 요건으로 옳지 않은 것은?

① 운전자가 중대 교통법규를 위반하지 않았음을 증명
② 자기 및 운전자가 자동차운행의 주의를 게을리하지 않았음을 증명
③ 피해자 또는 제3자의 고의나 과실이 있었음을 증명
④ 자동차구조상의 결함 또는 기능상의 장애가 없었음을 증명

해설 | ②, ③, ④는 '승객이 아닌 자가 사상한 경우'의 3면책 요건에 해당된다.

운행자의 조건부 무과실책임주의

> 자기를 위해 자동차를 운행하는 자는 그 운행으로 다른 사람을 사망하게 하거나 부상하게 한 경우에는 그 손해를 배상할 책임을 진다. 다만, 다음 각 호에 해당하면 그러하지 아니하다.
> 1. 승객이 아닌 자가 사망하거나 부상한 경우에
>   • 자기와 운전자가 자동차의 운행에 주의를 게을리 하지 아니하였고
>   • 피해자 또는 자기 및 운전자 외의 제3자에게 고의 또는 과실이 있으며,
>   • 자동차의 구조상의 결함이나 장해가 없었다는 것을 증명한 경우
> 2. 승객이 고의나 자살행위로 사망하거나 부상한 경우

10 다음 중 자동차손해배상보장법상 의무보험에 반드시 가입해야 하는 자동차는?

① UN자동차
② 50cc 미만의 이륜차
③ 무한궤도식 굴착기
④ 구내에서만 운행하는 자동차

해설 | 무한궤도식 굴착기는 9종 건설기계에 포함되지 않으며 구내에서만 운행하는 자동차와 UN자동차는 가입대상에서 제외된다.

11 다음은 자동차손해배상보장법상 가불금 지급기준이다. 옳지 않은 것은?

① 치료비의 50%

② 사망보험금의 50%

③ 부상보험금의 50%

④ 후유장해보험금의 50%

해설 | 자동차손해배상보장법상 가불금은 대인배상 I 에서만 인정되며, 치료비는 100%, 나머지는 50%를 지불한다.

PART
01

PART
02

PART
03

PART
04

PART
05

PART
06

12 다음 사례에서 남편은 사망하고 유족은 부, 모, 배우자, 태아만 남아 있다. 상속인과 상속지분에 대한 설명으로 맞는 것은?

① 정지조건설 : 태아가 출생 전이면, 배우자 : 부 : 모＝1.5 : 1 : 1

② 정지조건설 : 태아가 사산된 경우는, 배우자 단독 상속

③ 해제조건설 : 태아가 출생 전이면, 배우자 : 부 : 모＝1.5 : 1 : 1

④ 해제조건설 : 태아 사산된 경우는, 배우자 단독상속

해설 | ② 사산된 경우는 상속권자로 인정되지 않으므로 ①과 동일함
　　　③ 태아의 상속권이 인정되므로, '배우자 : 태아＝1.5 : 1'
　　　④ 해제조건설에서 태아가 사산되면 소급해서 상속권이 소멸되므로, '배우자 : 부 : 모＝1.5 : 1 : 1'

13 다음 중 직계비속과 직계존속의 유류분으로 옳게 묶인 것은?

① 1/2 − 1/2　　　　　　② 1/2 − 1/3

③ 1/3 − 1/2　　　　　　④ 1/3 − 1/3

해설 | 유류분

직계비속, 배우자	직계존속, 형제자매
1/2	1/3

14 다음은 소멸시효의 기산점에 대한 내용이다. 바르게 연결된 것은?

① 불법행위로 인한 손해배상청구권 : 안 날로부터 1년, 한 날로부터 10년

② 자차, 자상, 무보험차상해의 대위권 : 보험금 지급일로부터 3년

③ 피해자 직접청구권, 가불금청구권 : 사고발생일로부터 3년

④ 대인배상, 대물배상의 대위권 : 피해자에게 손해배상금을 지급하여 공동면책된 날로부터 3년

해설 | 소멸시효의 기산점

불법행위로 인한 손해배상청구권	안 날로부터 3년, 한 날로부터 10년
자차, 자상, 무보험차상해의 대위권	사고발생일로부터 3년(보험금 지급일로부터 3년 ×)
피해자 직접청구권, 가불금청구권	사고발생일로부터 3년
대인배상, 대물배상의 대위권	피해자에게 손해배상금을 지급하여 공동면책된 날로부터 10년

15 다음은 소멸시효가 10년인 채권에 대한 내용이다. 나머지 셋과 다른 것은?

① 소송판결채권   ② 공동불법행위자 간 구상권

③ 보험사 간 보험금 분담청구권   ④ 대인배상 및 대물배상 대위권

해설 | 소멸시효기간

2년	보험료청구권
3년	• 불법행위 손해배상청구권(안 날로 3년, 있는 날로 10년) • 보험금청구권, 보험료반환청구권 • 직접청구권, 가불금청구권, 정부보장사업청구권 • 자기차량손해, 자동차상해, 무보험차상해의 대위권 • 음주 · 무면허운전 자기부담금 구상권
5년	상사채권(보험사 간 보험금 분담청구권)
10년 (대공판)	• 대인 · 대물배상 대위권 • 공동불법행위자에 대한 구상권 • 판결채권

16 다음은 교통사고처리특례법에 대한 설명이다. 옳지 않은 것은?

① 교통사고사범에 대한 형사처벌을 강화하기 위하여 제정된 법률이다.

② 음주 운전사고 시 혈중 알코올 농도가 0.03퍼센트 이상이면 형사처벌을 받는다.

③ 사망사고, 중상해사고, 뺑소니사고 등 반사회적이거나 중대교통법규 위반사고는 처벌함을 원칙으로 한다.

④ 인사사고를 야기하였더라도 경미한 경상사고이고 뺑소니사고 및 중대교통법규위반사고가 아니면 대인배상Ⅰ을 포함한 대인배상Ⅱ(무한)에 가입한 경우에는 형사처벌을 면제받는다.

해설 | 교통사고처리특례법은 경미한 사고에 대한 운전자 구제를 위하여 1982.1.1. 이후 시행되었다.

17 아래 표에는 자동차보험의 보장종목들이 나열되어 있다. 이들 중에서 자동차손해배상보장법 제3조 (자동차손해 배상책임)의 운행자책임 법리가 적용되는 담보를 모두 고르면?

가. 대인배상 I	나. 대인배상 II
다. 대물배상	라. 자기차량손해
마. 무보험차상해	

① 가

② 가, 나

③ 가, 다, 라

④ 가, 다, 라, 마

해설 | 대인배상 I 에만 자동차손해배상보장법 제3조(자동차손해 배상책임)의 운행자책임 법리가 적용된다.

18 다음에서 자동차보험 종목별 가입대상이 올바른 것은?

① 개인용 자동차보험 : 개인 소유 모든 자동차

② 업무용 자동차보험 : 모든 법인에서 소유하고 있는 자동차

③ 영업용 자동차보험 : 모든 사업용 자동차

④ 이륜자동차보험 : 모든 이륜자동차보험 및 모든 자전거

해설 | 모든 영업용 자동차는 영업용 자동차보험의 가입대상이다.

19 다음 자동차보험 담보 종목에서 그 법적 성질이 가장 다른 것은?

① 자기신체사고

② 자동차상해 특약

③ 대인배상

④ 무보험자동차에 의한 상해

해설 | ③은 배상책임보험이고 나머지는 상해보험이다.

20 자동차취급업자 종합보험에 해당되지 않는 보험은 어느 것인가?

① 농기계보험

② 탁송자동차포괄계약보험

③ 판매용 자동차 특약보험

④ 판매용 중고자동차 특약보험

해설 | 주차장업자, 탁송업자, 정비업자, 판매업자 등이 자동차를 취급하는 업에 해당한다. 농기계는 농기계보험에 가입한다.

PART 01

PART 02

PART 03

PART 04

PART 05

PART 06

정답 **14** ③ **15** ③ **16** ① **17** ① **18** ③ **19** ③ **20** ①

21 다음은 자동차보험의 보험종목과 가입대상에 대한 설명이다. 옳지 않은 것은?

① 개인이 소유한 자가용 12인승 승합버스는 업무용 자동차 보험의 가입대상이다.

② 정부기관이 소유한 6인 이하의 관용 승용차는 업무용 자동차보험의 가입대상이다.

③ 법정 승차정원 6인 이하의 개인 소유 자가용 승용차는 개인용 자동차보험의 가입대상이다.

④ 자동차학원 대표자 소유의 자동차로서 운전교습, 도로 주행교육 및 시험에 사용되는 승용자동차는 개인용 자동차보험의 가입대상이다.

해설 | ④의 경우는 '운전면허교습생자동차보험'의 가입대상이다.

22 자동차보험 자기신체사고에서 보상하는 손해에 해당하는 것은?

① 태풍, 홍수, 해일로 인한 손해

② 피보험자의 고의로 그 본인이 상해를 입은 때

③ 피보험자동차를 시험용, 경기용으로 사용하던 중 생긴 손해

④ 상해가 보험금을 받을 자의 고의로 생긴 때에는 그 사람이 받을 수 있는 금액

해설 | 태풍, 홍수, 해일로 인한 손해는 천재지변 면책약관에서 보장한다.

23 다음은 자동차보험에서 자기차량손해의 보상기준에 대한 설명이다. 옳지 않은 것은?

① 보험가입금액이 보험가액보다 많은 경우에는 보험가액을 한도로 보상한다.

② 피보험자동차에 통상 붙어있거나 장치되어 있는 부속품과 부속기계장치는 보험증권에 기재한 것에 한하여 보상한다.

③ 피보험자동차의 단독사고(가해자 불명사고 포함) 또는 일방 과실사고의 경우에는 실제 수리를 원칙으로 한다.

④ 경미한 손상의 경우 보험개발원이 정한 경미손상 수리 기준에 따라 복원수리하는 데 소요되는 비용을 한도로 보상한다.

해설 | 피보험자동차에 통상 붙어있거나 장치되어 있는 부속품과 부속기계장치는 피보험자동차의 일부로 본다.

24 2022년 7월 28일 책임이 개시되는 자동차보험 계약부터 적용되는 약관규정인 피보험자 본인이 음주운전 · 무면허운전 중 생긴 사고 또는 뺑소니 사고로 보험회사가 대인배상Ⅰ, 대인배상Ⅱ, 대물배상에서 보험금을 지급하는 경우 피보험자가 보험회사에 납입해야할 사고부담금 내용으로 옳지 않은 것은?

① 대인배상Ⅰ : 1사고당 1,000만원
② 대인배상Ⅱ : 1사고당 1억원
③ 대물배상(자동차손해배상보장법 제5조 제2항의 규정에 따라 자동차 보유자가 의무적으로 가입하여야 하는 대물배상 보험가입금액 이하 손해) : 지급보험금
④ 대물배상(자동차손해배상보장법 제5조 제2항의 규정에 따라 자동차 보유자가 의무적으로 가입하여야 하는 대물배상 보험가입금액 초과 손해) : 1사고당 5,000만원

해설 | 대인배상 I 의 사고부담금은 1사고당 한도 내 지급보험금이다.

25 다음 중 대인배상Ⅱ, 대물배상에서 보험회사에 보상을 청구할 수 있는 사람이 아닌 것은?

① 기명피보험자를 위하여 피보험자동차를 운전 중인 사람
② 피보험자동차를 업무로서 위탁받아 사용하거나 관리 중인 정비업체 직원
③ 기명피보험자와 같이 살거나 살림을 같이 하는 친족으로서 피보험자동차를 사용 또는 관리 중인 사람
④ 기명피보험자의 사용자 또는 계약에 의해 기명피보험자의 사용자에 준하는 지위를 얻은 사람. 다만, 기명피보험자가 피보험자동차를 사용자의 업무에 사용하고 있을 때에 한함

해설 | 자동차취급업자는 '대인배상Ⅰ'에서만 허락피보험자가 될 수 있다.
    ① 운전피보험자
    ③ 친족피보험자
    ④ 사용피보험자

26 다음 중 자동차보험 대인배상Ⅱ와 대물배상에서 피보험자가 될 수 없는 자는?

① 보험증권에 기재된 피보험자
② 기명피보험자가 피보험자동차를 사용자의 업무에 사용하고 있을 때의 그 사용자
③ 기명피보험자와 같이 살거나 살림을 같이하는 친족으로서 피보험자동차를 사용 또는 관리 중에 있는 자
④ 기명피보험자로부터 승낙을 받아 피보험자동차를 사용 또는 관리 중인 자로부터 다시 승낙을 받아 자동차를 사용 중인 자

해설 | 기명피보험자로부터 승낙을 받아 피보험자동차를 사용 또는 관리 중인 자로부터 재승낙을 받아 자동차를 사용 중인 자는 승낙피보험자가 될 수 없다.

PART 01
PART 02
PART 03
PART 04
PART 05
PART 06

27 다음 중 '무보험자동차에 의한 상해'에서 보험회사에 보상을 청구할 수 없는 사람은?

① 피보험자동차에 탑승하지 않은 기명피보험자의 배우자

② 피보험자동차에 탑승하지 않은 기명피보험자의 배우자의 부모 및 자녀

③ 기명피보험자의 승낙을 얻어 피보험자동차를 사용하거나 관리하고 있는 자로서, 피보험자동차에 탑승하지 않은 자

④ 기명피보험자를 위하여 피보험자동차를 운전 중인 자(다만, 자동차취급업자가 업무로서 위탁받은 피보험자동차를 사용 또는 관리하는 경우는 제외)

해설 | 무보험차사고의 피보험자의 범위

탑승 여부를 불문하고 피보험자인 경우	탑승 중일 때만 피보험자인 경우
• 기명피보험자와 그 배우자 • 기명피보험자와 그 배우자의 부모, 자녀	• 승낙피보험자 • 운전피보험자

28 다음의 무보험차상해담보에서 '탑승 중일 때만 피보험자인 경우'에 해당하는 사람은?

① 승낙피보험자

② 기명피보험자의 배우자

③ 기명피보험자의 부모

④ 기명피보험자의 배우자의 부모

해설 | 무보험차사고의 피보험자의 범위

탑승 여부를 불문하고 피보험자인 경우	탑승 중일 때만 피보험자인 경우
• 기명피보험자와 그 배우자 • 기명피보험자와 그 배우자의 부모, 자녀	• 승낙피보험자 • 운전피보험자

29 다음은 피보험자의 범위에 대한 설명이다. 옳지 않은 것은?

① 자기신체사고담보에서 허락피보험자의 부모나 배우자, 자녀도 피보험자가 된다.

② 대인배상과 대물배상 담보에서 피보험자로 인정되는 운전피보험자에는 운전보조자도 포함된다.

③ 자기차량손해담보에서 기명피보험자와 같이 살거나 살림을 같이하는 친족은 친족피보험자가 된다.

④ 무보험차상해담보의 경우 기명피보험자의 배우자의 부모가 피보험자가 되기 위해서 피보험자동차에 탑승할 필요는 없다.

해설 | 자기차량손해담보에서는 기명피보험자가 유일한 피보험자이다.

30 하나의 자동차 사고에서 피해자에게 배상책임을 지는 피보험자가 여럿 존재할 경우, 각각의 피보험자마다 손해배상 책임의 발생 또는 보상하지 않는 손해의 판단 및 적용 여부 등을 개별적으로 가려서 보상책임의 유무를 결정하는 것을 '피보험자 개별적용'이라고 한다. 자동차 보험약관 배상책임담보에서 '피보험자 개별적용'이 가능한 경우는?

① 보험계약자 또는 기명피보험자의 고의로 인한 손해

② 기명피보험자 이외의 피보험자의 고의로 인한 손해

③ 영리를 목적으로 요금이나 대가를 받고 피보험자동차를 반복적으로 사용하거나 빌려준 때에 생긴 손해

④ 피보험자동차를 시험용, 경기용 또는 경기를 위해 연습용으로 사용하던 중 생긴 손해

해설 | 피보험자의 고의로 피보험자가 면책이 되더라도 운행자인 기명피보험자를 피보험자로 하여 보험금의 지급을 요청할 수 있다.

PART
01

PART
02

PART
03

PART
04

PART
05

PART
06

31 자동차보험의 담보별 '보상하는 손해'에 대한 설명 중 잘못된 것은?

① 대인배상 I 은 자동차를 소유, 사용, 관리하는 동안에 생긴 자동차 사고로 다른 사람을 죽게 하거나 다치게 한 경우에 보상한다.

② 대물배상은 자동차사고로 다른 사람의 재물을 없애거나 훼손한 경우에 보상한다.

③ 자기신체사고는 자동차의 사고로 피보험자가 죽거나 다친 경우 발생한 손해를 보상한다.

④ 자기차량손해는 피보험자동차에 직접적으로 생긴 손해를 보상한다.

해설 | 대인배상 I 은 피보험자동차의 운행으로 인하여 생긴 자동차 사고로 다른 사람을 죽게 하거나 다치게 한 경우에 보상한다.

32 자동차보험의 무보험자동차에 의한 상해에서 피보험자가 무보험자동차 사고로 사망하거나 다친 경우에 배상의무자가 있음에도 보상하지 않는 손해는?

① 피보험자의 마약 · 약물운전 중 발생한 손해

② 피보험자가 피보험자동차를 음주운전 중 발생한 손해

③ 보험계약자의 고의로 인하여 발생한 손해

④ 피보험자가 피보험자동차를 무면허운전 중 발생한 손해

해설 | 보험계약자의 고의로 인하여 발생한 손해는 보상하지 않는다.

33 다음 '피보험자동차가 아닌 자동차' 중 「무보험자동차에 의한 상해」에서 무보험자동차에 해당하지 않는 것은?

① 피보험자를 죽게 하거나 다치게 한 자동차가 명확히 밝혀지지는 않았으나, 그 자동차가 도로교통법에 의한 개인형 이동장치인 경우
② 자동차보험 대인배상Ⅱ 또는 공제계약이 없는, 도로교통법에 의한 개인형 이동장치
③ 자동차보험 대인배상Ⅱ 또는 공제계약에서 '보상하지 않는 경우'에 해당하는, 자동차관리법에 의한 승용자동차
④ 자동차보험 대인배상Ⅰ만 가입한, 피보험자가 사용 관리 중인, 자동차관리법에 의한 승합자동차

해설 ㅣ 무보험자동차의 범위

무보험자동차에서 '무보험'이 되는 자동차	무보험자동차에서 '자동차'의 범위
• 대인배상Ⅱ 또는 공제계약이 없는 자동차 • 대인배상Ⅱ 또는 공제계약에서 면책인 자동차 • 보통약관보다 낮은 대인배상Ⅱ 또는 공제계약이 적용되는 자동차 • 가해자 불명자동차(단, 개인형 이동장치 제외)	• 자동차관리법상의 자동차(50cc 미만의 이륜차) • 군수품관리법상 자동차 • 건설기계법에 의한 자동차 • 농업기계화촉진법에 의한 농업기계 • 도로교통법상의 원동기장치 자전거 등

※ 피보험자동차가 무보험자동차와 충돌할 경우에는 무보험자동차 상해의 보장대상이 된다.

34 다음은 정부보장사업과 무보험자동차상해담보를 비교한 것이다. 옳지 않은 것은?

① 둘 다 자동차손해배상보장법을 법률적 근거로 한다.
② 트랙터는 정부보장사업의 대상은 아니지만 무보험자동차상해담보의 대상이 된다.
③ 정부보장사업은 대인배상Ⅰ을 보상한도로 하지만, 무보험차상해는 대인배상Ⅱ의 보상을 대신한다.
④ 배상의무자가 부모나 배우자, 자녀인 경우 정부보장사업은 보상을 하나, 무보험차상해는 보상하지 않는다.

해설 ㅣ 정부보장사업과 무보험자동차상해의 비교

구분	정부보장사업	무보험자동차 상해
적용대상	의무보험 가입대상 (자동차＋9종 건설기계)	의무보험 가입대상＋군수품관리법의 차량, 농업기계 등
보상한도	대인배상Ⅰ	대인배상Ⅱ
법적근거	자배법에 의한 보상	상해를 대비한 보험상품
배상의무자가 부모/배우자/자녀의 경우	보상 가능	보상 불가능
대위권	가해자에게 대위권 행사 가능	가해자에게 대위권 행사 가능

※ 농기계사고 피해자는 정부보장사업에 보상청구가 불가하나, 무보험차상해에 보상청구는 가능하다.

35 다음은 자동차보험 계약의 변동 및 보험료 환급에 대한 설명이다. 옳지 않은 것은?

① 보험계약 체결 후 보험계약자가 사망한 경우에는 보험계약자의 권리·의무는 사망시점에서의 법정상속인에게 이전한다.

② 보험회사가 파산선고를 받은 날부터 보험계약자가 계약을 해지하지 않아도 3개월이 경과한 경우에는 보험계약이 효력을 상실한다.

③ 보험기간 중에 피보험자동차를 양도한 경우에는 보험 계약자 및 피보험자의 권리와 의무는 피보험자동차의 양수인에게 자동 승계된다.

④ 보험회사는 보험계약자 등의 사기에 의한 보험계약을 입증하는 경우에는 보험기간이 시작된 날부터 6개월 이내, 사기 사실을 안 날부터는 1개월 이내에 계약을 취소할 수 있다.

해설 | 피보험자동차를 양도한 경우에는 보험자의 <u>사후승인</u>이 있어야 한다.

36 다음 자동차보험의 담보종목 중에서 잔존물대위가 인정되는 것은?

① 대물배상 ② 자동차상해
③ 무보험차상해 ④ 자기차량손해

해설 | 잔존물대위가 인정되는 것은 자기차량손해가 유일하다.

37 다음은 자동차보험 약관상 대위에 관한 설명이다. 옳지 않은 것은?

① 자기차량손해의 경우, 피보험자동차를 정당한 권리에 따라 사용하거나 관리하던 자에 대한 피보험자의 권리는 취득하지 않는다.

② 보험회사가 보상한 금액이 피보험자의 손해의 일부를 보상한 경우에는 피보험자의 권리를 침해하지 않는 범위에서 그 권리를 취득한다.

③ 자기신체사고의 경우, 보험금을 '대인배상, 무보험 자동차에 의한 상해 지급기준'에 의해 지급할 때에는 제3자에 대한 피보험자의 권리를 취득하지 않는다.

④ 보험회사가 피보험자 또는 손해배상청구권자에게 보험금 또는 손해배상금을 지급한 경우에는 지급한 보험금 또는 손해배상금의 범위에서 제3자에 대한 피보험자의 권리를 취득할 수 있다.

해설 | 자기신체사고의 경우, 보험금을 '대인배상에 의한 상해 지급기준'에 의해 지급할 때에는 제3자에 대한 피보험자의 권리를 취득한다.

PART 01

PART 02

PART 03

PART 04

PART 05

PART 06

38 다음은 자동차보험의 보험자대위권에 대한 설명이다. 옳지 않은 것은?

① 운전자보험에서는 보험자대위규정이 없다.

② 잔존물대위는 자기차량손해담보에서만 인정된다.

③ 대인배상, 대물배상, 자기신체사고, 자동차상해, 무보험차상해, 자기차량손해 담보는 모두 법리적으로 청구권대위가 인정된다.

④ 자기차량손해담보의 경우 자동차취급업자가 업무로서 위탁받은 피보험자동차를 운전하던 중 발생한 사고에 대해서는 보험자대위권을 인정한다.

해설 | 자기신체사고는 법리상 대위권을 인정하지 않는다. 단, 대인배상지급기준으로 보상한 경우는 대위권이 인정된다.

39 다음 중 보험회사가 의무보험을 해지할 수 있는 사유에 해당하는 것은?

① 보험청구에 사기가 있는 경우

② 고지의무 위반 또는 위험변경유지의무 위반

③ 정당한 이유없이 법정 자동차검사를 받지 않은 경우

④ 추가보험료를 청구일로부터 14일 이내로 납부하지 않은 경우

해설 | 보험계약의 해지사유

보험계약자의 해지사유		보험자의 해지사유
임의보험해지사유	의무보험해지사유	
• 임의해지 • 보험회사 파산 후 3개월 이내	• 피보험차의 양도, 말소등록 • 보험자 파산선고 • 의무가입대상에서 제외되어 도로 밖에서 운행하는 차 • 의무보험 중복계약 체결 시	• 법정자동차검사를 받지 않은 경우 (→ 의무보험 해지 가능) • 고지의무 위반 • 위험변경통지의무 위반 • 추가보험료 청구일 후 14일 내 미납 • 보험금청구에 사기가 있는 경우

40 다음 자동차 사고 시 청구권 중 청구권자의 범위가 다른 것은?

① 자동차손해배상보장법에서 규정하고 있는 '가불금 청구권'

② 자동차보험 표준약관에서 규정하고 있는 '가지급보험금 청구권'

③ 교통사고처리특례법에서 규정하고 있는 '우선지급금 청구권'

④ 상법 및 자동차손해배상보장법에서 규정하고 있는 '직접 청구권'

해설 | '가지급보험금 청구권'은 피보험자, 손해배상청구권자가 청구권자이나, 나머지는 모두 청구권자가 '피해자'이다.

41 자동차보험 대인배상 지급기준상 후유장애보험금의 보상항목이 아닌 것은?

① 위자료
② 간병비
③ 상실수익액
④ 가정간호비

해설 | 후유장애보험금의 보상항목은 '위자료, 상실수익액, 가정간호비'이다.

PART
01

42 사업용 자동차(건설기계 포함)가 파손 또는 오손되어 사용하지 못하는 기간 동안에 발생하는 타당한 영업손해를 지급대상으로 하는 자동차보험 대물배상은?

① 자동차시세 하락손해
② 휴차료
③ 영업손실
④ 대차료

해설 | 휴차료에 대한 설명으로, '기업휴지보험'과 유사한 개념이다.

PART
02

PART
03

PART
04

43 자동차보험 대인배상과 무보험자동차에 의한 상해 지급기준상 부상의 적극손해에 대한 설명 중 옳지 않은 것은?

① 치아보철비는 금주조관보철에 한하여 소요되는 비용을 지급한다.
② 병실의 사정으로 부득이 상급병실에 입원한 경우에는 7일 범위에서는 그 병실의 입원료를 지급한다.
③ 응급치료, 호송, 진찰, 전원, 퇴원, 투약, 수술, 처치, 안경, 보청기 등에 소요되는 필요 타당한 실비를 지급한다.
④ 외국에서 치료를 받은 경우에는 국내의료기관에서 치료에 소요되는 비용 상당액을 지급하는 것을 원칙으로 한다.

PART
05

PART
06

해설 | 치아보철비는 금주조관보철 또는 임플란트(실제 시술한 경우로 1치당 1회에 한함)에 소요되는 비용을 지급한다.

44 다음은 자동차보험의 대물배상 지급기준에 따른 지급대상에 관한 설명이다. 옳지 않은 것은?

① 영업손실 : 사업용 자동차(건설기계 포함)가 파손 또는 오손되어 사용하지 못하는 기간 동안에 발생하는 타당한 영업손해
② 교환가액 : 수리비용이 피해물의 사고 직전 가액을 초과하여 수리하지 않고 폐차하는 경우 또는 원상회복이 불가능한 경우
③ 대차료 : 비사업용 자동차(건설기계 포함)가 파손 또는 오손되어 가동하지 못하는 기간 동안에 다른 자동차를 대신 사용할 필요가 있는 경우
④ 자동차시세 하락손해 : 사고로 인한 자동차(출고 후 5년 이하인 자동차에 한함)의 수리비용이 사고 직전 자동차가액의 20%를 초과하는 경우

해설 | 사업용 자동차(건설기계 포함)가 파손 또는 오손되어 사용하지 못하는 기간 동안에 발생하는 타당한 영업손해는 '휴차료'이다.

45 다음은 대인배상, 무보험자동차에 의한 상해보험금 지급기준상 사망 시 상실수익액에 대한 설명이다. 옳지 않은 것은?

① 현실소득액 산정방법에서 외국인 무직자(학생 및 미성년자 포함)는 일용근로자 임금을 적용한다.
② 현실소득액 산정방법에서 현역병 등 군복무해당자(복무 예정자 포함)는 일용근로자 임금을 적용한다.
③ 상실수익액 산정 방법은 사망한 본인의 월평균 현실소득액(제세액 공제)에서 본인의 생활비를 공제한 금액에 취업가능월수에 해당하는 라이프니츠 계수를 곱하여 산정한다.
④ 현실소득액 산정방법에서 급여소득자의 '근로의 대가로 받은 보수'라 함은 본봉, 수당, 성과급, 상여금, 체력단련비, 연월차휴가보상금 등을 말하며, 실비변상적인 성격을 가진 대가는 제외한다.

해설 | 상실수익액 산정 방법은 사망한 본인의 월평균 현실소득액(제세액 공제)에서 본인의 생활비를 공제한 금액에 취업 가능월수에 해당하는 <u>호프만 계수</u>를 곱하여 산정한다.

46 자동차보험 대인배상에서 지급보험금 산정 시 과실상계, 손익상계, 호의동승감액, 기왕증 관여도를 적용함에 있어, 그 적용 순서 중 마지막에 적용하여야 하는 것은?

① 과실상계   ② 손익상계
③ 호의동승감액   ④ 기왕증 관여도

해설 | 기왕증 관여도 → 호의동승감액 → 과실상계 → 손익상계의 순서로 적용한다.

47 다음은 보험료 분할납입 특약에 대한 설명이다. 옳지 않은 것은?

① 납입최고기간 중의 사고는 보상한다.
② 약정한 납입일시(납입기일)부터 30일간 납입최고기간을 둔다.
③ 분할보험료 미납으로 계약이 해지된 경우 해지 후 30일 내에는 보험계약을 부활할 수 있다.
④ 최고기간 내에 분할보험료 미납 시 납입최고기간이 끝나더라도 보험계약은 해지되지 않는다.

해설 | 최고기간 내에 분할보험료 미납의 경우 납입최고기간이 끝나는 날의 24시부터 효력이 상실된다.

48 자동차 보험의 가족운전자한정특약에서 가족의 범위에 포함되는 사람은?

① 기명피보험자의 형제

② 기명피보험자의 조부모

③ 기명피보험자의 계자녀

④ 기명피보험자의 손자녀

해설 | 기명피보험자의 가족(→ 형제자매, 조부모, 손자녀는 제외)
- 기명피보험자의 부모와 양부모, 계부모
- 기명피보험자의 배우자의 부모 또는 양부모, 계부모
- 법률상의 배우자 또는 사실혼관계에 있는 배우자
- 법률상의 혼인관계에서 출생한 자녀, 사실혼관계에서 출생한 자녀, 양자 또는 양녀, 계자녀
- 기명피보험자의 며느리 또는 사위(계자녀의 배우자 포함)

PART
01

PART
02

PART
03

PART
04

PART
05

PART
06

49 다음은 자동차보험의 '의무담보 일시담보 특약'에 대한 설명이다. 옳지 않은 것은?

① 이 특약에 의해 보험자가 보상한 경우 불량할증은 양수인에게 적용한다.

② 일시담보기간은 피보험자동차가 양도된 날로부터 10일째 되는 날 24시까지이다.

③ 보험기간 동안은 양도된 자동차를 대인1 및 대물배상규정의 피보험자동차로 간주하고 양수인을 보험계약자 및 기명피보험자로 본다.

④ 대물배상에서 양도인의 보험증권에 기재된 운전가능범위 또는 운전가능연령범위 이외의 자가 피보험자동차를 운전 중 생긴 사고로 인한 손해는 보상하지 않는다.

해설 | 의무담보 일시담보 특약은 피보험자동차를 양도한 이후 15일째 되는 날 24시까지의 기간 동안 의무보험 일시 미가입으로 인한 손해를 보상하기 위한 특약이다.

50 다음 중 피보험자동차의 운전자의 범위를 제한하거나 확대하는 특별약관으로 볼 수 없는 것은?

① 다른 자동차 운전 담보 특별약관

② 대리운전 위험 담보 특별약관

③ 지정 1인 운전자 추가 특별약관

④ 가족운전자 한정 운전 특별약관

해설 | 다른 자동차 운전 담보 특별약관은 피보험자가 다른 자동차를 운전 중(주 · 정차 중은 제외) 생긴 사고로 인한 법률상 손해배상책임을 질 때, '대인배상 Ⅱ, 대물배상, 자기신체사고'에서 보상한다.

MEMO

PART 04

개인재무설계

합격으로 가는 하이패스

토마토패스

CHAPTER 01 파이낸셜 플래닝의 이해

TOPIC 01　파이낸셜 플래닝의 개념

1. 파이낸셜 플래닝의 정의

개인의 재무적인 목표와 목적을 구체화하여 결정하고 이를 달성하기 위해 가장 효과적인 전략과 방법을 선택할 수 있도록 계획을 체계화시키는 과정 모두를 의미한다.

2. 파이낸셜 플래닝에 대한 오해

① 재무설계는 결국 돈을 쓰지 않는 것이다.
　→ 돈을 현명하게 이용함으로써 가능한 빠른 시간 내에 자신의 목표를 달성하게 하는 것이다.
② 투자나 저축을 하기에는 여윳돈이 없다.
　→ 현재 저축과 투자를 목표에 맞게 재설정하는 과정이다.
③ 재무설계를 하기에는 너무 늦었다.
　→ 파이낸셜 플래닝을 하는 데 결코 늦은 법은 없다.
④ 재무설계사를 믿을 수 없다.
　→ 급변하는 금융환경 속에서 전문가의 도움 없이는 오류를 범할 개연성이 크다.

3. 파이낸셜 플래닝의 필요성

① 고용불안과 조기퇴직(→ 미래소득에 대한 불안)
② 다양해진 금융상품(→ 전문화된 금융서비스에 대한 니즈 발생)
③ 저금리 기조(→ 투자수단을 다변화하여 수익률 제고)
④ 자기책임 강조(→ 외부로부터 보장받는 범위는 줄고 개인에게 더 많은 자기책임 요구)
⑤ 금융서비스에 대한 기대치 고조(→ 일반대중도 쉽게 금융정보에 접근하는 시대)

4. 파이낸셜 플래닝의 기대효과

① 재무목표를 달성하게 해 준다.
② 재무적인 위험으로부터 가정을 보호해 준다.
③ 삶의 질을 향상시켜 준다(점진적 향상).
④ 개인의 신용도를 높여 준다.

TOPIC 02 　파이낸셜 플래닝의 과정

1. 파이낸셜 플래닝의 프로세스

① 파이낸셜 플래닝의 이론은 비슷하나 학자별, 금융기관별 강조하는 부분은 상이하다.

② 고객과의 원만한 관계형성을 위한 고객관리를 기본전제로 하고 6단계의 논리적 의사결정 과정으로 진행한다.

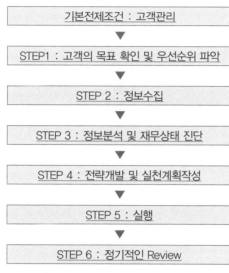

PART 01

PART 02

PART 03

PART 04

PART 05

PART 06

```
기본전제조건 : 고객관리
        ▼
STEP1 : 고객의 목표 확인 및 우선순위 파악
        ▼
STEP 2 : 정보수집
        ▼
STEP 3 : 정보분석 및 재무상태 진단
        ▼
STEP 4 : 전략개발 및 실천계획작성
        ▼
STEP 5 : 실행
        ▼
STEP 6 : 정기적인 Review
```

[파이낸셜 플래닝 프로세스 단계]

2. 고객의 목표 확인 및 우선순위 파악

(1) 고객의 목표 파악

① '고객의 라이프스타일과 라이프사이클을 파악 → 고객의 니즈 파악(잠재적 목표) → 명확한 재무목표의 설정'의 과정을 따른다.

② **고객의 목표 파악** : Needs(필요한 사항)와 Goal(희망 또는 꿈)을 파악한다.

Needs(필요한 사항)	Goal(희망 또는 꿈)
• 결혼자금, 주택마련자금, 자녀교육비 등	• 해외휴양, 해외대저택 소유 등
• 고객이 인지하지 못하고 있는 잠재된 목표	• 고객이 잘 인식하고 있는 현재화된 목표

※ 파이낸셜 플래닝 만족도를 높이기 위해서는 잠재된 고객의 목표(Needs)를 빠짐없이 파악하는 것이 중요하다.

(2) 목표 파악 시 주의점

① 현실적인 목표를 수립한다.

② 목표 간 연관성을 유지한다.

③ 구체적이며 측정 가능하도록 수치화한다(**예** 10년 뒤 시가 20억 상당의 40평 아파트 구입).

④ 단기, 중기, 장기로 구분하여 기간 및 시점이 명확하도록 설정한다.

(3) 포함되어야 할 목표

① 라이프사이클상의 5대 자금이 포함되어야 한다.

② 5대 자금 : 결혼자금, 주택마련자금, 자녀교육비, 생활보장자금, 노후생활자금

(4) 우선순위의 결정

수립한 목표 중 가장 시급한 부분부터 준비하기 위해서는 목표들 간에 우선순위를 정하는 것이 필요하다. 단, 우선순위는 금액의 순위가 아니라 <u>중요성</u>의 순위이다.

3. 정보수집(Factor Finding)

(1) 정보수집의 방법

설문지 활용	• 전통적인 방법으로 사전에 설계된 형식에 응답 • FP 도움 없이 혼자 작성할 경우 오류가 발생할 수 있음
FP와의 면담	• 장점 : 정보제공의 오류를 최소화 • 단점 : 시간과 노력이 많이 투입됨 • 지나친 정보획득 노력이 고객불만으로 이어질 수 있음(→ 면담은 사전에 DM, TM을 거치는 것이 좋음)
정보기술 활용	• 시간에 관계없이 접근 가능하며, 편의성이 높음 • 온라인 정보 노출 우려(→ 인터넷 재무컨설팅이 일반화되기까지는 조금 더 시간이 필요)

(2) 정보수집의 대상

일반 정보	고객의 재무정보
• 가족정보(→ 동거가족은 재정자립도가 기준) • 자녀교육정보(→ 이미 졸업한 학교는 불필요) • 자녀결혼정보 • 기타정보 ※ 일반정보 작성의 경우, <u>정보수집 및 작성날짜를 반드시 기록</u>하여 시간에 따른 변동을 파악(자녀 나이, 학교, 결혼 등)	• 가계의 수입/지출 • 유동성 자산(→ 현금, MMF, CMA, 6월내 예금) • 투자자산(→ 예·적금, 주식·채권, 부동산 등) • 연금자산(→ 공적연금, 퇴직연금, 개인연금) • 위험관리자산(→ 보장성 보험 가입현황) • 사용자산 • 부채 • 상속 및 기타

(3) 가계의 수입과 지출

① 수입의 주체는 <u>가구구성원</u> 전부를 대상으로 한다.

② 상속·증여 등의 일시소득은 고액이므로 예상 시기도 매우 중요하다.

③ 예산은 수입과 지출파악의 선행개념이지만 우리나라에서는 보편화되지 않아 논외로 한다.

④ 지출은 소비지출과 비소비지출로 구분하여 파악한다.

구분		종류
비소비지출		공과금, 대출금이자, 세금, 국민연금, 건강보험료, 기부금 등
소비지출	고정성 지출	집세, 수도광열비, 주식비, 보장성 보험료, 교육비 등
	변동성 지출	문화생활비, 외식비, 교통통신비

(4) 사용자산

① 사용자산은 고객이 살고 있는 주택, 전월세 임차보증금, 자동차, 골프회원권, 휴양용 부동산 및 보석, 골동품, 일정한 가치가 있는 회화 등의 예술품 등을 말한다.

② 사용자산의 구입은 여행경비 등과 같은 비용성 지출이 아니라, 자산의 증가를 가져오는 <u>자본적 지출</u>이므로 현금 유출과 동시에 '<u>자산부채상태표</u>'에 계상되어 평가된다.

③ 사용자산은 매년 감가상각을 반영하여 파이낸셜 플래닝에 반영하고 정확한 재무상황의 평가를 위해 자산의 매입시기, 매입가, 현재 시장가 등을 파악하는 것이 필요하다.

(5) 재무의사결정에 영향을 미치는 주요 경제지표

① 고객공유 3가지 지표

물가상승률	장기플랜에는 반드시 물가상승률을 고려해야 함
기대수익률	위험프리미엄방식을 사용하여 자산의 기대수익률을 구함
위험선호도	위험선호도를 유형화, 고정화 하는 것은 바람직하지 않음

② 파이낸셜 플래닝에서는 전문가의 견해도 중요하지만 대상 고객이 가지고 있는 미래 전망치를 반영해야 한다. 그중에서도 '물가상승율, 수익률, 위험선호도' 등은 파이낸셜 플래닝에 많은 영향을 주는 요인이므로 고객과 공유하는 것이 바람직하다.

③ 기대수익률은 '<u>무위험수익률(CD91일물) + 물가상승률 + 위험프리미엄</u>'이다. 여기에서 국고3년물은 '<u>무위험수익률(CD91일물) + 물가상승률</u>'이다.

4. 재무상태의 분석과 평가(→ 수입지출/보유자산/저축투자/세금설계/부채진단/위험관리진단)

(1) 자산부채상태표와 개인현금수지표의 작성

자산부채상태표[자산 = 부채 + 순자산]		개인현금수지표[수입 = 지출 + 저축]	
(자산) 유동성 자산 투자자산 은퇴자산 위험관리자산 사용자산	(부채) 단기소비부채 중장기담보부채 기타부채 (순자산)	(수입) 사업소득 근로소득 투자소득 기타소득	(지출) 고정지출 변동지출 미파악지출 (저축)

※ 자산부채상태표를 통해 개인자산의 구성, 부채의 규모, 유동성 파악
※ 개인현금수지표를 통해 개인의 소득, 생활수준, 투자능력 파악

(2) 자산부채상태표 작성 시 유의사항

① 자산은 <u>작성시점의 시장가격</u>으로 표시한다.

② 해당 거래의 순자산 변동 여부를 주의한다(→ 순자산 변동 없는 거래 : 자본적 지출).

③ 순자산이 높아도 유동성 부족이 발생할 수 있고, 유동성과 수익성은 상반관계(trade off)이다.

④ 유동성 자산(CD, RP, MMDA 등)과 투자자산(ELS, ETF, 펀드)의 구분은 <u>만기 6개월</u>을 기준으로 한다.

⑤ 해당 거래가 순자산의 증가(잉여금의 증가)를 가져오는지는 매우 중요하다.

순자산의 증가	가계수지 흑자폭이 증가하거나, 투자자산의 수익률이 증가한 경우
순자산의 감소	가계수지 흑자폭이 감소하거나, 투자자산의 수익률이 감소한 경우
순자산 불변	자본적 지출거래(자산의 구입으로 부채도 같이 증가하여 순자산 불변)

PART 01
PART 02
PART 03
PART 04
PART 05
PART 06

(3) 수입/지출/부채 분석

① 가계수입의 분석 : 소득의 다양성, 소득원의 경쟁력, 소득의 지속시간

② 가계지출의 분석 : 수입 대비 지출의 적정성(평균소비성향이 대표적 지표), 지출내용의 건전성

   ㉠ 지출의 적정성 : 평균소비성향과 흑자율

평균소비성향	흑자율
(소비지출/가처분소득)×100	(흑자액/가처분소득)×100

   ※ 평균소비성향＋흑자율＝1

   ※ 가처분소득＝소득－비소비지출

   ㉡ 지출의 건전성 : 총액으로 비교하는 지출 적정성 평가와는 달리, 세부내역의 관점에서 그중에 과도하게 높은 비중이 있거나, 불필요한 항목 등에 대해서 평가함

③ 부채의 분석 : 소득 대비 소비자총부채 상환비율, 소득 대비 총부채 상환비율

   ㉠ 소득 대비 소비자총부채 상환비율＝(소비자총부채 상환액/소득)×100

   ㉡ 소득 대비 총부채 상환비율(DTI)＝(총부채 상환액/소득)×100

   ㉢ 주택자금이 없는 상태에서 DTI 부채수준은 <u>20% 미만</u>, 주택자금이 있는 상태에서 DTI 부채수준은 <u>40% 미만</u>이 안전함

   ㉣ 분모의 소득을 '<u>세전총소득</u>'으로 하면 완화된 기준이고, '<u>가처분소득</u>'으로 하면 강화된 기준이 된다.

   ㉤ DTI의 분자항목은 '주택담보대출원리금상환액＋기타 대출의 이자'이지만, DSR의 분자항목은 '<u>주택담보대출원리금상환액＋기타 대출의 원리금상환액</u>'이므로 DSR(2020.7에 도입)이 더 강화된 기준이 됨

④ 저축투자가능액＝가처분소득액－소비지출액－총부채상환액

          ＝총소득－비소비지출－소비지출－총부채상환액

(4) 보유자산분석

총자산 대비 순자산비율	순자산 대비 부채비율	순자산 대비 유동성 자산비율
(순자산/총자산)×100	(부채/순자산)×100	(유동성 자산/순자산)×100
가계의 건전성	가계의 안정성	가계의 유동성

※ 유동성과 환금성은 항시 돈으로 바꿀 수 있는 점은 동일하나, 유동성은 원금손실이 없는 것이고 환금성은 원금손실이 발생할 수도 있다.

5. 전략개발 및 실천계획 작성

(1) 전략개발

① 전략개발회의 : 비효율적 부분에 대한 대안을 제시하고 목표달성을 위한 포트폴리오를 확정한다.

② 전략개발회의의 방법

구분	내용	장단점
토론식	전문가 토론을 통해 전략 도출	다양한 의견반영의 장점이 있으나, 번거로움 및 낮은 생산성
보고서식	플래너가 분석결과를 전문가에게 통보, 전문가가 플래너에게 분석자료 제공	시간 절약의 장점이 있으나, FP의 주관적 견해 개입
혼합식	플래너가 전문가에게 데이터분석자료를 통보, 전문가 동석회의 시 간단한 토론을 통해 조정	토론식과 보고서식의 혼합으로서, 효과적으로 평가(가장 많이 사용됨) ※ 보고서식으로 선진행 후 토론하는 방식

(2) 실천계획(Action Plan) 작성 원칙

① 객관적이 타당성이 있어야 한다.

② 목표 상호 간 유기적 연관성을 가지고 있어야 한다.

③ 고객의 Needs를 최우선으로 한다.

④ 미래의 생활계획과 라이프 사이클을 고려한다.

⑤ 부족자금의 준비시기가 중복되지 않도록 해야 하며, 가장의 수입기간이 고려되어야 한다.

6. 실행

① 파이낸셜 플래너가 제시한 계획안이 모두 수용될 것으로 생각해서는 안 되므로, 실행은 지속적 관심이 필요하다.

② 파이낸셜 플래너 본인뿐만 아니라 부문별 전문가들이 회의를 통해 종합적으로 전략을 개발하는 것이 현실성 있는 실천계획이 될 수 있다.

7. 정기적 리뷰

① 장기계획일수록 작은 오차가 큰 결과차이를 일으키므로 주기적으로 재검토하여야 한다.

② 일반적인 사후 리뷰 점검항목은 다음과 같다.

ㄱ 고객이 파이낸셜 플래너의 제안을 받고 행동의 변화가 있는가?

ㄴ 고객이 문제해결에 자신감을 갖게 되었는가?

ㄷ Action Plan을 실행하고 있는가?

ㄹ Action Plan의 실행으로 고객의 재무문제는 완화되었는가?

ㅁ 고객의 개인적인 여건이나 사회 및 경제 여건에 대한 변동상황을 인지하고 있는가?

PART
01

PART
02

PART
03

PART
04

PART
05

PART
06

01 개인의 재무적인 <u>목표와 목적을 구체화</u>하여 결정하고 이를 달성하기 위해 가장 효과적인 <u>전략과 방법을 선택</u>할 수 있도록 계획을 체계화시키는 과정 모두를 파이낸셜 플래닝이라 한다.

02 재무설계는 결국 돈을 쓰지 않는 것이 아니라, 돈을 <u>현명하게 이용함</u>으로써 가능한 빠른 시간 내에 자신의 목표를 달성하게 하는 것이다.

03 재무목표는 반드시 <u>수치로 구체화</u>되어야 하며, 단기, 중기, 장기로 구분하여 기간 및 시점이 명확하도록 설정한다.

04˚ 파이낸셜 플래닝 만족도를 높이기 위해서는 <u>현재의 고객의 목표(Needs)를 빠짐없이 파악</u>하는 것이 중요하다.

05 고객의 목표 파악 시에 포함되어야 할 5대 자금은 '<u>결혼자금, 주택마련자금, 자녀교육비, 생활보장자금, 노후생활자금</u>'이다.

06 일반정보 작성의 경우, <u>정보수집 및 작성날짜 반드시 기록</u>하여 시간에 따른 변동을 파악할 수 있게 한다.

07 수립한 목표 중 가장 시급한 부분부터 준비하기 위해서는 목표들 간에 우선순위를 정하는 것이 필요하다. 단, 우선순위는 금액의 순위가 아니라 <u>중요성</u>의 순위이다.

08 정보수집의 방법은 '<u>설문지 활용, FP와의 면담, 정보기술 활용</u>'이 있는데, 정보기술을 활용한 정보수집은 시간에 관계없이 접근 가능하며, 편의성이 높은 장점이 있다.

09 가계의 수입과 지출에 대한 정보 파악 시 수입의 주체는 <u>가구구성원 전부를 대상</u>으로 하며, 상속·증여 등의 일시소득은 고액이므로 <u>예상 시기</u>를 파악하는 것이 매우 중요하다.

10 사용자산의 구입은 여행경비 등과 같은 비용성 지출이 아니라, 자산의 증가를 가져오는 <u>자본적 지출</u>이므로 현금 유출과 동시에 '<u>자산부채상태표</u>'에 계상되어 평가된다.

11 기대수익률은 '<u>무위험수익률(CD91일물)+물가상승률+위험프리미엄</u>'이다. 여기에서 국고3년물은 '<u>무위험수익률(CD91일물)+물가상승률</u>'이다.

12 자산부채상태표 작성 시 자산은 <u>작성시점의 시장가격</u>으로 표시하고, 유동성 자산(CD, RP, MMDA 등)과 투자자산(ELS, ETF, 펀드)의 구분은 <u>만기 6개월</u>을 기준으로 한다.

13 가계지출의 분석의 포인트는 '수입 대비 지출의 적정성(<u>평균소비성향</u>이 대표적 지표), 지출내용의 건전성'이다.

14 주택자금이 없는 상태에서 DTI 부채수준은 <u>20% 미만</u>, 주택자금이 있는 상태에서 DTI 부채수준은 <u>40% 미만</u>이 안전하다.

15 DTI의 분자항목은 '주택담보대출원리금상환액＋기타 대출의 이자'이지만, DSR의 분자항목은 '<u>주택담보대출원리금상환액＋기타 대출의 원리금상환액</u>'이므로 DSR(2020.7에 도입)이 더 강화된 기준이다.

16 보유자산분석에서 순자산 대비 부채비율은 가계의 <u>건전성</u>의 정도를 보여주며, 총자산 대비 순자산비율은 가계의 <u>안정성</u>의 정도를 보여준다.

17 유동성과 환금성은 항시 돈으로 바꿀 수 있는 점은 동일하나, <u>유동성은 원금손실이 없는 것</u>이고 환금성은 원금손실이 발생할 수도 있다.

18 전략개발회의 방법으로는 '토론식, 보고서식, 혼합식'이 있으며. 이 중 <u>혼합식</u>이 가장 많이 사용되고 있다.

19 전략개발회의의 방법에서 혼합식의 경우 먼저 플래너가 전문가에게 데이터분석자료를 통보하고 전문가 동석회의 시 간단한 토론을 통해 조정하는 방식이다.

20 파이낸셜 플래너 본인뿐만 아니라 부문별 전문가들이 회의를 통해 <u>종합적으로 전략을 개발</u>하는 것이 현실성 있는 실천계획이 될 수 있다.

오답노트

04 파이낸셜 플래닝 만족도를 높이기 위해서는 잠재된 <u>고객의 목표(Needs)</u>를 빠짐없이 파악하는 것이 중요하다.
16 보유자산분석에서 순자산 대비 부채비율은 가계의 <u>안정성</u>의 정도를 보여주며, 총자산 대비 순자산비율은 가계의 <u>건전성</u>의 정도를 보여준다.

CHAPTER
02

파이낸셜 플래닝의 기초

1. 자산배분과 경제환경

(1) 경기순환의 특징

① 각 순환과정의 주기와 진폭이 다르게 나타나고, 한 주기 내에서도 <u>확장기가 수축기보다 긴</u> 것이 일반적이다.

② 경기순환은 <u>다양한</u> 경제활동의 순환적 변동을 집약한 것이다(→ 특정 자료만을 보고 판단해서는 안 됨).

③ 모든 개별 경제활동은 동시에 동일한 방향으로 변동하는 것이 아니라, 그 영향이 일정한 시차(Lag)를 두고 다음 단계로 파급된다(→ 생산, 고용, 소득, 소비의 순서로 영향을 미친다).

④ 경기가 확장에서 수축 또는 수축에서 확장국면으로 반전되기 시작하면, 경제 활동은 일정한 방향으로 '<u>누적적인 확대현상</u>'을 보이게 된다(→ 영향이 점점 커져 경기의 흐름이 빨라짐).

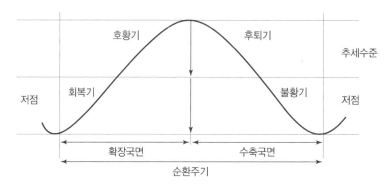

(2) 경기순환의 종류

구분	종류	순환주기	원인
단기	키친파동	2~6년	금리변동, 물가변동, 재고순환, 통화정책
중기	주글라파동	10년 내외	설비투자의 내용연수
장기	콘트라티에프파동	50~60년	기술혁신, 전쟁

(3) 경기예측방법

개별경제지표	종합경기지표	경제심리지표	계량모형
• (생산)광공업생산지수 • (소비)소매판매액지수	• 경기확산지수(DI) • 경기종합지수(CI)	• 기업경기실사지수(BSI) • 소비자태도지수(CSI)	• 구조모형 • 시계열 모형

※ 각 경기분석방법은 나름대로의 한계를 가지고 있기 때문에 현실경기를 분석할 때에는 특정 분석방법에 의존하기보다는 가능한 다양한 분석방법을 사용하여 종합적으로 판단할 필요가 있다.

① 경기종합지수(CI ; Composite Index) → 우리나라 대표적 종합경기지표

　㉠ 개별 경제지표를 통계적으로 가공, 종합하여 전반적인 경기의 움직임을 분석한다.

　㉡ 경기의 변동 방향뿐 아니라 진폭이나 속도까지도 판단할 수 있다.

　㉢ 경기종합지수(CI ; Composite Index)의 구성지표(매월 통계청 발표)

선행종합지수	동행종합지수	후행종합지수
• 재고순환지표 • 경제심리지수 • 건설수주액(실질) • 기계류내수출하지수(선박 제외) • 수출입물가비율 • 코스피 • 장단기금리차	• 광공업생산지수 • 서비스업생산지수(도소매업 제외) • 소매판매액지수 • 내수출하지수 • 건설기성액(실질) • 수입액(실질) • 비농림어업취업지수	• 생산자제품재고지수 • 소비자물가지수변화율(서비스) • 소비재수입액(실질) • 취업자수 • CP유통수익률

② 기업경기실사지수(BSI, 한국은행발표)및 소비자태도지수(CSI)

　㉠ 기업경기실사지수(BSI)

$$= \frac{\text{긍정적 응답업체 수} - \text{부정적 응답업체 수}}{\text{전체 응답업체 수}} \times 100 + 100$$

　㉡ 소비자태도지수(CSI)

$$= \frac{(\text{매우 좋아짐} \times 1 + \text{좋아짐} \times 0.5 + \text{보통} \times 0 + \text{나빠짐} \times 0.5 - \text{매우 나빠짐} \times 1)}{\text{전체 응답업체 수}} \times 100 + 100$$

　㉢ 공통적인 분석

　　• 판단조사는 긍정, 보통, 부정 3점 척도나 5점 척도를 사용하여 긍정응답 비중과 부정응답 비중의 차이로 산출함

　　• 전통적인 계수조사로 포착하기 어려운 정보도 조사 가능

　　• 100이 넘으면 확장국면, 100 미만이면 수축국면

(4) 자산운용과 포트폴리오(→ 목적은 수익을 극대화하는 것이 아니라 위험을 줄이는 것)

① **전략적 자산배분** : 허용 위험이 설정된 다음, 이러한 제약하에서 운용자산의 수익률을 극대화할 수 있도록 자산을 배분하는 것이다. 총 운용금액을 운용대상이 되는 자산군별로 얼마씩 배분할 것인가를 결정한다.

② **전술적 자산배분** : 전략적 자산배분의 상대적인 개념으로, 자산군별로 배분된 투자금액을 가지고 허용위험 한도 내에서 수익률을 극대화할 수 있는 섹터나 종목을 선정하는 '부분 내 자산배분'이다.

PART 01
PART 02
PART 03
PART 04
PART 05
PART 06

2. 경제정책

(1) 재정정책

① 재정의 기능
- ㉠ 자원의 최적 배분 : 자원배분 '독과점, 외부경제/외부불경제' 등의 존재로 자원이 비효율적으로 배분 → 정부가 개입하여 자원의 최적배분을 달성
- ㉡ 경제의 안정화
  - 재량적 재정정책 : 재정지출 규모와 조세 등을 경기 여건에 따라 변동시킴(경기부양책, 경기안정책)
  - 자동안정화기능의 강화 : 재량적 재정정책을 집행할 경우 세금의 증가 또는 감소가 자연스럽게 경기의 과열이나 침체를 완화시켜주는 기능을 말함
- ㉢ 소득재분배 : 누진세 적용, 생활보조금 및 실업보험금 지급, 임대주택 등 공공재 공급

② 재정지출을 위한 재원조달 수단
- ㉠ 조세정책
- ㉡ 국채발생(→ 모자라는 돈은 중앙은행 또는 해외에서 차입하거나, 국채를 발행한다.)

③ 확대재정정책(경기부양)의 효과

재정정책			효과	
지출	조세	재정	투자	고용
억제	증세	흑자	축소	감소
증대	감세	적자	확대	증가

(2) 통화정책

① 목표 : '물가안정 및 금융안정'을 도모함으로써 국민경제의 건전한 발전에 이바지한다.

② 물가안정목표제 : 통화량 등의 중간목표를 두지 않고 최종목표인 '물가안정'을 목표로 설정하여 달성하려는 통화정책이다.

③ 통화의 종류

통화지표	M1				
	M2				
유동성지표	Lf	• 현금 • 요구불 • 수시입출식예금	• 정기예적금 • 발행어음, 표지어음 등 시장성 상품 (만기 2년 미만)	• 만기 2년 이상 금융 상품 • 금융기관 예수금 • 생보사보험계약 준비금	• 정부, 기업 등이 발행한 금융상품 • 국채, 회사채 • 손보사보험계약 준비금
	L				

④ 통화정책(Monetary Policy)의 수단

공개시장조작	통화안정채권 매수 → 시중에 통화공급 증가
중앙은행 여수신제도	중앙은행 대출금리 하락 → 대출규모 증가 → 시중에 통화공급 증가
지급준비금제도	지급준비율 하락 → 시중에 통화공급 증가

3. 경제지표

(1) 환율

① 개요

직접표시법	1\$ = 1,000₩	자국통화표시	지급환율	유럽식	대부분 통화
간접표시법	1₩ = 0.001\$	외국통화표시	수취환율	미국식	일부 통화

㉠ 외국 돈 1단위로 바꾸기 위해 우리 돈을 얼마나 지급해야 하는가? → 지급환율

㉡ 우리 돈 1단위로 외국 돈을 얼마나 받을 수 있는가? → 수취환율

② 환율변화요인

요인	설명
실질이자율 하락	달러가 외국으로 유출 → 달러가치가 높아짐 → 환율 상승
물가 상승	외국물건 구매를 위한 달러가 외국으로 유출 → 달러가치가 높아짐 → 환율 상승
통화량 증가	통화량 증가로 달러의 상대가치가 올라감 → 환율 상승
국제수지 적자	외국에 대한 채무 증가 → 달러가 필요해짐 → 달러가치가 높아짐 → 환율 상승
정치적 불안	자국통화의 약세 → 환율 상승
기술적 요인	한쪽 방향으로 과도하게 움직일 경우 기술적 반등
중앙은행	환율시장이 불안할 경우 개입하여 조절
시장 참여자 예측	환율변동에 중대한 영향

③ 환율변동의 영향

구분	환율 하락(원화 절상)	환율 상승(원화 절하)
수출	수출채산성 악화(수출 감소)	수출채산성 호전(수출 증가)
수입	수입상품가격 하락(수입 증가)	수입상품가격 상승(수입 감소)
국내물가	수입원자재가격 하락(물가 안정)	수입원자재가격 상승(물가 상승)
외자기업	원화환산 외채 감소(원금 상환부담 감소)	원화환산 외채 증가(원금 상환부담 증가)
국제자본이동	하락 예상 시 자본 유입	상승 예상 시 자본 유출

(2) 물가

① 개요

㉠ 물가 : 대상 품목의 가격을 가중평균한 종합적인 가격수준

㉡ 물가지수 : 해당연도의 물가수준을 기준연도의 물가수준으로 나누어 100을 곱한 것

㉢ 주요 물가지수

- 소비자물가지수(CPI) : 가계에서 소비하는 상품과 서비스의 평균적인 가격변동 측정(통계청)
- 생산자물가지수(PPI) : 국내생산자가 공급하는 상품 및 서비스의 가격변동 측정(한국은행)
- 수출입물가지수 : 수출입상품의 가격변동 측정(한국은행)

② 인플레이션의 효과

㉠ 물가 상승 → 실질소득 감소 및 기업의 생산비용 증가 → 근로의욕 감퇴 및 기업투자 위축

㉡ 물가 상승 → 금융자산가치 하락 → 금융자산 보유자(주로 가계)의 손실 & 채무자(주로 기업이 나 정부)의 채무부담 감소로 이득

㉢ 국내물가 상승 → 해외물가의 상대적 하락 → 수출 감소 & 수입 증가 → 경상수지 악화

PART
01

PART
02

PART
03

PART
04

PART
05

PART
06

③ 물가변동요인

수요/공급요인		비용요인
수요요인	공급요인	
통화량, 소득, 소비성향, 인플레이션 기대심리	생산기술, 설비투자, 수출입, 자연조건	원자재가격, 임금, 환율, 세금, 금융비용 등 각종 비용

(3) 국민소득

① 국내 총생산(GDP)과 국민 총소득(GNI)
  ㉠ 국내 총생산(GDP) : 한 국가 내 가계, 기업, 정부 등 모든 경제주체가 일정 기간 새롭게 생산한 재화 및 서비스의 가치를 시장가격으로 평가하여 합산한 것
  ㉡ 국민 총소득(GNI) : 한 국가의 국민이 국내외 생산활동에 참여한 대가로 받은 소득의 합계
  ㉢ GNI = GDP ± 국외순수취요소소득[= (+)국외수취요소소득 (−)국외지급요소소득]
    ※ 국외순수취요소소득 : 자국민(거주자)이 국외로부터 받은 소득(국외수취요소소득)은 포함되는 반면에, 국내총생산 중에서 외국인(비거주자)에게 지급한 소득(국외지급요소소득)은 제외한다.

② 명목국민소득과 실질국민소득
  ㉠ 명목국민소득 : 그 해의 생산물에 그 해의 가격을 곱하여 산출 → 변동은 생산물의 수량과 가격 변동분이 혼재되어 나타남
  ㉡ 실질국민소득 : 각 상품이나 항목별로의 지수기준년의 명목금액에 그 해까지의 연쇄물량지수를 곱하여 산출 → 변동은 생산물수량의 변동만을 나타냄

③ 잠재 GDP의 정의
  ㉠ 실제 GDP에 대응되는 개념으로서 노동과 자본 등의 생산요소를 완전히 고용하여 달성할 수 있는 최대 GDP를 말하며, 자연실업률 상태하에서의 GDP를 의미
  ㉡ 추가적인 인플레이션 압력을 유발하지 않고 달성할 수 있는 GDP를 말하며, 실업률 제로 상태를 말하는 것은 아님

④ GDP갭(= 실제 GDP − 잠재 GDP)의 해석

GDP갭>0인 경우	GDP갭<0인 경우
경기가 잠재 GDP를 상회하므로 경기가 **과열**된 상태	경기가 잠재 GDP를 하회하므로 경기가 **침체**된 상태

⑤ 경제성장률 : GDP 성장률 = [(금년도 **실질 GDP** − 전년도 **실질 GDP**)/ 전년도 **실질 GDP**] × 100
⑥ 구매력평가환율(PPP) : 국가 간 화폐의 교환비율이라기보다는 자국화폐의 실질구매력을 나타내는데, 국가 간 물가수준 차이를 고려하여 GDP 등의 통계를 국가 간 비교하는 데 사용된다.

(4) 금리

① 금리란 돈을 빌린 데 대한 대가로 지불하는 자금의 가격이다.
② 금리의 기능
  ㉠ 자금배분기능 : 자금을 필요한 부문에 적절히 배분해 주는 역할을 수행한다.
  ㉡ 경기조절기능 : 금리는 가계의 저축, 기업가의 투자활동, 물가수준, 국가 간의 자금흐름 등 국민경제 전반에 영향을 미치므로 정책당국은 바람직한 금리수준으로 유도한다.

(5) 국제수지표

① 국제수지(BOP ; Balance of payments)란 일정 기간 동안(유량의 개념) 자기 나라와 다른 나라 사이에 일어난 모든 경제적 거래를 종합적으로 기록한 통계표이다(달러로 표시).

② 국제수지표의 구성

경상계정	상품수지	상품의 수입 및 수출
	서비스수지	운송, 여행, 보험서비스, 기타 서비스 등
	본원소득수지	급료 및 임금, 투자소득
	이전소득수지	무상이전
자본 및 금융계정	자본수지	자본이전, 비생산 · 비금융자산
	금융계정	직접투자, 증권투자, 파생상품투자, 기타투자, 준비자산
오차와 누락		

ⓧ 국제수지표상의 수출입수지(상품수지)와 관세청에서 발표하는 수출입수지(무역수지)는 일치하지 않음(→ 관세청은 우리나라 관세선을 통과하면 수출입으로 계산하지만, 국제수지표는 상품의 소유권이 이전되어야 수출입으로 계산하는 기준상 차이로 인해 발생함)

ⓛ 경상수지가 흑자가 되면 국민소득이 증대되고, 고용이 확대되며, 벌어들인 돈으로 외화채무를 상환할 수도 있으므로 가장 중요함

ⓒ 국제수지표에서는 이렇게 거래에서 발생한 외환보유액의 변동을 금융계정의 준비자산의 항목에 별도로 표시하고 있음

ⓔ 해외자금이 국내 유입되어 주식투자를 하면 자본 및 금융계정이 증가하고, 보유주식으로부터 배당금을 지급받아 본국에 송금하였다면 이는 경상계정내의 본원소득수지에서 차감됨

TOPIC 02 화폐의 시간가치에 대한 이해

1. 화폐의 시간가치

일반적으로 기업의 재무의사결정은 현재 시점에서 이루어지는 반면, 그에 따른 현금흐름은 미래 여러 기간에 걸쳐 실현된다. 그런데 동일한 금액이라도 발생 시점에 따라 화폐의 가치가 달라지므로 서로 다른 시점에서 발생하는 현금흐름을 비교할 때에는 동일한 시점의 가치로 환산해서 비교하여야 한다. 따라서 화폐의 시간가치는 재무의사결정에서 매우 중요한 개념이다.

2. 일시금의 현재가치, 미래가치

① 현재가치(PV ; Present Value) : 미래의 일정 금액을 현재 시점에서 평가한 가치로서 미래의 일정 금액과 동일한 가치인 현재의 금액을 말한다.

② 미래가치(FV ; Future Value) : 현재 시점에 발생한 현금을 미래시점의 가치로 환산한 것을 말한다.

PART 01

PART 02

PART 03

PART 04

PART 05

PART 06

3. 연금의 현재가치, 미래가치

① 연금의 현재가치(PVA ; Present Value of Annuity) : 미래 일정 기간 동안 매년 일정 금액을 받는 경우 미래에 받게 될 금액들 전체의 현재가치를 말한다.

② 연금의 미래가치(FVA ; Future Value of Annuity) : 동일한 현금흐름이 일정 기간 계속하여 매기 반복 발생할 경우 매 기간 현금흐름의 미래가치를 모두 합한 금액을 말한다.

4. 재무계산기 사용법

[N]	[I/Y]	[PV]	[PMT]	{PV}
복리의 횟수	복리수익률(할인율)	현재가치	적립금(연금)	미래가치

※ 인터넷을 활용하여 계산기 사용법을 배우고, 익숙하게 다루기 위해 위의 4가지 case를 반복 연습할 것

TOPIC 03   고객상담의 기초

1. 고객의 분류

기존고객 (만족/불만족고객)	• 만족고객에게는 포트폴리오의 관리가 가장 중요하며, 포트폴리오의 변화를 가져올 수 있는 변수에 대해 많은 관심을 기울여야 함 • 불만족 고객에게는 고객불만사항이 인지되었을 때 무리하게 서비스를 진행하기보다는 그때그때 불만사항을 처리하고 난 이후 다음 과정으로 진행하는 것이 좋음
잠재고객 (가망고객)	• 서두르지 않고 지속적인 니즈환기를 시킬 필요가 있음 • FP로서는 처음부터 많은 서비스를 제공하기보다는 '은퇴나 교육 혹은 세금설계'와 같이 특화된 서비스를 제공하는 것이 좋음
신규고객	• 가능하면 고객의 주장이나 의견을 최대한 들어주어야 함 • 아직 고객과의 신뢰관계가 형성되지 않은 상태에서 일방적인 파이낸셜 플래너의 주장이나 고객을 가르치려는 태도는 좋지 않음
휴면고객	관리가 가장 어려운 대상이지만 파이낸셜 플래닝 서비스에 대해 완전히 부정적이지 않기 때문에 다시 고객으로 활성화시킬 가능성은 존재함

2. 고객과의 원만한 관계유지를 위한 예절 및 매너

외모	고객은 최초 접촉시점의 인상을 기초로 판단하는 경향이 있음
능력	고객의 신뢰를 얻는 가장 중요한 방법은 자신의 능력을 높이는 것
태도	고객의 문제를 해결할 수 있다는 마음을 가지고 고객의 입장에서 생각해야 함

3. 고객중심상담

(1) 고객상담의 포인트

고객의 신뢰 구축	• 일단 고객의 신뢰를 얻게 된다면 상품판매성과는 저절로 높아짐 • 세일즈프로세스나 상품특성은 부차적이라고 볼 수 있음
고객 알기	세일즈의 첫 단계는 고객을 바로 아는 것임
호기심의 위력	고객을 제대로 이해하기 위해서는 많은 시간이 아닌 고객에 대한 '호기심의 정도'가 필요
훌륭한 질문	고객에게 필요한 것은 그냥 질문이 아니라 마음을 움직일 수 있는 훌륭한 질문임
현재 니즈 이끌어 내기	고객의 잠재니즈를 현재니즈로 끌어내야 세일즈를 성공시킬 수 있음

(2) 신뢰에 대한 오해와 진실

오해	진실
신뢰는 부드럽다.	신뢰는 강하다.
신뢰는 느리게 형성된다.	신뢰는 빠르게 형성된다.
신뢰는 오로지 정직에 기반한다.	신뢰는 정직과 능력에 기반한다.
한 번 잃은 신뢰는 회복할 수 없다.	힘들긴 하지만 더 많은 경우 신뢰는 회복할 수 있다.
신뢰를 가르칠 수 있는 것이 아니다.	신뢰는 학습된다.

PART
01

PART
02

PART
03

PART
04

PART
05

PART
06

01 경기순환의 특징에서 각 순환과정의 주기와 진폭이 다르게 나타나고, 한 주기 내에서도 <u>확장기가 수축기보다 긴 것</u>이 일반적이다.

02 경기가 확장에서 수축 또는 수축에서 확장국면으로 반전되기 시작하면, 경제 활동은 일정한 방향으로 '<u>누적적인 확대현상</u>'을 보이게 된다.

03 금리변동, 물가변동, 재고순환, 통화정책은 <u>단기파동</u>이며 <u>키친파동</u>이라고 한다.

04 경기종합지수(CI ; Composite Index)는 우리나라 <u>대표적 종합경기지표</u>이며, 개별 경제지표를 통계적으로 가공, 종합하여 전반적인 경기의 움직임을 분석한다.

05 재고순환지표 경제심리지수 건설수주액(실질)은 <u>선행종합지수</u>에 해당하고, 광공업생산지수, 서비스업생산지수, 소매판매액지수는 <u>후행종합지수</u>에 해당한다.

06 기업경기실사지수(BSI, 한국은행발표)및 소비자태도지수(CSI)의 경우 판단조사는 <u>긍정, 보통, 부정 3점 척도나 5점 척도</u>를 사용하여 긍정응답 비중과 부정응답 비중의 차이로 산출하는데, 100이 넘으면 <u>확장국면</u>, 100 미만이면 <u>수축국면</u>이다.

07 전략적 자산배분이란 허용 위험이 설정된 다음, 이러한 제약하에서 운용자산의 수익률을 극대화할 수 있도록 자산을 배분하는 것이다. 총 운용금액을 운용대상이 되는 <u>자산군별로 얼마씩 배분</u>할 것인가를 결정하는 일이다.

08 전술적 자산배분이란 전략적 자산배분의 상대적인 개념으로, 자산군별로 배분된 투자금액을 가지고 허용위험 한도 내에서 수익률을 극대화할 수 있는 섹터나 종목을 선정하는, '<u>부분 내 자산배분</u>'이다.

09 자동안정화기능이란 재량적 재정정책을 집행할 경우 세금의 증가 또는 감소가 자연스럽게 경기의 <u>과열이나 침체를 완화시켜주는 기능</u>을 말한다.

10 재정지출을 위한 재원조달 수단은 '<u>조세정책과 국채발행</u>'이며, 재정의 기능은 '<u>자원의 최적 배분, 경제의 안정화, 소득재분배</u>'이다.

11 통화정책(Monetary Policy)의 수단으로는 '<u>공개시장조작, 중앙은행 여수신제도, 지급준비금제도</u>'가 있다.

12 우리나라의 통화정책은 통화량, 이자율 등의 <u>중간목표</u>를 두지 않고, 직접 물가상승을 목표로 관리한다.

13 CD, RP, 발행어음 등은 수시입출금기능은 없지만 유동성이 좋은 상품은 M2(광의 통화)에 속한다.

14 실질이자율이 상승하면 달러가 외국으로 유출되고, 그 결과 달러가치가 높아짐에 따라 환율 상승이 상승하게 된다.

15 국제수지가 적자가 되면 외국에 대한 채무가 증가하여 달러가 필요해지고 달러가치가 높아져 환율이 상승한다.

16 인플레이션의 효과로서 '물가 상승 → 실질소득 감소 및 기업의 생산비용 증가 → 근로의욕 감퇴 및 기업투자 위축'이 일어난다.

17 소비자물가지수(CPI)는 가계에서 소비하는 상품과 서비스의 평균적인 가격변동을 측정하며 통계청에서 발표하고, 생산자물가지수(PPI)는 국내생산자가 공급하는 상품 및 서비스의 가격변동을 측정하여 한국은행에서 발표한다.

18 원자재가격, 임금, 환율, 세금, 금융비용 등은 비용요인(Cost Push)의 물가변동요인이 된다.

19 실질국민소득은 각 상품이나 항목별로의 지수기준년의 명목금액에 그 해까지의 연쇄물량지수를 곱하여 산출하며, 변동은 생산물수량의 변동만을 나타낸다.

20 잠재 GDP는 실제 GDP에 대응되는 개념으로서 노동과 자본 등의 생산요소를 완전히 고용하여 달성할 수 있는 최대 GDP를 말하며, 자연실업률 상태하에서의 GDP를 의미한다.

21 국가 간 화폐의 교환비율이라기보다는 자국화폐의 실질구매력을 나타내는데, 국가 간 물가수준 차이를 고려하여 GDP 등의 통계를 국가 간 비교하는 데 사용되는 환율은 구매력평가환율(PPP)이다.

22 금리의 기능은 '자금배분기능과 경기조절기능'이며, 금리는 가계의 저축, 기업가의 투자활동, 물가수준, 국가 간의 자금흐름 등 국민경제 전반에 영향을 미치므로 정책당국이 바람직한 금리수준으로 유도한다면 이는 '경기조절기능'이다.

23 국제수지표상의 수출입수지(상품수지)와 관세청에서 발표하는 수출입수지(무역수지)는 일치하지 않는다(→ 관세청은 우리나라 관세선을 통과하면 수출입으로 계산하지만, 국제수지표는 상품의 소유권이 이전되어야 수출입으로 계산하는 기준상 차이에 인해 발생함).

24 경상수지가 흑자가 되면, 국민소득이 증대되고, 고용이 확대되며, 벌어들인 돈으로 외화채무를 상환할 수도 있으므로 가장 중요하다.

25 국제수지표에서는 이렇게 거래에서 발생한 외환보유액의 변동을 금융계정의 <u>외환보유고</u>의 항목에 별도로 표시하고 있다.

26 잠재고객(가망고객)의 경우 서두르지 말고 지속적인 니즈환기를 시킬 필요가 있고, FP로서는 처음부터 많은 서비스를 제공하기보다는 '<u>은퇴나 교육 혹은 세금설계</u>'와 같이 특화된 서비스를 제공하는 것이 좋다.

27 고객과의 원만한 관계 유지를 위해 갖추어야 할 3가지는 '<u>외모, 능력, 태도</u>'이다.

오답노트

05 재고순환지표 경제심리지수 건설수주액(실질)은 <u>선행종합지수</u>에 해당하고, 광공업생산지수, 서비스업생산지수, 소매판매액지수는 <u>동행종합지수</u>에 해당한다.

14 실질이자율이 <u>하락</u>하면 달러가 외국으로 유출되고, 그 결과 달러가치가 높아짐에 따라 환율 상승이 상승하게 된다.

25 국제수지표에서는 이렇게 거래에서 발생한 외환보유액의 변동을 금융계정의 <u>준비자산</u>의 항목에 별도로 표시하고 있다.

CHAPTER 03 종합재무설계

PART
01

PART
02

PART
03

PART
04

PART
05

PART
06

TOPIC 01 종합재무설계 기초지식

1. 증식플랜

(1) 투자의 필요성

저금리 상황에 기대수익률을 높일 수 있는 투자상품에 대한 관심도가 높아질 수밖에 없다.

(2) 투자와 위험

투자란 미래의 불확실한 부를 얻기 위하여 현재의 부를 희생시키는 것이다. 미래의 불확실성을 추구하기 때문에 다음의 3가지 위험이 도사리고 있다.

① 과연 안정적으로 투자원금을 회수할 수 있는가? → 안정성의 문제
② 과연 높은 수익이 보장될 수 있는가? → 수익성의 문제
③ 과연 돈이 긴급하게 필요할 때 회수할 수 있는가? → 환금성의 문제

(3) 체계적 위험 vs 비체계적 위험

체계적 위험 (분산 불가능 위험)	• 경기침체나 유가 급등 등 증권시장 전체에 영향을 미치는 커다란 위험 • 포트폴리오를 아무리 다양화해도 축소 내지 제거되지 않는 위험 **예** 이자율 위험, 재투자 위험, 환율 위험, 구매력 위험, 시장 위험 등
비체계적 위험 (분산 가능 위험)	• 시장전반의 움직임과 상관없이 특정 개별주식에 한정된 위험 • 포트폴리오 다양화를 통해 축소 내지 제거될 수 있는 위험 **예** 사업 위험, 재무 위험, 유동성 위험, 국가 위험 등

(4) 주요 위험 측정방법

측정방법	설명
표준편차	• 평균을 벗어난 정도를 말함 • 표준편차는 σ(sigma)로 표시
공분산	• 두 자산의 수익률이 서로 어느 정도 관련성이 있는지 추정(음수이면 반대 방향, 양수이면 같은 방향) • 값의 제한이 없으므로, 상관계수를 주로 사용
상관계수	• 두 자산의 수익률의 관련성을 추정함($-1 \sim +1$) • $\rho_{12} = \dfrac{cov_{12}}{(\sigma_1 \times \sigma_2)}$ • 상관계수(roh) 1, 2 = 1, 2의 공분산/(1의 표준편차×2표준편차)

베타계수	• 시장수익률이 변화할 때, 펀드수익률이 얼마만큼 변화했는가를 나타내는 지표 • $\beta = \left(\dfrac{\sigma_i}{\sigma_m}\right) \times \rho_{im}$ • 베타＝(종목수익률표준편차/시장수익률표준편차)×시장&종목의 상관계수
위험조정 성과지수	• 샤프지수 : 수익률을 위험으로 나누어 위험(표준편차) 한 단위당 수익률을 구함 • 젠센의 알파 : 특정 펀드가 기대수익률 대비 얼마나 초과했는지를 나타내는 지표(개별종목 선정에 대한 펀드매니저 능력) • 젠센의 알파는 종목 선택정보와 시장예측정보를 정확히 구분하지 못한다는 단점이 있음

(5) 자산운용과 자산배분

① 자산배분 분류방법

　㉠ 현금성 자산 : 현금 및 현금 등가물

　㉡ 채권 : 국내단기채권, 국내 장기채권, 해외채권

　㉢ 주식 : 국내대형주, 국내소형주, 해외 대형주, 해외소형주, 헷지투자

　㉣ 부동산 : 국내부동산, 해외부동산

② 포트폴리오 구성전략

모델 포트폴리오 전략	투자상품 공급업자가 만들어 놓은 자산배분을 그대로 활용하는 것(→ 개인별 최적화가 부족)
직관적 판단	전문가의 직관적 판단에 의해 포트폴리오 구성(예 90% 직관, 10% 분석) (→ 결과에 대한 원인 분석이 어려움)
복합 시나리오 분석	다양한 시나리오를 세우고, 가장 가능성이 높은 시나리오를 선택하는 방법(→ 과정이 복잡하고, 장기플랜에는 설명력이 떨어짐)
수학적 최적화 프로그램	고객의 목표와 조건을 통합할 수 있는 편리한 구조이며, 정확성이 높음(→ 사용이 어렵고, 입력값이 많아 오류 발생 가능)

(6) 수익률 계산

보유기간 수익률	• 자산, 포트폴리오를 일정 기간 동안 보유하여 얻은 총 수익률 • 투자기간이 다른 경우 연평균 보유기간 수익률 비교 가능
산술평균과 기하평균	• 산술평균 : 다년간의 연간수익률을 연수로 나누어 구함(→ 미래 예상수익률에 용이) • 기하평균 : (최종투자자금/최초투자자금)$^{1/n}$(→ 과거 보유기간 수익률에 적합)
가중평균 수익률	포트폴리오 전체의 수익률을 나타낼 때는 가중평균 수익률(가중수익률의 합을 사용(→ 가중수익률＝투자비중×연간수익률)
기대수익률	• 특정 사건이 일어날 확률에 그 사건이 일어날 경우 예상되는 수익률을 곱하고, 모든 경우의 수를 합하여 산출 • 기대수익률＝(A확률×예상수익률)＋(B확률×예상수익률)＋(C확률×예상수익률) [A확률＋B확률＋C확률＝100%]

2. 승계플랜

(1) 상속과 상속순위

① 상속세와 증여세

구분	상속세	증여세
과세방법	유산세방식 (금액 전체에 과세하여 지분별로 배분)	유산취득세방식
과세대상	• 피상속인이 거주자 → 국내외 소재 상속재산 • 피상속인이 비거주자 → 국내 소재 상속재산	• 수증자가 거주자 → 국내외 소재 증여재산 • 수증자가 비거주자 → 국내 소재 증여재산
납세의무자	상속인	수증자

② 상속순위

순위	상속인	상속인 CASE	법정상속분
1순위	직계비속과 배우자	항상 상속인	배우자 1.5 : 직계비속 1.0
2순위	직계존속과 배우자	직계비속이 없는 경우	배우자 1.5 : 직계존속 1.0
3순위	형제자매	1, 2순위가 없는 경우	균등 분할
4순위	4촌 이내 방계혈족	1, 2, 3순위가 없는 경우	균등 분할

ㄱ 지정상속분 VS 법정상속분 : 피상속인의 유언에 의하여 공동상속인의 상속분을 지정할 수 있는데 이를 지정상속분이라 하며, 지정상속분은 법정상속분에 우선하여 적용하지만 다른 공동상속인의 유류분을 초과하여 지정하였을 경우 침해받은 유류분 권리자는 반환청구를 할 수 있음

ㄴ 유류분 비율은 상속인이 피상속인의 직계비속이거나 배우자인 경우 법정상속분은 1/2이며, 직계존속인 경우는 법정상속의 1/3

(2) 유언제도

① 유언이란 사람이 죽은 뒤의 법률관계를 정하려는 생전의 최종적 의사표시로서 유언자의 사망으로 효력이 발생한다.

② 유언의 종류에는 '자필증서, 공정증서, 녹음, 비밀증서, 구수증서'가 있다.

ㄱ 자필증서 : 증인은 불필요하나, 가정법원에서 유언요건에 대한 검인절차가 필요

ㄴ 공정증서 : 법원에서 검인절차는 불필요하지만, 비용이 발생하고, 유언의 존재 및 내용이 공개됨

(3) 상속의 승인과 포기

단순승인	제한없이 피상속인의 권리의무를 승계함
한정승인	취득할 재산의 한도 내에서 피상속인의 채무를 변제할 것을 조건으로 상속함
상속포기	• 상속개시가 있음을 안 날로부터 3개월 내에 가정법원에 상속포기신고를 해야 함 • 상속인의 권리의무는 당연히 승계되지 않음

(4) 상속재산평가 원칙

① 시가평가가 원칙이다.

② 상속개시일 전후 6개월, 증여취득일 '전 6개월~후 3개월 내'의 기간 중 '매매, 감정, 수용, 경매 등'이 있고 그 가액의 시가성이 있으면 시가로 인정한다.

PART 01

PART 02

PART 03

PART 04

PART 05

PART 06

(5) 보충적 평가(→ 시가 산정이 어려운 경우)

① 유형자산 : 토지, 건물 등

구분	보충적 평가방법
토지	• 일반지역 : 개별공시지가 • 국세청장 지정지역 : 개별공시지가×국세청장이 정하는 비율
건물	건물의 신축가격, 구조, 용도, 위치, 신축연도 등을 참작한 국세청 고시가격
오피스텔	국세청장이 토지와 건물가액을 일괄하여 산정 고시한 가격
주택	• 「부동산 가격공시 및 감정평가에 관한 법률」에 의한 개별주택가격 및 공동주택 가격 • 다만 공동주택의 경우 국세청장이 결정 고시한 가격이 있는 때에는 그 가격
부동산취득권리	평가기준일까지 불입한 금액과 평가기준일 현재 프리미엄 금액합계액. 단, 국세청 양도소득세 기준시가 평가액이 있는 경우 당해 가액
임대차계약이 체결된 자산	Max(토지와 건물의 보충적 평가의 합, 임대보증금+1년 임대료/12%)

② 유가증권

㉠ 상장주식 : 평가기준일 직전, 직후 각 2개월간의 매일 종가의 평균액

㉡ 비상장주식

일반법인	(1주당 손익가치×3+1주당 순자산가치×2)/5
부동산 과다 법인	(1주당 손익가치×2+1주당 순자산가치×3)/5 → 단, 최소 순자산가치의 80% 이상이 되어야 함

4. 상속세 계산(→ 상속개시일이 속한 달의 말일로부터 6개월 내 신고납부)

(1) 상속세 계산

본래 상속재산(A)	피상속인에게 귀속되는 재산으로 금전으로 환가할 수 있는 모든 물건과 재산적 가치가 있는 권리(민법상 상속재산, 유증재산, 사인증여재산, 특별연고자분여재산)
간주상속재산(B)	상속증여세법의 요건에 따라, 상속재산에 포함하는 것(→ 보험금, 신탁재산, 사망 관련 퇴직금·위로금 등)
추정상속재산(C)	상속개시인 1년 이내 2억, 2년 이내 5억원 이상[처분 내지 채무 부담] & 현금, 예금 및 유가증권, 부동산 등&사용용도를 밝히지 못하는 금액
합산증여재산(D)	• 상속개시인 10년 이내 상속인에게 증여한 재산 • 상속개시일 5년 이내 비상속인에게 증여한 재산
과세가액 공제금액(E)	공과금, 장례비용(1천만원 한도, 납골비용 500만원 추가), 채무 등
일괄공제(F)	'기초공제 2억원+그 밖의 인적공제액' 또는 '5억원 일괄공제' 선택(→ 배우자 단독 상속 시 일괄공제 5억원 적용 불가)
산출세액	과세표준금액[(A+B+C+D)−E−F]×세율(10~50%)
신고세액공제	법정신고기간(6개월) 이내 신고한 경우 3% 공제

(2) 가산세

무신고 및 과소신고	• 일반 무신고 : 무신고 납부액세액×20% • 부정 무신고 : 무신고 납부세액×40% • 일반 과소신고 : 과소신고 납부세액×10% • 부정 과소신고 : 과소신고 납부세액×40%
납부지연	(미달액, 초과환급세액)×미납(초과환급)기간×이자율(2.2/10000)

01 경기침체나 유가 급등 등 증권시장 전체에 영향을 미치는 커다란 위험, 포트폴리오를 아무리 다양화해도 축소 내지 제거되지 않는 위험을 <u>체계적 위험</u>이라 한다.

02 사업 위험, 재무 위험, 유동성 위험, 국가 위험 등은 <u>비체계적 위험</u>이다.

03 시장수익률이 변화할 때, 펀드수익률이 얼마만큼 변화했는가를 나타내는 지표는 <u>베타</u>이다.

04 수익률을 위험으로 나누어 위험(표준편차) 한 단위당 수익률을 구하는 위험조정성과지수를 <u>샤프지수</u>라 한다.

05 포트폴리오 구성전략 중 투자상품 공급업자가 만들어놓은 자산배분을 그대로 활용하는 것을 <u>모델 포트폴리오 전략</u>이라 한다.

06 (최종투자자금/최초투자자금)$^{1/n}$ -1이 수익률 산식이며, 과거 보유기간 수익률에 적합한 수익률은 <u>기하평균수익률</u>이다.

07 특정 사건이 일어날 확률에 그 사건이 일어날 경우 예상되는 수익률을 곱하고, 모든 경우의 수를 합하여 산출하는 수익률은 <u>기대수익률</u>이다.

08 과세방법에 있어서 상속세는 <u>유산취득세방식</u>을 증여세는 <u>유산세방식</u>을 취한다.

09 유류분 비율은 상속인이 피상속인의 직계비속이거나 배우자인 경우 법정상속분은 <u>1/2</u>이며, 직계존속이거나 형제자매인 경우는 법정상속의 <u>1/3</u>이다.

10 유언제도에서 공정증서의 경우 법원에서 검인절차는 불필요하지만, 비용이 발생하고, <u>유언의 존재 및 내용이 공개</u>된다는 문제가 있다.

11 상속의 포기를 하기 위해서 상속개시가 있음을 안 날로부터 <u>3개월 내에</u> 가정법원에 상속포기신고를 해야 한다.

12 시가 산정이 어려워 보충적 평가방법을 적용하는 데 있어서 임대차계약이 체결된 자산은 'Max(<u>토지와 건물의 보충적 평가의 합, 임대보증금+1년 임대료/12%</u>)'로 평가한다.

13 비상장주식의 평가방법은 '(1주당 손익가치×3+1주당 순자산가치×2)/5'이나, 부동산과다법인은 '(1주당 손익가치×2+1주당 순자산가치×3)/5'으로 평가한다. 단, 최소 순자산가치의 80% 이상이 되어야 한다.

14 보험금, 신탁재산, 사망 관련 퇴직금·위로금 등은 상속증여세법의 요건에 따라, '본래의 상속재산'으로써 상속재산에 포함한다.

오답노트

08 과세방법에 있어서 상속세는 유산세방식을 증여세는 유산취득세방식을 취한다.
14 보험금, 신탁재산, 사망관련 퇴직금·위로금 등은 상속증여세법의 요건에 따라, '간주상속재산'으로써 상속재산에 포함한다.

PART
01

PART
02

PART
03

**PART
04**

PART
05

PART
06

PART 04	출제예상문제

01 다음은 파이낸셜 플래닝의 기대효과에 대한 설명이다. 옳지 않은 것은?

① 개인의 신용도를 높여 준다.

② 재무목표를 달성하게 해 준다.

③ 삶의 질을 빠르게 향상시켜 준다.

④ 재무적인 위험으로부터 가정을 보호해 준다.

해설 | 삶의 질을 점진적으로 향상시켜 준다.

02 다음은 정보수집 시의 유의사항에 대한 설명이다. 옳지 않은 것은?

① 지출을 소비지출과 비소비지출로 구분한다.

② 반드시 정보수집, 작성날짜를 기록할 필요는 없다.

③ 예산이 익숙치 않은 한국의 현실에서 예산 수립은 논외로 해도 무방하다.

④ 우리나라에서는 금융자산의 만기가 짧은 편이어서 자연스럽게 비상생활자금으로 활용이 가능하다.

해설 | 일반정보 작성의 경우, 정보수집 및 작성날짜를 반드시 기록하여 시간에 따른 변동을 파악한다(자녀 나이, 학교, 결혼 등).

03 다음은 파이낸셜 플래닝의 정보수집에 관한 설명이다. 옳지 않은 것은?

① 한국적 현실에서 예산 수립은 논외로 해도 무방하다.

② 주거용 부동산, 사용자산은 투자자산에서 제외한다.

③ 사용자산의 구입은 수익적 지출이므로 감가상각하지 않는다.

④ 카드사용금액은 직불카드와 체크카드를 제외하고 부채로 인식한다.

해설 | 사용자산의 구입은 자본적 지출이므로 감가상각을 반영한다.

정답 ▶ 01 ③ 02 ② 03 ③

04 다음 중 고객의 목표 파악 시에 포함되어야 할 5대 자금에 해당하지 않는 것은?

① 결혼자금

② 본인교육비

③ 주택마련자금

④ 생활보장자금

해설 | 고객의 목표 파악 시에 포함되어야 할 5대 자금은 '결혼자금, 주택마련자금, 자녀교육비, 생활보장자금, 노후생활자금'이다.

05 고객의 정보를 수집하는 방법으로 '설문지 활용, FP와의 면담, 정보기술 활용'이 있다. 이때 FP와의 면담에 대한 설명이 아닌 것은?

① 시간과 노력이 적게 투입된다.

② 정보제공의 오류를 최소화할 수 있다.

③ 면담은 사전에 DM, TM을 거치는 것이 좋다.

④ 지나친 정보획득 노력이 고객불만으로 이어질 수 있다.

해설 | 면담은 상대적으로 시간과 노력이 많이 투입되는 단점이 있다.

06 재무의사결정에 영향을 미치는 주요 경제지표로서 고객과 공유해야 할 3가지 지표에 해당하지 않는 것은?

① 물가상승률

② 통화증가율

③ 기대수익률

④ 위험선호도

해설 | 고객공유 3가지 지표

물가상승률	장기플랜에는 반드시 물가상승률을 고려해야 함
기대수익률	위험프리미엄방식을 사용하여 자산의 기대수익률을 구함
위험선호도	위험선호도를 유형화, 고정화하는 것은 바람직하지 않음

07 무위험수익률이 2%이고, 기대인플레이션이 3%일 때, A회사채의 위험프리미엄이 3%라면 A회사채의 기대수익률은?

① 6%

② 7%

③ 8%

④ 9%

해설 | 기대수익률은 '무위험수익률(CD91일물)＋물가상승률＋위험프리미엄'이다. 따라서, 회사채의 기대수익률은 2%＋3%＋3%＝8%이다.

08 지출은 소비지출과 비소비지출로 구분한다. 다음 묶음 중 옳지 않은 것은?

① 집세, 수도광열비 → 고정성 소비지출
② 문화생활비, 외식비 → 변동성 소비지출
③ 국민연금, 교육비 → 고정성 소비지출
④ 세금공과금 대출이자 → 비소비지출

해설 | 소비지출과 비소비지출

구분		종류
비소비지출		공과금, 대출금이자, 세금, 국민연금, 건강보험료, 기부금 등
소비지출	고정성 지출	집세, 수도광열비, 주식비, 보장성 보험료, 교육비 등
	변동성 지출	문화생활비, 외식비, 교통통신비

09 다음은 자산부채상태표와 개인현금수지표에 대한 설명이다. 옳지 않은 것은?

① 자산은 작성시점의 시장가격으로 표시한다.
② 자본적 지출의 경우 순자산변동은 없다.
③ 수입의 항목은 근로/사업소득, 투자소득, 기타소득으로 구분한다.
④ 유동성 자산과 투자자산의 구분은 만기 12개월을 기준으로 한다.

해설 | 유동성 자산(CD, RP, MMDA 등)과 투자자산(ELS, ETF, 펀드)의 구분은 <u>만기 6개월</u>을 기준으로 한다.

10 다음은 자산부채상태표의 구성항목에 대한 설명이다. 옳지 않은 것은?

① MMDA는 유동성 자산이다.
② 저축성 보험 및 연금은 투자자산이다.
③ 보장성 보험은 위험관리자산이다.
④ 미술품 및 골동품의 사용자산이다.

해설 | 공적연금, 퇴직연금, 개인연금, 기타연금은 은퇴자산에 해당한다.

11 다음 중 자산부채상태표상의 사용자산에 해당하는 항목이 아닌 것은?

① 주택
② 자동차
③ 토지 및 임야
④ 전월세 임차보증금

해설 | 사용자산은 고객이 살고 있는 주택, 전월세 임차보증금, 자동차, 골프회원권, 휴양용 부동산 및 보석, 골동품, 일정한 가치가 있는 회화 등의 예술품 등을 말한다. 토지 및 임야는 투자자산에 해당된다.

정답 04 ② 05 ① 06 ② 07 ③ 08 ③ 09 ④ 10 ② 11 ③

PART 01
PART 02
PART 03
PART 04
PART 05
PART 06

12 소득이 600만원, 비소비지출이 100만원, 소비지출이 400만원일 때 평균소비성향은 얼마인가?

① 60%

② 70%

③ 80%

④ 90%

해설 | • 가처분소득 = 600만원 − 100만원 = 500만원
　　　• 평균소비성향 = 400만원/500만원 = 80%
　　　• 흑자율 = 100만원/500만원 = 20%

13 다음은 보유자산의 분석과 진단에 관한 설명이다. 옳지 않은 것은?

① 가계의 건전성은 총자산 대비 순자산비율로서 진단할 수 있다.

② 가계의 안정성은 순자산 대비 부채비율로서 진단할 수 있다.

③ 가계의 유동성은 총자산 대비 유동성 자산비율로서 진단할 수 있다.

④ 자산의 수익성과 위험성은 투자자산 대비 채권형 자산비율 또는 주식형 자산비율로서 진단할 수 있다.

해설 | 보유자산분석

총자산 대비 순자산비율	순자산 대비 부채비율	순자산 대비 유동성 자산비율
(순자산/총자산)×100	(부채/순자산)×100	(유동성 자산/순자산)×100
가계의 건전성	가계의 안정성	가계의 유동성

※ 유동성과 환금성은 항시 돈으로 바꿀 수 있는 점은 동일하나, 유동성은 원금손실이 없는 반면 환금성은 원금손실이 발생할 가능성이 있다는 차이가 있다.

14 보유자산분석에서 이 비율이 높다면 자산의 건전성이 높은 것을 의미하지만, 자산운용의 효율성이 높다고는 할 수 없다. 이 비율은 무엇인가?

① 총자산 대비 순자산비율

② 순자산 대비 부채비율

③ 순자산 대비 유동성 자산비율

④ 소득 대비 총부채 상환비율

해설 | ② 순자산 대비 부채비율 : 안전성 비율
　　　③ 순자산 대비 유동성 자산비율 : 유동성 비율
　　　④ 소득 대비 총부채 상환비율 : 부채의 적정성 비율

15 다음은 S씨 가정의 '순자산 대비 유동성 자산비율'을 분석하기 위한 자료이다. 적절하지 않은 것은?

CMA	3,000원
수시입출금통장	7,000원
국내채권형 펀드	10,000원
개인연금저축보험	13,000원
순자산	200,000원

① S씨 가정의 순자산 대비 유동성 자산비율은 10% 수준이다.

② 유동성이란 필요한 시점에 원금 손실 없이 현금화할 수 있는 것을 말한다.

④ 유동성과 수익성은 상반되는 요소로, 유동성이 좋은 수시입출식예금은 수익률이 낮다.

③ 순자산 대비 유동성 자산비율의 권고 기준은 고객의 투자성향, 현재의 자산상태, 향후 시장상황 등에 따라 달라진다.

해설 | 유동성 자산은 CMA, 수시입출금 통장이므로, 순자산 대비 유동성 비율 = (3,000 + 7,000)/200,000 = 5%이다.

16 다음은 S씨의 자산구성에 관한 내용이다. 적절하지 않은 것은?

총자산(2억원)		총부채 및 순자산
CMA	1,000만원	
CD	2,000만원	
ELS	2,000만원	총부채(8,000만원)
국내주식형 펀드	3,000만원	
생명보험해지환급금	2,000만원	
부동산	1억원	순자산

① 순자산 대비 부채비율은 66.7%이다.

② 순자산비율은 60%로 자산의 건전성이 높다.

③ 유동성비율은 25%로 상대적으로 높아서 자산의 수익성은 낮은 편이다.

④ 자산의 건전성이 높을 경우 자산의 효율성도 높다고 주장할 수 있다.

해설 | 건전성은 순자산의 비율이 높다는 의미이나, 효율성의 개념은 수익성의 개념도 포함하고 있어서 건전성의 개념과 일치하지 않는다.
- 순자산 대비 부채비율 = (8천만원/1.2억원) × 100 = 66.7%
- 순자산 비율 = (1.2억원/2억원) × 100 = 60%
- 유동성 비율 = (1,000만원 + 2,000만원)/1.2억원 = 25%

PART 01
PART 02
PART 03
PART 04
PART 05
PART 06

17 다음은 실천계획(Action Plan) 작성 원칙에 대한 설명이다. 적절하지 않은 것은?

① 객관적이 타당성이 있어야 한다.

② 목표 상호 간 유기적 연관성이 있어야 한다.

③ 현재의 생활계획과 라이프 사이클을 고려한다.

④ 부족자금의 준비시기가 중복되지 않도록 해야 하며, 가장의 수입기간이 고려되어야 한다.

해설 | 실천계획(Action Plan) 작성 원칙
- 객관적이 타당성이 있어야 한다.
- 목표 상호 간 유기적 연관성을 가지고 있어야 한다.
- 고객의 Needs를 최우선으로 한다.
- 미래의 생활계획과 라이프 사이클을 고려한다.
- 부족자금의 준비시기가 중복되지 않도록 해야 하며, 가장의 수입기간이 고려되어야 한다.

18 다음은 파이낸셜 플래닝의 마지막 단계인 사후 리뷰에 대한 설명이다. 사후 리뷰 점검항목에 해당되지 않는 것은?

① 고객이 파이낸셜 플래너의 제안을 받고 행동의 변화가 있는가?

② 고객이 문제해결에 자신감을 갖게 되었는가?

③ 수입과 지출 후 투자를 위한 여유자금이 확보되었는가?

④ Action Plan의 실행으로 고객의 재무문제는 완화되었는가?

해설 | 수입과 지출 후 투자를 위한 여유자금이 확보되었는지 여부는 정보분석 및 재무상태 진단단계에서 충분히 확인이 되는 세부적인 내용이다.

19 다음은 경기순환의 종류에 대한 설명이다. 옳지 않은 것은?

① 키친파동은 단기파동이다.

② 주글라파동은 순환주기가 10년 내외이다.

③ 콘트라티에프파동의 원인은 기술혁신, 전쟁 등이다.

④ 금리변동, 물가변동, 재고순환, 통화정책은 중기파동이다.

해설 | 경기순환의 종류

구분	종류	순환주기	원인
단기	키친파동	2~6년	금리변동, 물가변동, 재고순환, 통화정책
중기	주글라파동	10년 내외	설비투자의 내용연수
장기	콘트라티에프파동	50~60년	기술혁신, 전쟁

20 다음은 경기종합지수를 서로 연결한 것이다. 옳지 않은 것은?

① 재고순환지표 → 선행종합지수

② 경제심리지수 → 동행종합지수

③ 광공업생산지수 → 동행종합지수

④ 생산자제품재고지수 → 후행종합지수

해설 | 선행종합지수
- 재고순환지표
- 경제심리지수
- 건설수주액(실질)
- 기계류내수출하지수(선박제외)
- 수출입물가비율
- 코스피
- 장단기금리차

PART 01

PART 02

PART 03

PART 04

PART 05

PART 06

21 다음은 경기예측방법에 대한 내용이다. 경제심리지표에 해당하는 것은?

① 광공업생산지수

② 경기확산지수(DI)

③ 경기종합지수(CI)

④ 기업경기실사지수(BSI)

해설 | ④

경기예측방법

개별경제지표	종합경기지표	경제심리지표	계량모형
• (생산)광공업생산지수 • (소비)소매판매액지수	• 경기확산지수(DI) • 경기종합지수(CI)	• 기업경기실사지수(BSI) • 소비자태도지수(CSI)	• 구조모형 • 시계열 모형

22 100명의 기업가 중에서 긍정적인 응답자 수가 80명, 부정적인 응답자 수가 30명이라면 BSI는 어느 정도이고 경기국면은 무엇인가?

① 50, 확장국면   ② 50, 수축국면

③ 150, 확장국면   ④ 150, 수축국면

해설 | BSI = [(80 − 30)/100]×100 + 100 = 150, 확장국면이다.

23 다음 중 빈칸에 알맞은 것은?

> 건설수주액은 (   )이고, 건설기성액은 (   )이다.

① 경기선행지표, 경기선행지표
② 경기선행지표, 경기동행지표
③ 경기동행지표, 경기후행지표
④ 경기선행지표, 경기후행지표

해설 | 건설수주액은 경기선행지표이고, 건설기성액은 경기동행지표이다.

24 다음은 자산운용과 포트폴리오에 관한 내용이다. 옳지 않은 것은?

① 전략적 자산배분은 평균수익률을 목표로 한다.
② 전략적 자산배분은 인덱스 전략이 대표적이다.
③ 전술적 자산배분은 '평균수익률＋초과수익률'을 기대한다.
④ 전술적 자산배분은 시장의 효율성을 전제로 한다.

해설 | 전술적 자산배분은 시장의 비효율성을 전제로 한다. 시장이 비효율적이어야 초과수익률을 기대할 수 있다.

25 다음 중 재정의 기능으로써 '소득재분배 기능'과 가장 거리가 먼 것은?

① 누진세율제도   ② 실업보험금
③ 임대주택공급   ④ 외부경제나 외부불경제의 개선

해설 | 외부경제나 불경제의 개선은, '자원의 최적배분 기능'을 의미한다.

26 현재 경기가 과열되었다고 판단되는 경우 경제를 안정화하기 위한 대응으로서 가장 소극적인 정책이라고 할 수 있는 것은?

① 세금을 많이 걷는다.
② 재정의 흑자기조를 유지한다.
③ 통화안정증권을 대량으로 매각한다.
④ 자동안정화 기능을 강화한다.

해설 | 자동안정화 기능은 정책에 내재된 기존의 안정화 기능을 강화하는 것으로, 소극적 재정정책에 해당한다.

27 다음은 금융상품과 해당 금융상품이 속하는 통화지표를 연결한 것이다. 옳지 않은 것은?

① 저축예금, MMDA＝M1

② 국채, 회사채, 기업어음＝M2

③ CD, RP, CMA, 표지어음, 발행어음＝M2

④ 증권금융예수금, 생명보험회사의 보험계약준비금＝Lf

해설 | 국채, 회사채, 기업어음, 손해보험회회사 보험계약준비금 L(광의 유동성)에 해당한다.

PART
01

PART
02

PART
03

PART
04

PART
05

PART
06

28 다음의 통화지표를 크기 순서대로 바르게 나열한 것은?

① M1＜M2＜Lf＜L

② M1＜M2＜L＜Lf

③ Lf＜L＜M1＜M2

④ L＜Lf＜M1＜M2

해설 | 'M1(협의 통화)＜M2(광의통화)＜Lf(금융기관유동성)＜L(광의 유동성)'이 크기 순서대로 나열된 것이다.

29 다음의 손해보험사 보험계약준비금은 통화지표 중 어디에 포함되는가?

① M1(협의통화)　　　　　　　② M2(광의통화)

③ Lf(금융기관유동성)　　　　　④ L(광의 유동성)

해설 | L(광의 유동성)
- 정부, 기업 등이 발행한 금융상품
- 국채, 회사채
- 손보사보험계약 준비금

30 다음 중 통화량이 증가하는 경우가 아닌 것은?

① 지급준비율의 인하

② 중앙은행의 통안채 매각

③ 중앙은행의 재할인율 인하

④ 중앙은행의 달러 매입

해설 | 중앙은행의 통안채 매각은 시중의 자금을 흡수하여 통화량이 감소한다.

31 다음은 환율변화요인에 대한 내용이다. 환율의 변화방향이 서로 다른 것은?

① 실질 이자율 상승
② 물가 상승
③ 통화량 증가
④ 국제수지적자

해설 | 환율변화요인

실질 이자율 하락	달러가 외국으로 유출 → 달러가치가 높아짐 → 환율 상승
물가 상승	외국물건 구매를 위한 달러가 외국으로 유출 → 달러가치가 높아짐 → 환율 상승
통화량 증가	통화량 증가로 달러의 상대가치가 올라감 → 환율 상승
국제수지 적자	외국에 대한 채무 증가 → 달러가 필요해짐 → 달러가치가 높아짐 → 환율 상승

32 다음은 환율 하락의 효과에 대한 내용이다. 옳지 않은 것은?

① 수출채산성이 악화된다.
② 수입상품가격이 하락한다.
③ 원화환산 외채가 증가한다.
④ 환율 하락 예상 시 자본 유입이 일어난다.

해설 | 환율변동의 영향

구분	환율 하락(원화 절상)	환율 상승(원화 절하)
수출	수출채산성 악화(수출 감소)	수출채산성 호전(수출 증가)
수입	수입상품가격 하락(수입 증가)	수입상품가격 상승(수입 감소)
국내물가	수입원자재가격 하락(물가 안정)	수입원자재가격 상승(물가 상승)
외자기업	원화환산외채 감소(원금 상환부담 감소)	원화환산외채 증가(원금 상환부담 증가)
국제자본이동	하락 예상 시 자본 유입	상승 예상 시 자본 유출

33 다음의 빈칸에 들어갈 알맞은 내용은?

> 해외자금이 국내 유입되어 주식투자를 하면 (   )이 증가하고, 보유주식으로부터 배당금을 지급받아 본국에 송금하였다면 이는 경상계정 내의 (   )에서 차감된다.

① 경상계정 – 금융계정
② 경상계정 – 본원소득수지
③ 자본 및 금융계정 – 금융계정
④ 자본 및 금융계정 – 본원소득수지

해설 | 해외자금이 국내 유입되어 주식투자를 하면 <u>자본 및 금융계정</u>이 증가하고, 보유주식으로부터 배당금을 지급받아 본국에 송금하였다면 이는 경상계정 내의 <u>본원소득수지</u>에서 차감된다.

34 다음 중 '이자율'의 의미를 옳게 반영한 공식은 어느 것인가?

① 이자율 = 이자 × 현재가치

② 이자율 = 이자/현재가치

③ 이자율 = 이자 × 미래가치

④ 이자율 = 이자/미래가치

해설 | 현재 100만원을 투입하여 1년 후 10만원을 받는다면, 이자는 10만원이고 이자율은 10%이다. 즉, 이자율 = 10만원/100만원 = 10%인 것이다. 따라서, '이자율 = 이자/현재가치'이다.

PART
01

PART
02

PART
03

PART
04

PART
05

PART
06

35 매년 2,000만원을 연 8%의 상품에 20년간 투자하고자 할 때, 미래가치금액에 해당하는 공식은 어느 것인가?

① $2,000만원 \times (1+0.08)^{20}$

② $2,000만원 \times \dfrac{1}{(1+0.08)^{20}}$

③ $2,000만원 \times \dfrac{(1+0.08)^{20}-1}{0.08}$

④ $2,000만원 \times \dfrac{(1+0.08)^{20}-1}{0.08} \times \dfrac{1}{(1+0.08)^{20}}$

해설 | ① 일시금의 미래가치공식
② 일시금의 현재가치공식
③ 적립금의 미래가치공식
④ 적립금의 현재가치공식

36 고객상담에서 고객을 4가지로 분류할 때, 다음은 무엇에 대한 설명인가?

관리가 가장 어려운 대상이지만 파이낸셜 플래닝 서비스에 대해 완전히 부정적이지 않기 때문에 다시 고객으로 활성화시킬 가능성은 존재한다.

① 기존고객   ② 잠재고객

③ 신규고객   ④ 휴면고객

해설 | 휴면고객에 대한 설명이다.

정답   31 ①   32 ③   33 ④   34 ②   35 ③   36 ④

37 다음은 고객중심상담에서 신뢰에 대한 오해에 관한 내용이다. 옳지 않은 것은?

① 신뢰는 부드럽다.
② 신뢰는 빠르게 형성된다.
③ 한 번 잃은 신뢰는 회복할 수 없다.
④ 신뢰를 가르칠 수 있는 것이 아니다.

해설 | 신뢰에 대한 오해와 진실

오해	진실
신뢰는 부드럽다.	신뢰는 강하다.
신뢰는 느리게 형성된다.	신뢰는 빠르게 형성된다.
신뢰는 오로지 정직에 기반한다.	신뢰는 정직과 능력에 기반한다.
한 번 잃은 신뢰는 회복할 수 없다.	힘들긴 하지만 더 많은 경우 신뢰는 회복할 수 있다.
신뢰를 가르칠 수 있는 것이 아니다.	신뢰는 학습된다.

38 다음 중 비체계적 위험에 속하지 않는 것은?

① 유동성 위험
② 사업 위험
③ 환율변동 위험
④ 재무 위험

해설 | 체계적 위험과 비체계적 위험

체계적 위험 (분산 불가능 위험)	• 경기침체나 유가 급등 등 증권시장 전체에 영향을 미치는 커다란 위험 • 포트폴리오를 아무리 다양화 해도 축소 내지 제거되지 않는 위험 **예** 이자율 위험, 재투자 위험, 환율 위험, 구매력 위험, 시장 위험 등
비체계적 위험 (분산 가능 위험)	• 시장전반의 움직임과 상관없이 특정 개별주식에 한정된 위험 • 포트폴리오 다양화를 통해 축소 내지 제거될 수 있는 위험 **예** 사업 위험, 재무 위험, 유동성 위험, 국가 위험 등

39 다음 사례에 대한 설명으로 가장 적절한 것은?

경기	확률	주식X 수익률	주식Y 수익률
호경기	40%	60%	30%
정상기	20%	10%	10%
불황기	40%	−40%	−10%

① 개별주식 X의 기대수익률은 9%이다.
② 개별주식 Y의 기대수익률은 12%이다.
③ 개별주식 Y가 X보다 더 위험하다.
④ 개별주식 X와 Y를 50%씩 편입한 포트폴리오의 기대수익률은 10%이다.

해설 | • X 기대수익률 : $(60\% \times 40\%) + (10\% \times 20\%) + (-40\% \times 40\%) = 10\%$
　　• Y 기대수익률 : $(30\% \times 40\%) + (10\% \times 20\%) + (-10\% \times 40\%) = 10\%$

40 다음 사례에 대한 설명으로 적절하지 않은 것은?

> P주식과 종합주가지수와의 공분산이 40, P주식의 표준편차는 8, 종합 주가지수의 표준편차는 5이다.

① 주식시장과 P주식의 상관계수는 1이다.

② P주식은 종합주가지수보다 변동성이 작은 주식이다.

③ 공분산이 양의 수이므로 P주식과 종합주가지수는 정의 방향으로 움직인다.

④ 만일 분산투자를 한다고 할 때 상관계수가 +1인 자산은 분산투자대상으로서 소용이 없다.

해설 | • 상관계수 = 공분산/(P주식표준편차×시장표준편차) = 40/(8×5) = 1
  • P 자산의 베타 = (P주식표준편차/시장표준편차)×상관계수 = 1.6×1 = 1.6(→ 시장보다 변동성이 더 큼)

PART
01

PART
02

PART
03

PART
04

PART
05

PART
06

41 다음은 주요위험 측정방법 중 무엇에 대한 설명인가?

> 위험조정성과지표로서 가장 많이 이용되고 있는 (   )는 수익률을 위험으로 나누어 위험 한 단위당 수익률을 구하는 것이다. 구체적으로 포트폴리오 수익률에서 무위험수익률을 차감한 초과수익률을 포트폴리오의 표준편차로 나누어서 측정한다.

① 샤프지수   ② 젠센의 알파
③ 베타계수   ④ 상관계수

해설 | 무위험수익률을 차감한 초과수익률을 포트폴리오의 표준편차로 나누어서 측정하는 방법은 샤프지수이며, 샤프지수가 높을수록 위험조성 후 성과가 좋다는 것을 의미한다.

42 다음은 주요 위험 측정방법에 대한 설명이다. 옳은 것은?

① 자산 간의 상관계수가 높을수록 분산투자효과는 커진다.

② 위험을 '평균을 벗어난 정도'로 정의하는 위험지표는 베타계수이다.

③ 자산 간의 공분산이 +1이라면 두 자산이 동일하게 움직이는 것을 말한다.

④ 무위험수익률 대비 초과수익률을 표준편차로 나누어서 측정하는 것은 샤프지수이며, 특정 펀드가 취한 베타위험 아래서 요구되는 기대수익률을 얼마나 초과하여 달성하였는지를 보여주는 것은 젠센의 알파이다.

해설 | ① 낮을수록 커진다.
  ② 표준편차이다.
  ③ 상관계수가 +1일 때, 동일하게 움직인다.

정답 37 ② 38 ③ 39 ④ 40 ② 41 ① 42 ④

43 S씨는 부동산펀드에 3년 동안 투자해 오고 있다. 이때 3년 동안의 평균적인 수익률이 궁금하면 어느 수익률을 사용하는 것이 올바른 선택인가?

① 보유기간수익률

② 산술평균수익률

③ 기하평균수익률

④ 가중평균수익률

해설 | 금융상품의 과거의 평균적인 수익률은 '기하평균수익률'을 사용한다.

44 다음은 상속세 및 증여세에 관한 설명이다. 옳지 않은 것은?

① 상속세는 유산세방식의 과세이다.

② 증여세는 유산취득세방식의 과세이다.

③ 피상속인이 거주자인 경우 국내외 소재 상속재산이 과세대상이다.

④ 수증인이 비거주자인 경우 국내외 소재 증여재산이 과세대상이다.

해설 | 상속세와 증여세

구분	상속세	증여세
과세방법	유산세방식 (금액 전체에 과세하여 지분별로 배분)	유산취득세방식
과세대상	• 피상속인이 거주자 → 국내외 소재 상속재산 • 피상속인이 비거주자 → 국내 소재 상속재산	• 수증자가 거주자 → 국내외 소재 증여재산 • 수증자가 비거주자 → 국내 소재 증여재산
납세의무자	상속인	수증자

45 다음은 민법의 상속순위에 대한 내용이다. 옳지 않은 것은?

① 직계비속과 배우자는 1순위이다.

② 직계존속과 배우자는 2순위이다.

③ 직계존속 및 배우자의 유류분 비율은 1/2이다.

④ 1순위와 2순위에서 배우자의 법정상속분은 5할 가산한다.

해설 | 유류분 비율은 상속인이 피상속인의 직계비속이거나 배우자인 경우 법정상속분은 1/2이며, 직계존속이거나 형제자매인 경우는 법정상속의 1/3이다.

46 다음은 유언의 방식 중 무엇에 대한 설명인가?

> 법원에서 검인절차는 불필요하지만, 비용이 발생하고, 유언의 존재 및 내용이 공개된다.

① 자필증서   ② 공정증서

③ 비밀증서   ④ 구수증서

해설 I 공정증서에 대한 설명이다. 자필증서는 증인은 불필요하나, 가정법원에서 유언요건에 대한 검인절차가 필요하다.

PART
01

PART
02

PART
03

PART
04

PART
05

PART
06

47 다음 빈칸에 알맞은 숫자는 무엇인가?

> 상속재산평가에 있어서 상속개시일 전후 (   )개월, 증여취득일 '전 (   )개월~후 (   )월 내'의 기간 중 '매매, 감정, 수용, 경매 등'이 있고 그 가액의 시가성이 있으면 시가로 인정한다.

① 6, 6, 6   ② 6, 6, 3

③ 6, 3, 6   ④ 3, 6, 6

해설 I 상속개시일 전후 6개월, 증여취득일 '전 6개월~후 3개월 내'의 기간 중 '매매, 감정, 수용, 경매 등'이 있고 그 가액의 시가성이 있으면 시가로 인정한다.

48 다음은 상속세법상 과세가액공제에 대한 항목이다. 옳지 않은 것은?

① 보험금   ② 공과금

③ 장례비용   ④ 채무금액

해설 I 보험금, 신탁재산, 사망관련 퇴직금 · 위로금 등은 상속증여세법의 요건에 따라, 간주상속재산에 포함된다.

49 비상장 일반법인의 1주당 순이익가치가 4만원이고, 1주당 순자산가치가 2만원이다. 이 법인의 총 주식수가 10만주라면 이법인의 상속 또는 증여재산의 평가금액은 얼마인가?

① 26억원   ② 32억원

③ 38억원   ④ 44억원

해설 I • (4만원×3＋2만원×2)/5＝3.2만원
       • 3.2만원×10만주＝32억원

50 다음은 상속세의 무신고 및 과소신고에 대한 세율이다. 옳지 않은 것은?

① 일반 무신고 : 무신고 납부액세액×20%

② 부정 무신고 : 무신고 납부세액×40%

③ 일반 과소신고 : 과소신고 납부세액×10%

④ 부정 과소신고 : 과소신고 납부세액×20%

해설 | 부정 과소신고 시의 가산세는 '과소신고 납부세액×40%'이다.

PART 05

실전모의고사

토마토패스

합격으로 가는 하이패스

실전모의고사

PART 01   장기 · 연금보험[01~25]

01   다음은 장기손해보험의 상품개발 변화과정에 대한 설명이다. 적절하지 않은 것은?

① 1984년 자가용 및 영업용 운전자를 대상으로 장기운전자 복지보험을 개발함으로써 장기손해보험의 가입대상을 한층 확대하였으며, 운전자의 각종 자동차 운행 중 비용손해(벌금, 방어비용 등)의 대상을 점차 확대하였다.

② 1990년 손해보험의 저변을 확대하여 지속적 성장을 기하려는 목적으로 손해보험 처음으로 금리연동형 상품이 개발되었다.

③ 1997년 제3분야의 보험을 손 · 생보 겸영조치에 따라 질병담보를 기본계약으로 하는 "내 맘에 쏙 드는 암보험"을 공동개발하였다.

④ 2008년 인구의 노령화, 핵가족화의 진전 및 제3보험 겸영조치에 따라 손해보험업계도 장기간병보험을 개발할 수 있게 되었다.

02   다음 중 장기보험의 주요제도 도입에 대한 내용으로 옳지 않은 것은?

① 연금저축 이외의 장기손해보험 배당상품 개발을 허용한 것은 2000년 4월이다.

② 장기저축성 보험을 시작으로 금융기관보험대리점을 통한 보험판매를 시작한 것은 2003년 8월이다.

③ 위험산출률 모범규준에 일정통계량 이상의 위험률에 대해 회사별 통계결과에 따른 경험위험률을 적용할 수 있도록 한 것은 2007년 10월이다.

④ 장기보험의 보험료 산출방식이 3이원방식에서 현금흐름방식으로 변경된 것은 2018년 4월이다.

03 다음은 장기손해보험의 영업보험료 산식이다. 옳지 않은 것은?

① 영업보험료＝위험보험료＋부가보험료
② 영업보험료＝보장보험료＋적립보험료
③ 영업보험료＝순보험료＋부가보험료
④ 영업보험료＝위험보험료＋저축보험료＋신계약비＋유지비＋수금비

04 다음 중 보험회사 상품개발 시 기초서류 신고기준에 대한 설명으로 옳지 않은 것은?

① 장기손해보험의 저축성 보험은 보험기간을 15년 이내로 설정하여야 한다.
② 연금저축의 경우 연금지급기간을 3년 이상 15년 이내의 확정기간으로 설정하여야 한다.
③ 보험기간이 1년 이상 15년 이하인 손보사의 상해보험은 저축성 보험으로 개발할 수 있다.
④ 보험료의 추가납입은 주계약 기본보험료 납입한도의 2배(보장성 보험은 1배) 이내여야 한다.

05 다음 중 장기화재 보험에서 인수할 수 있는 보험목적으로 가장 적합한 것은?

① 전시용 자동차
② 창고물건
③ 통화, 유가증권
④ 점당 300만원 미만의 귀중품

06 다음은 장기화재보험의 보통약관에서 보험의 목적에 대한 설명이다. 옳지 않은 것은?

① 건물의 부착물은 다른 약정이 없으면 보험의 목적에 포함된다.
② 무게나 부피가 휴대할 수 있으며, 점당 250만원 이상인 귀중품은 보험증권에 기재해야만 보험의 목적이 된다.
③ 피보험자의 소유인 칸막이, 대문, 담, 곳간 등의 부속물은 다른 약정이 없으면 보험의 목적에 포함된다.
④ 생활용품, 집기비품 등 피보험자 또는 그와 같은 세대에 속하는 사람의 소유물은 다른 약정이 없으면 보험의 목적에 포함된다.

07 다음은 장기화재보험에서 '보상하는 손해'에 대한 내용이다. 옳지 않은 것은?

① 화재진압과정에서 발생한 손해
② 잔존물의 해체비용, 청소비용, 상차비용 및 하차비용
③ 전용주택 및 이에 수용된 가재가 폭발 또는 파열로 입은 손해
④ 피난지에서 5일 동안에 보험의 목적에 생기는 직접손해와 소방손해

PART
01

PART
02

PART
03

PART
04

PART
05

PART
06

08 다음은 화재보험의 '보상하지 않는 손해'에 대한 내용이다. 올바른 것은?

① 벼락으로 인해 집안의 냉장고가 고장

② 화재진압을 위해 뿌린 물이 TV에 스며들어 고장

③ 이웃집의 화재로 주택 내 가재도구가 불에 타서 소실

④ 피보험자 또는 계약자의 중대한 과실로 화재가 발생하여 가재도구가 소실

09 다음 중 화재보험 발생의 경우 보험가입금액을 초과해도 지급해야 하는 비용을 모두 고른 것은?

㉠ 손해방지비용   ㉡ 대위권보전비용
㉢ 잔존물보전비용   ㉣ 잔존물제거비용

① ㉠

② ㉠, ㉡

③ ㉠, ㉡, ㉢

④ ㉠, ㉡, ㉢, ㉣

10 다음 사례의 경우, 보험사가 지급하는 보험금은 얼마인가?

• 일반건물로 장기화재보험
• 보험가액 10억원, 보험가입금액 4억원
• 손해액 8천만원, 잔존물제거비용 2,000만원 , 손해방지비용 1,000만원

① 4,250만원

② 4,500만원

③ 4,750만원

④ 5,000만원

11 다음 중 지급보험금의 계산을 '손해액×(보험가입금액/보험가액)'으로 구하는 보험의 목적이 아닌 것은?

① 건물

② 상품

③ 제품

④ 반제품

12 A공단에 소재한 화학공장의 장기화재보험 가입내역과 손해액이 보기와 같을 때 보험자의 지급보험금 총액은?

구분	건물	재고자산
보험가액	10억	5억
보험가입금액	4억	2억
손해액	3억	2억

① 2억원

② 2억 3천만원

③ 3억원

④ 3억 6천만원

13 다음의 장기화재보험에 첨부할 수 있는 특별약관들 중에 사전에 화재사고가 반드시 선행되어야만 보상이 되는 것은?

① 특수건물 특약

② 전기위험담보 특약

③ 구내폭발파열보장 특약

④ 구내냉동(냉장)손해보장특약

14 다음 중 장기종합보험에 대한 설명으로 옳은 것은?

① 배상책임손해를 담보하는 장기종합보험은 비례보상을 할 수 없다.

② 가스사고배상책임보험은 보상한도는 사망이나 후유장해 시 1억 5천만원, 부상 시 3천만원, 대물사고는 1사고당 10억원이다.

③ 장기손해보험 중 상해보장, 질병보장, 간병보장 중 두 가지 이상의 보장을 보통약관으로 담보하는 보험을 장기종합보험이라고 한다.

④ 피보험자가 소유, 사용, 관리하는 시설 및 그 시설의 용도에 따른 업무의 수행으로 생긴 우연한 사고로 피해자의 신체나 재물손해가 발생하고 이에 따른 법률상의 손해배상 책임을 담보하는 것이 시설 고유관리자 배상책임 특별약관이다.

PART
01

PART
02

PART
03

PART
04

PART
05

PART
06

15 다음은 배상책임손해관련 특별약관 내용이다. 적절하지 않은 것은?

① 임차자배상책임 특별약관에서는 비례보상을 한다.

② 화재대물배상책임 특별약관에서는 타인의 신체에 대한 배상책임에 대해서는 보상하지 않는다.

③ 학교경영자배상책임 특별약관은 피해자의 신체손해와 재물손해에 대한 배상책임을 보상하는데 대인, 대물 각각 1사고당 10만원의 자기부담금을 공제한 후 보상한다.

④ 피보험자가 소유, 사용, 관리하던 보험증권에 기재된 시설 및 그 시설의 용도에 따른 업무의 수행으로 생긴 우연한 사고로 피해자의 신체나 재물을 대상으로 법률상 손해배상책임을 부담함으로써 입은 손해를 보상하는 것은 시설소유관리자 배상책임 특약이며, 대물배상 시 20만원을 공제한다.

16 피보험자가 가입한 보험목적물에 화재가 발생하여 대물피해가 발생할 경우, 이를 담보하는 보험으로 가장 적절한 것은?

① 신체손해배상책임 특약

② 임차자화재배상책임 특약

③ 화재대물배상책임 특별약관

④ 시설소유관리자 배상책임 특약

17 다음은 운전자보험에서 적용되는 '운전 중 사고'에 대한 설명이다. 올바른 것은?

① 운전석에 탑승하려는 중 발생한 사고

② 운전석을 이탈하여 하차하던 중 발생한 사고

③ 자동차의 시동을 끄고 운전석에 탑승하여 핸들을 조작하다 발생한 사고

④ 자동차의 시동을 끄지 않고 정차시킨 후 차량에 적재된 물건을 내리다가 쓰러지면서 차량 뒷부분에 부딪힌 사고

18 다음은 장기운전자보험에 관한 설명이다. 올바른 것은?

① 영업용 운전자는 장기운전자보험의 가입이 불가능하다.

② 장기운전자보험은 외국에서의 운전 중 사고도 보상한다.

③ 장기운전자보험은 보통약관상으로 장기상해보험에 해당한다.

④ 장기운전자보험은 뺑소니사고는 면책이지만, 음주/무면허 사고는 보상한다.

19 다음은 장기운전자보험에 대한 설명이다. 옳지 않은 것은?

① 피보험자가 보험기간 중에 영업용자동차를 운전하던 중 담보하는 자동차 사고로 면허가 행정 처분에 의해 취소가 되었을 경우, 보험증권에 기재된 1일당 보험가입금액을 최고 60일 한도로 보상을 한다.

② 교통사고부상치료비는 시운전 중의 사고나 건설기계 농기계를 작업기계로 사용하는 중에 발생한 사고에서는 보상하지 않는다.

③ 차량손해위로금 특별약관은 자가용승용차에 전손이거나, 도난당한 후 도난사실을 경찰에 신고한 후 30일이 지난 때에도 이를 찾지 못한 경우 보상한다.

④ 교통사고처리지원금의 최고보상한도는 보험가입금액이며, 사망 또는 140일 이상 진단 시 최고 보상한도액으로 지급한다.

PART 01

PART 02

PART 03

PART 04

PART 05

PART 06

20 다음 중 장기운전자보험에서 실손보상하지 않는 것은?

① 벌금
② 방어비용
③ 자동차 사고 변호사 선임비용
④ 교통사고처리지원금

21 다음은 개인연금 등 저축성 보험에 대한 내용이다. 옳지 않은 것은?

① 연금보험이란 일정 연령 이후에 연금을 주된 보장으로 하는 보험을 말한다.

② 저축성 보험이란 보장성 보험을 제외한 보험으로 생존 시 지급되는 보험금의 합계액이 이미 납입한 보험료와 같거나 초과하는 보험을 말한다.

③ 저축성 보험에는 시장금리 등에 따라 적용이율이 변동되는 금리연동형 상품이 있다.

④ 연금저축손해보험에서 위험보장을 위한 특약 선택이 가능하다.

22 다음은 신연금저축의 세율에 관한 내용이다. 옳지 않은 것은?

① 납입금액의 세액공제 : 16.5% 또는 13.2%
② 세액공제 : 600만원 한도
③ 연금수령 시 적용세율 : 3.3%~5.5%
④ 연금 외 수령 시 적용세율 : 22%

23 다음 중 확정급여형퇴직연금의 부담금 산정에 사용되는 기초율이 아닌 것은?

① 예상사망률

② 예상이율

③ 예상사업비율

④ 예상임금상승률

24 퇴직연금 가입자 교육의 시행 주체는 누구인가?

① 사용자

② 퇴직연금사업자

③ 인사팀

④ 은퇴자협회

25 다음 중 상시 10명 미만의 근로자를 사용하는 사업에서 개인형 퇴직연금제도를 설정하는 경우에 준 되어야 할 사항으로 맞는 것을 모두 고른 것은?

> ㉠ 사용자가 퇴직연금사업자를 선정하는 경우에 근로자 과반수의 동의를 받을 것
> ㉡ 사용자는 가입자별로 연간 임금총액의 12분의 1 이상에 해당하는 부담금을 현금으로 가입자의 개인형 퇴직연금제도 계정에 매년 1회 이상 정기적으로 납입할 것
> ㉢ 사용자가 부담하는 부담금 외에 가입자의 부담으로 추가 부담금을 납입할 수 있을 것

① ㉠, ㉢

② ㉠, ㉡

③ ㉡, ㉢

④ ㉠, ㉡, ㉢

▶ PART 02　제3보험[26~50]

26 다음 중 제3보험의 특징에 대한 설명으로 옳지 않은 것은?

① 제3보험의 보험사고는 발생여부나 발생시기, 발생원인, 피해정도 등이 불확실하다.

② 제3보험은 상해 또는 질병의 정도에 따라 일정한 보험금액을 지급하는 정액급부방식과 실제 발생한 비용을 지급하는 실손급부방식을 모두 적용한다.

③ 원칙적으로 보험자 대위를 금지하고 있다.

④ 보험가액이 존재하므로 초과보험, 일부보험, 중복보험의 개념이 있다.

27 다음은 질병 · 상해보험 표준약관상 "용어의 정의"를 설명한 것이다. 옳지 않은 것은?

① 계약자 : 보험사고의 대상이 되는 사람을 말한다.

② 영업일 : 회사가 영업점에서 정상적으로 영업하는 날을 말한다.

③ 평균공시이율 : 전체 보험회사 공시이율의 평균으로, 계약 체결시점의 이율을 말한다.

④ 보험기간 : 계약에 따라 보장을 받는 기간을 말한다.

28 다음은 제3보험의 "후유장해보험금 지급"에 대한 내용이다. 옳지 않은 것은?

① 회사가 지급하여야 할 하나의 진단확정된 질병 또는 상해로 인한 후유장해보험금은 보험가입금액을 한도로 한다.

② 장해지급률이 상해 발생일 또는 질병의 진단 확정일부터 240일 이내에 확정되지 않는 경우에는 상해 발생일 또는 질병의 진단확정일부터 240일이 되는 날의 의사 진단에 기초하여 고정될 것으로 인정되는 상태를 장해지급률로 결정한다.

③ 장해분류표의 각 장해분류별 최저 지급률 장해정도에 이르지 않는 후유장해에 대하여는 후유장해보험금을 지급하지 않는다.

④ 장해분류표에 해당하지 않는 후유장해는 피보험자의 직업, 연령, 신분 또는 성별 등에 관계없이 신체의 장해정도에 따라 장해분류표의 구분에 준하여 지급액을 결정한다.

29 다음은 제3보험의 "보험금 받는 방법의 변경"에 관한 내용이다. 빈칸에 공통적으로 들어갈 내용으로 맞는 것은?

> • 계약자는 회사의 사업방법서에서 정한 바에 따라 보험금의 전부 또는 일부에 대하여 나누어 지급받거나 일시에 지급받는 방법으로 변경할 수 있습니다.
> • 회사는 일시에 지급할 금액을 나누어 지급하는 경우에는 나중에 지급할 금액에 대하여 (   )을 연단위 복리로 계산한 금액을 더하며, 나누어 지급할 금액을 일시에 지급하는 경우에는 (   )을 연단위 복리로 할인한 금액을 지급합니다.

① 예정이율

② 보험계약대출이율

③ 표준이율

④ 평균공시이율

PART
01

PART
02

PART
03

PART
04

**PART
05**

PART
06

30 다음은 질병상해보험 표준약관에서 정하고 있는 만기환급금 지급에 관한 사항이다. ( ) 안에 알맞은 것은?

> 회사는 만기환급금의 지급시기가 되면 지급시기 ( )일 이전에 그 사유와 지급할 금액을 계약자 또는 ( )에게 알려드립니다.

① 3, 보험수익자   ② 7, 피보험자

③ 3, 피보험자   ④ 7, 보험수익자

31 다음은 질병·상해보험 표준약관에서 정하고 있는 해지 환급금의 지급에 관한 사항이다. 빈칸에 알맞은 것은?

> 해지환급금의 지급사유가 발생한 경우 계약자는 회사에 해지환급금을 청구하여야 하며, 회사는 청구를 접수한 날부터 ( ) 영업일 이내에 해지환급금을 지급한다.

① 3   ② 5

③ 7   ④ 10

32 다음 중 질병·상해보험 표준약관에서 정하고 있는 "계약 전 알릴 의무 위반에도 불구하고 회사가 계약을 해지를 할 수 없는 경우"에 대한 설명으로 옳지 않은 것은?

① 회사가 계약 당시에 그 사실을 알았거나 과실로 인하여 알지 못하였을 때

② 회사가 그 사실을 안 날부터 1개월 이상 지났거나 또는 제1회 보험료를 받은 때부터 보험금 지급 사유가 발생하지 않고 2년(진단 계약의 경우 질병에 대하여는 1년)이 지났을 때

③ 계약을 체결한 날부터 2년이 지났을 때

④ 보험설계사 등이 계약자 또는 피보험자에게 고지할 기회를 주지 않았거나 계약자 또는 피보험자가 사실대로 고지하는 것을 방해한 경우

33 질병·상해보험 표준약관상 계약자는 회사의 승낙을 얻어 계약내용을 변경할 수 있다. 다음 중 "회사의 승낙이 필요한 경우"에 해당하는 항목은 모두 몇 개인가?

> (a) 보험종목
> (b) 보험기간
> (c) 보험료 납입주기, 납입방법 및 납입기간
> (d) 계약자, 피보험자
> (e) 보험가입금액, 보험료 등 기타 계약의 내용
> (f) 보험수익자

① 3항목
② 4항목
③ 5항목
④ 6항목

PART
01

PART
02

PART
03

PART
04

PART
05

PART
06

34 다음 중 질병·상해보험 표준약관상 "보험나이 등"에 대한 설명으로 옳지 않은 것은?

① 이 약관에서의 피보험자의 나이는 보험나이를 기준으로 한다.

② 보험나이는 계약일 현재 피보험자의 실제 만 나이를 기준으로 6개월 미만의 끝수는 버리고 6개월 이상의 끝수는 1년으로 하여 계산하며, 이후 매년 계약 해당일에 나이가 증가하는 것으로 한다.

③ 피보험자의 나이 또는 성별에 관한 기재사항이 사실과 다른 경우에는 정정된 나이 또는 성별에 해당하는 보험금 및 보험료로 변경한다.

④ 만 15세 미만자를 피보험자로 하여 사망을 보험금 지급사유로 한 경우 보험계약이 무효가 되는 경우에는 피보험자의 나이는 보험나이를 기준으로 한다.

35 다음은 질병·상해보험 표준약관 "피보험자의 서면동의 철회"에 대한 내용이다. 옳지 않은 것은?

① 서면동의 철회는 실질적으로 계약해지와 동일한 효과를 갖는다.

② 서면동의 철회로 계약이 해지되어 해지환급금이 발생한 경우 계약자에게 해지환급금을 지급한다.

③ 타인의 사망을 보험금 지급사유로 하는 계약에서 서면으로 동의한 피보험자는 계약의 효력이 유지되는 기간에 언제든지 서면동의를 과거를 향하여 철회할 수 있다.

④ 보험계약의 체결 당시 피보험자의 서면동의의 전제가 되었던 사정에 관하여 변경이 생긴 경우 피보험자의 권리를 보호하고 도덕적 위험을 방지하기 위해 보통 보험약관에서 서면동의 철회를 규정하고 있다.

36 다음 중 질병 · 상해보험 표준약관상 "보험료의 납입연체로 인한 해지계약의 부활(효력회복)"에 대한 설명으로 옳지 않은 것은?

① 해지된 날부터 3년 이내에 부활을 청약할 수 있다.

② 계약자는 해지환급금을 받지 않아야 부활청약이 가능하다.

③ 계약 전 알릴 의무 위반으로 인하여 해지된 보험계약도 부활이 가능하다.

④ 부활계약의 책임개시는 회사가 부활청약을 승낙하고 부활보험료를 납입한 때로부터 개시된다.

37 상해사고의 요건 중 우연성을 충족하는 4가지 경우가 있다. 옳지 않은 것은?

① 원인발생이 우연한 경우

② 결과가 우연한 경우

③ 원인과 결과가 모두 우연한 경우

④ 객관적 기준에 부합한 경우

38 다음 중 상속에 대한 설명으로 옳지 않은 것은?

① 배우자는 법률상 배우자만이 상속이 될 수 있다.

② 동시 사망의 경우 동시 사망자 상호 간에는 상속이 발생하지 않는다.

③ 피상속인의 사망을 안 날로부터 3개월 이내에 아무런 의사표시를 하지 않을 경우 상속포기가 된다.

④ 남편, 처, 아들이 모두 사망하고, 유족으로 남편의 형제, 처의 형제, 아들의 처(며느리)가 있을 경우 며느리가 법정상속분 전액을 단독 상속한다.

39 다음 중 장해지급률이 가장 높은 후유장해는?

① 척추에 약간의 기형을 남긴 때

② 한 팔에 가관절이 남아 뚜렷한 장해를 남긴 때

③ 한 다리가 5cm 이상 짧아지거나 길어진 때

④ 한 눈의 교정시력이 0.06 이하로 된 때

40 다음 중 장해분류표상 "체간골"에 해당하는 뼈는 모두 몇 개 인가?

㉠ 어깨뼈	㉡ 골반뼈
㉢ 빗장뼈	㉣ 가슴뼈
㉤ 갈비뼈	

① 2개   ② 3개

③ 4개   ④ 5개

PART 01

PART 02

PART 03

PART 04

PART 05

PART 06

41 다음 중 후유장해지급률이 100%인 상태에 해당하는 항목 수는?

㉠ 두 눈이 멀었을 때
㉡ 두 귀의 청력을 완전히 잃었을 때
㉢ 두 팔의 손목이상을 잃었을 때
㉣ 씹어 먹는 기능과 말하는 기능 모두에 심한 장해를 남긴 때
㉤ 심장 기능을 잃었을 때
㉥ 정신행동에 극심한 장해를 남긴 때
㉦ 극심한 치매 : CDR 척도 5점

① 4항목   ② 5항목

③ 6항목   ④ 7항목

42 다음 보험종목 중 "거주지를 출발한 때로부터 거주지에 도착할 때까지의 사고"를 담보하는 보험에 해당하지 않는 것은?

① 스키보험   ② 낚시보험

③ 수렵보험   ④ 해외여행보험

43 다음 중 상해보험의 "대중교통 이용 중 교통상해 특별약관"에서 보험금을 지급하지 아니하는 사유에 해당하지 않는 것은?

① 건설기계 및 농업기계가 작업기계로 사용되는 동안 발생한 손해

② 하역작업을 하는 동안 발생한 손해

③ 대중교통수단의 이용을 위해 피보험자가 승강장 내 대기 중 일어난 교통사고

④ 자동차 및 기타 교통수단의 설치, 수선, 점검, 정비나 청소작업을 하는 동안 발생한 손해

44 다음은 "암의 보장개시일"에 대한 설명이다. ㉠, ㉡에 들어갈 내용으로 맞는 것은?

> 암에 대한 보장개시일(책임개시일)은 (㉠)로 하며, 기타 피부암, 갑상선암, 제자리암 및 경계성 종양, 15세 미만자를 피보험자로 하는 어린이 암보험에 대한 보장개시일은 (㉡)로 한다.

	㉠	㉡
①	제1회 보험료 납입일	보험계약일로부터 그날을 포함하여 90일이 지난 날의 다음 날
②	보험계약일로부터 그날을 포함하여 90일이 지난 날의 다음 날	보험계약일
③	제1회 보험료 납입일	보험계약일 그 다음날부터 90일이 지난 날의 다음 날
④	보험계약일 그 다음날부터 90일이 지난 날의 다음 날	보험계약일

45 다음은 "해외여행 실손의료보험"에 대한 설명이다. 옳지 않은 것은?

① 기본형 해외여행 실손의료보험의 경우 상해의료비형과 질병의료비형으로 구분하여 판매한다.

② 해외여행실손의료보험 특별약관은 상해 비급여(국내), 질병 비급여(국내), 3대 비급여(국내) 보장종목으로 구성되어 있다.

③ 질병의료비 해외담보에서 해외여행 중에 피보험자가 해외 여행중의 질병으로 인해 치료를 받던 중 보험 기간이 만료되었을 경우에는 보험기간 종료일로부터 180일까지(보험기간 종료일은 제외) 보상한다.

④ 상해의료비 해외담보는 해외여행 중에 상해를 입고 이로 인해 해외의료기관에서 의사의 치료를 받은 때에는 보험가입금액을 한도로 자기부담금을 공제하고 피보험자가 실제 부담한 의료비 전액을 보상한다.

46 다음은 '비급여 도수치료 · 체외충격파치료 · 증식치료(3대 비급여)'에 관한 설명이다. 옳지 않은 것은?

① 체외충격파치료에는 체외충격파쇄석술은 제외한다.

② 증식치료란 근골격계 통증이 있는 부위에 증식물질을 주사하여 통증 완화를 유도하는 치료행위이다.

③ 도수치료란 의사 또는 의사의 지도하에 물리치료사가 손을 이용하여 환자의 근골격계통의 기능 개선 및 통증감소를 위하여 실시하는 치료행위이다.

④ 해당 특약에서 정하고 있는 보상한도는 각각의 치료별로 계약일 또는 매년 계약해당일부터 1년 단위로 350만원 이내에서 최대 50회까지 보상한다.

47 다음은 현재 판매 중인 기본형 실손의료보험 질병급여에서 보상하지 않는 사항에 관한 내용이다. 이 중 "보상하는 사항"에 해당하는 것은?

① 요실금(N39.3, N39.4, R32)
② 사람면역결핍바이러스(HIV) 감염으로 인한 치료비
③ 피보험자가 보험가입 당시 태아인 경우의 선천성 뇌질환(Q00~Q04)
④ 성장호르몬제 투여에 소요된 비용으로 부담한 전액 본인부담금

PART
01

PART
02

PART
03

PART
04

PART
05

PART
06

48 다음 중 실손의료보험(기본형＋특약)에 가입하였을 때 보상하는 것은?

> a. 안면부 골절로 발생한 치과치료비 중 치아치료비를 제외한 비급여의료비
> b. 추락사고로 척추골절 치료를 위해 한의사의 치료로 발생한 비급여의료비
> c. 본인부담금 상한제로 환급가능한 의료비
> d. 건강검진검사 결과 이상소견으로 추가검사를 위해 발생한 의료비
> e. 보상하는 상해치료를 목적으로 투여한 영양제

① a, b   ② a, d, e
③ a, b, c, e   ④ a, c, d, e

49 다음은 노후실손의료보험에 대한 설명이다. 옳지 않은 것은?

① 75세까지 가입이 가능하도록 한 노인 전용 보험이다.
② 보험기간은 1년으로 하되 3년간은 자동갱신이 가능하다.
③ 입원과 통원 모두 연간 1억원을 한도로 하며, 통원은 횟수 제한 없이 200만원을 한도로 보상한다.
④ 입원당 30만원, 통원당 3만원을 공제한 다음, 급여 부분은 공제 후 금액의 80%, 비급여 부분은 공제 후 금액의 70%를 보상한다.

50 다음 중 실손의료보험 표준약관에서 보험회사가 '보상하지 않는 입원의료비'가 아닌 것은?

① 외모 개선 목적의 치료로 국민건강보험 비급여 대상에 해당하는 치료비용
② 건강검진 검사결과 이상 소견에 따라 건강검진센터 등에서 발생한 추가 의료비용
③ 진료와 무관한 각종 비용(TV 시청료, 전화료, 각종 증 명료 등)
④ 외국에 있는 의료기관에서 발생한 의료비

51 다음 중 자동차보험의 법률적 관계에 대한 설명으로 옳은 것은?

① 민법은 자배법의 특별법이다.

② 민법과 자배법은 대인사고에만 적용된다.

③ 자배법은 민법과 달리 조건부 무과실책임주의가 적용된다.

④ 자배법은 법률상 책임관계에서 입증책임을 피해자가 부담한다.

52 자동차소유자 A가 친구 B에게 자동차를 빌려주었으며, 친구 B는 C를 고용하여 운전을 시켰다. 그런데 C의 과실로 피해자가 사망하는 사고가 발생하였다. 이와 관련한 설명으로 옳지 않은 것은?

① 고용운전자 C에게 민법 750조의 불법행위책임을 물을 수 있다.

② 친구 B에게 민법 제756조의 사용자책임 또는 자배법 제3조 운행자책임을 물을 수 있다.

③ 소유자 A에게 민법 제756조의 사용자책임 또는 자배법 제3조 운행자책임을 물을 수 있다.

④ 피해자는 A와 B, C 누구에게나 손해배상책임의 전액의 지급을 청구할 수 있다.

53 다음은 자배법에서 가입을 의무화하고 있는 책임보험(대인배상Ⅰ)에 대한 설명이다. 적절하지 않은 것은?

① 대인배상Ⅰ에 대한 보상한도는 사망의 경우 피해자 1인당 1억 5천만원이다.

② 대물배상은 보험가입금액을 1사고당 2천만원 이상으로 가입해야 한다.

③ 도로가 아닌 장소에 한하여 운행하는 자동차는 책임보험에 가입하지 않아도 된다.

④ 피해자에게 직접청구권과 가불금청구권을 인정하며, 이 권리는 압류 및 양도가 가능하다.

54 다음은 직접청구권에 대한 내용이다. 옳지 않은 것은?

① 직접청구권은 피보험자 개별의 원칙이 적용된다.

② 피해자의 고의사고 시 대인배상Ⅰ의 직접청구권은 허용되지 않는다.

③ 피보험자가 보험처리를 거부하더라도 피해자는 대인배상Ⅰ의 직접청구권을 행사할 수 있다.

④ 자배법상의 직접청구권은 대인배상Ⅰ과 대인배상Ⅱ에 해당하며, 대물배상의 직접청구권은 상법상의 권리이다.

55 다음 중 손해배상청구권자가 잘못 연결된 것은?

① 장례비는 상속인이 청구권자이다.

② 사망위자료는 전액에 대해 상속인이 청구권자가 된다.

③ 상실수익액은 망인의 재산이므로 상속인이 청구권자이다.

④ 부상사고의 경우 위자료, 치료비, 휴업손해, 개호비 등은 부상자 본인이 청구권자이다.

56 교통사고로 '나, 배우자, 아들'이 순차적으로 사망하였다. 사망순서는 '나, 배우자, 아들'의 순서였으며, 유족으로는 '부, 모, 장인, 장모, 며느리, 손자'가 있다. 각각의 상속지분을 옳게 연결한 것은?

	나의 재산	배우자의 재산	아들의 재산
①	배우자 = 1	부 : 모 : 아들 = 1 : 1 : 1	며느리 : 부 : 모 = 1 : 1 : 1
②	배우자 : 아들 = 1 : 1	장인 : 장모 : 아들 = 1 : 1 : 1	며느리 : 장인 : 장모 = 1.5 : 1 : 1
③	배우자 : 부 : 모 = 1.5 : 1 : 1	장인 : 장모 = 1 : 1	며느리 = 1
④	배우자 : 아들 = 1.5 : 1	아들 = 1	며느리 : 손자 = 1.5 : 1

57 다음은 자배법에서 가입을 의무화하고 있는 의무보험에 대한 설명이다. 옳지 않은 것은?

① 대인배상 I 에 대한 가입한도는 사망의 경우 피해자 1인당 1억 5천만원이다.

② 대물배상은 보험가입금액을 1사고당 5천만원 이상으로 가입해야 한다.

③ 도로가 아닌 장소에 한하여 운행하는 자동차는 책임보험에 가입하지 않아도 된다.

④ 영업용자동차는 피해자 1인당 1억원 이상의 금액을 가입하여 피해자에게 손해액을 지급할 수 있도록 대인배상 II 에 가입하여야 한다.

58 다음 중 자동차손해배상보장법상의 가불금청구권에 대한 설명으로 옳지 않은 것은?

① 가불금은 청구일로부터 10일 이내에 지급해야 한다.

② 치료비전액과 1인당 한도액 내에서 피해자 손해액의 50%를 가불금으로 청구할 수 있다.

③ 대인배상 I 에서만 인정되는 권리이므로 자배법상의 압류 및 양도는 불가하지만, 민법상의 상계는 가능하다.

④ 가불금이 손해배상금을 초과하였거나 대인배상 I 의 책임 없는 사건으로 판명된 경우에는 피해자에게 가불금의 반환을 청구할 수 있으며, 피해자로부터 가불금을 반환받지 못한 경우에는 정부보장사업에 그 가불금 전액의 반환을 청구할 수 있다.

PART
01

PART
02

PART
03

PART
04

**PART
05**

PART
06

59 다음은 대위권의 시효에 대한 내용이다. 옳지 않은 것은?

① 자기차량손해의 대위권 : 사고발생일로부터 3년

② 무보험차상해의 대위권 : 손해 및 가해자를 안 날로 3년

③ 지배법상 직접청구권의 대위권 : 보험금 지급일로부터 3년

④ 대인배상과 대물배상의 대위권 : 피해자에게 손해배상금을 지급하여 공동면책된 날로부터 10년

60 다음 중 자동차보험 약관상 용어의 정의로 옳은 것은?

① '단기요율'은 보험기간이 1년인 보험계약에 적용되는 보험요율이다.

② '사용피보험자'는 기명피보험자의 승낙을 받아 피보험자동차를 사용하는 자를 말한다.

③ '운전'은 사람 또는 물건의 운송여부와 관계없이 자동차를 그 용법에 따라 사용하거나 관리하는 것을 말한다.

④ '피보험자의 자녀'는 법률상 혼인관계에서 출생한 자녀뿐만 아니라 사실혼관계에서 출생한 자녀와 양자·양녀 모두를 말한다.

61 다음 중 자동차보험에 대한 설명으로 옳지 않은 것은?

① 자동차보험 담보 중 자기신체사고 담보는 상법상 상해보험 성격의 보험이다.

② 대인배상 담보와 대물배상 담보는 의무보험과 임의보험으로 나뉘어 있다.

③ 자동차보험에 처음 가입하는 자동차의 경우에는 보험료를 받은 때로부터 보험기간이 개시된다.

④ 자동차보험 전 담보에 가입하였다 하더라도 '다른 자동차 운전 담보' 특별약관에 가입하기 위해서는 별도의 보험료를 지급하여야 한다.

62 다음은 도난된 피보험자동차를 회수한 후 확인된 도난품이다. 보상할 수 없는 것은?

① 출고 시 장착된 에어컨

② 출고 시 장착된 에어백

③ 출고 시 장착되지 않은 무선전화기

④ 출고 시 정착되지 않은 장식품

63 다음은 자동차보험의 피보험자에 관한 설명이다. 적절하지 않은 것은?

① 대인배상Ⅱ에서는 자동차취급업자가 업무상 위탁받은 피보험자동차를 사용 또는 관리하는 경우에는 승낙피보험자로 보지 아니한다.

② 기명피보험자와 동일 생계 또는 동일 거주의 친족은 기명피보험자의 승낙을 얻지 않고 피보험 자동차를 사용 또는 관리 중인 경우에도 친족피보험자가 될 수 있다.

③ 기명피보험자는 피보험자동차를 소유·사용·관리하는 자 중에서 보험계약자가 지정하여 보험증권의 '기명 피보험자'란에 기재되어 있는 피보험자를 말한다.

④ 자기차량손해의 피보험자는 기명피보험자와 친족피보험자이며, 소유자와 피보험자가 다른 경우에는 소유자가 보험금 청구권을 갖는다.

64 다음은 자동차보험 표준약관에서 규정하고 있는 대인배상Ⅰ에 관한 설명이다. 옳지 않은 것은?

① 보험회사는 피보험자가 피보험자동차를 소유·사용·관리하는 동안에 생긴 피보험자동차의 사고로 인하여 다른 사람을 죽게 하거나 다치게 하여 법률상 손해 배상책임을 짐으로써 입은 손해를 보상한다.

② 보험계약자 또는 피보험자의 고의로 인한 사고의 경우에도 자동차손해배상보장법 제10조의 규정에 따라 피해자가 보험회사에 직접청구를 한 경우, 보험회사는 자동차손해배상보장법령에서 정한 금액을 한도로 피해자에게 손해 배상금을 지급해야 한다.

③ 자동차취급업자가 업무상 위탁받은 피보험자동차를 사용하거나 관리하는 경우에도 승낙피보험자 또는 운전피보험자로 본다.

④ 기명·친족·승낙·사용·운전 피보험자 외에도 자동차 손해배상보장법상 자동차보유자에 해당하는 자가 있는 경우에는 그 자를 피보험자로 본다.

65 다음은 대물사고 중 훼손된 휴대품과 소지품에 대한 설명이다. 옳지 않은 것은?

① 대물배상 사고로 인해 지갑이 훼손된 경우 보상하지 않는다.

② 대물배상 사고로 인한 휴대품 훼손은 보상하지 않으나 소지품 훼손은 보상한다.

③ 대물배상 사고로 인해 발생한 휴대폰의 손해는 보상하나 손목시계는 보상하지 않는다.

④ 대물배상 사고로 인해 서류가방이 훼손된 경우는 보상하지만 핸드백이 훼손된 경우는 보상하지 않는다.

PART 01

PART 02

PART 03

PART 04

PART 05

PART 06

66 다음 중 자동차보험의 대물배상 지급기준에 대한 설명으로 옳은 것은?

① 수리비용이 피해물의 사고 직전 가액을 초과하여, 수리하지 않고 폐차하는 경우에는 사고 직전 피해물의 가액 상당액을 교환가액으로 지급한다.

② 신차라 하더라도 자동차시세하락손해는 보상하지 아니한다.

③ 영업손실을 인정하는 기간은 기간 제한 없이 실제 원상복구에 소요되는 총기간으로 한다.

④ 사업용자동차가 파손 또는 오손되어 사용하지 못할 경우에는 약관상 대차료 지급기준에 의거하여 지급한다.

67 다음 중 자동차보험 대물배상 지급기준에 대한 설명으로 옳지 않은 것은?

① 사고 직전의 상태로 원상회복하는 데 소요되는 필요 타당한 비용으로서 실제 수리비용을 지급하는 것을 원칙으로 한다.

② 경미한 손상의 경우에는 보험개발원이 정한 '경미손상 수리기준'에 따라 복원수리하는 데 소요되는 비용을 한도로 한다.

③ 자동차시세 하락손해는 인정되지 아니한다.

④ 원상회복이 불가능한 경우에는 교환가액을 지급한다.

68 다음 중 자동차보험의 담보별 지급보험금의 계산식으로 옳지 않은 것은?

① 배상책임 담보＝'보험금지급기준에 의해 산출한 금액' 또는 '법원의 확정판결 등에 따라 피보험자가 배상하여야 할 금액'＋비용－공제액

② 자기신체사고 담보＝실제손해액 ＋비용－공제액

③ 무보험자동차에 의한 상해 담보＝보험금지급기준에 의해 산출한 금액 ＋비용－공제액

④ 자기차량손해 담보＝피보험자동차의 가액 ＋비용－보험증권에 기재된 자기부담금

69 다음 중 자동차보험에서 피보험자동차의 양도에 대한 설명으로 옳지 않은 것은?

① 보험계약자 또는 기명피보험자가 보험기간 중에 피보험자동차를 양도한 경우에는 그 보험계약으로 인하여 생긴 보험계약자 및 피보험자의 권리와 의무가 피보험자동차의 양수인에게 자동으로 승계된다.

② 보험계약자 또는 기명피보험자가 보험기간 중에 사망하여 법정상속인이 피보험자동차를 상속하는 경우 보험계약도 승계된 것으로 본다.

③ 피보험자동차의 양도에는 소유권을 유보한 매매계약에 따라 피보험자동차를 '산 사람' 또는 대차계약에 따라 피보험자동차를 '빌린 사람'이 피보험자동차를 '판 사람' 또는 '빌려준 사람'에게 반환하는 경우도 포함한다.

④ 양도인이 피보험자동차를 양도한 후 피보험자동차에 대한 운행지배권을 상실하게 되는 시점을 양도시점으로 볼 수 있다.

70 자동차보험 약관 '대인배상 및 무보험자동차에 의한 상해 지급기준'에서 '사망' 시 지급항목이 아닌 것은?

① 장례비
② 위자료
③ 구조수색비
④ 상실수익액

71 자동차보험 대인배상 지급기준상 부상사고 발생 시의 보상항목이 아닌 것은?

① 적극손해로서 치료관계비
② 위자료
③ 상실수익액
④ 간병비

72 교통사고로 인한 피해자(후유장해 확정 시 나이 만 65세)의 노동능력상실률이 60%인 경우 자동차보험약관 후유장해보험금 인정기준에 따른 위자료는 얼마인가?

① 20,400,000
② 22,950,000
③ 25,500,000
④ 40,800,000

73 다음은 자동차보험 대물배상의 지급기준에 대한 설명이다. 옳지 않은 것은?

① 직접손해는 수리비와 교환가액만이 해당된다.
② 수리비와 도장료의 합계액은 피해물의 사고직전가액을 한도로 한다.
③ 휴차료는 사업용 자동차(건설기계 포함)가 파손 또는 오손되어 사용하지 못 하는 기간 동안에 발생하는 타당한 영업손해를 지급대상으로 한다.
④ 소득세법령에 정한 사업자의 사업장 또는 그 시설물을 파괴하여 휴업함으로써 상실된 이익을 영업손실이라고 하는데 인정기간은 30일을 한도로 한다.

PART 01

PART 02

PART 03

PART 04

PART 05

PART 06

74 다음은 무상동승 감액비율에 대한 내용이다. 연결이 바르지 않은 것은?

① 동승자의 강요 및 무단동승 － 50%

② 음주운전자의 차량동승 － 40%

③ 동승자의 요청동승 － 30%

④ 상호 의논합의 동승 － 20%

75 다음은 개인용자동차보험의 '다른 자동차운전담보 특별약관'에 대한 설명이다. 올바른 것은?

① 본 특약에서 피보험자라 함은 기명피보험자와 기명피보험자의 배우자를 말한다.

② 무보험차상해 보험에 가입한 경우 자동적으로 적용되는 담보이며 보험료의 추가납부가 필요하다.

③ 다른 자동차란 기명피보험자와 그 부모, 배우자 또는 자녀가 소유하거나 통상적으로 사용하는 자동차를 포함한다.

④ 피보험자가 운전 중 또는 주정차 중에 사고가 발생하여 손해배상책임 또는 피보험자의 상해가 발생하였을 때 대인배상Ⅱ와 대물배상, 자기신체사고담보에서 보상한다.

PART 04 ｜ 개인재무설계[76~100]

76 다음은 파이낸셜 플래닝에 대한 오해를 수정하는 내용이다. 적절하지 않은 것은?

① 파이낸셜 플래닝을 한다는 것은 가급적 여윳돈으로 투자를 하라는 것이다.

② 파이낸셜 플래닝을 하는 데 결코 늦은 법은 없으며, 지금 바로 시작하는 것이 현명하다.

③ 파이낸셜 플래닝을 의심하기보다는 전문가의 도움을 통해 다양한 금융상품과 복잡한 세제정책 등의 도움을 받는 편이 좋다.

④ 파이낸셜 플래닝은 무조건 돈을 쓰지 않고 견디는 것이 아니라, 현재 가지고 있는 것을 현명하게 이용함으로써 가능한 한 빠른 시일 내에 재무목표에 도달하게 하는 것이다.

77 다음은 고객의 니즈(Needs)에 대한 설명이다. 적절하지 않은 것은?

① 고객이 자신의 목표로 인식하지 못 하고 있다.

② 일생을 사는 동안 일정시기에 반드시 필요한 것을 말한다.

③ 각각의 라이프스타일에 따라 기본적으로 필요한 사항이다.

④ '2030년에 가족과 함께 유럽여행을 하고 싶다'와 같은 목표를 말한다.

78 다음은 고객에 대한 정보를 수집할 때 중요한 부분에 대한 설명이다. 적절하지 않은 것은?

① 집세나 교육비는 비소비지출로 구분하여 정보를 수집한다.

② 동거가족은 거주가 아닌 재정적 독립여부를 기준으로 한다.

③ 상속·증여와 같은 고액의 일시소득은 규모뿐 아니라 예상시기도 중요하게 봐야 한다.

④ 가계지출을 파악할 때 예산은 우리나라에서는 보편화되어 있지 않으므로 논외로 해도 된다.

79 다음은 고객의 정보수집에 관한 설명이다. 적절하지 않은 것은?

① 집세, 수도광열비 등 주거 관련 비용은 비소비지출로 분류한다.

② 보장성 보험은 위험관리자산으로, 저축성 보험은 예·적금(투자자산)으로 분류한다.

③ 주거용부동산은 사용자산에 해당하며, 사용자산을 평가할 때에는 감가상각을 반영해야 한다.

④ 고객의 재무정보 수집에 있어 연금소득은 현재 수령하고 있는 정기적인 연금의 수령액을 말하며,
   연간 세후소득 정보수집 시 미래 예상연금소득은 제외한다.

80 다음 사례의 경우 A회사채의 기대수익률은 얼마인가?

- CD수익률(90일물) 2.5%
- 소비자물가상승률 2.0%
- B주식의 위험프리미엄 7%
- 국채 5년물 수익률 5.0%
- A회사채의 위험프리미엄은 3%

① 7.5%

② 8.5%

③ 11.0%

④ 13.5%

81 다음 중 자산부채상태표에서 순자산의 변동이 없는 거래는?

① 자본적 지출의 증가

② 근로/사업 소득의 증가

③ 투자자산의 수익률 증가

④ 변동금리대출에서 금리의 승가

82 다음 중 개인현금수지표 분석을 통해 알 수 있는 '저축투자가능액'은?

① 가처분소득 − 비소비지출

② 총소득 − 비소비지출 − 소비지출

③ 총소득 − 비소비지출 − 소비지출 − 총부채상환액

④ 총소득 − 비소비지출 − 소비지출 − 소비자총부채상환액

PART
01

PART
02

PART
03

PART
04

PART
05

PART
06

83 다음은 보유자산의 분석과 진단에 대한 설명이다. 옳지 않은 것은?

① 가계의 건전성은 총자산 대비 순자산 비율로서 진단할 수 있다.
② 가계의 안정성은 순자산 대비 부채 비율로서 진단할 수 있다.
③ 가계의 유동성은 총자산 대비 유동성 자산 비율로서 진단할 수 있다.
④ 유동성이 높으면 수익성이 낮고, 유동성이 낮으면 수익성은 높다.

84 다음은 경기순환에 대한 설명이다. 옳지 않은 것은?

① 경기변동요인은 계절요인, 불규칙요인, 추세요인, 순환요인으로 구분된다.
② 순환주기는 경기 저점에서 다음 경기 저점까지의 기간을 의미하며 일정하지 않다.
③ 경기순환은 경기회복, 경기호황, 경기후퇴, 경기불황과 같이 네 국면으로 구분할 수 있다
④ 우리나라의 경기순환은 경기확장국면보다 경기수축국면이 긴 경기의 비대칭성을 나타내고 있다.

85 다음은 경기순환의 종류이다. 적절하지 않은 것은?

① 단기파동은 2~6년을 주기로 통화공급이나 금리의 변동, 물가변동 및 재고변동 등에 따라 나타난다.
② 중기파동은 10년 전후를 주기로 설비투자의 내용연수와 관련하여 나타나는 순환으로 키친파동이라 한다.
③ 장기파동은 50~60년을 주기로 기술혁신, 전쟁, 신자원의 개발 등에 의해 나타나며 콘트라티에프파동이라 불린다.
④ 경기변동은 일반적으로 1회의 순환에 요구되는 주기의 장단에 따라 장기파동, 중기파동, 단기파동으로 구분된다.

86 다음의 경기종합지수의 구성지표 중 경기후행지수에 해당하는 것은?

① 취업자 수   ② 내수출하지수
③ 재고순환지표   ④ 소매판매액지수

87 BSI가 95인 경제상황을 가정할 때 취할 수 있는 경제정책과 가장 거리가 먼 것은?

① 금리를 인하한다.   ② 법인세율을 인하한다.
③ 재정지출을 증가시킨다.   ④ 통화안정증권을 매각한다.

88 포트폴리오의 성과에 대한 BHB연구(Brinson, Hood, Beebower의 실증연구)에 따를 때, 실제 포트폴리오의 성과에 있어서 성과가 큰 순서부터 나열한 것은?

① 전략적 자산배분 → 전술적 자산배분 → 종목선정 및 매매시점 포착

② 전략적 자산배분 → 종목선정 및 매매시점포착 → 전술적 자산배분

③ 전술적 자산배분 → 종목선정 및 매매시점포착 → 전략적 자산배분

④ 종목선정 및 매매시점 포착 → 전술적 자산배분 → 전략적 자산배분

PART
01

PART
02

PART
03

PART
04

PART
05

PART
06

89 다음의 통화의 종류 중에서 광의의 통화(M2)에 해당하지 않은 것은?

① 수익증권

② 2년 미만의 정기예 · 적금

③ 생명보험 보험계약준비금

④ CD, RP, 표지어음 등의 시장성 상품

90 다음은 환율표시 방식에 대한 설명이다. 옳지 않은 것은?

① 1$=1,000₩상태에서 1$=1,200₩이 되면 원화가치가 하락한 것이다.

② 국제외환시장에서 환율고시는 대부분 미달러화 1단위에 대한 외국통화의 비율인 '유럽식'으로 표시하고 있다.

③ 1$=1,000₩의 표시를 자국통화표시환율 또는 지급환율이라고 하며 영국 등 일부 국가는 이 환율표시방식을 사용하고 있다.

④ 외국통화표시환율에서는 환율이 올랐다는 것은 그 나라 통화의 대외가치가 올랐다는 것을 의미하지만 자국통화표시환율의 경우는 그 뜻이 반대방향으로 나타나게 된다.

91 다음은 물가변동요인에 대한 내용이다. '수요요인'에 속하지 않는 것은?

① 소비의 증감

② 통화량의 증감

③ 원자재가격 및 임금의 증감

④ 인플레이션 기대심리

92 다음은 국제수지에 대한 설명이다. 옳지 않은 것은?

① 경상수지의 과도한 흑자는 무역마찰 등을 초래할 수도 있다

② 외환보유고는 플로우의 개념이고, 준비자산증감은 스톡의 개념이다.

③ 경상수지가 적자이면 소득은 줄고, 실업이 늘어나며, 외화채무가 증가한다.

④ 준비자산 증감이 (-)이면 거래적 요인에 의한 외환보유고가 증가하였음을 의미한다.

93 다음 중 재무계산기로 화폐의 시간가치(TVM)를 계산하는 방법에 대한 설명으로 옳지 않은 것은?

① 5년 8%의 조건이라면 5[N] 8[I/Y]로 입력한다.

② 5년, 8%, 3개월 단위 복리라면 20[N] 8[I/Y]로 입력한다.

③ PV와 FV는 상반되는 현금흐름이므로 [PV]에서 (−)로 입력하면 FV는 (+)로 나타난다.

④ 5개의 TVM요소([N] [I/Y] [PV] [PMT] [FV])는 계산기에 있는 순서대로 입력할 필요는 없으나 계산하고자 하는 요소는 각 조건을 모두 입력한 후 최종적으로 [CPT]키와 함께 입력하여 계산한다.

94 다음은 고객의 분류 및 고객의 특성에 대한 설명이다. 옳지 않은 것은?

① 만족고객은 정기적인 포트폴리오에 대한 성과를 집중적으로 관리하고, 포트폴리오의 변화를 가져올 수 있는 변수에 대해 많은 관심을 기울여야 한다.

② 불만족고객은 고객의 불만사항에 대해서 무리하게 서비스를 진행하는 것보다 그때그때 불만사항을 처리하고 난 이후 다음 과정으로 진행하는 것이 좋다.

③ 잠재고객은 이미 파이낸셜플래너와 관계형성이 어느 정도 이루어진 고객으로 은퇴, 세금, 부동산, 교육 자금 등 특화된 서비스보다는 바로 종합재무설계를 제공하는 것이 좋다.

④ 신규고객은 고객과의 신뢰관계가 형성되지 않은 상태이기 때문에 일방적인 플래너의 주장이나 고객을 가르치려는 태도는 금물이다.

95 고객의 분류는 기존고객, 잠재고객, 신규고객, 휴면고객으로 구분된다. 다음 중 '기존고객'에 해당하는 설명은?

① 고객의 불만사항이 인지되면 무리하게 서비스를 진행하기보다는 그때 불만사항을 처리하고 난 이후 다음 과정으로 진행하는 것이 좋다.

② 장기적인 관점에서 관계유지를 할 수 있도록 고객의 정확한 니즈를 파악하는 데 주력하고 우선 그 니즈를 충족시키는 관리방법을 사용하는 것이 좋다.

③ 서두르지 말고 지속적인 니즈환기를 시킬 필요가 있고, 파이낸셜 플래너로서는 처음부터 많은 서비스를 제공하기보다는 은퇴나 교육 혹은 세금설계와 같이 특화된 서비스를 우선 제공하는 것이 좋다.

④ 일반 금융상품을 판매하는 것과 달리 고객의 생각까지도 종합적으로 고려해야 하며, 1회성으로 그치는 서비스가 아니기 때문에 2차, 3차 서비스 제공에 대한 개념을 가지고 고객과의 관계를 정립해 나갈 필요성이 있다.

96 국제분산투자를 가정할 때 다음 중 '체계적 위험'끼리 연결된 것은?

① 구매력 위험 - 재무 위험

② 유동성 위험 - 재투자 위험

③ 이자율 위험 - 재투자 위험

④ 유동성 위험 - 국가 위험

97 자산운용자가 최적의 자산을 편입하기 위해 A자산의 편입 여부를 고민 중이다. A자산의 표준편차는 4.5이고, 시장의 표준편차는 3이며, A자산과 시장의 상관계수가 +0.5일 때 가장 올바른 설명은 무엇인가?

① A자산의 베타계수는 0.75이다.

② A자산이 주식이라면 경기 민감주일 가능성이 크다.

③ A자산은 호황기 때 시장보다 더 많이 오를 가능성이 크다.

④ 베타계수는 -1에서 +1 사이 값을 가지며 두 자산의 상관관계를 나타낸다.

98 다음 중 위험조정성과지표(RAPM)에 해당하는 것은?

① 공분산, 상관계수

② 표준편차, 베타계수

③ 표준편차, 샤프지수

④ 샤프지수, 젠센의 알파

99 다음은 수익률 계산방법에 대한 설명이다. 순서대로 옳게 짝지어진 것은?

> • 자산, 포트폴리오를 일정기간 동안 보유하여 얻은 총 수익률을 말하며, 투자기간이 다른 경우 연평균 보유기간 수익률을 비교해 볼 수 있다.
> • 다년간의 연간수익률을 연수로 나누어 구하며, 미래 예상수익률을에 사용하기 쉽다.

① 보유기간수익률, 산술평균수익률

② 산술평균수익률, 기하평균수익률

③ 기하평균수익률, 보유기간수익률

④ 가중평균수익률, 기하평균수익률

PART
01

PART
02

PART
03

PART
04

PART
05

PART
06

100 부동산이 과다한 비상장주식에 대한 정보가 보기와 같다. 보충적 평가방법으로 평가한 동 주식의 상속 또는 증여재산금액은?

- 1주당 순손익가치 3만원, 1주당 순자산가치 2만원
- 보유한 총주식수 10만주

① 24억원

② 28억원

③ 32억원

④ 45억원

PART
01

PART
02

PART
03

PART
04

PART
05

PART
06

실전모의고사

제**2**회

PART 01   장기 · 연금보험[01~25]

01 1997년 7월 제3보험의 생 · 손보 겸영조치에 따라 판매가 시작된 상품은 다음 중 무엇인가?

① 운전자보험　　　　　　　　　　② 금리연동형보험

③ 장기질병보험　　　　　　　　　　④ 장기간병보험

02 다음 중 장기손해보험에서 선택이 가능한 보험료 납입주기가 아닌 것은?

① 2개월납　　　　　　　　　　　　② 3개월납

③ 5개월납　　　　　　　　　　　　④ 6개월납

03 다음은 장기손해보험에 대한 설명이다. 적절하지 않은 것은?

① 장기손해보험은 일반손해보험을 제외한 보험을 말한다.

② 장기손해보험은 생명보험과 상해보험의 성격을 동시에 지닌다.

③ 장기손해보험은 순보험료가 위험보험료 외에 다른 보험료로 동시에 구성된 상품이다.

④ 장기손해보험중 상해, 질병, 간병 중 두 가지 이상을 보장하는 보험을 장기기타보험이라 한다.

04 다음 중 장기화재보험의 자동담보물건이 아닌 것은?

① 피보험자 소유의 칸막이 대문

② 피보험자 소유의 전기, 가스, 난방

③ 피보험자와 같은 세대원이 소유한 간판 등

④ 피보험자와 같은 세대원이 소유한 가재나 집기

05 다음은 장기화재보험에 대한 설명이다. 옳지 않은 것은?

① 통화, 유가증권, 인지, 우표 등은 약관상 인수제한 물건이다.

② 귀금속은 점당 300만원 이상의 요건으로 하여 명기물건으로 담보할 수 있다.

③ 안테나와 선전탑과 같은 건물의 부착물은 피보험자의 소유에 한해 자동물건으로 담보한다.

④ 본래의 불자리가 아닌 장소에서 발생하고, 불에 의한 연소작용이 있고, 재물손실로 경제적 손실을 초래한 사고를 담보한다.

06 다음 중 장기화재보험의 보통보험약관에 명시되어 있는 보상하는 손해가 아닌 것은?

① 손해방지비용

② 잔존물제거비용

③ 화재(벼락 포함)로 인한 직접손해

④ 보험목적물을 피난 시키면서 발생한 손해

07 다음은 화재보험의 '보상하지 않는 손해'에 대한 내용이다. 올바른 것은?

① 벼락으로 인해 냉장고가 파손되었다.

② 옆집의 화재사고로 주택 내 가재도구가 불에 타서 파손되었다.

③ 갑작스러운 추위로 수도관이 파열되어 가재도구가 침수되었다.

④ 피보험자의 채무자가 악의를 품고 방화하여 건물의 일부가 화재로 소실되었다.

08 다음은 장기화재보험의 '손해통지 및 손해방지의무'에 대한 내용이다. 적절하지 않은 것은?

① 회사는 지급보험금에 손해방지비용을 합한 금액이 보험가입금액을 초과하더라도 이를 지급한다.

② 손해방지 경감에 소요된 필요·유익한 비용은 보험가입금액의 보험가액에 대한 비율에 따라 지급보험금의 계산방법에 준하여 이를 보상한다.

③ 보험의 목적에 손해가 생긴 경우 보험계약자 또는 피보험자는 지체없이 그 사실을 보험회사에 알려야 하며, 만일 통지를 게을리함으로써 증가된 손해가 있다면 그 증가된 손해에 대해서는 보상하지 않는다.

④ 보험사고가 생긴 때에는 보험계약자와 피보험자나 이들의 법정대리인은 손해방지경감을 위해 힘써야 하며, 만일 보험계약자 등의 경과실 또는 중과실로 이를 게을리한 때에는 손해가 방지 또는 경감될 수 있었던 부분에 대해서는 보상하지 않는다.

09 S씨는 단독주택건물을 장기화재보험에 가입하였으며, 화재가 발생하여 다음과 같은 화재 및 폭발손해를 입었다. 이 경우 지급보험금 총액은?

- 장기화재보험 보통약관만 가입
- 보험가입금액 800만원, 보험가액 4,000만원
- 화재에 따른 직접손해 1,000만원
- 소방활동 중 수침손해 100만원
- 연소를 막기 위해 건물 일부를 파손한 손해 100만원
- 주택건물의 폭발손해 300만원

① 375만원   ② 400만원
③ 750만원   ④ 800만원

10 다음은 화재보험의 보험가입대상으로서의 재고자산(동산)에 대한 설명이다. 옳지 않은 것은?

① 신가보험(재조달가보험)에 절대 가입할 수 없다.
② 재고자산의 보험가액에는 절대 판매이익이 포함될 수 없다.
③ 보험가액을 평가할 때 재조달가액에서 감가공제를 하지 않는다.
④ 외부로부터 매입 시에는 제조원가, 자가 제조 시에는 재매입가액을 보험가액으로 한다.

11 건물과 기계에 대해서 하나의 보험가입금액(2억원)으로 가입하였다. '건물'의 보험가입 금액은?

[장기화재보험]
- 건물 취득 시 신품가액 3억원, 건물의 사고 당시 가액 2.5억원
- 기계 취득 시 신품가액 2억원, 기계의 사고 당시 가액 1.5억원

① 7,500만원   ② 8,000만원
③ 1억원   ④ 1억 2,500만원

12 다음 중 장기종합보험의 도난담보 특약에서 보상하는 손해는 무엇인가?

① 강도 또는 절도로 보험의 목적에 생긴 훼손 또는 파손
② 보관장소를 72시간 비워둔 상태에서 생긴 도난
③ 도난 손해가 생긴 후 30일 내에 알지 못한 사건
④ 보험의 목적이 보관장소에서 벗어나 있을 때 생긴 도난

PART
01

PART
02

PART
03

PART
04

PART
05

PART
06

13 다음의 사례의 경우 보상하는 배상책임보험으로 가장 적절한 것은?

> • 피보험자의 영업장의 간판이 떨어져서 통행인이 심각한 부상을 입은 경우
> • 음식점 종업원의 과실로 음식물을 엎질러 손님이 화상을 입은 경우

① 음식물배상책임보험
② 가스사고배상책임보험
③ 근로자재해보상책임보험
④ 시설소유관리자배상책임보험

14 집에서 키우던 애완견의 목줄이 풀려 타인에게 신체상해를 입히거나 타인의 재물을 손괴하여 부담하게 되는 배상책임위험을 담보하는 상품으로 가장 적합한 것은?

① 동물보험
② 영업배상책임보험
③ 일상생활배상책임보험
④ 시설소유관리자배상책임보험

15 다음은 장기운전자보험에서 '보상하지 아니하는 손해'에 대한 내용이다. 옳지 않은 것은?

① 피보험자의 고의사고
② 피보험자의 중과실에 의한 사망
③ 피보험자가 사고를 내고 도주하였을 때
④ 피보험자가 자동차를 경기용으로 운전하던 중 사고

16 다음 중 장기운전자보험 특별약관 중 보상을 '1일당 보험가입금액'으로 하지 않는 것은?

① 생활유지비 특별약관
② 면허정지위로금 특별약관
③ 면허취소위로금 특별약관
④ 교통상해임시생활비 특별약관

17 다음 중 보험금을 지급할 다수 계약이 체결되어 있는 경우 각각의 계약이 비례하여 분담하는 조항이 없는 특별약관은?

① 벌금 보장특별약관

② 면허정지위로금 보장특별약관

③ 교통사고처리지원금 보장 특별약관

④ 자동차 사고변호사선임비용 보장특별약관.

18 다음은 연금저축상품과 연금수령방식을 짝지은 것이다. 올바르지 않은 것은?

① 연금저축신탁 확정기간형

② 연금저축펀드 확정기간형

③ 연금저축보험(손해보험) 확정기간형, 종신형

④ 연금저축보험(생명보험) 확정기간형, 종신형

19 다음 중 연금계좌의 인출순서를 올바르게 나열한 것은?

① 과세제외금액 → 이연퇴직소득 → 세액공제액과 운용소득

② 과세제외금액 → 세액공제액과 운용소득 → 이연퇴직소득

③ 이연퇴직소득 → 세액공제액과 운용소득 → 과세제외금액

④ 이연퇴직소득 → 과세제외금액 → 세액공제액과 운용소득

20 다음 중 확정급여형 퇴직연금제도에서 최소적립금 상회여부의 확인 및 조치에 대한 설명으로 옳지 않은 것은?

① 퇴직연금사업자는 매 사업연도 종료 후 6개월 이내에 최소적립금 상회여부를 확인하고 그 결과를 사용자에게 통보해야 한다.

② 적립금이 최소적립금의 90%에 미치지 못하는 경우, 재정안정화 계획서를 작성하여, 30일 이내에 퇴직연금사업자와 노동조합 또는 근로자 전체에 통보해야 한다.

③ 적립금이 기준책임준비금을 초과하는 경우 사용자는 향후 납입할 분담금에서 상계할 수 있다.

④ 기준책임준비금의 150%를 초과할 경우, 그 초과분은 사용자의 반환요청 시 초과분에 한하여 반환이 가능하다.

PART 01

PART 02

PART 03

PART 04

PART 05

PART 06

21 다음 중 사용자가 퇴직급여제도를 반드시 설정하여야 하는 경우는?

① 근로자가 5인 미만인 경우
② 근로자가 모두 동거친족인 경우
③ 근로자의 계속근로기간이 1년 미만인 경우
④ 근로자의 소정근로시간이 1주간 평균 15시간 미만인 경우

22 확정급여형퇴직연금제도의 급여 지급능력 확보와 관련하여 괄호 안에 알맞은 내용을 순서대로 나열한 것은?

> 퇴직연금사업자는 매 사업연도 종료 후 6개월 이내에 고용노동부령으로 정하는 바에 따라 산정된 적립금이 (　　)을 상회하고 있는지 여부를 확인하여 그 결과를 대통령령으로 정하는 바에 따라 (　　)에게 알려야 한다.

① 기준책임준비금, 사용자
② 최소적립금, 근로자대표
③ 기준책임준비금, 근로자대표
④ 최소적립금, 사용자

23 다음 중 근로자퇴직급여보장법상 사용자의 책무에 해당하지 않는 것은?

① 퇴직연금사업자의 선정
② 퇴직연금 가입자 교육 실시
③ 퇴직급여 감소 예방 조치
④ 퇴직연금 적립금의 보관 및 관리

24 다음 중 개인형 퇴직연금에 관한 설명으로 틀린 것은?

① 수수료는 전액 가입자가 부담한다.
② 적립금 운용방법은 확정기여형 퇴직연금과 동일하다.
③ 가입자는 예금, 펀드 등으로 자산운용이 가능하고 수시로 상품변경을 할 수 있다.
④ 가입기간 10년 이상이면서 55세 이상일 경우 연금 수령이 가능하고 연금수령기간은 5년 이상이다.

25 다음 중 확정기여형퇴직연금제도 적립금의 투자대상으로 옳지 않은 것은?

① 상장주식

② 채권형펀드

③ 원리금 보장 보험계약

④ 은행, 저축은행, 우체국의 예금 · 적금

PART 02   제3보험[26~50]

26 다음 중 질병 · 상해보험 표준약관에서 "보험금이 지급되는 경우"는?

① 계약자가 고의로 피보험자를 해친 경우

② 지진, 분화, 해일 등 이와 비슷한 천재지변

③ 피보험자의 임신, 출산(제왕절개를 포함), 산후기

④ 전쟁, 외국의 무력행사, 혁명, 내란, 사변, 폭동

27 다음 중 질병 · 상해보험 표준약관에서 보험금 지급예정일을 "보험금 청구서류를 접수한 날부터 30영업일을 초과"하여 정한 후 계약자에게 통보할 수 있는 항목 수는?

┌───┐
│ ㉠ 소송 제기   │
│ ㉡ 분쟁조정 신청   │
│ ㉢ 수사기관의 조사   │
│ ㉣ 해외에서 발생한 보험사고에 대한 조사   │
│ ㉤ 다수보험 가입자의 보험사기 의심 조사   │
│ ㉥ 보험금 지급에 관한 세부규정에 따라 보험금 지급 사유에 대해 제3자의 의견에 따르기로 한 경우 │
└───┘

① 3항목   ② 4항목

③ 5항목   ④ 6항목

PART 01
PART 02
PART 03
PART 04
PART 05
PART 06

28 다음은 질병·상해보험 표준약관에서 정하고 있는 사망 보험금의 지급기간별 지연이자에 관한 사항이다. 옳지 않은 것은?

① 지급기일의 다음날부터 30일 이내의 기간 : 보험계약대출이율
② 지급기일의 31일 이후부터 60일 이내의 기간 : 보험계약대출이율＋4%
③ 지급기일의 61일 이후부터 90일 이내의 기간 : 보험계약대출이율＋6%
④ 지급기일의 91일 이후 기간 : 보험계약대출이율＋10%

29 다음은 만기환급금을 지급할 때의 이자계산에 관한 사항이다. 다음 중 옳지 않은 것은?

① 만기환급금 지급사유가 발생한 날의 다음 날부터 청구일까지의 기간이 1년 이내의 경우에 평균공시이율(금리 연동형 보험의 경우에는 적립순보험료에 대한 적립이율)의 50%로 하여 계산한다.
② 만기환급금 지급사유가 발생한 날의 다음 날부터 청구일까지의 기간이 1년을 초과한 경우에는 초과기간에 대해서 1%를 적용하여 계산한다.
③ 만기환급금은 회사가 환급금 지급시기 도래 7일 이전에 지급할 사유와 금액을 알리지 않는 경우 지급사유가 발생한 날의 다음 날부터 청구일까지의 기간은 평균 공시이율(금리연동형 보험의 경우에는 적립순보험료에 대한 적립이율)을 적용한 이자를 지급한다.
④ 만기환급금 지급 시 수익자의 지정이 없을 때에는 피보험자에게 지급한다.

30 다음 중 제3보험의 "보험금 지급절차"에 대한 내용으로 옳지 않은 것은?

① 보험금은 청구서류를 접수한 날부터 3영업일 이내에 지급한다.
② 계약자, 피보험자 또는 보험수익자의 책임 있는 사유로 지급이 지연된 때에는 그 해당 기간에 대한 이자는 더하여 지급한다.
③ 추가적인 조사가 이루어지는 경우, 회사는 보험수익자의 청구에 따라 회사가 추정하는 보험금의 50% 상당액을 가지급보험금으로 지급한다.
④ 회사가 지급기일 내에 보험금을 지급하지 않았을 때에는 그 다음날부터 지급일까지의 기간에 대하여 '보험금을 지급할 때의 적립이율 계산'에서 정한 이율로 계산한 금액을 보험금에 더하여 지급한다.

31 다음은 질병·상해보험 표준약관 중 "사기에 의한 계약"의 내용이다. 이에 해당하는 것은 모두 몇 개인가?

> (가) 계약자 또는 피보험자가 대리진단을 통해 진단 절차를 통과한 경우
> (나) 계약자 또는 피보험자가 약물사용을 수단으로 진단절차를 통과한 경우
> (다) 계약자 또는 피보험자가 진단서 위·변조를 한 경우
> (라) 계약자 또는 피보험자가 청약일 이전에 암 또는 인간면역결핍바이러스(HIV) 감염의 진단 확정을 받은 후 이를 숨기고 가입하는 경우
> (마) 사기에 의하여 계약이 성립되었음을 회사가 증명하는 경우에는 계약일로부터 3년 이내(사기사실을 안 날로부터 1개월 이내)에 계약을 취소할 수 있다.

① 2개   ② 3개
③ 4개   ④ 5개

32 질병·상해보험 표준약관상 계약자는 회사의 승낙을 얻어 계약내용을 변경할 수 있다. 이 경우 회사의 승낙이 필요하지 않은 경우는?

① 보험종목   ② 보험기간
③ 피보험자   ④ 보험수익자

33 다음은 질병·상해보험 표준약관에서 정하고 있는 보험료의 납입연체로 인한 해지계약의 부활(효력회복)이다. 빈칸에 알맞은 것은?

> 보험회사가 부활(효력회복)을 승낙한 때에 계약자는 부활(효력회복)을 청약한 날까지의 연체된 보험료에 (   ) 범위 내에서 각 상품별로 회사가 정하는 이율로 계산한 금액을 더하여 납입하여야 합니다. 다만 금리 연동형보험은 각 상품별 사업방법서에서 별도로 정한 이율로 계산한다.

① 평균공시이율＋1%   ② 표준이율＋1%
③ 평균공시이율   ④ 표준이율

PART
01

PART
02

PART
03

PART
04

PART
05

PART
06

34 다음 중 질병·상해보험 표준약관상 "위법계약의 해지"에 관한 설명으로 옳지 않은 것은?

① 계약자는「금융소비자 보호에 관한 법률」에 따라 계약체결에 대한 회사의 법 위반사항이 있는 경우 계약체결일부터 5년 이내의 범위에서 계약자가 위반사항을 안 날부터 1년 이내에 계약해지요구서에 증빙서류를 첨부하여 위법계약의 해지를 요구할 수 있다.

② 계약자는 회사가 정당한 사유 없이 위 ①의 요구를 따르지 않는 경우 해당 계약을 해지할 수 있다.

③ 회사는 해지요구를 받은 날부터 30일 이내에 수락 여부를 계약자에 통지하여야 하며, 거절할 때에는 거절 사유를 함께 통지하여야 한다.

④ 위법계약의 해지에 따라 위법계약이 해지되는 경우 회사가 적립한 해지 당시의 책임준비금을 반환한다.

35 다음 중 장기상해보험에서 상해사고의 요건과 관련된 설명으로 옳지 않은 것은?

① 급격성이란 보험사고가 단시간 내에 돌발적으로 발생하여 원인 또는 결과의 발생을 피할 수 없을 정도로 급박한 상태에서 발생하는 것을 말한다.

② 급격성이 결여된 사례로는 반복적이고 계속된 신체의 작용이 점차적으로 발전하여 그 결과로서 발생한 동상, 테니스 Elbow, 격렬한 운동 후의 근육통, 직업병 등은 사고의 원인과 결과 발생 사이에 급격성이 결여되어 상해의 요건에 해당되지 않으므로 상해보험에서 담보할 수 없다.

③ 우연성이란 피보험자의 의사에 기인하는 고의사고와 구별되는 개념으로 원인 또는 결과의 발생이 예견되지 않은 상태를 말한다. 따라서 우연성의 판단기준은 반드시 객관적이어야 하며, 피보험자의 입장에서 주관적인 우연성만으로는 불충분하다.

④ 외래성이란 보험사고의 발생원인이 피보험자 자신의 신체에 내재되어 있는 내부적 요인이나 신체결함에 기인한 것(질병)이 아니라 신체의 외부적인 요인에 의한 것을 말한다.

36 유족으로 '삼촌, 외삼촌, 사촌, 외사촌, 고모, 이모, 당숙'이 있다. 각각의 상속지분은?

① 삼촌 : 사촌 : 고모 : 당숙 = 1 : 1 : 1 : 1

② 삼촌 : 외삼촌 : 사촌 : 외사촌 = 1 : 1 : 1 : 1

③ 삼촌 : 외삼촌 : 고모 : 이모 = 1 : 1 : 1 : 1

④ 삼촌 : 외삼촌 : 고모 : 당숙 = 1 : 1 : 1 : 1

37 다음은 제3보험의 장해분류표 중 "눈의 장해"에 관한 내용이다. 빈칸에 들어갈 내용으로 바르게 짝지어진 것은?

> - 시력장해의 경우 공인된 시력검사표에 따라 최초 (㉠) 이상 측정한다.
> - 한 눈의 교정시력이 0.1 이하로 된 때, 장해지급률은 (㉡)이다.
> - '뚜렷한 시야장해'라 함은 한 눈의 시야범위가 정상 시야 범위의 (㉢) 이하로 제한된 경우를 말한다.

① ㉠ - 2회, ㉡ - 10%, ㉢ - 1/2
② ㉠ - 3회, ㉡ - 10%, ㉢ - 60%
③ ㉠ - 2회, ㉡ - 15%, ㉢ - 1/2
④ ㉠ - 3회, ㉡ - 15%, ㉢ - 60%

38 다음은 장해분류표상 "정신행동장해"의 장해판정기준이다. ( ) 안에 들어갈 내용으로 바르게 짝지어진 것은?

> 정신행동장해는 보험기간 중에 발생한 뇌의 질병 또는 상해를 입은 후 (㉠)이 지난 후에 판정함을 원칙으로 한다. 단, 질병 발생 또는 상해를 입은 후 의식상실이 (㉡) 이상 지속된 경우에는 질병 발생 또는 상해를 입은 후 (㉢)이 지난 후에 판정할 수 있다.

① ㉠ - 18개월, ㉡ - 2개월, ㉢ - 12개월
② ㉠ - 12개월, ㉡ - 1개월, ㉢ - 12개월
③ ㉠ - 18개월, ㉡ - 1개월, ㉢ - 12개월
④ ㉠ - 12개월, ㉡ - 2개월, ㉢ - 10개월

39 다음 중 질병·상해보험 후유장해분류표에서 정하고 있는 "흉복부장기 또는 비뇨생식기 기능을 잃었을 때(후유장해 지급률 75%)"에 해당하지 않는 것은?

① 폐, 신장, 또는 간장의 장기이식을 한 경우
② 장기이식을 하지 않고서는 생명유지가 불가능하여 혈액투석 등 의료처치를 평생토록 받아야 할 때
③ 양쪽 고환 또는 양쪽 난소를 모두 잃었을 때
④ 방광의 저장기능과 배뇨기능을 완전히 상실한 때

PART
01

PART
02

PART
03

PART
04

PART
05

PART
06

40 다음 중 레저보험에 대한 설명으로 옳지 않은 것은?

① 레저보험은 각종 레저활동 중에 개인 또는 단체에게 발생할 수 있는 신체상해를 기본으로 담보하고, 그 외에 배상책임위험, 레저용품의 손해를 담보하는 보험으로서 상해보험의 범위를 특정 여가/레저 활동으로 구체화한 보험이다.

② 골프보험은 보험기간 중에 피보험자가 골프시설(골프의 연습 또는 경기를 행하는 시설을 말하며, 골프연습장, 탈의실 등 그 외 부속시설을 포함) 구내에서 골프의 연습, 경기 또는 지도(이에 따른 탈의, 휴식을 포함) 중에 입은 손해를 보상한다.

③ 낚시보험은 보험기간 중 피보험자가 대한민국 내에서 낚시(직업적 낚시를 포함)를 목적으로 거주지를 출발한 때로부터 거주지에 도착할 때까지의 과정 중에 입은 손해를 약관에 따라 보상한다.

④ 스키보험은 보험기간 중에 대한민국 내에서 스키를 목적으로 거주지를 출발한 때로부터 거주지에 도착할 때까지의 과정 중에 입은 손해를 약관에 따라 보상한다.

41 다음은 운전자보험에서 "운전의 정의"에 대한 설명이다. 밑줄 친 부분 중 옳지 않은 것은?

> 「자동차를 운전하던 중」이라 함은 ⓐ <u>도로 여부</u>, ⓑ <u>주정차 여부</u>, ⓒ <u>운전 여부</u>를 불문하고 피보험자가 ⓓ <u>자동차 운전석에 탑승하여 핸들을 조작하거나 조작 가능한 상태</u>에 있는 것을 말한다.

① ⓐ   ② ⓑ

③ ⓒ   ④ ⓓ

42 CI(Critical Illness, 치명적 질병)보험에 관한 설명으로 옳지 않은 것은?

① CI보험은 크게 중대한 질병, 중대한 수술, 중대한 화상 및 부식으로 구분하여 보장하고 있다.

② CI보험에서 '중대한 수술'은 관상동맥성형술, 대동맥류 인조혈관치환수술, 심장판막수술이 해당된다.

③ CI보험에서 '말기신부전증'은 양쪽 신장 모두가 만성적으로 비가역적인 기능부전을 보이는 말기 신질환이다.

④ CI보험에서 '말기간질환'의 진단확정은 정기적인 이학적 검사, 혈액검사, 영상검사 등을 포함한 검사결과, 소견서, 진료기록 등으로 확인 가능해야 한다.

43 다음은 4세대 실손의료보험에 대한 내용이다. 옳지 않은 것은?

① 기본형 실손의료보험의 입원비 보장은 국민건강보험법에서 정한 요양급여 또는 의료급여법에서 정한 의료급여 중 본인부담금의 80%에 해당하는 금액을 보상하며 공제액은 연간 200만원을 초과할 수 없다.

② 기본형 실손의료보험의 통원비 보장은 상급종합병원이나 종합병원에서 외래 및 처방을 받았을 경우 '2만원과 보장대상의료비의 20% 중 큰 금액'을 공제한다.

③ 4세대 실손의료보험 특별약관은 상급병실료 차액을 '비급여 병실료의 50%'로 보장한다. 단, 1일 평균금액은 10만원을 한도로 하며 1일 평균금액은 입원기간 동안 비급여병실료 전체를 총 입원일수로 나누어 산출한다.

④ 4세대 실손의료보험 특별약관은 통원의료비를 지급할 때 '3만원 또는 본인부담금의 30% 중 큰 금액'을 공제하며, 1일 통원한도 30만원을 적용한다.

PART 01
PART 02
PART 03
PART 04
PART 05
PART 06

44 다음 중 4세대 실손의료보험의 '급여의료비'에서 보상하는 것은?

① 유일한 보험수익자가 고의로 피보험자를 해친 경우
② 동호회활동을 목적으로 글라이더 조종 시 발생한 상해의료비
③ 모터보트나 오토바이의 시운전 중 발생한 상해의료비(공용도로상의 시운전이 아님)
④ 선천성 뇌질환(Q00~Q04)으로 인한 질병의료비(보험가입 당시 피보험자가 태어났음)

45 다음 중 실손의료보험에서 보상하지 않는 손해는?

① 한방치료에서 발생한 국민건강보험법상의 급여치료비
② 치과치료에서 발생한 국민건강보험법상의 급여치료비
③ 회사가 부담하는 질병치료를 목적으로 한 검진비용
④ 외모 개선 목적의 치료로 인하여 발생한 치료비

46 다음은 실손의료보험 표준약관의 입원의료비 상급병실료 차액 보상내용이다. 빈칸에 알맞은 것은?

> 입원 시 실제로 사용한 병실과 기준병실의 병실료 차액에서 (   )를 뺀 금액이다. 다만, 1일 평균금액 (   )을 한도로 하며, 1일 평균금액은 입원기간 동안 상급병실료 차액 전체를 총 입원일수로 나누어 산출한다.

① 50%, 10만원   ② 50%, 15만원
③ 30%, 10만원   ④ 30%, 15만원

47 기본형 실손의료보험 표준약관에서 회사가 '보상하지 않는 사항'이 아닌 것은?

① 유방암 환자의 유방재건술
② 예방접종, 인공유산에 든 비용
③ 안경, 콘택트렌즈 등을 대체하기 위한 시력교정술
④ 사시교정, 안와격리증의 교정 등 시각계 수술로서 시력 개선 목적이 아닌 외모 개선 목적의 수술

48 다음은 3대 비급여 항목 중 '주사료'에 관한 설명이다. 옳지 않은 것은?

① 보상대상 의료비는 치료를 받아 본인이 실제로 부담한 비급여 주사료를 말한다.
② 공제금액은 입원 · 통원 1회당 3만원과 보상대상 의료비의 30% 중 큰 금액이다.
③ 보상한도는 계약일 또는 매년 계약해당일로부터 1년 단위로 300만원 이내에서 입원과 통원을 합산하여 50회까지 보상한다.
④ 병원을 1회 통원(또는 1회 입원)하여 치료목적으로 2회 이상 주사치료를 받더라도 1회로 보고 1회에 해당하는 공제금액 및 보상한도를 적용한다.

49 다음 중 실손의료보험 특별약관에서 보상하는 실손의료비가 아닌 것은?

① 비급여 도수치료 · 체외충격파치료 · 증식치료 실손의료비
② 비급여 임플란트 실손의료비
③ 비급여 자기공명영상진단(MRI/MRA) 실손의료비
④ 비급여 주사료 실손의료비

50 장기간병보험의 「중증치매분류표」에서 규정하고 있는 중증치매로 분류되는 질병은 모두 몇 개인가?

> ㉠ 알츠하이머병에서의 치매(F00)
> ㉡ 혈관성 치매(F01)
> ㉢ 달리 분류된 기타 질환에서의 치매(F02)
> ㉣ 상세불명의 치매(F03)
> ㉤ 치매에 병발된 섬망(F05.1)

① 2개   ② 3개
③ 4개   ④ 5개

51 다음 중 자동차보험에서 담보하는 법적 책임을 모두 묶은 것은?

① 민사책임

② 민사책임, 형사책임

③ 민사책임, 행정상책임

④ 민사책임, 형사책임, 행정상책임

52 아버지의 허락을 받아 아들(만 25세)이 운전하던 중 아들의 과실로 대물사고가 발생하였다. 아버지의 책임은 무엇인가?

① 법적 책임 없음

② 자배법 제3조 운행자책임

③ 민법 제750조 일반불법행위책임

④ 민법 제755조 감독자책임 또는 민법 제756조 사용자책임

53 다음 중 자동차손해배상보장법상 운전자에 해당하는 사람은?

① 자가운전자

② 자동차를 사용할 권리가 있는 자

③ 자기를 위하여 자동차를 운행하는 자

④ 다른 사람을 위하여 자동차를 운전하는 자

54 다음 중 소멸시효가 나머지 셋과 다른 것은?

① 소송판결채권

② 공동불법행위자 간의 구상권

③ 대인배상 및 대물배상 대위권

④ 보험사 간 보험금분담청구권

PART 01
PART 02
PART 03
PART 04
PART 05
PART 06

55 다음 중 소멸시효의 중단사유가 아닌 것은?

① 재판상의 청구
② 보험금 청구서류 제출
③ 피해자에게 가불금 지급
④ 내용증명에 의한 서면청구

56 다음은 자배법상 자동차손해배상책임에 대한 설명이다. 옳지 않은 것은?

① 조건부 무과실책임주의 관점을 취하고 있다
② 배상책임의 주체는 '자기를 위해 자동차를 운행하는 자'이다.
③ 자동차에 대한 정당한 사용권이 없는 무단절취운전자는 운행자에서 제외된다.
④ 승객이 사망하였는데 그 승객의 자살에 의한 것이라면 운행자책임이 발생하지 않는다.

57 다음은 직접청구권에 대한 설명이다. 옳지 않은 것은?

① 자배법상의 직접청구권은 대인배상 I 에 대해서만 적용된다.
② 대인배상 II 와 마찬가지로 양도 및 압류가 가능하다.
③ 대인배상 I 에 대한 직접청구권은 피보험자의 고의사고에도 행사할 수 있다.
④ 피보험자가 보험처리를 거부해도 피해자가 직접청구권을 행사할 수 있다.

58 다음 중 정부보장사업의 적용이 불가능한 사례이다. 옳지 않은 것은?

① 피해자의 일방과실의 경우
② 피해자의 타인성의 부정되는 경우
③ 자동차손해배상보장법이 적용되지 않는 차량에 의한 사고피해자
④ 보유자에게 손해배상책임이 발생하지 않고 무단절취운전자(무보험)가 손해배상책임을 지는 사고

59 다음 중 교통사고 시 교통사고처리특례법상의 특례를 적용받을 수 없는 경우는?

① 건널목통과방법 위반
② 고속도로 갓길통행 위반
③ 운전 중 휴대전화금지 위반
④ 혈중알콜농도 0.02% 상태에서의 음주운전

60 모든 비사업용 승합자동차와 화물자동차가 가입하는 자동차보험은?

① 업무용자동차보험
② 개인용자동차보험
③ 영업용자동차보험
④ 자동차취급업자종합보험

PART 01

61 다음 중 대인배상Ⅰ, 대인배상Ⅱ, 대물배상의 보상책임 발생요건으로 옳지 않은 것은?

① 피해자에게 손해가 발생해야 한다.
② 피보험자가 법률상 손해배상책임을 져야 한다.
③ 남을 죽게 하거나 또는 남의 재물을 없애거나 훼손하여야 한다.
④ 피보험자동차를 소유, 사용, 관리하는 동안에 생긴 피보험자동차의 사고여야 한다.

PART 02

PART 03

PART 04

62 다음은 대인배상 및 대물배상에 대한 설명이다. 옳지 않은 것은?

① 기명피보험자의 아들이 무단운전을 하던 중 대인사고가 발생했다면 보험사는 피해자에게 대인배상 보험금을 지급해야 한다.
② 기명피보험자의 아들이 무단운전을 하던 중 대물사고가 발생했다면 보험사는 피해자에게 대물배상 보험금을 지급해야 한다.
③ 친족이 아닌 제3자가 피보험자동차를 무단 절취하여 운전하던 중 대인사고가 발생하고 기명피보험자가 운행자책임이 있는 경우, 보험회사는 피해자에게 대인사고 보험금을 지급하고 무단운전자에게 대위권을 행사한다.
④ 친족이 아닌 제3자가 피보험자동차를 무단 절취하여 운전하던 중 대물사고가 발생한 경우 보험회사는 피해자에게 대물사고 보험금을 지급하고 무단운전자에게 대위권을 행사한다.

PART 05

PART 06

63 다음 중 자동차보험 대인배상Ⅱ와 대물배상에서 피보험자가 될 수 없는 자는?

① 보험증권에 기재된 피보험자
② 기명피보험자가 피보험자동차를 사용자의 업무에 사용하고 있을 때의 그 사용자
③ 기명피보험자와 같이 살거나 살림을 같이하는 친족으로서 피보험자동차를 사용 또는 관리 중에 있는 자
④ 기명피보험자로부터 승낙을 받아 피보험자동차를 사용 또는 관리 중인 자로부터 다시 승낙을 받아 자동차를 사용 중인 자

64 다음 중 자동차보험 표준약관에서 규정하고 있는 대인배상Ⅱ 및 대물배상에 관한 설명으로 옳지 않은 것은?

① 피해자가 배상책임이 있는 피보험자의 피용자로서 산업 재해보상보험법에 의한 재해보상을 받을 수 있는 사람이라 하더라도, 그 사람이 입은 손해가 같은 법에 의한 보상범위를 넘어서는 경우 그 초과손해는 대인배상Ⅱ에서 보상한다.

② 피보험자 본인이 무면허운전을 하였거나, 기명피보험자의 명시적·묵시적 승인하에 피보험자동차의 운전자가 무면허 운전을 하였을 때에 생긴 사고로 인한 손해라 하더라도, 자동차 손해배상 보장법 제5조 제2항의 규정에 따라 자동차보유자가 의무적으로 가입하여야 하는 대물배상 보험 가입금액 한도에서는 보상한다.

③ 임차인이 영리를 목적으로 요금이나 대가를 받고 피보험자동차를 반복적으로 사용하는 경우라 하더라도 임대차계약(계약기간이 30일을 초과하는 경우에 한함)에 따라 임차인이 피보험자동차를 전속적으로 사용하는 경우에는 대인배상Ⅱ와 대물배상에서 보상한다.

④ 탑승자와 통행인의 훼손된 소지품에 한하여 피해자 1인당 200만원의 한도에서 실제 손해를 대물배상에서 보상한다.

65 다음 중 자동차보험 대인배상Ⅱ와 대물배상책임 담보의 '보상하지 않는 손해'에 대한 설명으로 옳지 않은 것은?

① 시험용, 경기용, 연습용으로 사용 중 생긴 손해

② 피보험자동차에 싣고 있거나 운송 중인 물품에 생긴 손해

③ 피보험자가 제3자와 손해배상에 관한 계약을 맺고 있을 때 그 계약으로 인하여 늘어난 손해

④ 피보험자가 무면허 운전을 했거나, 승낙피보험자의 명시적·묵시적 승인 하에서 피보험자가 무면허운전을 했을 때에 생긴 사고로 인한 손해

66 다음 중 자동차보험의 자기차량손해 담보에 대한 설명으로 옳지 않은 것은?

① 소손해청구 등을 방지하기 위한 자기부담금제도가 있다.

② 태풍, 홍수, 해일 등으로 차량이 손상을 입었을 경우에도 보상 가능하다.

③ 가격하락손해는 대물배상에는 보상하지 않지만, 자기차량손해에서는 보상한다.

④ 피보험자동차를 도난 당한 경우의 보험금 청구는 도난사실을 경찰관서에 신고한 후 30일이 지나야 할 수 있다.

67 다음은 자가차량담보에서 '보상하지 않는 손해'에 대한 설명이다. 옳지 않은 것은?

① 화재나 산사태로 인해 타이어에 생긴 손해

② 피보험자가 음주운전을 하였을 때에 생긴 손해

③ 피보험자동차를 운송하거나 또는 싣고 내릴 때에 생긴 손해

④ 피보험자동차의 일부 부분부품, 부속품, 부속기계장치만의 도난으로 인한 손해

PART
01

PART
02

PART
03

PART
04

**PART
05**

PART
06

68 다음의 경우 대인배상 II 에서 지급하는 보험금은 얼마인가?

> • 대인배상 I , 대인배상 II
> • 피해자 사망으로 인한 손해액 2억원, 피해자 과실 10%, 손해방지비용 500만원

① 3,000만원   ② 3,500만원

③ 4,000만원   ④ 4,500만원

69 다음 중 자동차보험 표준약관상 '보험계약자가 의무보험을 해지할 수 없는 경우'는?

① 보험회사가 파산선고를 받은 경우

② 천재지변, 교통사고, 화재, 도난 등의 사유로 인하여 피보험자동차를 더 이상 운행할 수 없게 된 경우

③ 피보험자동차가 양도 또는 교체되고, 보험회사의 승인에 따라 당해 보험계약이 양수인 또는 교체된 자동차에 승계된 경우

④ 피보험자동차가 자동차손해배상보장법 제5조 제4항에 정한 자동차(의무보험 가입대상에서 제외되거나 도로가 아닌 장소에 한하여 운행하는 자동차)로 변경된 경우

70 다음의 사례의 경우 자동차보험에서 사망보험금으로 지급하는 보험금은 장례비를 포함해서 얼마인가?

> 자동차 사고로 피보험자의 사망(67세), 상실수익액 2억원, 피보험자과실 30%

① 168,500,000원   ② 178,500,000원

③ 208,500,000원   ④ 218,500,000원

71 다음 중 대인배상의 부상보험금 지급기준에 대한 설명으로 옳지 않은 것은?

① 가사종사자는 수입의 감소가 없는 것으로 한다.

② 국내치료가 가능하지만 외국에서 치료한 경우 국내치료비 상당액을 인정한다.

③ 금주조관보철(백금관보철 포함) 또는 임플란트(실제 시술한 경우로 1치당 1회에 한함)에 소요되는 비용을 인정한다.

④ 의사가 치료상 부득이 기준병실보다 입원료가 비싼 병실(이하 '상급병실'이라 함)에 입원하여야 한다고 판단하여 상급병실에 입원하였을 때에는 그 병실의 입원료를 지급한다.

72 다음은 개인용 자동차보험의 대물배상 지급기준에 대한 설명이다. 올바른 것은?

① 수리비 및 열처리 도장료의 합계액은 피해물의 사고 직전 가액의 120%(내용연수 경과차량이나 영업용차량은 130%)까지 인정한다.

② 대물배상의 지급기준항목은 '수리비용, 대차료, 휴차료, 영업손실, 자동차시세하락손해'로 구성된다.

③ 대차료의 인정기간은 수리가 가능한 경우는 수리가 완료될 때까지의 기간으로 하되 30일을 한도로 하며, 수리가 불가능한 경우는 15일을 한도로 한다.

④ 사고로 인한 자동차(출고 후 5년 이하인 자동차에 한함)의 수리비용이 사고 직전 자동차가액의 20%를 초과하는 경우 출고 후 1년 이하인 자동차는 수리비용의 15% 보상한다.

73 다음 중 자동차보험 약관 '대물배상 지급기준'에서 '자동차 시세 하락손해'에 대한 설명으로 옳지 않은 것은?

① 지급 대상 자동차가 출고 후 1년 이하인 자동차는 수리비용의 20%를 지급한다.

② 지급 대상 자동차가 출고 후 1년 초과 2년 이하인 자동차는 수리비용의 15%를 지급한다.

③ 지급 대상 자동차가 출고 후 2년 초과 5년 이하인 자동차는 수리비용의 10%를 지급한다.

④ 사고로 인한 자동차(출고 후 2년 이하인 자동차에 한함)의 수리비용이 사고 직전 자동차가액의 20%를 초과하는 경우에만 지급한다.

74 다음 중 가족운전자 한정운전 특별약관상의 가족의 범위에 해당하지 않는 사람은?

① 기명피보험자의 손자녀

② 사실혼관계에서 출생한 자녀

③ 기명피보험자의 계자녀의 배우자

④ 기명피보험자의 부모, 양부모, 계부

75 다음 중 다른 자동차 운전담보특약상의 면책사유에 해당하지 않는 것은?

① 피보험자가 소속한 법인이 소유하는 자동차를 운전 중 생긴 사고로 인한 손해

② 피보험자가 자동차취급업자의 취급업무상 수탁받은 자동차를 운전 중 생긴 손해

③ 피보험자가 다른 자동차를 운전 중(주 · 정차 중은 제외) 생긴 사고로 인한 법률상 손해

④ 피보험자가 다른 자동차의 사용에 대해 정당한 권리를 가지고 있는 자의 승낙을 받지 않고 다른 자동차를 운전(무단운전)하던 중 생긴 손해

PART
01

PART
02

PART
03

PART
04

PART
05

PART
06

PART 04   개인재무설계[76~100]

76 다음 중 파이낸셜 플래닝의 과정을 순서대로 나열한 것은?

㉠ 고객의 목표확인 및 우선순위 파악	㉡ 정보분석 및 재무상태 진단
㉢ 정보수집	㉣ 재무설계안 실행
㉤ 전략계획 및 실천계획 작성	㉥ 정기적인 Review

① ㉠, ㉡, ㉢, ㉣, ㉤, ㉥

② ㉠, ㉢, ㉡, ㉤, ㉣, ㉥

③ ㉤, ㉠, ㉡, ㉢, ㉣, ㉥

④ ㉤, ㉢, ㉡, ㉣, ㉠, ㉥

77 다음 중 정보수집단계가 중요한 이유에 대한 설명으로 적절하지 않은 것은?

① 고객이 제공하는 정보 없이는 어떤 작업도 진행할 수 없기 때문이다.

② 고객의 만족도를 높일 수 있는 대부분의 니즈 파악이 이루어지기 때문이다.

③ 서비스에 대한 고객의 이해를 높임으로써 향후 예상되는 많은 오류를 줄일 수 있기 때문이다.

④ 소득과 지출, 자산과 부채의 관리를 통해 재무 목표를 달성할 수 있기 때문이다.

78 지출은 보통 소비지출과 비소비지출로 구분하여 파악한다. 이때 비소비지출에 해당하는 항목은?

① 보장성 보험료

② 교육비

③ 교통통신비

④ 기부금

79 다음은 파이낸셜 플래닝의 과정에서 발생하는 내용이다. 적절하지 않은 것은?

① 사용자산의 구입은 자본적지출이므로 순자산을 변동시키지 않는다.

② 개인현금수지표에서 지출과 저축의 합은 수입과 일치해야 한다.

③ 고객의 위험선호도는 고객의 직업, 나이, 학력, 투자경험과 같은 변수를 기초로 유형화하는 것이 바람직하다.

④ 재무의사결정에 영향을 미치는 경제지표 중 고객과 공유하는 것이 바람직한 것은 물가상승률, 기대수익률, 위험선호도이다.

80 다음은 자산부채상태표에 대한 설명이다. 적절하지 않은 것은?

① 순자산이 높을수록 유동성도 높아진다.

② 3년 할부로 자동차를 구입할 경우 순자산의 변동은 없다.

③ 자산부채상태표에는 반드시 작성기준일을 표시해야 한다.

④ 자산의 현금가치는 작성시점의 시장가격으로 표시해야 한다.

81 다음은 개인현금수지표에 대한 설명이다. 옳지 않은 것은?

① 수입의 합은 지출과 저축(투자)의 합과 일치해야 한다.

② 지출은 고정지출, 변동지출, 미파악지출로 구분한다.

③ 수입은 근로 또는 사업소득, 투자소득, 기타소득으로 구분할 수 있다.

④ 개인현금수지표는 개인의 소득, 생활수준, 저축·투자능력을 파악할 수 있으며, 연간 단위로만 작성해야 한다.

82 다음 사례의 경우 평균소비성향과 흑자율은 얼마인가?

소득 1,200만원, 비소비지출 200만원, 소비지출 600만원

① 75%, 40% ② 75%, 25%

③ 60%, 40% ④ 60%, 25%

83 다음은 보유자산분석을 위한 비율에 관한 내용이다. 무엇에 대한 설명인가?

> 이 비율이 높다면 자산의 건전성이 높은 것을 의미하지만, 자산운용의 효율성(수익성의 개념이 반영되어 있음)이 높다고는 할 수 없다.

① 총자산 대비 순자산비율
② 순자산 대비 부채비율
③ 순자산 대비 유동성자산비율
④ 소득 대비 총부채상환비율

PART
01

PART
02

PART
03

PART
04

**PART
05**

PART
06

84 다음은 경기순환에 대한 설명이다. 적절하지 않은 것은?

① 각 순환과정의 주기와 진폭이 서로 다르게 나타나고 한 주기 내에서 확장국면과 수축국면의 길이가 다르게 나타난다.
② 기업의 수주가 활발해질 경우 이 효과는 생산, 소비, 투자, 고용, 소득 등 다른 부문에 일시에 파급되는 것이 일반적이다.
③ 경기의 저점부터 정점까지 높이를 진폭이라 하며, 경기의 정점 또는 저점이 발생한 구체적인 시점을 기준순환일이라 한다.
④ 경기가 확장국면에서 수축국면으로 또는 수축국면에서 확장국면으로 일단 반전이 되면, 이후 일정한 방향으로 누적적인 확대현상을 보이게 된다.

85 다음은 경기예측방법에 대한 설명이다. 옳지 않은 것은?

① 개별경제지표에 의한 방법은 부문별로 경기동향을 파악하는 데 매우 유용하나 경기 전체의 움직임을 포괄적으로 파악하기는 어렵고, 개인의 주관에 치우치기 쉽다는 단점이 있다.
② 경기종합지수는 지수의 변동방향을 통해서 경기변동의 방향을 파악할 수 있을 뿐 아니라 변동폭으로부터 경기변동의 상대적인 폭까지 가늠할 수 있다.
③ 경제심리지표는 실적을 계량화된 수치로 조사하는 대신 상승·보합·하락으로 범주화하여 조사하기 때문에 작성이 용이하고 경기변동을 더 신속하게 파악할 수 있으며 향후 전망이나 계획 등 전통적인 계수방법으로 포착하기 어려운 정보도 조사할 수 있는 장점이 있다.
④ 계량모형에는 구조모형과 시계열모형이 있는데 이론적 근거가 취약하지만 예측작업에 용이하고 단기 예측력도 양호해서 실제 경기예측 및 분석에 자주 활용되고 있는 것은 구조모형이다.

86 다음 중 경기를 예측할 수 있는 지표로 활용될 수 없는 것은?

① 재고순환지표 ② 건설기성액
③ 기계류내수출하지수 ④ 장단기금리차

87 보기에 대한 설명으로 가장 거리가 먼 것은?

$$\frac{(\text{매우 긍정}\times1.0+\text{다소 긍정}\times0.5)-(\text{다소 부정}\times0.5+\text{매우 부정}\times1.0)}{\text{전체응답소비자 수}}\times100+100$$

※ 전체응답자수 : 100명, 매우 긍정 30명, 다소 긍정 20명, 매우 부정 20명, 다소 부정 30명

① CSI값은 125이다.
② 소비자를 대상으로 하는 설문조사형식이므로 CSI이다.
③ 이때 나타나는 경제적 현상은 설비투자확대, 고용의 증가 등과 가깝다.
④ 기업경기실사지수(BSI)와 유사한 방식으로 산출되지만, BSI는 3점척도를 사용한다는 점에서 CSI와 차이가 있다.

88 다음 설명 중 적절하지 않은 것은?

① 자산운용과 포트폴리오의 목적은 수익의 극대화에 있다.
② 벤치마크를 그대로 따라가는 전략을 패시브운용이라 한다.
③ Brinson, Hood, Beebower의 실증연구에 의하면 자산운용성과의 90% 이상을 설명하는 것은 전략적 자산배분전략으로 나타난다.
④ 전략적 자산배분을 주식 50%, 채권 30%, 부동산 20%로 설정하고, 각각의 변동한도를 상하 10%로 설정했을 때, 전술적자산배분으로 주식을 늘릴 수 있는 최대한도는 55%이다.

89 다음 통화의 종류 중에서 M1(협의통화)에 속하지 않은 것은?

① MMF ② 현금
③ 수시입출식예금 ④ 요구불예금

90 다음 중 중앙은행의 정책 중 '통화량의 변동'의 방향이 다른 것은?

① 한국은행의 국채 매입
② 한국은행의 달러 매각
③ 한국은행의 지급준비율 인상
④ 한국은행의 통화안정증권 발행

PART
01

PART
02

PART
03

PART
04

PART
05

PART
06

91 다음 중 환율 상승(자국통화표시방법)으로 인한 현상과 거리가 먼 것은?

① 물가가 안정된다.
② 수출채산성이 좋아진다.
③ 외채상환부담(원화기준)이 증가된다.
④ 수출은 증가하고 수입은 감소하여 경상수지가 호전된다.

92 A국가의 잠재 GDP = 150, 실제 GDP = 165이라고 가정할 때 A국가의 경제상황에 대한 설명 중 옳지 않은 것은?

① 경기가 과열상태이다.
② GDP갭이 (+)상태이다.
③ 경기확장국면일 것이다.
④ 자연실업률 상태에서의 GDP는 165이다.

93 다음은 국제수지에 대한 내용이다. 빈칸에 알맞지 않은 것은?

> (   ) 흑자가 되면, 국민소득이 증대되고, 고용이 확대되며, 벌어들인 돈으로 외화채무를 상환할 수도 있다.

① 상품수지   ② 서비스수지
③ 본원소득수지   ④ 자본 · 금융계정

94 보기의 계산을 위한 재무계산기 연산식이 옳은 것은?

> 원금 100만원, 연율 8%, 예치기간 3년, 3개월 복리상품의 만기원리금을 구하라.
> → TVM의 초기화 연산인 [2ND] [QUIT] [2ND] [CLR TVM]은 생략함 - 입력수의 단위는 만원

① 100[PV] 4[I/Y] 3[N] [CPT] [FV]
② 100[PV] 2[I/Y] 6[N] [CPT] [FV]
③ 100[PV] 2[I/Y] 12[N] [CPT] [FV]
④ 100[FV] 4[I/Y] 3[N] [CPT] [PV]

95 다음 중 신뢰에 대한 설명으로 옳은 것은?

① 신뢰는 학습될 수 있다.
② 신뢰는 느리게 형성되지만 매우 강력한 것이다.
③ 신뢰는 오로지 정직의 요소에 의해서 결정된다.
④ 한 번 잃어버린 신뢰는 다시 회복할 수 없다.

96 다음은 '비체계적 위험'에 대한 설명이다. 옳지 않은 것은?

① 경기침체나 유가 급등 등 증권시장 전체에 영향을 미치는 위험을 말한다.
② 시장 전반의 움직임과 상관없이 특정 개별주식에 한정된 위험을 말한다.
③ 포트폴리오 다양화를 통해 축소 내지 제거될 수 있는 위험을 말한다.
④ 사업 위험, 재무 위험, 유동성 위험, 국가 위험 등을 말한다.

97 다음은 위험의 측정방법에 대한 설명이다. 올바른 것은?

① 샤프지수와 젠센의 알파는 그 결괏값이 높거나 많을수록 좋다.
② 젠센의 알파는 종목선택정보와 시장예측정보를 정확히 구분해내는 장점이 있다.
③ 투자원금이 100억원, 투자수익이 10억원이 A, B, C, D 네 개의 자산의 표준편차가 각각 5%, 10%, 20%, 40%이라면 샤프지수가 제일 높은 자산은 D이다.
④ 해당 펀드의 수익률이 특정 펀드가 취한 위험 아래에서 요구되는 기대수익률을 얼마나 초과하였는가를 보여주는 지표를 젠센의 알파라고 하는데 젠센의 알파에서 사용되는 위험지표는 표준편차이다.

98 국내 거주자 S씨가 사망하면서 모든 재산을 A재단에 기부한다는 유언장을 남기고 사망하였다. 남겨진 배우자와 자녀 2명의 상속인들이 유류분반환청구 소송으로 돌려받을 수 있는 총금액은? (단, 상속재산은 다음과 같다.)

- 빌딩 30억원(임대보증금 8억원 포함)
- 임야 20억원
- 금융자산 10억원

① 25억원
② 26억원
③ 27억원
④ 28억원

99 다음은 상속세의 신고에 관한 내용이다. 옳지 않은 것은?

- 상속세 과세표준을 법정신고기한 내에 신고한 경우는, 산출세액의 (㉠)를 공제해 준다.
- 상속세를 신고기한 이내에 신고하지 않을 경우는 (㉡), 과소신고한 경우에는 (㉢) 의 가산세가 부과된다(부정무신고, 부정과소신고가 아닌 경우).
- 상속되는 재산은 시가로 평가하는데, 시가란 불특정다수인 사이에 자유로이 거래가 이루어 지는 경우 통상 성립된다고 인정되는 가액을 말하며 상속개시일 전후 (㉣) 이내의 기간에 매매 등이 있는 경우 그 시가성을 인정한다.

① ㉠ 3%
② ㉡ 20%
③ ㉢ 10%
④ ㉣ 3개월

100 다음은 우리나라 유언제도에 대한 설명이다. 옳지 않은 것은?

① 유언은 유언자(피상속인)의 사망과 동시에 일정한 법률효과를 발생시키는 것을 목적으로 하는 상대방 없는 단독행위이다.
② 유언은 만 17세 이상이고 또한 의사능력만 있다면 누구나 할 수 있으며 미성년자나 한정 치산자도 법정대리인의 동의 없이 단독으로 할 수 있다.
③ 유언자가 유언서의 전문, 연월일 및 주소와 성명을 자필로 쓰고 날인을 하면 성립되는 것을 자필증서유언방식이라 하며 이것에 대한 증인이 필요하다.
④ 자필증서, 녹음, 공정증서, 비밀증서와 같은 보통방식의 유언이 불가할 때 또는 질병 등 급박한 사유로 인해 다른 방식의 유언을 할 수 없을 때는 특별유언방식으로 구수증서에 의한 유언을 인정한다.

PART
01

PART
02

PART
03

PART
04

PART
05

PART
06

01 장기보험 실손의료비 제도의 변경순서를 옳게 나열한 것은?

> ㉠ 실손의료비 보장만 가입이 가능한 단독 상품 판매 시작
> ㉡ 생 · 손보가 동일한 보상범위와 보장금액으로 표준화된 실손의료비 보험 판매 시작
> ㉢ 실손의료보험 상품을 '기본형+특약'의 형태로 개편
> ㉣ 실손의료보험상품을 단독으로만 판매 가능하도록 개편
> ㉤ 급여(주계약)/비급여(특약) 분리운영

① ㉠ → ㉡ → ㉢ → ㉣ → ㉤
② ㉠ → ㉢ → ㉡ → ㉤ → ㉣
③ ㉡ → ㉢ → ㉣ → ㉤ → ㉠
④ ㉡ → ㉠ → ㉢ → ㉣ → ㉤

02 다음 설명에 해당하는 장기손해보험을 순서대로 나열한 것은?

> • 보통약관상으로 재물손해, 신체손해, 배상책임손해, 비용손해 중 2가지 이상의 손해를 보장
> • 보통약관상으로 상해, 질병, 간병 중 2가지 이상의 손해를 보장

① 장기화재보험 － 장기기타보험
② 장기종합보험 － 장기기타보험
③ 장기비용보험 － 장기종합보험
④ 장기기타보험 － 장기종합보험

03 장기보험의 상품개발기준으로 틀린 것은?

① 장기손해보험의 상품개발기준은 생명보험과 제3보험의 기준과 상당 부분 중복된다.

② 상품 개발 시 작성하는 기초서류는 '사업방법서, 약관, 보험료 및 책임준비금 산출방법서'를 말한다.

③ 금융위원회는 기초서류의 내용이 신고기준에 해당하지 않는 경우 관련 자료의 제출을 요구하거나 수정을 권고할 수 없다.

④ 보험회사에서 상품을 개발하고자 할 경우 기초서류를 작성하거나 변경해야 하며, 기초서류의 내용이 보험업법 및 감독규정에 근거한 신고기준에 해당할 경우 미리 금융위원회에 신고해야 한다.

PART 01

PART 02

PART 03

PART 04

PART 05

PART 06

04 다음 중 장기화재보험의 보험 목적물로서, 약관상 명기물건에 해당하지 않는 것은?

① 점당 300만원인 귀중품

② 조각물

③ 금형(쇠틀)

④ 피보험자 또는 그와 같은 세대에 속하는 사람의 소유물로써 집기와 비품

05 A건물 내 수용된 집기비품에 화재사고로 손해가 발생하였다. 다음의 경우 잔존물 제거비용은?

> • 잔존물의 해체비용 30만원
> • 잔존물의 운반비용 20만원
> • 잔존물의 상차비용 40만원
> • 잔존물의 청소비용(오염물질제거비용 아님) 50만원
> • 잔존물의 소각비용 50만원

① 120만원   ② 130만원

③ 150만원   ④ 200만원

06 다음은 장기화재보험 보통약관에서 '보상하는 손해'에 대한 내용이다. 옳지 않은 것은?

① 전기적 사고의 결과로 생긴 화재손해

② 화재가 발생하였을 때 생긴 도난 손해

③ 소방활동 중 뿌린 소방수로 인해 발생한 수침손해

④ 폭발의 결과로 화재가 발생한 경우 그 화재로 입은 손해

07 다음은 화재보험의 '보상하지 않는 손해'에 대한 내용이다. 옳지 않은 것은?

① 화재가 발생하였을 때 생긴 도난 또는 분실손해

② 변압기, 여자기, 발전기 등의 전기적 사고로 생긴 손해

③ 계약자, 피보험자 또는 이들의 법정대리인의 고의 또는 중과실

④ 보험목적의 발효, 자연발열, 자연발화로 인해 다른 목적물에 생긴 손해

08 다음의 사례의 경우, 잔존물제거비용으로 지급하는 보험금은?

> • 일반건물로 장기화재보험에 가입
> • 보험가액 1억원, 보험가입금액 4천만원
> • 손해액 2천만원, 잔존물제거비용 1천만원

① 200만원　　　　　　　　② 400만원

③ 500만원　　　　　　　　④ 600만원

09 보험료의 평가방법이 '보험가액 = 재조달가액 − 감가공제액'이라면, 이 방법과 다른 방법으로 평가하는 자산은?

① 건물　　　　　　　　　② 기계

③ 집기비품　　　　　　　④ 재고자산

10 다음 사례의 경우, 손해액 산정을 위해 보험가액을 평가할 때 동 보험 목적(기계)의 보험가액은 얼마인가?

> • 보험의 목적 : 기계(재조달가액 특약 미가입)
> • 취득 시(2011.5.) 신품재조달가격 : 1억원
> • 담보사고 발생 시(2017.5) 신품재조달가격 : 4억원
> • 기계의 경년감가율 : 5%/년

① 9천만원　　　　　　　　② 1억

③ 2억 1천만원　　　　　　④ 2억 8천만원

11 다음은 장기화재보험에 첨부할 수 있는 '특별약관'의 내용이다. 적절하지 않은 것은?

① 전기위험담보 특별약관은 발전기, 변압기 등의 전기적 사고로 발생한 화재위험을 담보하며, 자연발화나 안전장치의 기능상 당연히 발생하는 사고는 보상하지 않는다.

② 구내폭발위험담보 특별약관은 구내에서 생긴 폭발이나 파열로 보험목적물에 생긴 손해를 보상하는데, 이때의 폭발은 화학적 폭발을 의미한다.

③ 구내냉동(냉장)담보 특별약관은 구내에서 화재사고가 반드시 전제되고 이로 인한 냉동(냉장) 설비가 파손, 변조로 인해 냉동(냉장)물에 생긴 손해를 보상한다.

④ 보험기간 중에 보험증권에 기재된 주택에 화재손해가 발생하여 피보험자가 속한 가구가 이재 가구가 된 경우 보험가입금액 전액을 이재가구 손해보험금으로 지급한다.

PART 01

PART 02

12 다음은 장기종합보험의 배상책임손해담보에 대한 설명이다. 적절하지 않은 것은?

① 일부보험 또는 초과보험이 발생할 수 있다.

② 계약자, 피보험자 외에 제3자인 피해자가 존재한다.

③ 피보험자와 제3자 간의 손해배상에 관한 계약으로 가중된 배상책임을 보상받을 수 없다.

④ 타인의 신체에 상해를 입히거나 재물을 멸실, 훼손, 오손케 하여 법률상 손해배상 책임을 지게 된 손해를 보상한다.

PART 03

PART 04

PART 05

PART 06

13 다음의 배상책임보험 중에서 비례보상을 하는 것은?

① 임차자 배상책임 특별약관

② 신체손해배상책임 특별약관

③ 가스사고배상책임 특별약관

④ 시설소유관리자배상책임 특별약관

14 시설소유자 배상책임특약과 음식물배상책임 특약의 대인/대물에 대한 자기부담금은 얼마인가?

① 10만원 − 10만원　　　② 5만원 − 10만원

③ 10만원 − 5만원　　　④ 5만원 − 5만원

15 다음 중 적절하지 않은 것은?

① 신체손해배상책임 특별약관은 특수건물의 화재로 타인이 사망하거나 부상함으로써 특수건물의 소유자가 부담할 손해를 사망과 후유장해 시 최고 1.5억원, 부상은 최고 3천만원을 보상한다. 이때 사망한 피해자의 실제 손해가 2천만원 미만인 경우는 2천만원을 보상한다.

② 화재대물대상책임 특별약관은 보험목적물에 발생한 화재로 인하여 타인의 재물에 대한 법률상 배상책임손해를 담보하며, 신체에 대한 손해배상 책임은 보상하지 않는다.

③ 자녀배상책임 특별약관은 피보험자가 살고 있는 주택의 소유, 사용, 관리에 기인한 우연한 사고 또는 일상생활에 기인하는 사고로 피해자에 대한 배상책임 손해를 보상하는데, 동 특별약관의 피보험자는 피보험자 본인과 배우자, 그 자녀이다.

④ 가스사고배상책임보험은 대인사고와 대물사고를 보상하며, 대인사고는 사망과 후유장해 시 최고 8천만원, 부상은 최고 1,500만원 지급하며 대물사고를 보험증권에 기재된 1사고당 보상한도액을 한도로 실손보상한다.

16 운전자보험에 대한 다음 설명 중 잘못된 것은?

① 형사상 벌금도 보상된다.
② 자동차를 소유한 모든 사람은 가입 가능하다.
③ 건설기계조종 면허를 가진 사람도 가입 가능하다.
④ 형사문제를 처리하기 위하여 지출한 방어비용도 보상된다.

17 다음의 장기운전자보험의 특별약관 중 실손보상하는 것은?

① 방어비용 특별약관
② 생활유지비 특별약관
③ 변호사선임비용 특별약관
④ 교통상해 임시생활비 특별약관

18 다음은 '교통사고처리지원금 특별약관'에 관한 내용이다. 가장 올바른 것은?

① 피보험자가 보험기간 중 자동차를 운전하던 중 자동차 사고로 피해자에게 상해를 입힌 경우, 최초 1회에 한하여 피해자에게 형사합의금으로 지급한 금액을 지급한다.

② 피해자를 사망케 한 경우에는 피해자(피보험자의 부모, 배우자, 자녀 포함) 1인당 보험가입금액을 한도로 형사합의금으로 지급한 금액을 지급한다.

③ 중대법규 위반 교통사고로 피해자가 31일 이상 치료를 요한다는 진단을 받은 경우 교통사고처리지원금을 지급한다.

④ 일반교통사고로 피해자에게 중상해를 입혀 공소제기가 되거나, 자배법 시행령 제3조에서 정한 상해급수 1급, 2급, 3급에 해당하는 부상을 입힌 경우 보험금을 지급한다.

19 다음은 장기운전자보험 자동차 사고 변호사선임비용 특별약관에 대한 설명이다. 옳지 않은 것은?

① 피보험자가 이 특약의 보험기간 중 자동차 운전 중 발생한 급격하고도 우연한 자동차 사고로 타인의 신체에 상해를 입힘으로써 보험금지급사유에 따라 변호사선임비용으로 실제로 부담한 금액을 1사고마다 가입금액 한도로 실손보상한다.

② 보험금의 지급사유는 피보험자가 구속영장에 의하여 구속되는 경우, 검찰에 의해 공소제기(약식기소는 제외)된 경우 등이다.

③ 1사고로 항소심, 상고심 포함하여 다수의 소송을 하였을 경우, 그 소송 동안 피보험자가 부담한 전체 변호사선임비용을 합쳐서 특별약관의 보험가입금액을 한도로 보험수익자에게 지급한다.

④ 변호사선임비용에 대하여 보험금을 지급할 다른 보험계약(공제는 제외)이 체결되어 있는 경우에는 각각의 계약에 대하여 다른 계약이 없는 것으로 산출한 보상책임액의 합계액이 피보험자가 부담하는 금액을 초과하였을 때, 회사는 이 계약에 따른 보상책임액의 상기 합계액에 대한 비율에 따라 보험금을 지급한다.

20 '연금저축계좌'란 일정기간 납입 후 연금형태로 인출할 경우 연금소득으로 과세되는 세제혜택 금융상품이다. 연금저축계좌의 내용으로 옳지 않은 것은?

① 가입대상은 국내거주자로서 만 15세 이상이어야 한다.

② 납입요건으로는 가입기간 5년 이상이어야 한다.

③ 연금수령 요건으로는 만 55세 이후 수령 가능하다.

④ 연금수령은 한도 내에서 수령 시 연금소득세율을 적용하며, 한도 초과분은 기타소득세율이 적용된다.

PART
01

PART
02

PART
03

PART
04

PART
05

PART
06

21 다음은 연금 수령한도에 대한 산출식이다. ㉮, ㉯에 들어갈 단어로 알맞은 것은?

연금한도액 = [과세기간 개시일 현재 연금재원 평가총액/(㉮ - 연금수령연차)] × ㉯

① ㉮ 10, ㉯ 1.0 ② ㉮ 10, ㉯ 1.2
③ ㉮ 11, ㉯ 1.0 ④ ㉮ 11, ㉯ 1.2

22 다음은 생명보험회사의 세제 적격 보험상품에 대한 설명이다. 옳지 않은 것은?

① 연금저축보험 상품이다.
② 수익률은 공시이율을 적용한다.
③ 납입 방식은 자유적립식이다.
④ 수령방식은 종신형이다.

23 연금저축손해보험의 세제와 관련한 내용이다. 옳지 않은 것은?

① 연금수령한도를 운용하고 있다.
② 연금저축 보험료는 연간 1,800만원을 한도로 한다.
③ 납입기간은 5년 이상이며 연령에 대한 가입자격 제한이 없다.
④ 손해보험사에서 판매하는 연금보험에는 세제 적격 연금보험과 세제 비적격 연금보험이 있다.

24 연금소득으로 과세할 때 원천징수 세율은 나이에 따라 다르게 적용된다. 연금수령 시 연금소득자의 나이에 따른 세율(지방소득세 포함)로 옳지 않은 것은?

① 55세 이상~70세 미만 : 5.5% ② 70세 이상~80세 미만 : 4.4%
③ 80세 이상~90세 미만 : 3.3% ④ 90세 이상 : 2.2%

25 다음 중 확정급여형 퇴직연금과 확정기여형 퇴직연금에 대한 설명으로 올바르지 않은 것은?

	구분	확정급여형 퇴직연금	확정기여형 퇴직연금
①	퇴직급여	근로기간과 퇴직 시 월 평균임금에 따라 결정	자산운용 실적에 따라 변동
②	근로자 추가납입	불가능	불가능
③	기업부담	적립금 운용결과에 따라 변동	근로자 연 임금의 일정비율로 확정
④	적립금 운영방법 결정	기업이 결정	근로자가 결정

26 다음의 보기 중 상해보험의 특징에 해당하는 항목 수는 모두 몇 개인가?

> ㉠ 상해보험의 보상한도는 보험가입금액 범위 내에서 결정한다.
> ㉡ 인보험은 원칙적으로 보험자대위가 인정되지 않는다.
> ㉢ 보험수익자의 지정 변경의 권한은 보험계약자에게 있다.
> ㉣ 타인의 사망을 보상하는 단체보험에서는 타인(피보험자)의 동의를 생략할 수 있다.

① 1개 항목   ② 2개 항목
③ 3개 항목   ④ 4개 항목

27 제3보험의 사망보험금에 대한 설명 중 옳지 않은 것은?

① 질병·상해보험 표준약관상 관공서에서 수해, 화재나 그 밖의 재난을 조사하고 사망한 것으로 통보하는 경우 관공서의 조사보고서에 기재된 사망연월일을 기준으로 한다.
② 질병·상해보험 표준약관상 실종선고를 받은 경우 법원에서 인정한 실종기간이 끝나는 때에 사망한 것으로 본다.
③ 생명보험에서 피보험자가 고의로 자신을 해친 경우에는 보험금을 지급하지 않지만, 계약의 보장 개시일부터 2년이 지난 후에 자살한 경우에는 예외적으로 보상한다.
④ 생명보험에서 피보험자가 심신상실 등으로 자유로운 의사결정을 할 수 없는 상태에서 자신을 해친 경우에는 보상한다.

28 다음 중 질병·상해보험 표준약관에서 보험수익자를 지정하지 않은 경우에 보험수익자를 바르게 설명한 것은?

> ㉠ 입원보험금 → 피보험자
> ㉡ 후유장해보험금 → 피보험자
> ㉢ 사망보험금 → 피보험자의 법정상속인
> ㉣ 만기환급금의 지급 → 계약자

① ㉠   ② ㉠, ㉡
③ ㉠, ㉡, ㉢   ④ ㉠, ㉡, ㉢, ㉣

PART 01

PART 02

PART 03

PART 04

PART 05

PART 06

29 다음은 질병 · 상해보험 표준약관에서 정하고 있는 청약 철회와 이자지급에 관한 사항이다. (　)에 알맞은 것은?

> 계약자가 청약을 철회한 때에는 회사는 청약의 철회를 접수한 날부터 (　　)영업일 이내에 납입한 보험료를 반환하며, 보험료 반환이 늦어진 기간에 대하여는 이 계약의 (　　)을 연 단위 복리로 계산한 금액을 더하여 지급한다.

① 3, 보험계약대출이율

② 3, 공시이율

③ 7, 보험계약대출이율

④ 7, 공시이율

30 질병 · 상해보험 표준약관에서 보험계약자가 후유장해 보험금을 받을 보험수익자를 지정하지 않았을 경우 보험수익자는?

① 보험계약자

② 피보험자

③ 피보험자 사망 시 보험수익자

④ 피보험자의 법정상속인

31 다음은 질병 · 상해보험 표준약관의 만기환급금의 지급에 대한 내용이다. 빈칸에 알맞은 숫자의 합계는?

> 회사는 계약자 및 보험수익자의 청구에 의하여 만기환급금을 지급하는 경우 청구일로부터 (　　)영업일 이내 지급한다. 회사는 만기환급금의 지급시기가 되면 지급시기 (　　)일 이전에 그 사유와 지급할 금액을 계약자 또는 보험수익자에게 알려준다.

① 10

② 11

③ 12

④ 13

32 질병·상해보험 표준약관상 "설명서 교부 및 보험안내자료 등의 효력"에 관한 설명으로 옳지 않은 것은?

① 회사는 일반금융소비자에게 청약을 권유하거나 일반금융소비자가 설명을 요청하는 경우 보험상품에 관한 중요한 사항을 계약자가 이해할 수 있도록 설명하여야 한다.

② 회사는 설명하고 계약자가 이해하였음을 서명(전자 서명을 포함), 기명날인 또는 녹취 등을 통해 확인받아야 하며, 설명서를 제공하여야 한다.

③ 설명서, 약관, 계약자 보관용 청약서 및 보험증권의 제공 사실에 관하여 계약자와 회사 간에 다툼이 있는 경우에는 계약자가 이를 증명하여야 한다.

④ 보험설계사 등이 모집과정에서 사용한 회사 제작의 보험 안내자료의 내용이 약관의 내용과 다른 경우에는 계약자에게 유리한 내용으로 계약이 성립된 것으로 본다.

33 다음은 질병·상해보험 표준약관의 일부 내용이다. 빈칸에 들어갈 알맞은 내용은?

> 타인의 사망을 보험금 지급사유로 하는 계약에서 계약을 체결할 때까지 피보험자의 서면에 의한 동의를 얻지 않은 경우에는 계약을 무효로 하며 이미 납입한 보험료를 돌려준다. 다만, 회사의 고의 또는 과실로 계약이 무효로 된 경우와 회사가 승낙 전에 무효임을 알았거나 알 수 있었음에도 보험료를 반환하지 않은 경우에는 보험료를 납입한 날의 다음 날부터 반환일까지의 기간에 대하여 회사는 이 계약의 (   )을 연 단위 복리로 계산한 금액을 더하여 돌려준다.

① 예정이율

② 보험계약대출이율

③ 표준이율

④ 평균공시이율

34 다음은 질병·상해보험 표준약관에서 정하고 있는 보험 금 받는 방법의 변경에 관한 내용이 다. 아래의 이율정보를 활용하여 빈칸에 알맞은 이율의 합계를 구하면 얼마가 되는가?

> • [이율정보] 예정이율 3.0%, 표준이율 2.0%, 보험계약대출이율 5.0%, 평균공시이율 6.0%
> • 회사는 일시에 지급할 금액을 나누어 지급하는 경우에는 나중에 지급할 금액에 대하여 (   )을/를 연단 위 복리로 계산한 금액을 더하며, 나누어 지급할 금액을 일시에 지급하는 경우에는 (   )을/를 연 단위 복리로 할인한 금액을 지급한다.

① 7%

② 9%

③ 11%

④ 12%

PART 01
PART 02
PART 03
PART 04
PART 05
PART 06

35 다음 중 질병·상해보험 표준약관상 빈칸에 들어갈 이율이 다른 하나는?

① 계약자가 청약을 철회한 때에는 기일 내에 납입한 보험료를 돌려주며, 보험료 반환이 늦어진 기간에 대하여는 계약의 (   )로 계산한 금액을 더하여 지급한다.

② 회사의 고의 또는 과실로 계약이 무효로 된 경우와 회사가 승낙 전에 무효임을 알았거나 알 수 있었음에도 보험료를 반환하지 않은 경우에는 보험료를 납입한 날의 다음 날부터 반환일까지의 기간에 대하여 계약의 (   )로 계산한 금액을 더하여 지급한다.

③ 보험료의 납입연체로 인한 해지계약을 회사가 부활(효력회복)을 승낙한 때에 계약자는 부활을 청약한 날까지의 연체된 보험료에 (   )로 계산한 금액을 더하여 납입한다.

④ 회사가 약관교부 및 설명의무 등을 위반하여 계약이 취소된 경우에는 이미 납입한 보험료를 돌려주며, 보험료를 받은 기간에 대하여 (   )로 계산한 금액을 더하여 지급한다.

36 상해보험에서 피보험자의 직업, 직무 또는 동호회 활동 목적으로 생긴 아래의 손해 중 '보상하는 손해'는?

① 자동차 또는 오토바이 경기 중 발생한 상해

② 공용도로상에서 자동차 시운전을 하는 동안 발생한 손해

③ 선박승무원의 직무상 선박에 탑승하고 있는 동안 발생한 손해

④ 글라이더 조정, 스쿠버다이빙을 하는 동안 발생한 상해

37 다음은 질병·상해보험 표준약관상 "후유장해"에 관한 설명이다. 올바르지 않은 것은?

① 보험기간 중 진단 확정된 질병 또는 상해로 장해분류표에서 정한 각 장해지급률에 해당하는 장해상태가 되었을 때 후유장해보험금을 지급한다.

② 같은 질병 또는 상해로 두 가지 이상의 후유장해가 생긴 경우에는 후유장해 지급률을 합산하여 지급한다. 다만, 장해분류표의 각 신체부위별 판정기준에 별도로 정한 경우에는 그 기준에 따른다.

③ 장해분류표에 해당되지 않는 후유장해는 피보험자의 직업, 연령, 신분 또는 성별 등에 관계없이 신체의 장해 정도에 따라 장해분류표의 구분에 준하여 지급액을 결정한다.

④ 보험수익자와 회사가 보험금 지급사유에 대해 합의하지 못할 때는 보험수익자와 회사가 함께 제3자를 정하고 그 제3자의 의견을 따를 수 있는데, 보험금 지급사유 판정에 드는 의료비용은 보험회사와 계약자가 각각 부담한다.

38 제3보험의 장해분류표 "척추의 장해"의 장해판정기준에 대한 설명 중 올바르지 않은 것은?

① 척추는 경추에서 흉추, 요추, 제1천추까지를 동일부위로 한다.

② 척추의 장해는 퇴행성 기왕증병변과 사고가 그 증상을 악화시킨 부분만큼, 즉 사고와의 관여도를 산정하여 평가한다.

③ 척추체(척추뼈 몸통)의 만곡변화는 객관적인 측정방법(Cobb's Angle)에 따라 골절이 발생한 척추체(척추뼈 몸통)의 상·하 인접 정상 척추체를 포함하여 측정하며, 생리적 정상만곡은 고려하지 않고 평가한다.

④ 추간판탈출증으로 인한 신경 장해는 수술 또는 시술(비수술적 치료) 후 6개월 이상 지난 후에 평가한다.

PART
01

PART
02

PART
03

PART
04

PART
05

PART
06

39 다음은 후유장해 평가에 있어서 "일상생활 기본동작(ADLs) 제한 장해평가표"를 설명한 내용이다. 이 중 옳지 않은 것은?

① 장해평가의 유형은 '이동동작, 음식물섭취, 배변배뇨, 목욕, 옷 입고 벗기'가 해당된다.

② 목발 또는 walker를 사용하지 않으면 독립적인 보행이 불가능한 상태의 "일상생활 기본동작(ADLs) 제한 장해평가표"상 지급률은 20%이다.

③ 수저 사용이 불가능하여 다른 사람의 계속적인 도움이 없이는 식사를 전혀 할 수 없는 상태의 "일상생활 기본동작(ADLs) 제한 장해평가표"상 지급률은 15%이다.

④ 다른 사람의 계속적인 도움 없이는 전혀 옷을 챙겨 입을 수 없는 상태는 장해평가의 목욕 유형에 해당된다.

40 상해보험의 보험금 지급에 대한 설명으로 옳지 않은 것은?

① 보험금 청구서류를 접수한 때에는 접수증을 교부하고, 서류를 접수한 날로부터 3영업일 이내에 보험금을 지급한다.

② 보험금 지급기일 초과가 명백히 예상되는 경우 구체적인 사유 및 보험금 지급예정일을 즉시 통지해야 한다.

③ 보험금 지급을 위한 추가 조사가 필요한 경우 피보험자 또는 보험수익자의 청구에 따라 회사가 추정하는 보험금의 50% 상당액을 가지급보험금으로 지급할 수 있다.

④ 보험금 지급기일 이내에 보험금을 지급하지 않는 경우에는 지급기일 다음 날부터 지급일까지의 기간에 대하여 공시 이율을 연 단위 복리로 계산한 금액을 보험금에 더하여 지급한다.

41 다음 중 해외여행보험의 특별비용담보 특별약관에서 보상하지 않는 항목은?

① 이송비용
② 정보수집비
③ 수색구조비용
④ 항공운임 등 교통비

42 다음 중 지정대리 청구서비스 특별약관상 "지정대리 청구인"이 될 수 있는 자에 대한 설명으로 옳은 것을 모두 고르시오.

> ㉠ 피보험자와 생계를 같이하고 있는 피보험자의 호적상의 배우자
> ㉡ 피보험자와 동거를 하고 있는 피보험자의 친형
> ㉢ 피보험자와 생계를 같이하고 있는 피보험자의 삼촌
> ㉣ 피보험자와 동거를 하고 있는 피보험자의 내연의 처

① ㉠   ② ㉠, ㉡
③ ㉠, ㉡, ㉢   ④ ㉠, ㉡, ㉢, ㉣

43 대중교통 이용 중 상해 특별약관에서 정한 "대중교통수단"으로 볼 수 없는 것은?

① 여객수송용 항공기   ② 일반택시
③ 전세버스   ④ 여객수송용 기차

44 다음은 CI보험에서 보장하는 "중대한 화상·부식"에 대한 설명이다. 밑줄 친 부분 중 옳지 않은 것은?

> 중대한 화상·부식이라 함은 전신 피부의 ㉠ 20% 이상이 ㉡ 3도 화상을 입은 경우를 말한다. 화상을 입은 신체 표면적은 ㉢ "6의 법칙(The Rule of 6's)" 또는 ㉣ "룬드와부라우더 신체 표면적 차트(Lund &Brodwer Body Surface Chart)"에 의해 측정된 것을 말한다.

① ㉠   ② ㉡
③ ㉢   ④ ㉣

45 다음은 다수의 실손의료보험에 가입되어 있는 경우 각 보험계약에서 지급되어야 할 실손의료비를 산출하는 방법이다. 빈칸에 알맞은 내용은?

> 각 계약별 보상책임액＝($\bigcirc$－$\bigcirc$)×각 계약별 보상책임액/각 계약별 보상책임액을 합한 금액

① $\bigcirc$: 각 계약의 보상대상 의료비 중 최고액, $\bigcirc$: 각 계약의 피보험자부담 공제금액 중 최고액
② $\bigcirc$: 각 계약의 보상대상 의료비 중 최고액, $\bigcirc$: 각 계약의 피보험자부담 공제금액 중 최소액
③ $\bigcirc$: 각 계약의 보상대상 의료비 중 최소액, $\bigcirc$: 각 계약의 피보험자부담 공제금액 중 최고액
④ $\bigcirc$: 각 계약의 보상대상 의료비 중 최소액, $\bigcirc$: 각 계약의 피보험자부담 공제금액 중 최소액

46 다음은 3대 비급여 중 '비급여 자기공명영상진단(MRI)'에 관한 설명이다. 옳지 않은 것은?

① 공제금액은 1회당 3만원과 보상대상 의료비의 30% 중 큰 금액이다.
② 보상대상 의료비란 자기공명영상진단을 받아 본인이 실제로 부담한 비급여 의료비를 말한다.
③ 보상한도는 계약일 또는 매년 계약 해당일로부터 1년 단위로 300만원 한도 내에서 보상한다.
④ 병원을 1회 통원(또는 1회 입원)하여 2개 이상의 부위에 걸쳐 이 특별약관에서 정한 자기공명영상진단을 받는 경우 하나의 치료로 보아 합산액에 대해서 공제금액 및 보상한도를 적용한다.

47 실손의료보험에서 치료기간 중 보험기간이 만료될 때의 보상기간을 옳게 기술한 것은?

① 보험기간 만료 전 입원일로부터 90일
② 보험기간 만료 전 입원일로부터 180일
③ 보험기간 종료일로부터(보험기간 종료일의 다음 날부터) 90일
④ 보험기간 종료일로부터(보험기간 종료일의 다음 날부터) 180일

48 다음 중 4세대 실손의료보험의 '급여의료비'에서 '보상하지 않는 것'에 대한 내용으로 옳지 않은 것은?

① 국민건강보험 관련 법령상 본인부담금 상한제에 따라 보험공단으로부터 사전 또는 사후 환급이 가능한 금액
② 의료급여 관련 법령상 본인부담금 상한제에 따라 관련 기관으로부터 사전 또는 사후 환급이 가능한 금액
③ 자동차보험이나 산재보험에서 치료비를 보상받을 때 관련 기준에 따라 발생한 실제 본인부담 의료비
④ 응급의료 관련 법령상 응급환자에 해당하지 않는 자가 관련 법령상의 상급종합병원 응급실을 이용하면서 발생한 응급의료관리로서 전액본인부담금에 해당하는 의료비

PART
01

PART
02

PART
03

PART
04

PART
05

PART
06

49 다음은 4세대 실손의료보험(기본형＋특약)에서 '보상하지 않는 손해'에 대한 내용이다. 옳지 않은 것은?

① 유방 확대술(유방암 환자의 환측 유방재건술 등도 제외)

② 치과치료(안면부 골절로 발생한 의료비는 치아 관련 치료를 제외하고 보상)

③ 건강검진(검사상 이상소견으로 건강검진센터 등 발생한 추가의료비용은 보상)

④ 의치, 의수족, 의안 등 진료재료 구입 및 대체비용(인공장기 등 신체에 이식되어 그 기능을 대신하는 경우에는 제외)

50 노후실손의료보험에 대한 설명으로 옳지 않은 것은?

① 노후실손의료보험은 인구의 고령화가 지속되면서 노후의 의료비 부담을 완화하기 위해 도입되었다.

② 노후실손의료보험의 보험료는 1년마다 갱신되며 재가입 주기는 3년이다.

③ 노후실손의료보험은 입원과 통원을 구분하지 않고 연간 1억원을 한도로 하며 통원은 1년간 180회를 회당 100만원 한도로 보상한다.

④ 공제방식은 일반적인 실손의료보험과 달리 입원의 경우 정액공제 후 정률공제하는 2단계 공제방식을 적용한다.

PART 03 자동차보험[51~75]

51 다음은 '승객이 사상'한 경우 자배법상 면책요건에 대한 설명이다. 옳은 것은?

① 요금을 내지 않고 승차한 승객은 승객으로서 보호받지 못한다.

② 자동차운행 중 추락하는 크레인이 자동차 위에 떨어져 자동차의 승객이 사망한 경우 면책이다.

③ 승객 간의 다툼으로 한 승객이 타 승객의 폭력을 피하려다 자동차에서 추락하여 사망한 사고는 면책이다.

④ 자동차 운행자는 승객의 고의 또는 자살로 인하여 승객이 부상 또는 사망했다는 것을 입증하여야 면책이 된다.

52 강풍으로 인하여 아파트의 창문이 떨어져 주차된 차량이 파손되었다. 이때 아파트 입주민(임차인)이 1차적으로 과실책임을 지며, 임차인이 상당한 주의의무를 이행한 것이 입증될 경우 아파트의 소유자(임대인)가 2차적으로 무과실책임을 진다. 이는 어떠한 법 규정이 적용된 것인가?

① 민법 제750조 일반불법행위책임
② 민법 제756조 사용자책임
③ 민법 제757조 도급인의 책임
④ 민법 제758조 공작물의 점유자, 소유자의 책임

PART
01

PART
02

PART
03

PART
04

PART
05

PART
06

53 자동차보험 표준약관에서 규정하고 있는 '보험금을 청구할 수 있는 경우'에 관한 설명으로 적절하지 않은 것은?

① 대인배상 Ⅰ, 대인배상 Ⅱ, 대물배상 : 대한민국 법원에 의한 판결의 확정, 재판상의 화해·중재 또는 서면에 의한 합의로 손해배상액이 확정된 때
② 자기신체사고 : 피보험자가 피보험자동차를 소유·사용·관리하는 동안에 생긴 자동차의 사고로 인하여 죽거나 다친 때
③ 무보험자동차에 의한 상해 : 피보험자가 무보험자동차에 의해 생긴 사고로 죽거나 다친 때
④ 자기차량손해 : 사고가 발생한 때 또는 피보험자동차를 도난당한 때

54 다음은 태아의 상속권에 대한 정지조건설과 해제조건설에 대한 설명이다. 옳지 않은 것은?

① 살아서 태어나면 상속권이 인정되고, 사산하여 태어나면 상속권이 상실된다는 관점은 동일하다.
② 정지조건설은 태아 출생 전에는 상속권을 인정하지 않지만, 출생하면 상속개시시점으로 소급하여 상속권을 인정한다.
③ 해제조건설은 태아 출생 전에도 상속권을 인정하지만, 만약 태아가 사산하면 소급하여 상속권을 상실한다.
④ 태아 출생 전에 피상속인인 남편이 사망하고 상속인으로 배우자와 부모님이 있다면 해제조건설에 의한 상속지분은 '배우자 : 부 : 모＝1.5 : 1 : 1'이다.

55 다음 중 자동차손해배상보장법상의 의무보험의 가입대상자가 아닌 것은?

① 노면측정장비
② 타이어식기중기
③ 50cc 미만 이륜차
④ 무한궤도식 굴삭기

56 다음은 가불금청구권에 대한 내용이다. 옳지 않은 것은?

① 가불금은 청구일로부터 7일 이내에 지급해야 한다.

② 대인배상Ⅰ에서만 인정되는 권리이므로 압류 및 양도가 금지된다.

③ 가불금이 손해배상금을 초과하였거나 대인배상Ⅰ의 책임이 없는 사건으로 판명된 경우에는 피해자에게 가불금의 반환을 청구할 수 있다.

④ 피해자로부터 가불금을 반환받지 못한 경우에는 정부보장사업에 대해 그 가불금 전액을 반환청구할 수 있다.

57 다음 중 자동차손해배상보장법상 정부의 손해배상 보장사업으로 보상받을 수 없는 사람은?

① 자동차보유자를 알 수 없는 자동차의 운행으로 사망한 피해자

② 도로가 아닌 장소에서만 운행하는 자동차(예 구내자동차)에 의한 사고의 피해자

③ 보유자를 알 수 없는 자동차의 운행 중 해당 자동차로부터 낙하된 물체로 인해 부상한 경우

④ 책임보험(의무보험)에 가입되어 있지 아니한 자동차에 의한 사고로, 가해자가 자배법 제3조에 따라 운행자 책임을 부담하는 사고의 피해자

58 다음은 자동차보험의 '진료수가제도'에 대한 설명이다. 적절하지 않은 것은?

① 자동차보험의 진료수가는 국토교통부장관이 정한다.

② 의료기관이 자동차보험 진료수가를 청구하면 보험회사는 30일 내로 그 청구액을 지급해야 한다.

③ 의료기관으로부터 진료수가를 청구받은 보험회사는 환자의 동의를 얻어 진료기록을 열람할 수 있다.

④ 이의제기가 있을 경우, 이의제기결과를 통보받은 날로부터 30일 이내에 자동차보험 진료수가분쟁심의회에 심사청구한다.

59 자동차보험에 있어서, 보험종목과 가입대상이 잘못된 것은?

① 10인 이하 모든 승용차는 개인용 자동차보험에 가입하여야 한다.

② 사업용 자동차는 영업용 자동차보험에 가입하여야 한다.

③ 원동기장치 자전거는 이륜자동차보험에 가입하여야 한다.

④ 콤바인은 농기계보험에 가입하여야 한다.

60 다음은 무보험차 상해담보에 대한 설명이다. 옳지 않은 것은?

① 정부보장사업과 무보험차 상해 모두 자배법에 의해 보상되는 제도이다.

② 정부보장사업과 무보험차 상해 모두 지급액에 대해 가해자에게 대위권을 행사한다.

③ 배상의무자가 부모, 배우자, 자녀일 경우 정부보장사업의 보상을 청구할 수 있으나, 무보험차 상해에서는 보상받을 수 있다.

④ 배상의무자란 무보험자동차 사고로 인해 피보험자를 죽게 하거나 다치게 함으로써 피보험자에게 입힌 손해에 대해 법률상 손해배상책임을 지는 자를 말한다.

61 다음은 자기신체사고담보의 피보험자에 대한 설명이다. 옳지 않은 것은?

① 대인배상 II에 해당하는 피보험자는 모두 자기신체사고담보의 피보험자이다.

② 운전피보험자의 부모, 배우자, 자녀도 자기신체사고담보의 피보험자이다.

③ 피보험자동차의 대인배상 I에서 보상받을 수 있는 자도 자기신체사고담보의 피보험자이다.

④ 피보험자동차의 무보험자동차상해담보에서 보상받을 수 있는 자도 자기신체사고담보의 피보험자이다.

62 자동차보험 표준약관상 피보험자가 부담하여야 할 '사고 부담금'에 관한 내용으로 옳지 않은 것은?

① 음주운전과 무면허운전의 사고부담금은 동일하다.

② 사고 발생 시의 조치의무를 위반한 경우에도 사고 부담금을 납입하여야 한다.

③ 피보험자가 사고부담금을 납부하지 않으면 보험회사는 피해자에게 사고부담금을 공제한 손해배상금을 우선 지급한다.

④ 기명피보험자의 명시적·묵시적 승인하에 피보험자동차의 운전자가 음주운전을 하던 중 발생한 사고에 대해서도 사고부담금을 납입하여야 한다.

63 다음 중 대인배상 II에 적용되는 면책약관이 아닌 것은?

① 가족면책약관

② 무면허면책약관

③ 운송위험면책약관

④ 비사업용자동차 유상운송면책약관

PART 01

PART 02

PART 03

PART 04

PART 05

PART 06

64 다음 중 자동차보험 표준약관에서 규정하고 있는 '무보험 자동차'에 해당하지 않는 경우는?

① 자동차보험 대인배상 Ⅱ나 공제계약이 없는 자동차

② 자동차보험 대인배상 Ⅱ나 공제계약은 있지만 보상하지 않는 경우에 해당하는 자동차

③ 피보험자를 죽게 하거나 다치게 한 자동차가 명확히 밝혀지지 않은 경우, 그 자동차

④ 자동차보험 약관에서 보상될 수 있는 금액보다 보상한도가 높은 자동차보험의 대인배상 Ⅱ나 공제계약이 적용되는 자동차

65 자동차보험 '자기차량손해' 담보에 대한 다음 설명 중 옳지 않은 것은?

① 피보험자동차에 직접 또는 간접적으로 생긴 손해를 보상한다.

② 보험가입금액이 보험가액보다 많은 경우에는 보험가액을 한도로 보상한다.

③ 피보험자동차의 일부 부분품, 부속품, 부속기계장치만의 도난으로 인한 손해는 보상하지 않는다.

④ 자기차량손해의 피보험자는 보험회사에 보상을 청구할 수 있는 사람으로, 보험증권에 기재된 기명피보험자이다.

66 다음은 피보험자 본인의 음주운전 중 발생한 사고에 대한 설명이다. 옳지 않은 것은?

① 대인배상 Ⅰ은 피보험자 본인의 음주운전 중 사고도 보상한다.

② 자기차량손해에서 피보험자 본인의 음주운전 중 사고는 보상하지 않는다.

③ 자기신체사고에서 피보험자 본인의 음주운전 중 사고는 보상하지 않는다.

④ 무보험자 상해에서는 음주운전 중 사고에 대해서는 보험회사의 보상책임이 발생하고 이때 피보험자가 부담하는 자기부담금은 없다.

67 다음의 경우 자기신체사고 담보로 지급하는 보험금은 얼마인가?

> • 자기신체사고 보험가입금액 4,000만원, 상대차량은 대인배상 Ⅰ, 대인배상 Ⅱ에 미가입
> • 피해자 사망으로 인한 손해액 2억원, 피해자 과실 10%

① 3,000만원

② 3,500만원

③ 4,000만원

④ 4,500만원

68 다음은 보험자 대위권에 대한 설명이다. 옳지 않은 것은?

① 운전자보험에는 청구권대위 규정이 없다.

② 자동차보험의 모든 담보는 청구권대위가 인정된다.

③ 잔존물대위는 자기차량손해담보에서만 인정된다.

④ 자기차량 손해의 경우 대위권을 포기하는 것이 일반적이나 행사할 수도 있다.

69 다음 중 보험계약자의 의무보험 해지사유가 아닌 것은?

① 피보험자동차를 양도한 경우

② 말소등록으로 운행을 정지한 경우

③ 의무보험 가입대상에서 제외된 경우

④ 추가보험료 청구일 후 14일 내 미납의 경우

70 개인용 자동차보험의 대인배상 지급기준에서 취업가능월수에 대한 설명으로 옳지 않은 것은?

① 취업가능연한은 만 65세가 되는 날이다.

② 만 76세 이상에 대해서도 최소 6개월간 상실수익액이 인정된다.

③ 취업시기는 19세로 하면 군복무의무자는 군 복무기간을 지난 때부터 시작된다.

④ 취업가능연한이 사회통념상 65세 미만의 직종인 경우 해당 직종의 취업가능연한까지는 현실소득액을 인정하고, 그 후 65세까지는 일용근로자임금을 적용한다.

71 현행 자동차보험 보험금 지급기준상 휴업손해와 관련하여 바르게 설명한 것은?

① 휴업일수의 산정은 장해정도를 감안하여 치료기간의 범위에서 인정한다.

② 휴업손해의 산식은 '1일 수입감소액×휴업일수×80/100'이다.

③ 사고 당시 피해자의 나이가 취업가능연한을 초과한 경우에는 수입의 감소가 증명된 경우라도 휴업손해를 인정하지 않는다.

④ 관련 법률에 따라 농어업인으로 인정할 수 있을 때에는 취업가능연한을 70세로 한다.

PART
01

PART
02

PART
03

PART
04

PART
05

PART
06

72 다음은 대물배상 지급기준의 '대차료'에 대한 설명이다. 옳지 않은 것은?

① 대차하는 경우 대체차종이 있는 경우 동급의 대여자동차 중 최저요금의 대여자동차를 빌리는 데 소요되는 통상의 요금을 지급한다.

② 대차하는 경우 대체차종이 없는 경우 보험개발원이 산정한 사업용 해당차종 휴차료 일람표 범위 내에서의 실임차료의 90%를 지급한다.

③ 대차하지 않는 경우 대체차종이 있는 경우 동급의 대여자동차 중 최저요금의 대여자동차를 빌리는데 소요되는 통상의 요금의 35%을 지급한다.

④ 대차하지 않는 경우 대체차종이 없는 경우 보험개발원이 산정한 사업용 해당차종 휴차료 일람표 범위 내에서의 실임차료의 35%를 지급한다.

73 다음은 자동차보험의 지급기준에서 '과실상계 등'에 대한 설명이다. 옳지 않은 것은?

① 소송이 제기되었을 경우 확정판결에 의한 과실비율을 적용한다.

② 대인배상Ⅰ, 대인배상Ⅱ, 대물배상, 무보험차상해, 자기차량손해담보에서 지급보험금 계산 시 피해자 측의 과실비율에 따라 상계한다.

③ 교통소통대책의 일환으로 출퇴근 시 승용차 함께 타기 실시 차량의 운행 중 사고의 경우에는 동승자감액비율을 적용하지 않는다.

④ 대인배상Ⅰ, 대인배상Ⅱ, 대물배상, 무보험차상해에 대한 보험금 산출 시 당해 자동차 사고가 발생하기 전에 이미 가지고 있던 증상에 대해서는 보상하지 않는다.

74 다음은 자동차보험의 '의무담보 일시담보 특약'에 대한 내용이다. 옳지 않은 것은?

① 피보험차를 양도한 후 15일째 되는 날 24시까지의 기간 동안 의무보험 일시 미가입으로 인한 손해를 보상하기 위한 특약이다.

② 보험기간 동안 양도된 자동차를 대인Ⅰ 및 대물배상규정의 피보험자동차로 간주하고 양도인을 보험계약자 및 기명피보험자로 본다.

③ 이 특약에 의해 보험자가 보상하는 경우 불량할증은 양수인에게 적용한다.

④ 대물배상에서 양도인의 보험증권에 기재된 운전가능범위 또는 운전가능연령범위 이외의 자가 피보험자동차를 운전 중 생긴 사고로 인한 손해는 보상하지 않는다.

75 다음 중 피보험자동차를 양도한 후에도 양도인(기명피보험자)에게 적용될 수 있는 담보는?

① 대인배상Ⅰ, 대인배상Ⅱ
② 대인배상Ⅰ, 대물배상(의무보험 부분)
③ 대인배상Ⅱ, 대물배상(임의보험 부분)
④ 무보험차상해, 다른 자동차운전담보특약

PART
01

PART
02

PART
03

PART
04

PART
05

PART
06

PART 04　　개인재무설계[76~100]

76 다음은 파이낸셜 플래닝을 하는 데 있어 '한국적 현실'에 대한 설명이다. 옳지 않은 것은?

① 우리나라의 경우 가계의 예산 수립에 대한 소득과 지출관리라는 절차를 받아들이기가 사실상 어렵기 때문에 논외로 해도 무방하다.
② 우리나라 고객의 경우 운용 금융자산의 대부분이 3년을 넘기는 경우가 많으므로 단기적 위험에 대비하기 위한 별도의 비상자금 준비가 필수적이다.
③ 고객의 정보수집단계는 자신의 정보를 잘 공개하지 않으려는 한국적 현실을 감안하여 목표파악과 정보수집의 두 단계로 구분하여 진행하는 것이 적절하다.
④ 서구사회와 달리 우리나라에서는 자식에 있어서 무한 책임을 부담하는 경향도 있으나, 최근에는 자녀 결혼자금 준비를 제외하는 경향도 있으므로 고객의 니즈에 따라 포함시킨다.

77 고객의 목표를 파악할 때 주의해야 할 사항에 해당되지 않는 것은?

① 현실적인 목표를 수립한다.
② 목표 간 연관성을 유지한다.
③ 추상적이며 이상적인 목표를 설정한다.
④ 단기, 중기, 장기로 구분하여 기간 및 시점을 명확하게 설정한다.

78 다음은 '일반적인 정보'에 대한 정보수집 시의 유의점에 대한 설명이다. 옳지 않은 것은?

① 이미 졸업한 학교는 수집할 필요가 없다.
② 동거가족의 범위는 재정적 개념이 아닌 거주개념을 기준으로 한다.
③ 가족정보는 향후 자녀계획을 포함한 가구원 수의 변화를 포함시켜야 한다.
④ 고객 및 가족에 대한 정보(일반정보)는 반드시 수집 및 작성날짜가 기록되어야 한다.

79 다음은 '정보수집' 시의 유의사항이다. 적절하지 않은 것은?

① 주거용 부동산은 투자자산이다.

② 보장성 보험은 위험관리자산으로, 저축성 보험은 투자자산으로 분류한다.

③ 유동성 자산으로 분류할 수 있는 자산은 현금, MMF, MMDA, CMA 등 초단기상품과 수시입출식예금, 6개월 이내의 단기저축성예금 등이다.

④ 지출은 각종 공과금, 대출금이자 등의 비소비지출과 집세, 수도광열비 등의 고정성 소비지출과 문화생활비 등의 변동성 소비지출로 구분한다.

80 재무의사결정에 영향을 주는 주요 경제지표로써 고객과 공유하는 것이 바람직한 지표 3가지에 속하지 않는 것은?

① 위험선호도   ② 기대수익률

③ 환율   ④ 물가상승률

81 다음 중 자산부채상태표상의 투자자산에 속하는 것은?

① MMDA   ② ELS

③ 거주하는 부동산   ④ 보유자동차

82 다음 중 개인현금수지표를 통해 분석할 수 있는 내용으로 가장 거리가 먼 것은?

① 총자산 대비 순자산비율을 통한 가계 자산의 건전성

② 지출의 적정성과 지출의 건전성을 통한 가계의 지출분석

③ 소득의 다양성, 소득원의 경쟁력, 소득의 지속기간 등을 통한 가계의 수입분석

④ 소득 대비 소비자 총부채상환비율과 소득 대비 총부채상환비율을 통한 가계수지에 대한 부채분석

83 다음은 부채의 분석 및 진단에 대한 내용이다. 적절하지 않은 것은?

① 소득 대비 소비자 총부채상환비율은 20% 이하가 바람직하다.

② 소득 대비 총부채상환비율은 40% 이하가 바람직하다.

③ 소득의 기준으로 세전소득과 가처분소득 두 가지가 있는데 세전소득을 기준으로 사용하는 것이 좀 더 강화된 기준의 비율이 된다.

④ 소비자부채란 카드대출, 자동차대출, 신용대출, 마이너스대출 등 주로 단기소비성 대출이 해당되며 총부채상환액이란 원금과 이자를 모두 합한 금액을 말한다.

84 다음은 파이낸셜 플래너의 전략회의 방식에 대한 설명이다. 적절하지 못한 것은?

① 전략회의는 일반적으로 전문성을 살리면서도 생산성을 유지할 수 있는 토론식이 가장 많이 활용된다.

② 혼합식은 고객 데이터 분석과 시뮬레이션의 결과를 각 방면 전문가에게 통보하고 전문가 동석 회의 시 검토결과를 회의하는 방식이다.

③ 보고서식은 사전에 전문가들에게 내용을 통보하여 플래너가 취합하므로 시간을 절약할 수 있으나 각 부문별 연관성에 대한 토론의 필요성이 있다.

④ 토론식은 부문별 전문가들이 한 자리에 모여야 한다는 번거로움과 내용에 대한 검증보다는 사전 검토의 부족으로 피상적인 각 부문별 난상토론이 될 가능성이 있다.

PART
01

PART
02

PART
03

PART
04

**PART
05**

PART
06

85 다음은 경기순환 종류에 대한 설명이다. 옳은 것은?

① 중기파동은 주글라(Juglar) 파동이라 한다.

② 중기파동은 기술혁신, 전쟁, 신자원의 개발 등에 의해 나타난다.

③ 장기파동은 설비투자의 내용연수와 관련하여 나타나는 순환이다.

④ 장기파동은 보통 10년을 주기로 통화공급이나 금리의 변동, 물가변동 및 재고변동 등에 따라서 나타나는 장기적 성격의 변동을 말한다.

86 다음은 기업경기실사지수(BSI)에 대한 내용이다. 빈칸에 알맞은 단어가 순서대로 나열된 것은?

> • 전체 응답자 수가 100명이고, 이 중에서 60명이 경기가 호전될 것으로 응답하였고 40명이 경기가 악화될 것으로 응답하였다.
> • 이 경우 BSI지수는 (　　)이며, 경기국면으로 본다면 (　　)이다.

① 20, 경기확장국면　　　　　　　　② 20, 경기수축국면

③ 120, 경기확장국면　　　　　　　　④ 120, 경기수축국면

87 정부는 바람직한 국가를 유지하기 위해서 재정을 실시한다. 다음의 상황에서 국가재정의 필요상황과 가장 거리가 먼 것은 무엇인가?

① 과수원 옆에 양봉장이 크게 번성하였다.

② 염색공장의 오염수가 옆에 있는 농작물에 피해를 주고 있다.

③ A기업이 반도체 분야에서 기술우위로 시장점유율이 50%를 초과하였다.

④ 소득이 많은 A씨는 소득이 상대적으로 적은 B씨에 비해서 적용되는 세율이 높다.

88 다음은 우리나라의 통화정책에 대한 설명이다. 적절하지 않은 것은?

① 한국은행의 통화정책이 추구하는 최우선 목표는 '물가의 안정'이다.

② 한국은행의 통화정책은 물가안정을 위해 통화량 또는 금리, 환율 등의 중간목표를 두고 있다.

③ 통화정책은 공개시장조작, 지급준비금, 대출 등과 같은 제반 통화정책수단을 이용하여 단기시장금리(콜금리 등)에 영향을 주고, 단기금리는 다시 장기시장금리를 변동시킴으로써 물가안정과 건실한 경제성장을 유도한다.

④ 통화의 종류로서 2006년 6월부터는 나라 경제의 전체 유동성 크기를 측정하기 위한 지표로서 광의유동성지표(L)를 새로 개발·공표하였는데, 이들 지표는 금융기관의 제도적 형태보다는 금융상품의 유동성 정도를 그 기준으로 한 것이다.

89 다음 중 국민소득에 대한 설명으로 적절하지 않은 것은?

① 국내총생산은 국민이 해외로부터 받은 소득을 포함한다.

② 국민총소득은 국내총생산에 국외순수취요소소득을 합한 것이다.

③ 국외순수취요소소득이 음(−)인 경우 국민총소득이 국내총생산보다 작다.

④ 일반적으로 기준연도와 비교하여 교역조건이 불리해지면 실질소득이 감소한다.

90 다음은 국내총생산(GDP)에 대한 설명이다. 옳지 않은 것은?

① 한 국가 내에 가계, 기업, 정부 등 모든 경제주체가 일정 기간 새롭게 생산한 재화 및 서비스의 가치를 시장가격으로 평가하여 합산한 것이다.

② 생산량은 물질적으로 형태가 있는 재화뿐 아니라, 무형이지만 사람의 노력이 투입된 용역도 포함되며, 저량 통계이다.

③ '새로이 생산한 가치'는 부가가치를 의미하는데, 국민계정체계의 용어로 설명하면 '산출액에서 중간투입액을 차감'한 금액이다.

④ 시장가격으로 평가한다는 것은 각 생산물에 시장가격을 곱한 것으로 명목GDP에 해당된다.

91 다음은 국제수지에 대한 설명이다. 적절하지 않은 것은?

① 국제수지표상의 수출입수지(상품수지)와 관세청에서 발표하는 수출입수지(무역수지)는 일치한다.

② 우리나라의 선박이나 항공기가 상품을 나르고 외국으로부터 받은 운임, 외국관광객이 쓰고 간 돈, 무역대리점의 수출입 알선수수료 수입 등은 서비스수입으로 서비스수지에 반영된다.

③ 거주자와 비거주자 사이에 아무런 대가 없이 주고받은 거래의 수지차이는 이전소득수지에 해당된다.

④ 우리나라가 외국에 투자한 결과 벌어들이는 돈과 외국인이 우리나라에 투자한 결과 벌어가는 돈의 차이, 그리고 우리나라 근로자가 외국에 나가서 일해 벌어들이는 돈과 외국인 근로자가 우리나라에서 일해 벌어가는 돈의 차이를 나타내는 것은 본원소득수지이다.

PART
01

PART
02

PART
03

PART
04

PART
05

PART
06

92 S씨는 연간 복리이자 4%로 부리되는 상품에 매년 500만원을 적립하고 있다. 이때 3년 후의 잔고는 얼마인가? (연금의 미래가치 환산계수 4%, 3년 = 3.121)

① 6,749,184원　　　　　　　　　② 15,605,000원
③ 18,915,000원　　　　　　　　　④ 20,247,552원

93 다음은 성공적인 파이낸셜 플래닝을 위한 고객상담의 기초에 대한 내용이다. 옳지 않은 것은?

① 파이낸셜 플래너가 갖추어야 할 필수적인 3요소는 '외모, 능력, 태도'이다.
② 파이낸셜 플래너의 건전한 윤리의식이 전제되어야 고객의 정보수집이 용이하다.
③ 고객의 정확한 정보를 확보하기 위해서는 무엇보다도 고객으로부터 신뢰를 확보해야 한다.
④ 능력 있는 파이낸셜 플래너는 고객의 자발적인 협조 없이도 고객의 재무목표 달성을 위한 정확한 결론에 도달할 수 있다.

94 다음은 고객상담에서 고객의 니즈(Needs)의 종류에 대한 설명이다. 적절하지 않은 것은?

① 고객의 잠재니즈로는 세일즈를 성사시키기에는 충분치 않다.
② 고객의 잠재니즈는 단순한 불안함이나 어려움 등을 이야기하는 수준이다.
③ 고객의 현재니즈는 현재의 필요성과 해결하고자 하는 욕구가 반영되어 있다.
④ 성공적인 세일즈를 위해서는 상담을 통해서 고객의 현재니즈를 잠재니즈로 이끌어야 한다.

95 아래의 자산 간의 상관계수를 바탕으로 포트폴리오를 구성하려 한다. 옳은 것은?

경기	부동산펀드	베트남펀드	국내주식펀드
부동산펀드	1.00	0.40	0.60
베트남펀드	0.40	1.00	0.75
국내주식펀드	0.60	0.75	1.00

① 베트남펀드와 국내주식펀드는 상관계수를 보았을 때 포트폴리오효과가 없다고 할 수 있다.

② 위험이 잘 분산된 포트폴리오를 구성하기 위해서 두 가지 자산의 상관계수가 높을수록 좋다.

③ 위험이 잘 분산된 포트폴리오를 구성하기 위해서 두 가지 자산을 편입한다면 부동산펀드와 베트남펀드의 조합이 최적이다.

④ 위에서 예시된 자산들은 각 상관계수를 고려했을 때 어느 자산의 수익률이 (+)를 보일 때 어느 자산은 (−) 수익률을 보일 확률이 높다.

96 자산운용에서 자산의 위험을 정확히 측정하고 포트폴리오를 리밸런싱하는 것은 매우 중요한 일이다. 다음의 위험측정방법은 무엇에 대한 설명인가?

> 위험조정성과지표로서 가장 많이 이용되며, 일정 투자기간 동안 위험 1단위당 무위험 이자율을 초과달성한 포트폴리오 수익률의 정도를 나타내며, 이것이 높으면 위험조정 후 성과가 좋을 것이고 낮으면 성과가 좋지 않았음을 의미한다.

① 표준편차   ② 샤프지수
③ 젠센의 알파   ④ 베타계수

97 자산운용에서 자산의 위험을 정확히 측정하고 포트폴리오를 조정하는 것은 매우 중요한 일이다. 아래에서 설명하는 위험 측정방법의 위험조정성과지수는 무엇인가?

> 특정 펀드가 취한 위험(베타) 아래에서 요구되는 기대수익률을 펀드가 얼마나 초과했는지를 보여주는 지표이다.

① 표준편차   ② 샤프지수
③ 젠센의 알파   ④ 베타계수

98 다음은 포트폴리오 구성전략에 대한 설명이다. 이 중 '복합시나리오 분석'을 설명한 것은?

① 투자상품의 공급업자가 만들어놓은 자산배분을 그대로 활용하는 것이다.

② 자산배분정책이 90%의 직관적 판단과 10%의 분석을 통해서 이루어진다고 보고, 전문가의 직관적 판단에 근거하여 전략을 세운다.

③ 여러 가지 시나리오 중 최선과 최악의 경우를 추정하여 그중 가능성이 가장 높은 것을 선택한다.

④ 고객의 목표와 제약조건을 통합할 수 있는 편리한 구조를 제공하면서도 정확하다는 장점이 있으나, 그 정확성에 대한 맹신이 그릇된 판단을 낳을 수도 있다는 단점이 있다.

99 다음은 상속 및 증여세에 대한 설명이다. 옳은 것은?

① 상속세과세가액에서 피상속인의 채무, 공과금, 장례비용은 공제한다.

② 배우자가 단독으로 상속받을 경우에도 일괄공제(5억원)를 선택할 수 있다.

③ 상속개시일 전 5년 이내에 상속인에게 증여한 재산과, 상속인이 아닌 경우 10년 이내 증여한 재산은 상속세재산가액에 합산되어 과세대상이 된다.

④ 피상속인이 상속개시 전 상속재산을 처분하였거나 채무를 부담한 경우로서 일정 요건에 해당되면 이를 상속인이 사전 상속받은 것으로 간주하여 상속재산가액에 포함한다.

100 본인의 자산으로 아파트 25억원, 건물 10억원이 있다. 본인의 사망 당시 사망보험금은 5억원이 나왔고 장례비는 배우자에게 즉시 지급하였다. 상속인으로는 배우자, 자녀 2명이 존재하며, 배우자의 경우 6억원을 9년 전에, 자녀 1은 3억원을 5년 전에 지급받았을 때 상속재산대상금액은?

① 36억원   ② 39억원

③ 41억원   ④ 49억원

PART 01

PART 02

PART 03

PART 04

PART 05

PART 06

MEMO

실전모의고사
정답 및 해설

01	02	03	04	05	06	07	08	09	10
④	④	①	②	①	②	②	④	③	②
11	12	13	14	15	16	17	18	19	20
①	②	④	④	④	③	③	④	①	②
21	22	23	24	25	26	27	28	29	30
②	④	③	①	③	④	①	②	④	④
31	32	33	34	35	36	37	38	39	40
①	③	③	④	③	④	③	③	④
41	42	43	44	45	46	47	48	49	50
③	③	③	②	④	④	③	②	③	③
51	52	53	54	55	56	57	58	59	60
③	③	④	④	①	④	②	②	③	④
61	62	63	64	65	66	67	68	69	70
④	④	④	①	④	①	③	④	①	③
71	72	73	74	75	76	77	78	79	80
③	①	②	①	①	①	④	①	①	①
81	82	83	84	85	86	87	88	89	90
①	③	④	②	③	②	①	④	③	③
91	92	93	94	95	96	97	98	99	100
③	②	②	③	①	③	①	④	①	①

PART 01   장기·연금보험[01~25]

01
정답 | ④

장기간병보험은 1998년 개발되었고, 노인장기요양보험은 2008년 시행되어 장기간병보험과 함께 활성화되고 있다.

02
정답 | ④

장기보험의 보험료 산출방식이 3이원방식에서 현금흐름방식으로 변경된 것은 2013년 4월이다.

03
정답 | ①

순보험료에서 저축보험료가 빠져 있으므로 일반손해보험이다.

04
정답 | ②

연금저축의 경우 연금지급기간을 5년 이상 25년 이내의 확정기간으로 설정하여야 한다.

05
정답 | ①

보험목적의 범위

당연가입물건		명기물건	약관상 인수제한
건물	가재도구	• 귀금속, 귀중품(점당 300만원 이상), 글, 그림, 골동품 등(단, 상품인 경우 제외) • 원고, 설계서, 도안, 금형, 목형 등	• 통화, 유가증권, 인지 등 • 자동차(2륜차, 3륜차 포함) 단, 전시용 자동차는 인수
• 부속물 : 칸막이, 대문, 담 등 • 부속설비 : 전기, 가스, 난방 등 • 부착물 : 간판, 선전탑 등 → 모두 피보험자 소유	피보험자 또는 같은 세대원의 소유물		

※ 사업방법서상 인수제한물건 : 창고물건요율을 적용하는 물건(재고자산의 위험이 높으므로)
※ 장기화재보험의 물건은 주택물건, 일반물건, 공장물건으로 구분한다.

06
정답 | ②

명기물건으로 담보하는 귀중품은 무게나 부피가 휴대할 수 있으며 점당 300만원 이상인 물품을 말한다.

07

보상하는 손해

직접손해	화재(벼락 포함)로 인한 직접손해
소방손해	화재(벼락)의 소방으로 인한 수침손이나 파괴손
피난손해	보험목적물을 피난 시키면서 발생한 손해를 말하며, 피난처에서 옮긴 날로부터 5일 동안 생긴 직접손해와 소방손해를 보상
폭발손해	주택의 경우 인정
잔존물제거비용	해체, 청소, 상차비용 보상 ○, 오염물 질제거비용, 하차비용 보상 × → 손해액의 10% 한도 내 보상

08

고의나 중과실은 면책이다.

보상하지 않는 손해

- 계약자, 피보험자 또는 이들의 법정대리인의 고의 또는 중대한 과실
- 화재 발생 시의 도난 또는 분실손해
- 보험의 목적의 발효, 자연발열, 자연발화(→ 단, 다른 보험목적에 대한 화재는 보상)
- 화재로 생긴 것이든 아니든 파열 또는 폭발손해(→ 그 결과로 생긴 화재손해는 보상)
- 화재에 기인되지 않는 수도관, 수관 또는 수압기 등이 파열로 인한 손해
- 발전기, 여자기, 변압기 등의 전기적 사고로 인한 손해 (→ 그 결과로 생긴 화재손해는 보상) 등

09

잔존물제거비용은 보험가입금액을 한도로, 나머지는 초과해도 보상한다.

10

- 손해액 지급보험금 : 8,000만원×4억/(10억×0.8) = 4,000만원
- 잔존물제거비용 보험금 : 2,000만원×4억/(10억×0.8) = 1,000만원
  - 손해액의 10% 한도 : 800만원까지만 인정
  - 보험가입금액한도 : 손해액 + 잔존물제거비용 = 4,800만원 → 4,000까지만 인정
  - 결과적으로 잔존물제거비용으로 인정되는 금액은 '0'이다.
- 손해방지비용 : 1,000만원×4억/(10억×0.8) = 500만원
- 4,000만원 + 0원 + 500만원 = 4,500만원

11

보험의 목적이 재고자산이 아닌 경우 '손해액×(보험가입금액/보험가액의 80%)'으로 지급보험금을 계산한다.

12

- 장기화재보험이므로 공장물건임에도 부보비율 80% 적용(→ 일반화재보험에서는 미적용)
- 건물 : 3억×4억/(10억×0.8) = 1억 5천만원
- 재고자산 : 2억×(2억원/5억) = 8천만원
- 합계 = 1억 5천만원 + 8천만원 = 2억 3천만원

13

특별약관

	점포휴업손해 보장 특약	화재손해로 영업중단 또는 휴지되어 발생하는 손해를 보상
	전기위험담보 특약	발전기, 변압기 등 전기적 손해 그 자체를 담보함
재물 손해	특수건물 특약	화보법상의 특수건물의 화재손해를 보상
	구내폭발파열 보장 특약	구내에서 폭발, 파열을 담보(주택화재는 첨부할 필요 없음)
	구내냉동(냉장) 손해보장특약	화재사고 선행 → 냉동시설 파괴 → 냉동물 손해보상
	이재가구손해 보장특약	화재로 이재가구가 된 경우 보험가입금액을 전액 보상(정액)

※ 신체손해 관련 특약은 '상해담보 특약/질병담보 특약/운전자담보 특약'이 있다.

14

① 임차자 배상책임보험은 비례보상을 한다.
② 가스배상책임보험은 사망 및 후유장해 8천만원, 부상 1,500만원이다.
③ 장기기타보험에 대한 설명이다(→ 장기종합은 신체손해, 재물손해, 배상책임손해, 비용손해 중 2 이상인 경우를 말함).

15

시설소유관리자 배상책임 특약은 대물배상 시 10만원을 공제한다.

16

화재대물배상책임 특별약관은 피보험자가 보험의 목적에 발생한 화재로 타인의 재물손해를 보상한다.

17   정답 | ③

운전이란 도로여부, 주정차여부, 엔진의 시동여부를 불문하고 피보험자가 운전석에 탑승하여 <u>핸들을 조작하거나 조작가능한 상태에 있는 것</u>을 말한다.

18   정답 | ③

장기운전자보험은 보통약관(사망, 후유장해)만을 기준으로 보면 상해보험에 해당한다. 여기에 더하여 벌금이나 비용관련 특약 등을 첨부해서 사실상 종합보험이 된다.
① 영업용 운전자는 장기운전자보험의 가입이 가능하다.
② 장기운전자보험은 국내에서의 운전 중 사고를 보상한다.
④ 장기운전자보험은 뺑소니, 음주/무면허 사고는 면책이다.

19   정답 | ①

면허정지가 된 경우, 정지기간만큼 1일당 지급(60일 한도)하지만, 면허취소된 경우는 정액(가입금액)지급한다.

20   정답 | ②

벌금, 교통사고처리지원금(형사합의금), 변호사 선임비용은 실손보상하고, 방어비용은 정액보상한다.

21   정답 | ②

저축성 보험이란 보장성 보험을 포함한 보험으로 생존 시 지급되는 보험금의 합계액이 이미 납입한 보험료와 같거나 초과하는 보험을 말한다.

22   정답 | ④

연금 외 수령 시 적용세율은 기타소득세율인 16.5%를 적용한다.

23   정답 | ③

- 일반 영업보험료의 순보험료와 부가보험료로 구분되는데 예정사업비는 부가보험료를 말한다.
- 퇴직연금에서는 운용관리수수료, 자산관리수수료 등 별도의 수수료를 징구한다.
- 예상사망률, 예상이율, 예상임금상승률은 연금계리에 필요한 투입변수이다.

24   정답 | ①

- 기업은 매년 1회 이상 근로자에게 퇴직연금제도 운영과 관련하여 투자교육을 실시하여야 한다.
- 퇴직연금사업자에게 위탁교육이 가능하다.

25   정답 | ③

10인 미만 사업 특례(IRP특례)란 <u>상시근로자의 수가 10인 미만</u>인 기업의 경우 <u>근로자 개별 동의</u>를 얻어 개인형 퇴직연금제도를 설정한 경우, 퇴직연금제도를 설정한 것으로 간주하고 확정기여형(DC)과 동일하게 운영되는 제도를 말한다.

PART 02   제3보험[26~50]

26   정답 | ④

사람의 몸을 평가할 수 없기 때문에 보험가액이 없다. 따라서, 초과보험, 일부보험, 중복보험의 개념이 없다.

27   정답 | ①

계약자는 회사와 계약을 체결하고 보험료를 납입할 의무를 지는 사람을 말한다.

28   정답 | ②

장해지급률이 상해 발생일 또는 질병의 진단 확정일부터 180일 이내에 확정되지 않는 경우에는 상해 발생일 또는 질병의 진단확정일부터 180일이 되는 날의 의사 진단에 기초하여 고정될 것으로 인정되는 상태를 장해지급률로 결정한다.

29   정답 | ④

회사는 일시에 지급할 금액을 나누어 지급하는 경우에는 나중에 지급할 금액에 대하여 평균공시이율을 연 단위 복리로 계산한 금액을 더하며, 나누어 지급할 금액을 일시에 지급하는 경우에는 평균공시이율을 연 단위 복리로 할인한 금액을 지급한다.

30   정답 | ④

만기환급금의 지급시기가 되면 <u>지급시기 7일 이전</u>에 그 사유와 지급할 금액을 <u>계약자 또는 보험수익자</u>에게 알려주며, 만기환급금을 지급함에 있어 지급일까지의 기간에 대한 이자의 계산은 〈부표 9-1〉 '보험금을 지급할 때의 적립이율 계산'에 따른다.

31   정답 | ①

해약환급금의 지급사유가 발생한 경우 계약자는 회사에 해약환급금을 청구하여야 하며, 회사는 청구를 접수한 날부터 <u>3영업일</u> 이내에 해약환급금을 지급한다.

32
정답 | ③

해지권의 제한(계약 전 알릴 의무 위반에도 불구하고 해지할 수 없는 경우)
- 회사가 계약 당시에 그 사실을 알았거나 과실로 인하여 알지 못하였을 때
- 회사가 그 사실을 안 날부터 1개월 이상 지났거나 또는 제1회 보험료를 받은 때부터 보험금 지급사유가 발생하지 않고 2년(진단계약의 경우 질병에 대하여는 1년)이 지났을 때
- 계약을 체결한 날부터 3년이 지났을 때
- 회사가 이 계약을 청약할 때 피보험자의 건강상태를 판단할 수 있는 기초자료(건강진단서 사본 등)에 따라 승낙한 경우에 건강진단서 사본 등에 명기되어 있는 사항으로 보험금 지급사유가 발생하였을 때(계약자 또는 피보험자가 회사에 제출한 기초자료의 내용 중 중요사항을 고의로 사실과 다르게 작성한 때에는 계약을 해지할 수 있다)
- 보험설계사 등이 계약자 또는 피보험자에게 고지할 기회를 주지 않았거나 계약자 또는 피보험자가 사실대로 고지하는 것을 방해한 경우

33
정답 | ③

회사의 승낙이 필요한 경우
- 보험종목
- 보험기간
- 보험료 납입주기, 납입방법 및 납입기간
- 계약자, 피보험자
- 보험가입금액, 보험료 등 기타 계약의 내용

34
정답 | ④

이 약관에서의 피보험자의 나이는 보험나이를 기준으로 한다. 다만, 제21조(계약의 무효)에서 만 15세 미만자의 경우에는 실제 만 나이를 적용한다.

35
정답 | ③

타인의 사망을 보험금 지급사유로 하는 계약에서 서면으로 동의한 피보험자는 계약의 효력이 유지되는 기간에 언제든지 서면동의를 장래를 향하여 철회할 수 있다.

36
정답 | ③

계약 전 알릴 의무 위반으로 인하여 해지된 보험계약은 보험자와 계약자 간의 신뢰가 상실된 것이므로 부활을 인정하기 어렵다.

37
정답 | ④

주관적 기준에 부합한 경우이다. 즉, 음주운전을 하면 사고위험이 높아지므로 객관적인 기준에서는 음주운전 후 교통사고는 우연성이 결여되지만, 실제 운전자 입장에서는 사고를 의도하거나 예측한 것이 아니므로 우연한 사고가 될 수 있다.

38
정답 | ③

아무런 의사표시를 하지 않으면 단순상속이 된다.

39
정답 | ③

① 15%, ② 20%, ③ 30%, ④ 25%

40
정답 | ④

체간골이라 함은 어깨뼈, 골반뼈, 빗장뼈, 가슴뼈, 갈비뼈를 말한다.

41
정답 | ③

장해지급률 100%

> - 두 눈이 멀었을 때
> - 씹어먹는 기능과 말하는 기능 모두에 심한 장해를 남긴 때
> - 두 팔의 손목 이상을 잃었을 때 또는 두 다리를 잃었을 때
> - 심장기능을 잃었을 때
> - 신경계의 장해가 남아 일상생활기본동작에 제한을 남긴 때의 100% 장해상태
> - 정신행동에 극심한 장해가 남아 타인의 지속적인 감시 또는 감금상태에서 생활해야 할 때
> - 극심한 치매 : CDR 척도 5점

42
정답 | ③

골프, 수렵, 테니스는 구내에서 발생한 보험사고에 대하여 보상한다.

43
정답 | ③

보상하지 않는 사고 **암기** 시하자건
- 시운전, 경기 또는 흥행을 위해 운행 중인 자동차 및 기타 교통수단에 탑승하고 있는 동안에 발생한 손해
- 하역작업을 하는 동안 발생하는 손해
- 자동차 및 기타 교통수단의 설치, 수선, 점검, 정비, 청소 작업을 하는 동안 발생한 손해
- 건설기계 및 농업기계가 본연의 작업기계로 사용되는 동안 발생한 사고

PART
01

PART
02

PART
03

PART
04

PART
05

PART
06

44 　　　　　　　　　　　　　　　　정답 | ②

암에 대한 보장개시일(책임개시일)은 보험계약일로부터 그날을 포함하여 <u>90일이 지난 날의 다음 날</u>로 하며, 기타 피부암, 갑상선암, 제자리암 및 경계성 종양, 15세 미만자를 피보험자로 하는 어린이 암보험에 대한 보장개시일은 <u>보험계약일</u>로 한다.

45 　　　　　　　　　　　　　　　　정답 | ④

상해의료비 해외담보는 해외여행 중에 상해를 입고 이로 인해 해외의료기관에서 의사의 치료를 받은 때에는 보험가입금액을 피보험자가 실제 부담한 의료비 전액을 보상한다.

46 　　　　　　　　　　　　　　　　정답 | ④

해당 특약에서 정하고 있는 보상한도는 <u>합산하여</u> 계약일 또는 매년 계약해당일부터 1년 단위로 350만원 이내에서 최대 50회까지 보상한다.

47 　　　　　　　　　　　　　　　　정답 | ③

'선천성 뇌질환'의 경우 면책이지만 피보험자가 태아인 상태에서 보험에 가입하였다면 면책이 아니다(→ 4세대 실손의료보험에서 <u>예외</u>를 인정).

48 　　　　　　　　　　　　　　　　정답 | ②

- b : 한방치료 비급여는 보상하지 않음(→ 단, 한의사가 아닌 의사의 치료행위는 보상)
- c : '<u>본인부담금 상한제</u>'로 환급 가능한 의료비는 면책(→ 돌려받는 금액을 보상할 필요 없음)

49 　　　　　　　　　　　　　　　　정답 | ③

입원과 통원 모두 연간 1억원을 한도로 하며, 통원은 횟수 제한 없이 100만원을 한도로 보상한다.

50 　　　　　　　　　　　　　　　　정답 | ②

건강검진 검사결과 이상 소견에 따라 건강검진센터 등에서 발생한 추가 의료비용은 건강을 위한 의료비이므로 보상하는 손해이다.

▶ **PART 03**　　**자동차보험[51~75]**

51 　　　　　　　　　　　　　　　　정답 | ③

① 자배법은 민법의 특별법이다.
② 자배법은 대인사고에만 적용하고, 민법은 대인과 대물 모두에 적용한다.
④ 입증책임은 면책을 위해 보험자가 진다.

52 　　　　　　　　　　　　　　　　정답 | ③

소유자 A는 자배법상의 운행자책임을 진다. 그러나, 사용자책임을 지는 것은 아니다.

53 　　　　　　　　　　　　　　　　정답 | ④

피해자에게 직접청구권과 가불금청구권을 인정하며, 이 권리는 압류 및 양도가 불가능하다.

54 　　　　　　　　　　　　　　　　정답 | ④

대인배상Ⅰ은 자배법상의 직접청구권에 해당하며, 대인배상Ⅱ, 대물배상의 직접청구권은 상법상의 권리이다.

55 　　　　　　　　　　　　　　　　정답 | ①

장례비는 장례비를 지급한 자(유족대표나 상주 등)가 청구권자이다.

56 　　　　　　　　　　　　　　　　정답 | ④

결국에는 며느리와 손자가 나, 배우자, 아들의 전 재산을 1.5 : 1로 상속하게 된다.

57 　　　　　　　　　　　　　　　　정답 | ②

- 대물배상은 보험가입금액을 1사고당 2천만원 이상으로 가입해야 한다.
- 직접청구권과 가불금청구권의 대위권은 '사고발생일'로부터 3년이다.

58 　　　　　　　　　　　　　　　　정답 | ③

대인배상Ⅰ에서만 인정되는 권리이므로 자배법상의 압류 및 양도는 불가능하며, 민법상의 상계도 불가능하다.

59 　　　　　　　　　　　　　　　　정답 | ③

직접청구권과 가불금청구권의 대위권은 '사고발생일로부터 3년'이다.

60 　　　　　　　　　　　　　　　　정답 | ④

① '단기요율'은 보험기간이 <u>1년 미만</u>인 보험계약에 적용되는 보험요율이다.
② '사용피보험자'는 기명피보험자의 사용자 또는 계약에 따라 기명피보험자의 사용자에 준하는 지위를 얻은 자(기명피보험자가 피보험자동차를 사용자의 업무에 사용하고 있는 때에 한함)를 말한다.
③ '운전'은 자동차를 그 본래의 사용방법에 따라 사용하는 것을 말한다.

61 　　　　　　　　　　　　　　　　정답 | ④

다른 자동차 운전 담보 특약은 무보험자동차 상해 가입자에 대하여 자동적으로 적용된다.

62
정답 | ④

보상되는 부속품의 범위
(→ 자동차에 통상 부착 또는 장착된 부속품과 부속기계장치는 자동으로 담보한다.)

출고 시 장착된 경우	에어컨, 에어백 등
출고 시 장착되지 않았으나 보험증권에 기재된 경우	스테레오, 무선전화기, 차내TV 등

※ 보상되지 않는 부속품 : 연료, 장난감, 장식품 등

63
정답 | ④

자기차량손해의 피보험자는 기명피보험자만 존재한다.

64
정답 | ①

보험회사는 피보험자가 피보험자동차를 소유·사용·관리하는 동안에 생긴 피보험자동차의 사고로 인하여 다른 사람을 죽게 하거나 다치게 하여 법률상 손해 배상책임을 짐으로써 입은 손해를 보상하는 것은 '대인배상Ⅱ'이다.

65
정답 | ④

• 훼손된 소지품에 대해서는 피해자 1인당 200만원의 한도 내에서 실손보상한다.
• 소지품이란 휴대품 이외에 소지한 물품으로 '휴대폰, 노트북, 매코더, 카메라, CD플레이어, MP3, 워크맨, 녹음기, 전자수첩, 전자사전, 휴대용 라디오, 핸드백, 서류가방, 골프채' 등을 말한다.

66
정답 | ①

② 출고 후 1년 이하인 자동차는 수리비용의 20%를 보상한다.
③ 영업손실을 인정하는 기간은 30일을 한도로 한다.
④ 비사업용자동차(건설기계 포함)가 파손 또는 오손되어 사용하지 못할 경우에는 약관상 대차료 지급기준에 의거하여 지급한다.

67
정답 | ③

자기차량손해와 대물배상

구분	자기차량손해	대물배상
법적 성격	재물보험	책임보험
수리비 지급	차량가액의 100%까지	차량가액 120% (영업용 : 130%)까지
간접손해	보상 ×	보상 ○
시세하락손해	보상 ×	보상 ○
자기부담금	있음(분손 시)	없음
대위권	청구권대위 잔존물대위(자동차보험에서 유일)	청구권대위

68
정답 | ④

자기차량손해 담보 = 피보험자동차에 생긴 손해액 + 비용 - 보험증권에 기재된 자기부담금

69
정답 | ①

피보험자동차의 양도의 경우 보험자의 사후승인이 필요한데 보험자가 양수인의 통지를 받은 날로부터 10일 이내에 낙부의 통지를 하지 않으면 승낙된 것으로 간주한다.

70
정답 | ③

• 사망보험금 = 장례비 + 위자료 + 상실수익액
• 부상보험금 = 적극손해 + 위자료 + 휴업손해 + 간병비 + 기타
• 후유장해보험금 = 후유장애위자료 + 후유장애상실수익액 + 가정간호비

71
정답 | ③

• 사망보험금 = 장례비 + 위자료 + 상실수익액 (암기 : 장위상)
• 부상보험금 = 적극손해 + 위자료 + 휴업손해 + 간병비 + 기타 (암기 : 적위휴간기)
• 후유장해보험금 = 후유장애위자료 + 후유장애상실수익액 + 가정간호비 (암기 : 위상가)

72
정답 | ①

위자료 = 4천만원(65세 이상이므로)×60%×85%
　　　 = 20,400,000원

후유장해보험금 지급기준
• 가정간호비 지급대상인 경우
　－ 후유장애 판정 당시 피해자의 나이가 65세 미만인 경우 : 80,000,000원×노동능력상실률×85%
　－ 후유장애 판정 당시 피해자의 나이가 65세 이상인 경우 : 50,000,000원×노동능력상실률×85%
• 노동능력상실률이 50% 이상인 경우
　－ 후유장애 판정 당시 피해자의 나이가 65세 미만인 경우 : 45,000,000원×노동능력상실률×85%
　－ 후유장애 판정 당시 피해자의 나이가 65세 이상인 경우 : 40,000,000원×노동능력상실률×85%

73
정답 | ②

수리비 및 열처리 도장료의 합계액은 피해물의 사고 직전 가액의 120%(내용연수 경과차량이나 영업용차량은 130%)까지 인정한다.

PART 01
PART 02
PART 03
PART 04
PART 05
PART 06

74
정답 | ①

무상동승자감액비율 (알기) 음요합권

동승의 유형 및 운행목적	감액비율
동승자의 강요 및 무단동승	100%
음주운전자의 차량동승	40%
동승자의 요청동승	30%
상호 의논합의 동승	20%
운전자의 권유동승	10%
운전자의 강요동승	0%

75
정답 | ①

② 무보험차상해 보험에 가입한 경우 자동적으로 적용되는 담보이므로 보험료의 추가납부가 없다.

③ 다른 자동차란 기명피보험자와 그 부모, 배우자 또는 자녀가 소유하거나 통상적으로 사용하는 자동차를 제외한다.

④ 피보험자가 운전 중에 사고가 발생하여 손해배상책임 또는 피보험자의 상해가 발생하였을 때 대인배상 II 와 대물배상, 자기신체사고담보에서 보상한다.

PART 04   개인재무설계[76~100]

76
정답 | ①

파이낸셜 플래닝을 한다는 것은 여윳돈으로 또 다른 투자 혹은 저축을 해야 한다는 것이 아니라 재무목표에 맞게 재설정하는 것이다.

77
정답 | ④

고객이 잘 인식하고 있는 현재화된 목표인 Goal에 대한 설명이다.

78
정답 | ①

소비지출과 비소비지출

구분		종류
비소비지출		공과금, 대출금이자, 세금, 국민연금, 건강보험료, 기부금 등
소비지출	고정성 지출	집세, 수도광열비, 주식비, 보장성 보험료, 교육비 등
	변동성 지출	문화생활비, 외식비, 교통통신비

79
정답 | ①

집세, 수도광열비, 주식비, 보장성 보험료, 교육비는 '고정성 소비지출'에 해당한다.

80
정답 | ①

무위험수익률(2.5%) + 물가상승률(2.0%) + 회사채위험프리미엄(3%) = 7.5%

81
정답 | ①

자본적 지출의 예시로 5년 할부로 자동차를 구입한다면 자산과 부채가 동시에 증가하여, 순자산에는 변동이 없다.

82
정답 | ③

• 총소득 − 비소비지출 − 소비지출 − 총부채상환액 = 저축투자가능액

• 단, 소비자총부채상환액은 '부동산대출 등을 제외한 부채상환액'을 말한다.

83
정답 | ③

가계의 유동성은 순자산 대비 유동성 자산 비율로서 진단할 수 있다.

84
정답 | ④

우리나라의 경기순환은 경기확장국면보다 경기수축국면이 짧은 경기의 비대칭성을 나타내고 있다.

85
정답 | ②

경기순환의 종류

구분	종류	순환주기	원인
단기	키친파동	2~6년	금리변동, 물가변동, 재고순환, 통화정책
중기	주글라파동	10년 내외	설비투자의 내용연수
장기	콘트라티에프파동	50~60년	기술혁신, 전쟁

86
정답 | ①

• 취업자 수 : 후행지수

• 내수출하지수와 소매판매액지수 : 동행지수

• 재고순환지표 : 선행지수

87
정답 | ④

BSI가 100에 미만하면 경기수축국면이므로, 통화안정증권매입 등과 같은 경기부양책을 실행할 수 있다.

88

정답 | ②

외국의 연구(Brinson, Hood, Beebower의 실증연구)결과에 의하면, 각 단계의 설명력은 전략적 자산배분 91.5%, 종목선정 4.6%, 전술적 배분 1.8%, 기타 2.1% 등이 순서로 나타났다.

89

정답 | ③

- MMF, CD, RP 등 시장형 상품, 수익증권, 2년 미만 정기예적금 등은 M2에 속한다.
- '생명보험 보험계약준비금'은 'Lf(금융기관 유동성)'에 속한다.
- '손해보험 보험계약준비금'은 'L(광의 유동성)'에 속한다.

90

정답 | ③

환율표시방식

직접표시법	1$ = 1,000₩	자국통화표시	지급환율	유럽식	대부분통화
간접표시법	1₩ = 0.001$	외국통화표시	수취환율	미국식	유로, 파운드 등

91

정답 | ③

원자재가격과 임금은 비용요인에 해당한다.

92

정답 | ②

외환보유고는 스톡의 개념이고, 준비자산증감은 플로우의 개념이다.

93

정답 | ②

5년, 8%, 3개월 단위 복리라면 20[N] 2[I/Y]로 입력한다.

94

정답 | ③

잠재고객은 서두르지 말고 지속적인 니즈환기를 시킬 필요가 있고, 파이낸셜 플래너로서는 처음부터 많은 서비스를 제공하기보다는 은퇴나 교육 혹은 세금설계와 같이 특화된 서비스를 우선 제공하는 것이 좋다.

95

정답 | ①

① 기존고객 중 '불만고객'
② 휴면고객
③ 잠재고객
④ 신규고객

96

정답 | ③

체계적 위험과 비체계적 위험

체계적 위험 (분산 불가능 위험)	• 경기침체나 유가 급등 등 증권시장 전체에 영향을 미치는 커다란 위험 • 포트폴리오를 아무리 다양화해도 축소 내지 제거되지 않는 위험 예 이자율 위험, 재투자 위험, 환율 위험, 구매력 위험, 시장 위험 등
비체계적 위험 (분산 가능 위험)	• 시장 전반의 움직임과 상관없이 특정 개별주식에 한정된 위험 • 포트폴리오 다양화를 통해 축소 내지 제거될 수 있는 위험 예 사업 위험, 재무 위험, 유동성 위험, 국가 위험 등

97

정답 | ①

- A자산의 베타 = [자산의 편차(4.5)/시장의 편차(3)] = 1.5
- 자산과 시장의 상관계수(0.5) = 1.5 × 0.5 = 0.75

98

정답 | ④

- 샤프지수 : 수익률을 위험으로 나누어 위험(표준편차) 한 단위당 수익률을 구한다.
- 젠센의 알파 : 특정 펀드가 기대수익률 대비 얼마나 초과했는지 보여주는 지표이다(→ 개별종목 선정에 대한 펀드매니저 능력).

99

정답 | ①

수익률 종류

보유기간 수익률	자산, 포트폴리오를 일정기간 동안 보유하여 얻은 총 수익률. 투자기간이 다른 경우 연평균 보유기간 수익률을 비교해 볼 수 있음
산술평균과 기하평균	• 산술평균 : 다년간의 연간수익률을 연수로 나누어 구함(→ 미래 예상수익률에 용이) • 기하평균 : (최종 투자자금/최초 투자자금)1/n − 1(→ 과거 보유기간 수익률에 적합)

PART
01

PART
02

PART
03

PART
04

PART
05

PART
06

100

- 1주당 가치 : {(3만×2)+(2만×3)}/5 = 24,000
- 순자산가치 2만원의 80% 이상 조건 충족
- 주식수는 10만주이므로, 24,000×10만 = 24억원

비상장주식의 가치평가

일반법인	(1주당 손익가치×3+1주당 순자산가치×2)/5
부동산 과다 법인	(1주당 손익가치×2+1주당 순자산가치×3)/5 (→ 단, 최소 순자산가치의 80% 이상이 되어야 함)

01	02	03	04	05	06	07	08	09	10
③	③	②	③	②	①	③	④	①	④
11	12	13	14	15	16	17	18	19	20
④	①	④	③	②	③	④	①	③	②
21	22	23	24	25	26	27	28	29	30
①	④	④	④	①	②	③	④	④	②
31	32	33	34	35	36	37	38	39	40
③	④	①	③	③	③	④	③	③	③
41	42	43	44	45	46	47	48	49	50
③	②	④	④	④	①	④	③	②	④
51	52	53	54	55	56	57	58	59	60
①	①	④	④	③	②	③	②	①	①
61	62	63	64	65	66	67	68	69	70
①	④	④	③	④	③	①	①	③	②
71	72	73	74	75	76	77	78	79	80
①	①	④	①	③	②	④	④	③	①
81	82	83	84	85	86	87	88	89	90
④	③	①	②	②	②	①	①	①	③
91	92	93	94	95	96	97	98	99	100
①	④	④	③	①	①	①	②	④	③

PART 01   장기 · 연금보험[01~25]

01
정답 | ③
- 1997년 7월 제3보험의 생 · 손보 겸영조치에 따라 장기질병보험이 판매가 시작되었다.
- 장기보험의 개발 순서 : 가계성종합보험(1969년) → 장기운전자보험(1984년) → 금리연동형상품(1990년) → 장기질병보험(1997년) → 장기간병보험(1998년)

02
정답 | ③
월납, 2개월납, 3개월납, 6개월납, 연납, 일시납이 있다(4개월, 5개월 ×).

03
정답 | ②
장기손해보험은 손해보험의 성격(실손보상)과 생명보험의 성격(정액보상)을 동시에 지닌다.

04
정답 | ③
간판, 선전탑 등은 피보험자 소유인 경우에 자동물건이다.

05
정답 | ②
귀중품은 점당 300만원 이상의 요건으로 하여 명기물건으로 담보할 수 있다.

06
정답 | ①
손해방지비용은 보통보험약관에 명시되어 있지 않지만, 보험자에게 필요유익비용으로서 보험금과 사고처리비용이 보험가입금액을 초과해도 보상한다.

07
정답 | ③
갑작스러운 추위로 수도관이 파열되는 물리적 폭발은 면책이다.

보상하지 않는 손해
- 계약자, 피보험자 또는 이들의 법정대리인의 고의 또는 중대한 과실
- 화재 발생 시의 도난 또는 분실손해
- 보험의 목적의 발효, 자연발열, 자연발화(→ 단, 다른 보험목적에 대한 화재는 보상)
- 화재로 생긴 것이든 아니든 파열 또는 폭발손해(→ 그 결과로 생긴 화재손해는 보상)
- 화재에 기인되지 않는 수도관, 수관 또는 수압기 등의 파열로 인한 손해
- 발전기, 여자기, 변압기 등의 전기적 사고로 인한 손해 (→ 그 결과로 생긴 화재손해는 보상) 등

08
정답 | ④
만일 보험계약자 등의 고의 또는 중과실로 이를 게을리한 때에는 손해가 방지 또는 경감될 수 있었던 부분에 대해서는 보상하지 않는다.

PART 01

PART 02

PART 03

PART 04

PART 05

PART 06

09 정답 | ①

- 손해액 : 1,000만원 + 100만원 + 100만원 + 300만원 (보통약관에서 보장) = 1,500만원
- 지급보험금 : 1,500만원 × 8만원/(4,000만원 × 0.8) = 375만원

10 정답 | ④

외부 매입 시에는 재매입원가, 자가 제조 시에는 제조원가를 보험가액으로 한다.

11 정답 | ④

- 둘 이상의 보험목적을 하나의 보험가입금액으로 계약한 경우 사고 시의 보험가액으로 안분한다.
- 건물의 보험가입금액 : 2억원 × 2.5/(2.5 + 1.5) = 1억 2천 5백만원
- 기계의 보험가입금액 : 2억원 × 1.5/(2.5 + 1.5) = 7천 5백만원

12 정답 | ①

강도 또는 절도로 보험의 목적에 생긴 훼손 또는 파손은 도난담보 특약에서 보상하는 손해이다.

13 정답 | ④

시설소유관리자배상책임은 피보험자가 소유, 사용, 관리하는 시설 및 그 용도에 따른 업무의 수행 중에 발생한 우연한 사고로 인한 배상책임 손해를 보상한다.

14 정답 | ③

피보험자 본인 및 그와 동거하는 배우자가 보험기간 중 주택의 소유, 사용, 관리 중 또는 일상생활 중 우연한 사고로 피해자에게 신체의 장해 또는 재물의 손해에 대한 법률상의 배상책임을 부담함으로써 입은 손해를 일상생활배상책임보험 특약에서 보상한다.

15 정답 | ②

고의사고는 면책이지만, 중과실사고는 부책이다.

보상하지 않는 손해

- 피보험자가 사고를 내고 도주하였을 경우
- 피보험자가 경기용, 연습용, 시험용으로 시운전하던 중 사고를 일으킨 경우
- 기타사항은 고의사고 등 장기손해보험에서의 면책사항과 동일

16 정답 | ③

정액보상 특약

- 교통사고부상치료비(부상등급별 정액보상)
- 면허정지취소 위로금(정지 1일당 보상/취소 정액보상)

- 교통상해임시생활비(업무능력 저하 1일당, 180일 한도)
- 생활유지비(구속 시 180일 한도로 1일당 보상)
- 방어비용(구속되거나 기소된 경우 정액보상)
- 긴급비용(운전차량이 가동 불능 상태일 때 보상)
- 차량손해위로금(전손, 도난 후 30일 경과, 자차 100만원 이상 손해보상을 받은 경우에 보상)

17 정답 | ②

실손보상특약(벌금, 교통사고처리비용, 변호사선임비용)에 한해서 '중복보험 비례주의'가 적용된다.

18 정답 | ③

종신형은 생명보험에서만 가능한 상품이다.

19 정답 | ①

연금계좌에서 일부금액이 인출되는 경우에는 '과세제외금액 → 이연퇴직소득 → 그 밖에 연금계좌에 있는 금액(세액공제액 + 운용소득)'의 순서에 따라 인출되는 것으로 본다.

20 정답 | ②

적립금이 최소적립금의 95%에 미치지 못하는 경우 재정안정화 계획서를 작성하여, 60일 이내에 퇴직연금사업자와 노동조합 또는 근로자 전체에 통보해야 한다.

21 정답 | ①

모든 기업은 근로자의 동의를 얻어 확정급여형 퇴직연금제도, 확정기여형 퇴직연금제도, 퇴직금제도 중 1개 이상의 제도를 설정 운용해야 한다.

22 정답 | ④

퇴직급여 지급능력 확인 및 조치(DB에만 존재)를 위해 퇴직연금사업자는 매 사업연도 종료 후 6개월 이내에 최소적립금 상회여부를 확인하고 그 결과를 사용자에게 통보해야 한다.

23 정답 | ④

자산관리기관 : 운용지시의 이행, 입출금업무, 적립금의 보관 등

24 정답 | ④

연금의 수급요건의 경우 가입자가 55세 이상이고, 연금지급기간은 5년 이상이어야 한다.

25 정답 | ①

상장주식은 아직 투자대상이 아니다.
퇴직연금 운용방법의 선정과 관리(→ 원리금보장형과 실적배당형 상품을 선정하여 운용)

> • 원리금 보장형 : 금리확정형/금리연동형/이율보증형(GIC)
> • 실적배당형 : 채권형/혼합형/주식형

PART 02   제3보험[26~50]

26 정답 | ②

지진, 분화, 해일 등 이와 비슷한 천재지변은 보상한다. 나머지는 절대적 면책사유에 해당한다.

27 정답 | ③

'ⓒ 다수보험 가입자의 보험사기 의심 조사'를 제외한 모두가 해당된다.

28 정답 | ④

보험금을 지급할 때의 적립이율 계산

구분	기간	지급이자
사망보험금, 후유장해보험금, 입원보험금,간병보험금 등 (제3조)	지급기일의 다음날부터 30일 이내 기간	보험계약대출이율
	지급기일의 31일 이후부터 60일 이내 기간	보험계약대출이율 + 가산이율 4%
	지급기일의 61일 이후부터 90일 이내 기간	보험계약대출이율 + 가산이율 6%
	지급기일의 91일 이후 기간	보험계약대출이율 + 가산이율 8%

29 정답 | ④

보험수익자를 지정하지 않은 때 보험수익자는 제9조(만기환급금의 지급) 제1항의 경우는 계약자로 한다.

30 정답 | ②

계약자, 피보험자 또는 보험수익자의 책임있는 사유로 지급이 지연된 때에는 그 해당기간에 대한 이자는 더하여 지급하지 않는다.

31 정답 | ③

(마) 사기에 의하여 계약이 성립되었음을 회사가 증명하는 경우에는 계약일로부터 5년 이내(사기사실을 안 날로부터 1개월 이내)에 계약을 취소할 수 있다

32 정답 | ④

회사의 승낙이 필요한 경우
• 보험종목
• 보험기간
• 보험료 납입주기, 납입방법 및 납입기간
• 계약자, 피보험자
• 보험가입금액, 보험료 등 기타 계약의 내용

33 정답 | ①

회사가 부활(효력회복)을 승낙한 때에 계약자는 부활(효력회복)을 청약한 날까지의 연체된 보험료에 평균공시이율 +1% 범위 내에서 각 상품별로 회사가 정하는 이율로 계산한 금액을 더하여 납입하여야 한다. 다만 금리연동형보험은 각 상품별 사업방법서에서 별도로 정한 이율로 계산한다.

34 정답 | ③

회사는 해지요구를 받은 날부터 10일 이내에 수락 여부를 계약자에 통지하여야 하며, 거절할 때에는 거절 사유를 함께 통지하여야 한다.

35 정답 | ③

음주운전을 하면 사고위험이 높아지므로 객관적인 기준에서는 음주운전 후 교통사고는 우연성이 결여되지만, 실제 운전자 입장에서는 사고를 의도하거나 예측한 것이 아니므로 우연한 사고가 될 수 있다. 상해사고는 중과실사고가 대부분이므로 객관적인 기준으로 부보할 경우 보험이 성립되지 않는다.

36 정답 | ③

상속은 최근친이 우선하므로 삼촌 : 외삼촌 : 고모 : 이모가 최근친이다.

37 정답 | ④

• 시력장해의 경우 공인된 시력검사표에 따라 최초 3회 이상 측정한다.
• 한 눈의 교정시력이 0.1 이하로 된 때 장해지급률은 15%이다.
• '뚜렷한 시야장해'라 함은 한 눈의 시야범위가 정상 시야범위의 60% 이하로 제한된 경우를 말한다.

PART 01
PART 02
PART 03
PART 04
PART 05
PART 06

38 정답 | ③

정신행동장해는 보험기간 중에 발생한 뇌의 질병 또는 상해를 입은 후 18개월이 지난 후에 판정함을 원칙으로 한다. 단, 질병 발생 또는 상해를 입은 후 의식상실이 1개월 이상 지속된 경우에는 질병 발생 또는 상해를 입은 후 12개월이 지난 후에 판정할 수 있다.

39 정답 | ③

양쪽 고환 또는 양쪽 난소를 모두 잃었을 때는 심한 장해를 남긴 때에 해당한다(장해지급률 : 50%).

40 정답 | ③

직업적 낚시는 제외한다.

41 정답 | ③

「자동차를 운전하던 중」이라 함은 도로 여부, 주정차 여부, 엔진의 시동 여부를 불문하고 피보험자가 자동차 운전석에 탑승하여 핸들을 조작하거나 조작 가능한 상태에 있는 것을 말한다.

42 정답 | ②

CI보험에서 '중대한 수술'은 관상동맥우회술, 대동맥류 인조혈관치환수술, 심장판막수술, 5대장기이식수술이 해당된다.

43 정답 | ④

비급여 통원은 횟수 한도만 있고, 금액 한도는 없다.

44 정답 | ④

'선천성 뇌질환'의 경우 면책이지만 피보험자가 태아인 상태에서 보험에 가입하였다면 면책이 아니다(→ 4세대 실손의료보험에서 예외를 인정). 나머지는 대표적인 급여의료비 면책사항이다.

45 정답 | ④

외모 개선이 목적인 쌍꺼풀수술, 코성형수술, 지방흡입술, 주름살제거수술, 사시교정, 안와격리증, 다리정맥류 수술은 면책이다.

46 정답 | ①

- Min(상급병실료차액×50% , 입원일수×10만원) (암기 : 오차십일)
- 단, 1일 평균금액 10만원을 한도로 하며, 1일 평균임금은 입원기간 동안 비급여 병실료 전체를 총 입원일수로 나누어 산출한다.

47 정답 | ④

유방확대 · 축소술은 보상하지 않지만, 유방암환자의 유방재건술은 보상한다.

48 정답 | ③

보상한도는 계약일 또는 매년 계약해당일로부터 1년 단위로 250만원 이내에서 입원과 통원을 합산하여 50회까지 보상한다.

49 정답 | ②

3대 비급여의 보상하는 사항

- 도수치료 · 체외충격파치료 · 증식치료
- 주사료
- 자기공명영상진단

50 정답 | ④

㉠~㉤ 모두 해당한다. 단, F04의 '정신분열증에 의한 치매'는 제외된다.

PART 03 자동차보험[51~75]

51 정답 | ①

자동차 책임은 민사책임(대인배상과 대물배상)만을 담보하며, 형사책임과 행정상의 책임을 담보할 수 없다. 다만, 운전자보험을 통해서 형사책임은 '벌금'에 한해서만 담보하며, 행정상의 책임인 '면허정지, 면허취소'에 대해서도 간접적으로 담보하고 있다.

52 정답 | ①

아들은 일반불법행위책임을 진다. 아버지는 아들이 미성년자가 아니므로 아버지에게 감독자책임은 없으며, 사용자가 아니므로 사용자책임도 없다. 단, 대인사고라면 운행자책임은 있다.

53 정답 | ④

'운전자'는 '운행자를 위하여 자동차를 운전 또는 운전의 보조에 종사하는 자'를 말한다.

54 정답 | ④

보험사 간 보험금분담청구권의 소멸시효는 5년이고 나머지는 10년이다.

55

정답 | ④

소멸시효의 중단과 정지

구분	중단	정지
정의	시효가 완성되기 위한 사실의 진행이 어떤 사유에 의해 막아지는 경우 그때까지 진행되어 온 시효기간을 무효로 하고 그 사유가 끝난 후에 시효기간이 새롭게 진행	시효의 중단절차를 취하기 곤란한 경우 기간의 진행을 일시에 그치게 하고 그 사정이 없어졌을 때 다시 그 나머지의 기간을 진행하게 하는 것
사유	• 청구 : 재판상의 청구(소의 제기), 지급명령, 최고(**예** 보험금청구서류 제출) 등 • 압류, 가압류, 가처분 • 승인 : 일부변제(**예** 피해자에게 가불금 지급)	• 제한능력자의 시효정지 • 부부 간의 권리와 시효정지

56

정답 | ③

자배법상의 운행자는 '보유자와 무단절취운전자'이므로, 무단절취운전자는 운행자에 해당한다.

57

정답 | ②

직접청구권, 가불금청구권, 정부보장사업은 모두 자배법상의 권리이며 양도 및 압류가 불가능하다.

58

정답 | ④

정부보장사업에서 보상받을 수 없는 경우
• 피해자 일방과실 사고
• 자배법의 적용을 받지 않는 차량사고(→ 경운기, 무한궤도식 굴삭기 등)
• 의무보험가입 대상 제외 차량의 사고(→ 미군 소유차, UN군 소유차 등)
• 피해자의 타인성이 부정되는 경우(→ 자배법상 타인)

59

정답 | ①

특례 제외 사유 (암기 : 12대 중사 음주측정불응 뺑소니)
• <u>사</u>망사고
• 대인사고 후 <u>도</u>주(뺑소니) 및 <u>음</u>주측정불응
• <u>중</u>상해
• <u>12대</u> 중대법규 위반 : 신호위반, 중앙선침범이나 횡단 · 유턴 위반, 속도위반(매시 20km 초과), 추월방법 및 끼어들기 위반, 건널목통과방법 위반, 횡단보도 보행자 보호의무 위반, 무면허 · 음주운전(음주운전은 혈중알콜농도 0.05% 이상), 약물복용운전, 보도침범, 승객추락방지의무 위반, 어린이보호구역의무 위반, 적재물추락방지의무위반(→ <u>고속도로 갓길통행위반은 해당 안 됨</u>)

※ 주의 : 혈중알콜농도의 처벌기준이 0.05%에서 0.03%로 변경되었으나 현재까지 기본서 개정에 반영되지 않았음

60

정답 | ①

개인소유 자가용과 이륜자동차를 제외한 모든 자가용자동차는 업무용자동차보험에 가입한다(→ 법인소유 승용차, 화물차, 건설기계, 관용자동차 등).

61

정답 | ①

피보험자에게 손해가 발생해야 한다. 즉, 피보험자에게 법률상 손해배상책임이 발생해야 보상한다.

62

정답 | ④

대물사고에서는 운행자책임이 인정되지 않으므로 제3자인 무단운전자에게 일반불법행위 책임만을 물 수 있다. 따라서, 제3자에게 직접대물사고 손해배상을 청구해야 한다.

63

정답 | ④

재승낙으로 승낙피보험자가 될 수 없다(재승낙을 허용하지 않는다).
① 기명피보험자
② 사용피보험자
③ 친족피보험자

64

정답 | ③

임차인이 영리를 목적으로 요금이나 대가를 받고 피보험자동차를 반복적으로 사용하는 경우에는 보상하지 않는다.

65

정답 | ④

2020년 6월 표준약관 개정으로 무면허 면책조항이 삭제되었다.

66

정답 | ③

가격하락손해는 대물배상에는 보상하지만, 자기차량손해에서는 보상하지 않는다.

67

정답 | ①

주정차 중일 때 피보험자동차의 타이어나 튜브에만 생긴 손해는 보상하지 않는다(→ 단, 화재, 산사태로 입은 손해, 기타 가해자가 확정된 손해는 보상).

68

정답 | ①

• 대인배상 I = 1억 5천만원 + 500만원 = 1억 5,500만원
• 대인배상 II = 1억 8천만원(지급기준금액) + 500만원 − 1억 5,500만원 = 3천만원

PART 01
PART 02
PART 03
PART 04
PART 05
PART 06

69
정답 | ③

보험계약자의 해지사유

임의보험해지사유	의무보험해지사유
• 임의해지 • 보험회사 파산 후 3개월 이내	• 피보험차의 양도, 말소등록 • 보험자 파산선고 • 의무가입대상에서 제외되어 도로 밖에서 운행하는 차 • 의무보험 중복계약 체결 시

70
정답 | ②

- 장례비는 500만원이다.
- 위자료는 65세 이상이므로 5천만원이다.
- 사망보험금 = (500만원 + 5천만원 + 2억원) × 70%
  = 178,500,000원

71
정답 | ①

무직자, 학생, 연금생활자, 임대료수입자 등은 휴업손해를 인정하지 않지만 가사종사자는 일용근로자 임금을 인정한다.

72
정답 | ①

② '교환가액'도 포함된다.
③ 수리가 불가능한 경우는 10일을 한도로 한다.
④ 사고로 인한 자동차(출고 후 5년 이하인 자동차에 한함)의 수리비용이 사고 직전 자동차가액의 20%를 초과하는 경우 출고 후 1년 이하인 자동차는 수리비용의 20% 보상한다.

73
정답 | ④

사고로 인한 자동차(출고 후 5년 이하인 자동차에 한함)의 수리비용이 사고 직전 자동차가액의 20%를 초과하는 경우에만 지급한다.

74
정답 | ①

- 기명피보험자의 조부, 손자, 형제는 제외된다.
- 사실혼배우자, 계부모, 계자녀는 상속인은 아니지만, 운전자한정특약의 '가족'에는 포함된다.

75
정답 | ③

피보험자가 다른 자동차를 운전 중(주·정차 중은 제외) 생긴 사고로 인한 법률상 손해는 손해배상 책임을 질 때, '대인배상Ⅱ, 대물배상, 자기신체사고'에서 보상한다.

76
정답 | ②

고객의 목표확인 및 우선순위 파악 → 정보수집 → 정보분석 및 재무상태 진단 → 전략계획 및 실천계획 작성 → 재무설계안 실행 → 재무설계안 실행

77
정답 | ④

④는 파이낸셜 플래닝의 기대효과에 대한 내용이다.

78
정답 | ④

공과금, 대출금이자, 세금, 국민연금, 건강보험료, 기부금 등은 비소비지출에 해당한다.

79
정답 | ③

고객의 위험선호도는 학력, 사회적 지위, 투자경험, 전문지식과 무관하게 나타나므로 직업이나 학력, 투자경험 등으로 유형화하는 것은 바람직하지 않다.

80
정답 | ①

순자산과 상관없이 자산이 대부분 비유동자산으로 구성되어 있다면 유동성은 낮아진다. 즉, 비례관계가 아니다.

81
정답 | ④

연간 단위 작성이 원칙이지만 고객이해를 높이기 위해 월간 단위 작성도 가능하며, 월간 단위 작성 시에는 보너스소득을 따로 파악해서 별도의 자금계획을 수립해야 한다.

82
정답 | ③

- 가처분소득 = 소득 − 비소비지출 = 1,200 − 200
  = 1,000
- 평균소비성향 = 600/1,000 = 60%
- 흑자율 = (1,200 − 600 − 200)/1,000 = 40%

83
정답 | ①

① 총자산 대비 순자산비율 : 건전성
② 순자산 대비 부채비율 : 안정성
③ 순자산 대비 유동성자산비율 : 유동성
④ 소득 대비 총부채상환비율 : 부채의 적정성

84
정답 | ②

'생산 → 고용 → 소득 → 소비 → 투자 → 생산'으로 일정한 시차(lag)를 두고 다음 단계로 파급된다.

85 정답 | ④

- 구조모형(거시경제계량모형) : 합리적 경제이론을 적용하고 정교한 예측이 가능하나 시간과 비용이 많이 소요된다.
- 시계열모형 : 이론적 근거는 미약하나, 단기적으로 많이 활용한다.

86 정답 | ②

- 건설기성액은 동행지표이고, 건설수주액은 선행지표이다.
- 재고순환지표, 기계류내수출하지수, 장단기금리차는 선행지표이다.

87 정답 | ①

CSI(소비자동향지수) = {(30×1+20×0.5)−(30×0.5+20×1)/100}×100+100 = 105

88 정답 | ①

자산운용과 포트폴리오의 목적은 수익을 극대화하는 것이 아니라 위험을 줄이는 것이다.

89 정답 | ①

MMF는 M2에 속한다.
- 협의통화(M1) : 현금, 요구불예금(보통예금·당좌예금), 수시입출식예금(MMDA, 저축예금)
- 광의통화(M2) : M1 + MMF, 시장형 상품(CD·RP·표지어음·발행어음), 수익증권, 금융채 등

90 정답 | ③

한국은행의 지급준비율 인상으로 시중의 통화량은 축소되지만, 나머지는 시중의 통화량이 증대된다.

91 정답 | ①

환율 상승의 경우 원자재 수입가격이 증가하므로, 국내물가가 상승할 수 있다.

92 정답 | ④

- GDP갭 = 실제 GDP − 잠재 GDP(→ (+)이면 경기가 과열되어 인플레이션을 가속화할 수 있음)
- 자연실업률 상태에서의 GDP는 잠재 GDP 150이다.

93 정답 | ④

국민소득 증대와, 고용 확대는 경상수지와 연관된다. 상품수지 서비스수지 본원소득수지는 경상수지에 해당한다.

94 정답 | ③

분기이율은 8%/4 = 2%로 하고, 복리횟수는 3×4 = 12로 한다.

95 정답 | ①

② 빠르게 형성된다.
③ 정직과 능력에 의해서 결정된다.
④ 힘들지만 회복할 수 있다.

96 정답 | ①

경기침체나 유가 급등 등 증권시장 전체에 영향을 미치는 위험은 '체계적 위험'을 말한다.

97 정답 | ①

② 젠센의 알파는 종목선택정보와 시장예측정보를 정확히 구분하지 못한다.
③ 샤프지수는 표준편차로 나누어 구하기 때문에 표준편차가 작은 A 자산이 샤프지수가 가장 높다.
④ 샤프지수가 표준편차를 사용하고, 젠센의 알파는 베타값을 사용한다.

98 정답 | ②

상속재산 52억원(30−8+20+10)의 1/2(배우자, 직계비속)이 유류분으로 인정된다.

99 정답 | ④

상속개시일 전후 6개월, 증여취득일 '전 6개월~후 3개월내'의 기간 중 '매매, 감정, 수용, 경매 등'이 있고 그 가액의 시가성이 있으면 시가로 인정한다.

100 정답 | ③

자필증서에는 증인이 필요하지 않다. 즉 유언의 존재를 비밀로 할 수 있다는 장점이 있지만, 법정요식 요건을 충족하지 못할 경우 유언의 효력이 상실되는 단점이 있다.

PART 01

PART 02

PART 03

PART 04

PART 05

PART 06

실전모의고사 정답 및 해설

01	02	03	04	05	06	07	08	09	10
④	②	③	④	①	②	④	①	④	④
11	12	13	14	15	16	17	18	19	20
①	①	①	③	③	②	③	④	④	①
21	22	23	24	25	26	27	28	29	30
④	③	④	④	②	④	①	④	①	②
31	32	33	34	35	36	37	38	39	40
①	③	③	④	③	②	④	③	④	④
41	42	43	44	45	46	47	48	49	50
②	③	③	②	④	④	④	③	①	③
51	52	53	54	55	56	57	58	59	60
④	④	④	④	④	①	②	④	①	①
61	62	63	64	65	66	67	68	69	70
③	③	④	④	③	④	②	④	④	②
71	72	73	74	75	76	77	78	79	80
④	②	②	④	④	④	②	②	②	③
81	82	83	84	85	86	87	88	89	90
②	①	③	①	①	④	②	④	①	②
91	92	93	94	95	96	97	98	99	100
①	②	④	④	③	④	③	③	①	④

▶ PART 01   장기 · 연금보험[01~25]

01   정답 | ④
실손의료비 제도 개선
- 생 · 손보의 표준화된 실손의료비보험 판매(2009.10.)
- 단독 실손의료비 보험 판매 가능(2013.1.)
- '기본형＋특약' 형태로 개편(2017.4.)
- 단독 상품으로만 판매(2018.4.)
- 급여(주계약)/비급여(특약) 분리운영(2021.7.)

02   정답 | ②
장기손해보험의 종류

장기화재	화재로 인한 재물에 생긴 손해보장
장기종합	재물손해, 신체손해, 배상책임손해, 비용발생으로 인한 금전손해 중 2가지 이상 보장
장기상해	신체상해로 인한 손해보장
장기질병	질병에 걸리거나 질병으로 인한 입원, 수술 등의 손해보장
장기간병	활동불능, 인식불명 등 타인의 간병을 필요로 하는 상태 및 이로 인한 손해보장
장기비용	비용발생으로 인한 금전적 손해보장
장기기타	상해, 질병, 간병보장 중 2가지 이상 손해보장

03   정답 | ③
금융위원회는 기초서류의 내용이 '신고기준에 해당하지 않더라도' 보험계약자 보호 등을 위해서 필요하다고 인정되면, 보험회사에 기초서류에 관한 자료의 제출이나 기초서류의 변경을 요구할 수 있다.

04   정답 | ④
보험목적의 범위

당연가입물건		명기물건	약관상 인수제한
건물	가재도구	• 귀금속, 귀중품(점당 300만 원 이상), 글, 그림, 골동품 등 (단, 상품인 경우 제외) • 원고, 설계서, 도안, 금형, 목형 등	• 통화, 유가증권, 인지 등 • 자동차(2륜차, 3륜차 포함) 단, 전시용 자동차는 인수
• 부속물 : 칸막이, 대문, 담 등 • 부속설비 : 전기, 가스, 난방 등 • 부착물 : 간판, 선전탑 등 → 모두 피보험자 소유	피보험자 또는 같은 세대원의 소유물		

※ 사업방법서상 인수제한물건 : 창고물건요율을 적용하는 물건(재고자산의 위험이 높으므로)

※ 장기화재보험의 물건은 주택물건, 일반물건, 공장물건으로 구분함

05 정답 | ①

잔존물제거비용 = 해체비용 30만원 + 청소비용(오염물질 제거비용 아님) 50만원 + 상차비용 40만원 = 120만원

06 정답 | ②

화재가 발생하였을 때 생긴 도난 손해는 입증이 어려우므로 보상하지 않는다.

07 정답 | ④

발효, 자연발열, 자연발화는 면책이지만, 그로 인해 다른 목적물에 생긴 손해는 보상한다.

08 정답 | ①

- 잔존물제거비용 1천만원 × (0.4 / 1.0 × 0.8) = 500만원
- 잔존물제거비용 한도 : 손해액의 10% 한도 = 200만원
- 결국, 200만원을 지급한다.

09 정답 | ④

재고자산의 평가는 감가상각을 고려하지 않으므로 재조달가액으로 산정한다.

10 정답 | ④

- 보험목적이 기계이므로 시가평가(시가액 = 신품가액 − 감가공제)
- 감가공제액 : 4억원 × 5% × 6년 = 1억 2천만원
- 시가액 = 4억 − 1억 2천만원 = 2억 8천만원

11 정답 | ①

전기위험담보 특약은 발전기, 변압기 등 전기적 손해 그 자체를 담보하며, 전기사고로 인한 화재는 보통약관에서 담보한다.

12 정답 | ①

배상책임보험은 보험가액이 없으므로, 일부보험 또는 초과보험도 없다.

13 정답 | ①

일부보험 시 '손해액 × (보상한도액/보험가액) = 지급보험금' 방식으로 비례보상한다.

14 정답 | ③

시설소유자 배상책임특약과 음식물배상책임 특약의 대인/대물에 대한 자기부담금은 각각 10만원과 5만원이다.

15 정답 | ③

자녀배상책임은 일상생활배상책임과 동일하나, 피보험자가 자녀에 국한된다.

16 정답 | ②

자동차의 소유와는 무관하며, 운전면허를 가진 모든 사람은 가입이 가능하다.

17 정답 | ③

특약별 구분

주요특약(실손보상)	기타 특약(정액보상)
• 벌금 • 교통사고처리지원금(형사합의금) • 변호사선임비용	• 교통사고부상치료비(부상등급별 정액보상) • 면허정지취소 위로금(정지 1일당 보상/취소 정액보상) • 교통상해임시생활비(업무능력저하 1일당, 180일 한도) • 생활유지비(구속 시 180일 한도로 1일당 보상) • 방어비용(구속되거나 기소된 경우 정액보상) • 긴급비용(운전차량이 가동 불능 상태일 때 보상) • 차량손해위로금(전손, 도난 후 30일 경과, 자차 100만원 이상 손해보상을 받은 경우에 보상)

18 정답 | ④

① 매 사고마다 형사합의금을 지급한다.
② 피보험자의 부모/배우자/자녀는 제외한다.
③ 피해자가 42일 이상 치료를 요한다는 진단을 받은 경우 교통사고처리지원금을 지급한다.

19 정답 | ④

공제계약도 포함한다.

20 정답 | ①

가입대상에 제한이 없다.

PART 01
PART 02
PART 03
PART 04
PART 05
PART 06

구분	(구)개인연금	연금저축	(신)연금저축
시행 시기	1994.6.20.~	2001.2.1.~	2013.3.1.~
가입 자격	만 20세 이상	만 18세 이상	제한 없음
가입 한도	분기당 300만원		연간 1,800만원
의무 조건	의무납입 10년&의무수령 5년		의무납입 5년& 의무수령 10년
세제 혜택	소득공제(납입 액의 40%, 연 72만원 한도)	소득공제(납입 액의 100%, 연 400만원 한도)	세액공제16.5%, 13.2%(납입액의 100%, 연 600만 원 한도)
과세 여부	연금수령 시 비과세/일시금 수령 이자소득 세 15.4%	연 1,200만원 까지 분리과세, 초과분은 종합 과세/일시수령 기타소득세 22%	연금수령 시 분 리과세(3.3~ 5.5%)/연금외 수령 시 기타소 득세 16.5%
해지 경우	해지가산세 ○		해지가산세 ×

21
정답 | ④

연금수령한도

연간 연금수령한도액

$$= \frac{\text{과세기간개시일 현재 연금계좌의 평가액}}{(11 - \text{연금수령 연차})} \times 1.2$$

22
정답 | ③

연금저축보험은 매월 정액납입하고, 연금저축신탁과 연금저축펀드는 자유적립식으로 한다.

23
정답 | ④

세제 적격 및 세제 비적격 상품 판매회사

구분	세제 적격	세제 비적격
판매회사	은행, 투신사, 손해보험회사, 생명보험회사, 공제	생명보험회사, 공제

24
정답 | ④

연금수령 시 원천징수세율

연금수령시기	원천징수 세율
55세~70세 미만	5.5%
70세 이상~80세 미만	4.4%
80세 이상	3.3%

25
정답 | ②

확정기여형 퇴직연금제도는 추가납입이 가능하다.

PART 02 제3보험[26~50]

26
정답 | ④

모두 다 상해보험의 특징에 해당한다.

27
정답 | ①

관공서에서 수해, 화재나 그 밖의 재난을 조사하고 사망한 것으로 통보하는 경우 <u>가족관계등록부에 기재된 사망연월일</u>을 기준으로 한다.

28
정답 | ④

보험수익자를 지정하지 않은 때에는 보험수익자를 제9조(만기환급금의 지급) 만기환급금의 지급의 경우는 <u>계약자</u>로 하고, 제3조(보험금의 지급사유) 사망보험금의 경우는 피보험자의 <u>법정상속인</u>, 후유장해보험금, 입원보험금의 경우는 <u>피보험자</u>로 한다.

29
정답 | ①

계약자가 청약을 철회한 때에는 회사는 청약의 철회를 접수한 날부터 <u>3영업일</u> 이내에 납입한 보험료를 반환하며, 보험료 반환이 늦어진 기간에 대하여는 이 계약의 <u>보험계약대출이율</u>을 연 단위 복리로 계산한 금액을 더하여 지급한다.

30
정답 | ②

보험계약자가 후유장해 보험금을 받을 보험수익자를 지정하지 않았을 경우 피보험자가 수익자가 된다.

31
정답 | ①

• 회사는 보험기간이 끝난 때에 만기환급금을 보험수익자에게 지급한다. 회사는 계약자 및 보험수익자의 청구에 의하여 만기환급금을 지급하는 경우 청구일부터 <u>3영업일</u> 이내에 지급한다.

- 만기환급금의 지급시기가 되면 <u>지급시기 7일 이전</u>에 그 사유와 지급할 금액을 계약자 또는 보험수익자에게 알려주며, 만기환급금을 지급함에 있어 지급일까지의 기간에 대한 이자의 계산은 〈부표 9-1〉 '보험금을 지급할 때의 적립이율 계산'에 따른다.

32
정답 | ③

설명서, 약관, 계약자 보관용 청약서 및 보험증권의 제공 사실에 관하여 계약자와 회사 간에 다툼이 있는 경우에는 보험자가 이를 증명하여야 한다.

33
정답 | ②

계약이 무효인 경우에는 이미 납입한 보험료를 반환한다. 다만, 회사의 고의 또는 과실로 계약이 무효로 된 경우와 회사가 승낙 전에 무효임을 알았거나 알 수 있었음에도 보험료를 반환하지 않은 경우에는 보험료를 납입한 날의 다음 날부터 반환일까지의 기간에 대하여 회사는 이 계약의 <u>보험계약대출이율</u>을 연 단위 복리로 계산한 금액을 더하여 반환한다.

34
정답 | ④

회사는 일시에 지급할 금액을 나누어 지급하는 경우에는 나중에 지급할 금액에 대하여 <u>평균공시이율</u>을 연 단위 복리로 계산한 금액을 더하며, 나누어 지급할 금액을 일시에 지급하는 경우에는 <u>평균공시이율</u>을 연 단위 복리로 할인한 금액을 지급한다.

35
정답 | ③

③은 평균공시이율 ＋1%, 나머지는 보험계약대출이율이다.

36
정답 | ②

공용도로상에서 자동차 시운전을 하는 동안 발생한 손해는 상대적 면책사항이 아니다. 즉, 보상하는 손해이다.

37
정답 | ④

보험금 지급사유 판정에 드는 의료비용은 보험회사가 전액 부담한다.

38
정답 | ③

척추체(척추뼈 몸통)의 만곡변화는 객관적인 측정방법(Cobb's Angle)에 따라 골절이 발생한 척추체(척추뼈 몸통)의 상·하 인접 정상 척추체를 포함하여 측정하며, 생리적 정상만곡은 <u>고려하여</u> 평가한다.

39
정답 | ④

다른 사람의 계속적인 도움 없이는 전혀 옷을 챙겨 입을 수 없는 상태는 장해평가의 <u>옷 입고 벗기</u> 유형에 해당된다.

40
정답 | ④

회사는 지급기일 내에 보험금을 지급하지 않았을 때(지급예정일을 통지한 경우를 포함한다)에는 그 다음날부터 지급일까지의 기간에 대하여 〈부표 9-1〉 '보험금을 지급할 때의 적립이율 계산'에서 정한 이율로 계산한 금액을 보험금에 더하여 지급한다(예 보험계약대출이자＋가산이율).

41
정답 | ②

해외여행보험의 특별비용담보 특별약관 등

특별비용담보 특별약관	인질위험담보 추가 특별약관
수색구조비용, 항공운임 등 교통비, 숙박비, 이송비용, 제잡비	수색구조비용, 구조대 파견 비용, 정보수집비/정보제공자 사례비

42
정답 | ③

지정청구대리인(→ 계약자가 보험금을 청구할 수 없는 사정이 있을 때 청구할 수 있는 자를 말함)

- 피보험자와 동거하거나 피보험자와 생계를 같이하고 있는 피보험자의 호적상 또는 주민등록상의 배우자
- 피보험자와 동거하거나 피보험자와 생계를 같이하고 있는 피보험자의 3촌 이내의 친족

43
정답 | ③

대중교통수단에서 전세버스는 제외된다.

44
정답 | ③

"6의 법칙(The Rule of 6's)"이 아니라 "9의 법칙(The Rule of 9's)"이다.

45
정답 | ②

- 다수보험의 경우 각 계약의 보장대상의료비 및 보장책임액에 따라 제2항에서 정한 방법으로 계산된 각 계약의 비례분담액을 지급
- 비례분담액＝(각 계약의 보장대상 의료비 중 최고액 － 각 계약의 피보험자부담 공제금액 중 최소액)×(각 계약별 보장책임액)

46
정답 | ④

MRI(자기공명영상진단)는 병원을 1회 통원(또는 1회 입원)하여 2개 이상의 부위에 걸쳐 이 특별약관에서 정한 자기공명영상진단을 받는 경우 각 진단행위를 1회로 보아, 1회당 공제금액 및 보상한도를 적용한다.

PART 01
PART 02
PART 03
PART 04
PART 05
PART 06

47 정답 | ④

피보험자가 입원하여 치료를 받던 중 보험계약이 종료되더라도 입원의료비는 보험계약 종료일의 다음 날부터 180일까지 보상하고, 통원의료비는 보험계약 종료일의 다음 날부터 180일 이내의 통원을 90회 한도로 보상한다.

48 정답 | ③

자동차보험이나 산재보험에서 보상받는 의료비는 면책이다. 단, 관련 보상기준상 발생하는 본인부담의료비는 보상한다(→ 실제본인이 부담한 금액이므로).

49 정답 | ①

유방암 환자의 재건술은 보상한다.

50 정답 | ③

입원과 통원 모두 연간 1억원을 한도로 하며, 통원은 횟수제한 없이 100만원을 한도로 보상한다.

PART 03 자동차보험[51~75]

51 정답 | ④

운행자의 조건부 무과실주의

> 자기를 위해 자동차를 운행하는 자는 그 운행으로 다른 사람을 사망하게 하거나 부상하게 한 경우에는 그 손해를 배상할 책임을 진다. 다만, 다음 각 호에 해당하면 그러하지 아니하다.
> 1. 승객이 아닌 자가 사망하거나 부상한 경우에
>   - 자기와 운전자가 자동차의 운행에 주의를 게을리하지 아니하였고
>   - 피해자 또는 자기 및 운전자 외의 제3자에게 고의 또는 과실이 있으며,
>   - 자동차의 구조상의 결함이나 장해가 없었다는 것을 증명한 경우
> 2. 승객이 고의나 자살행위로 사망하거나 부상한 경우

52 정답 | ④

공작물의 점유자, 소유자의 책임에 관한 법리가 적용된 사례이다.

53 정답 | ④

보험금청구권 소멸시효의 기산점(→ 보험금을 청구할 수 있는 시점부터 3년)

대인Ⅰ·Ⅱ 대물배상	판결확정, 재판상 화해, 서면합의 등에 의해 손해배상금이 확정된 때
자기신체사고	피보험자동차의 소유, 사용, 관리 중 생긴 자동차 사고로 사상을 당한 때 (사고발생일)
무보험차상해	무보험자동차에 의해 피보험자가 사상을 당한 때(사고발생일)
자기차량손해	사고가 발생한 때, 단, 도난 시에는 경찰에 신고한 후 30일이 경과한 때

54 정답 | ④

해제조건설은 태아가 출생 전에도 상속권을 인정하므로 '배우자 : 태아 = 1.5 : 1'이다. '배우자 : 부 = 모 = 1.5 : 1 : 1'은 정지조건설의 경우에 해당한다.

55 정답 | ④

자배법상 의무가입대상
- 자동차관리법상의 자동차(50cc 미만 이륜차 포함)
- 9종 건설기계(→ 덤프트럭, 타이어식기중기, 콘크리트믹서트럭, 콘크리트펌프, 아스팔트살포기, 타이어식굴착기, 트럭지게차, 도로보수트럭, 노면측정기)

56 정답 | ①

가불금은 청구일로부터 10일 이내에 지급해야 한다.

57 정답 | ②

도로가 아닌 장소에서만 운행하는 자동차(예 구내자동차)에 의한 사고의 피해자는 보상을 받을 수 없다.
정부보장사업에서 보상받을 수 있는 경우
- 자동차보유자를 알 수 없는 자동차의 운행으로 사망하거나 부상한 경우
- 보험가입자가 아닌 자가 자배법 제3조에 따라 손해배상책임을 지게 되는 경우
- 자동차보유자를 알 수 없는 자동차의 운행 중 해당 자동차로부터 낙하된 물체로 인하여 사망, 부상한 경우

58 정답 | ③

보험회사는 환자의 동의 없이 진료기록을 열람할 수 있다.

59 정답 | ①

운전학원용 승용차는 업무용 자동차보험에 가입한다.

60 정답 | ①

정부보장사업과 무보험자동차상해의 비교

구분	정부보장사업	무보험자동차 상해
적용대상	의무보험 가입대상 (자동차＋9종 건설 기계)	의무보험 가입대상 ＋ 군수품관리법의 차량, 농업기계 등
보상한도	대인배상Ⅰ	대인배상Ⅱ
법적근거	자배법에 의한 보상	상해를 대비한 보험 상품
배상의무자가 부모/배우자/자녀인 경우	보상 가능	보상 불가능
대위권	가해자에게 대위권 행사 가능	가해자에게 대위권 행사 가능

※ 농기계사고 피해자는 정부보장사업에 보상청구가 불가하나, 무보험차상해에 보상청구는 가능하다.

61 정답 | ③

자기신체사고담보의 피보험자

- 기친승사운(－취급업자)＋해당 피보험자의 '배우자, 부모, 자녀'
- 대인배상Ⅱ나 무보험차 상해에서 보상받을 수 있는 자

62 정답 | ③

피보험자가 사고부담금을 납부하지 않으면 보험회사는 피해자에게 사고부담금을 포함한 손해배상금을 우선 지급하고 피보험자에게 동 사고부담금의 지급을 청구할 수 있다.

63 정답 | ③

- 대물배상의 면책약관으로는 가족 또는 사용자재물 면책약관, 운송위험면책약관이 있다.
- 대인배상Ⅱ의 면책약관은 이상위험면책약관, 비사업용 유상운송 면책약관, 가족면책약관, 산재면책약관, 계약상 가중책임 면책약관 등이 있다.

64 정답 | ④

자동차보험 약관에서 보상될 수 있는 금액보다 보상한도가 낮은 자동차보험의 대인배상Ⅱ나 공제계약이 적용되는 자동차

65 정답 | ①

자기차량손해와 대물배상

구분	자기차량손해	대물배상
법적 성격	재물보험	책임보험
수리비 지급	차량가액의 100% 까지	차량가액의 120% (영업용 : 130%) 까지
간접손해	보상 ×	보상 ○
시세하락손해	보상 ×	보상 ○
자기부담금	있음(분손 시)	없음
대위권	청구권대위, 잔존물대위(자동차보험에서 유일)	청구권대위

66 정답 | ③

사고부담금 보상 및 부담금액

담보구분		음주/무면허/마약/약물 운전	사고 후 조치 의무 위반
배상	대인배상Ⅰ	보상(한도 내 지급보험금 전액)	
	대인배상Ⅱ	보상(1사고당 1억원)	
	대물배상(강제)	보상(지급보험금 전액)	
	대물배상(임의)	보상(1사고당 5천만원)	
상해	자기신체사고, 자동차상해, 무보험차상해	보상	
재물	자기차량손해	미보상	보상

67 정답 | ③

- 상대차량의 대인배상＝2억원×90%＝1억 8천만원, 정부보장사업으로 1억 5천만원 청구
- 자기신체사고＝2억원(실제 손해액)－1억 5,000만원＝5천만원, 보험가입금액이 4천만원이므로 4천만원이 보상하는 금액이다.

68 정답 | ②

자기신체사고에 대해서는 상해보험의 특성상 청구권대위를 인정하지 않는다. 다만, 자기신체사고를 대인배상 보험금지급기준으로 보상한 경우 대위권이 인정된다.

69

정답 | ④

보험계약의 해지사유

보험계약자의 해지사유		보험자의 해지사유
임의보험 해지사유	의무보험 해지사유	
• 임의해지 • 보험회사 파산 후 3개월 이내	• 피보험차의 양도, 말소등록 • 보험자 파산선고 • 의무가입대상에서 제외되어 도로 밖에서 운행하는 차 • 의무보험 중복계약 체결 시	• 법정자동차검사를 받지 않은 경우(→ 의무보험 해지 가능) • 고지의무 위반 • 위험변경통지의무 위반 • 추가보험료 청구일 후 14일 내 미납 • 보험금청구에 사기가 있는 경우

70

정답 | ②

62세 이상 피해자의 취업가능월수

62세부터 67세 미만	67세부터 76세 미만	76세 이상
36월	24월	12월

71

정답 | ④

① 휴업일수의 산정은 상해정도를 감안하여 치료기간의 범위에서 인정한다.

② 휴업손해의 산식은 '1일 수입감소액×휴업일수×85/100'이다.

③ 사고 당시 피해자의 나이가 취업가능연한을 초과한 경우에는 휴업손해를 인정하지 않는다. 다만, 관계서류를 통해 증명한 경우에 예외를 인정한다.

72

정답 | ②

대차하는 경우 대체차종이 없는 경우 보험개발원이 산정한 사업용 해당차종 휴차료 일람표 범위 내에서의 실임차료를 지급한다.

73

정답 | ②

자기차량손해담보는 과실상계가 허용되지 않는다. 대인배상 I , 대인배상 II , 대물배상, 무보험차상해만 과실상계가 허용된다.

74

정답 | ②

보험기간 동안 양도된 자동차를 대인 I 및 대물배상규정의 피보험자동차로 간주하고 양수인을 보험계약자 및 기명피보험자로 본다.

75

정답 | ④

피보험자동차를 양도한 후에도 '무보험차상해, 다른 자동차운전담보특약'은 양도인에게 적용될 수 있다.

PART 04 **개인재무설계[76~100]**

76

정답 | ②

우리나라 고객의 경우 운용 금융자산의 대부분이 1년 이내이거나 길어도 3년을 넘기는 경우가 드물기 때문에 별도의 비상자금 준비가 꼭 필요하지는 않다.

77

정답 | ③

고객의 목표는 구체적이며 측정 가능하도록 수치화한다.

78

정답 | ②

동거가족에 해당하는지는 재정적인 독립 여부를 기준으로 판단한다.

79

정답 | ①

주거용 부동산은 투자자산이 아닌 사용자산에 포함한다.

80

정답 | ③

재무의사결정에 영향을 미치는 경제지표 중 고객과 공유하는 것이 바람직한 것은 물가상승률, 기대수익률, 위험선호도이다.

81

정답 | ②

ELS는 주가연계증권으로 투자자산에 해당한다.

① MMDA는 금융기관이 취급하는 수시입출식 저축성 예금으로 유동자산에 해당한다.

③, ④ 거주하는 부동산과 자동차는 사용자산에 해당한다.

82

정답 | ①

총자산 대비 순자산비율은 가계의 건전성을 나타내는 지표로서 자산부채상태표상에서 보유자산의 분석 및 진단을 위해 사용한다.

83

정답 | ③

세전소득을 기준으로 사용하는 것이 좀 더 완화된 기준의 비율이 된다.

84

정답 | ①

전략회의 방식은 토론식, 보고서식, 혼합식이 있으며, 그중 혼합식이 가장 많이 활용되고 있다.

85
정답 | ①

경기순환의 종류

구분	종류	순환주기	원인
단기	키친 파동	2~6년	금리변동, 물가변동, 재고순환, 통화정책
중기	주글라 파동	10년 내외	설비투자의 내용연수
장기	콘트라티에 프 파동	50~60년	기술혁신, 전쟁

86
정답 | ③

- BSI = {(60 − 40)/100} × 100 + 100 = 120
- 100이 넘으면 확장국면, 100 미만이면 수축국면이다.

87
정답 | ④

누진과세는 '소득재분배'를 위한 정부의 대책이라고 볼 수 있다.
① 외부경제 효과의 예이다.
② 외부불경제 효과의 예이다.
③ 독과점이므로, 재정의 기능이 필요한 상태이다.

88
정답 | ②

한국은행의 통화정책은 '인플레이션 타기팅' 정책으로서 통화량 또는 금리, 환율 등의 중간목표를 두지 않는다.

89
정답 | ①

국내총생산은 국민이 해외로부터 받은 소득을 포함하지 않는다.

90
정답 | ②

생산량은 물질적으로 형태가 있는 재화뿐 아니라, 무형이지만 사람의 노력이 투입된 용역도 포함되며, 유량 통계(일정기간 동안의 개념)이다.

91
정답 | ①

국제수지표상의 수출입수지(상품수지)와 관세청에서 발표하는 수출입수지(무역수지)는 일치하지 않는다(→ 관세청은 우리나라 관세선을 통과하면 수출입으로 계산하지만, 국제수지표는 상품의 소유권이 이전되어야 수출입으로 계산하는 기준상 차이에 인해 발생함).

92
정답 | ②

- 500만[PMT] 3[N] 4[I/Y], [CPT][FV]
- 500만 × 3.121 = 15,605,000(미래가치 환산계수 4%, 3년 = 3.121) → 단수 차이 발생 가능

93
정답 | ④

능력 있는 파이낸셜 플래너는 상품에 대한 지식은 적당하지만 고객에 대한 지식은 매우 뛰어나다. 또한 고객의 자발적인 참여를 유도하여 고객이 판매대상이 아닌 구매의 주체가 되게 한다.

94
정답 | ④

성공적인 세일즈를 위해서는 고객의 잠재니즈를 현재니즈로 이끌어야 한다.

95
정답 | ③

상관계수가 낮은 조합의 위험이 잘 분산된 포트폴리오이다. 부동산펀드&베트남펀드 조합이 0.40으로 가장 상관계수가 낮다.
① 포트폴리오효과가 없는 것은 아니다.
② 위험이 잘 분산된 포트폴리오를 구성하기 위해서 두 가지 자산의 상관계수가 낮을수록 좋다.
④ (−)의 상관을 보이는 자산의 조합은 없다.

96
정답 | ②

샤프지수는 수익률을 위험으로 나누어 위험(표준편차) 한 단위당 수익률을 구한다.

97
정답 | ③

젠센의 알파

특정 펀드가 기대수익률 대비 얼마나 초과했는지를 나타내는 지표(개별종목 선정에 대한 펀드매니저 능력) → 젠센의 알파는 종목 선택정보와 시장예측정보를 정확히 구분하지 못한다는 단점이 있다.

98
정답 | ③

포트폴리오 구성전략

모델 포트폴리오 전략	투자상품 공급업자가 만들어놓은 자산배분을 그대로 활용하는 것(→ 개인별 최적화가 부족)
직관적 판단	전문가의 직관적 판단에 의해 포트폴리오 구성(예 90% 직관, 10% 분석)(→ 결과에 대한 원인 분석이 어려움)
복합 시나리오 분석	다양한 시나리오를 세우고, 가장 가능성이 높은 시나리오 선택하는 방법(→ 과정이 복잡하고, 장기플랜에는 설명력이 떨어짐)
수학적 최적화 프로그램	고객의 목표와 조건을 통합할 수 있는 편리한 구조이며, 정확성이 높음(→ 사용이 어렵고, 입력값이 많아 오류가 발생할 수 있음)

PART 01
PART 02
PART 03
PART 04
PART 05
PART 06

99 정답 | ①

② 단독상속의 경우 일괄공제 선택이 불가하다.

③ 합산증여재산으로 상속인에겐 10년, 비상속인에게는 5년이 적용된다.

④ 추정상속재산에 대한 내용이다.

100 정답 | ④

상속세 계산(상속세과세가액 = 본래의 상속재산 + 간주상속재산 + 추정상속재산 + 합산증여재산 − 과세가액공제금액)

본래의 상속재산	아파트 25억원 + 건물 10억원 = 35억원
간주상속재산	보험금 5억원
추정상속재산	−
합산증여재산	• 상속개시일 전 10년 이내에 상속인에게 증여한 재산 : 6 + 3 = 9억원 • 상속개시일 전 5년 이내에 비상속인에게 증여한 재산 : 없음
상속대상금액	35억원 + 5억원 + 9억원 = 49억원

MEMO

MEMO

MEMO

MEMO

MEMO

이제
대한민국

금융 자격증 취득은
보험 자격증 취득은
무역 자격증 취득은

금융 자격증

무역 자격증

보험 자격증

01 증권경제전문 토마토TV가 만든 교육브랜드

토마토패스는 24시간 증권경제 방송 토마토TV · 인터넷 종합언론사 뉴스토마토 등을 계열사로
보유한 토마토그룹에서 출발한 금융전문 교육브랜드 입니다.
경제 ·금융· 증권 분야에서 쌓은 경험과 전략을 바탕으로 최고의 금융교육 서비스를 제공하고 있으며
현재 무역 · 회계 · 부동산 자격증 분야로 영역을 확장하여 괄목할만한 성과를 내고 있습니다.

뉴스토마토	TomatotV	토마토증권통	e·Tomato
www.newstomato.com	tv.etomato.com	stocktong.io	www.etomato.com
싱싱한 정보, 건강한 뉴스	24시간 증권경제 전문방송	가장 쉽고 빠른 증권투자!	맛있는 증권정보

02 차별화된 고품질 방송강의

토마토 TV의 방송제작 장비 및 인력을 활용하여 다른 업체와는 차별화된 고품질 방송강의를 선보입니다.
터치스크린을 이용한 전자칠판, 핵심내용을 알기 쉽게 정리한 강의 PPT,
선명한 강의 화질 등 으로 수험생들의 학습능력 향상과 수강 편의를 제공해 드립니다.

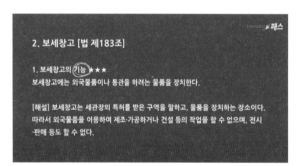

03 최신 출제경향을 반영한 효율적 학습구성

토마토패스에서는 해당 자격증의 특징에 맞는 커리큘럼을 구성합니다.
기본서의 자세한 해설을 통해 꼼꼼한 이해를 돕는 정규이론반(기본서 해설강의) · 핵심이론을 배우고
실전문제에 바로 적용해보는 이론 + 문제풀이 종합형 핵심종합반 · 실전감각을 익히는
출제 예상 문제풀이반 · 시험 직전 휘발성 강한 핵심 항목만 훑어주는 마무리특강까지!
여러분의 합격을 위해 최대한의 효율을 추구하겠습니다.

정규이론반　　핵심종합반　　문제풀이반　　마무리특강

04 가장 빠른 1:1 수강생 학습 지원

1:1 Q&A 상담문의
24시간 내 빠른 답변,
학습 외 문의 및 상담
1:1 상담문의 게시판

1:1 강사님께 질문하기
각 자격증 전담강사가
직접 답변해주는
1:1 학습질문 게시판

토마토패스에서는 가장 빠른 학습지원 및 피드백을 위해 다음과 같이 1:1 게시판을 운영하고 있습니다.
· Q&A 상담문의 (1:1) ㅣ 학습 외 문의 및 상담 게시판, 24시간 이내 조치 후 답변을 원칙으로 함 (영업일 기준)
· 강사님께 질문하기(1:1) ㅣ 학습 질문이 생기면 즉시 활용 가능, 각 자격증 전담강사가 직접 답변하는 시스템
이 외 자격증 별 강사님과 함께하는 오픈카톡 스터디, 네이버 카페 운영 등 수강생 편리에 최적화된
수강 환경 제공을 위해 최선을 다하고 있습니다.

05 100% 리얼 후기로 인증하는 수강생 만족도

96.4

2020 하반기 수강후기 별점 기준 (100으로 환산)

토마토패스는 결제한 과목에 대해서만 수강후기를 작성할 수 있으며,
합격후기의 경우 합격증 첨부 방식을 통해 100% 실제 구매자 및 합격자의 후기를 받고 있습니다.
합격선배들의 생생한 수강후기와 만족도를 토마토패스 홈페이지 수강후기 게시판에서 만나보세요!
또한 푸짐한 상품이 준비된 합격후기 작성 이벤트가 상시로 진행되고 있으니,
지금 이 교재로 공부하고 계신 예비합격자분들의 합격 스토리도 들려주시기 바랍니다.

강의 수강 방법
PC

01 토마토패스 홈페이지 접속

www.tomatopass.com ▼

02 회원가입 후 자격증 선택

· 회원가입시 본인명의 휴대폰 번호와 비밀번호 등록
· 자격증은 홈페이지 중앙 카테고리 별로 분류되어 있음

03 원하는 과정 선택 후 '자세히 보기' 클릭

04 상세안내 확인 후 '수강신청' 클릭하여 결제

· 결제방식 [무통장입금(가상계좌) / 실시간 계좌이체 / 카드 결제] 선택 가능

05 결제 후 '나의 강의실' 입장

06 '학습하기' 클릭

07 강좌 '재생' 클릭

· IMG Tech 사의 Zone player 설치 필수
· 재생 버튼 클릭시 설치 창 자동 팝업

강의 수강 방법
모바일

탭 · 아이패드 · 아이폰 · 안드로이드 가능

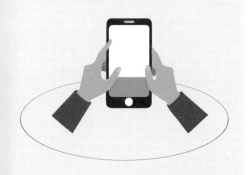

01 토마토패스 모바일 페이지 접속

 WEB · 안드로이드 인터넷, ios safari에서
www.tomatopass.com 으로 접속하거나

Samsung Internet (삼성 인터넷)

Safari (사파리)

 APP · 구글 플레이 스토어 혹은 App store에서
합격통 혹은 토마토패스 검색 후 설치

Google Play Store

앱스토어   *tomato* 패스   합격통

02 존플레이어 설치 (버전 1.0)

· 구글 플레이 스토어 혹은 App store에서 '존플레이어' 검색 후 버전 1.0 으로 설치
(***2.0 다운로드시 호환 불가)

03 토마토패스로 접속 후 로그인

04 좌측 아이콘 클릭 후
'나의 강의실' 클릭

05 강좌 '재생' 버튼 클릭

· **기능소개**
과정공지사항 : 해당 과정 공지사항 확인
강사님께 질문하기 : 1:1 학습질문 게시판
Q&A 상담문의 : 1:1 학습외 질문 게시판
재생 : 스트리밍, 데이터 소요량 높음, 수강 최적화
다운로드 : 기기 내 저장, 강좌 수강 시 데이터 소요량 적음
PDF : 강의 PPT 다운로드 가능

토마토패스

| 금융투자자격증 | 은행/보험자격증 | FPSB/국제자격증 | 회계/세무 |

나의 강의실

| 과정공지사항 | 강사님께 질문하기 |
| 학습자료실 | Q&A 상담문의 |

과정명	증권투자권유대행인 핵심총합반
수강기간	2021-08-23 ~ 2022-08-23
최초 수강일	2021-08-23	최근 수강일	2021-09-09
진도율	77.0%

강의명	재생	다운로드	진도율	PDF
1강 금융투자상품01	▶	⬇	0%	⬆
2강 금융투자상품02	▶	⬇	100%	⬆
3강 금융투자상품03	▶	⬇	100%	⬆
4강 유가증권시장, 코스닥시장01	▶	⬇	94%	⬆
5강 유가증권시장, 코스닥시장02	▶	⬇	71%	⬆
6강 유가증권시장, 코스닥시장03	▶	⬇	0%	⬆
7강 채권시장01	▶	⬇	96%	⬆
8강 채권시장02	▶	⬇	0%	⬆
9강 기타 증권시장	▶	⬇	93%	⬆

토마토패스
보험심사역 FINAL 핵심정리+실전모의고사 [개인전문부문]

———

초 판 발 행	2017년 06월 15일
개정7판2쇄	2025년 02월 10일

편 저 자	신현철
발 행 인	정용수
발 행 처	(주)예문아카이브
주 소	서울시 마포구 동교로 18길 10 2층
T E L	02) 2038-7597
F A X	031) 955-0660

등 록 번 호	제2016-000240호
정 가	31,000원

I S B N   979-11-6386-279-6   [13320]